新経済学ライブラリー4

新版
ミクロ経済学

武隈愼一 著

新世社

編者のことば

　経済学にも多くの分野があり，多数の大学で多くの講義が行われている。したがって，関連する教科書・参考書もすでに多くある。

　しかし現存する教科書・参考書はそれぞれ範囲もレベルもまちまちばらばらであり，経済学の全体についてまとまったビジョンを得ることは必ずしも容易でない。

　そこで何らかの統一的な観点と基準の下に，体系的な教科書・参考書のライブラリを刊行することは有意義であろう。

　経済学を体系化する場合に，おそらく二つの方向がある。一つは方法を中心とする体系化であり，もう一つは対象分野，あるいは課題を中心とする体系化である。前者はいわゆるマルクス経済学，近代経済学，あるいはケインズ派，マネタリスト派などというような，経済学の特定の立場に立った体系ということになる可能性が大きい。このライブラリはそうではなく対象分野を中心とした，体系化をめざしている。それは経済学の既成の理論はいずれにしても，経済学において，というよりも現実の社会経済の問題すべてを扱うのには不十分だからであり，また絶えず変化する経済の実態を分析し，理解するには固定した理論体系では間に合わないからである。

　そこでこのライブラリでは，学派を問わず，若い世代の研究者，学者に依頼して，今日的関心の下に，むやみに高度に「学問的」にするよりも，経済のいろいろな分野の問題を理解し，それを経済学的に分析する見方を明確にすることを目的とした教科書・参考書を計画した。学生やビジネスマンにとって，特別の予備知識なしで，経済のいろいろな問題を理解する手引として，また大学の各種の講義の教科書・参考書として有用なものになると思う。講義別，あるいは課題別であるから，体系といっても固定的なものではないし，全体の計画も確定していない。しかしこのライブラリ全体の中からおのずから「経済」という複雑怪奇なものの全貌が浮かび上がってくるであろうことを期待してよいと思う。

竹　内　　　啓

新版へのまえがき

　平成元年に本書の初版が出版されてからすでに長い年月が経過した。この間に一度改訂する機会を得て，国際貿易とゲーム理論についての新たな章を追加し，平成11年に増補版を刊行することができた。本書はもともと経済学の基礎理論を説明することを目的としており，取り扱うトピックは基本的なものに限定し，新たなトピックを次々に加えることを予定してはいなかった。しかしながら，当初からいずれかの機会に追加したいと考えていたトピックがあり，今回の新版への改訂では，それを本書に加えることを第一の目的とした。

　追加したいと考えていたトピックは金融に関する議論であり，証券市場の一般均衡論的な考え方を説明することである。金融の理論は近年特に発展した分野である。今回の改訂では，改訂前の8章（不確実性）のなかの証券に関する議論を拡大し，新たに9章（証券市場）を設けた。

　その他に新版では，6章に「2部料金制」の節を，7章にCO_2の排出権市場のトピックを加えた。また，私が本書を用いて一橋大学において講義した経験に基づいて，厚生経済学の基本定理の証明，あるいは余剰分析を用いた独占市場均衡の評価について，説明の仕方や章立ての変更に工夫を施した。このように今回の改訂では，本書をより分かりやすい書にすることもその目的とした。

　新版への改訂にあたって，語句・数式等の表記についての助言，あるいは参考文献の確認作業をされた新世社の御園生晴彦，谷口雅彦，彦田孝輔の各氏に心より御礼を申し上げたい。

　　　平成28年5月

　　　　　　　　　　　　　　　　　　　　　　　　　武隈　愼一

増補版へのまえがき

　本書の初版が出版されてから10年が経過した。初版を執筆した当時は，読者に経済学の基本的な考え方を理解してもらうことを第一の目的とし，本書の内容を，多数のトピックに言及するのではなく，経済理論の基礎に関わるトピックに限定した。そのため当時から含めたいと思っていたいくつかのトピックがあり，今回の改訂にあたってそれらを取り上げることにした。

　ミクロ経済学のテキストとして何を含めるべきかは，色々と意見が分かれるであろう。経済学の内容は多岐にわたり，私自身もそれらのうちどれを選ぶかは非常に迷うところであるが，この増補版に二つの章を追加することにした。本書の1章から9章までは旧版と同じものである。これらの章もこの機会に全面的に改訂することも考えられたが，敢えてそれをしなかった。なぜなら，それらの内容は10年経った現在でもその重要性は減じていないと考えたからである。小さな変更として，8章に「シグナリング」の節を加えた。本書の大きな変更点は新たに10章の国際貿易と11章のゲームの理論を付け加えたことである。

　最近は国際的な視点から議論すべき経済問題が多くなってきており，国際経済学の重要性が増している。公務員試験などでも国際経済学に関する問題が以前よりも多く出題されるようになっている。また，最近の経済学の発展のなかでゲーム論的な考え方が積極的に取り入れられるようになった。増補版を出すことにしたのは，このようなことを考慮したためである。

　　　平成11年9月

　　　　　　　　　　　　　　　　　　　　　　　　　　武隈　愼一

まえがき

　本書は経済理論を学びたいと思う学生のための書である。私が一橋大学において一，二年生を対象に講義したことをもとにまとめたものである。経済学のレベルとしては初級から中級程度の内容である。特別な知識を前提とせずに初めて経済理論を学ぶ学生でも理解することが十分可能であるように書かれている。

　経済理論は大きく「ミクロ経済学」と「マクロ経済学」の二つの分野に分けて教えられる。その分類では本書はミクロ経済学の分野に属すものである。現在では経済学は様々な分野に専門化され，労働経済学，産業組織論，国際経済学，公共経済学，金融論などに分類されるが，経済理論はそれらいずれの分野においても用いられる共通の考え方である。この書においても純粋理論だけではなくその他の分野の様々なトピックも取り上げてある。したがって，本書は必ずしも経済理論を専攻する学生だけではなく，他の分野の経済学に興味を持っている学生にとっても有用となるであろう。

　本書の特徴は，読者が入門レベルから出発し，一気に中級レベルに到達することができるように書かれていることである。教科書のスタイルとして初級レベルの理論を冗長に説明することを避けた。なぜなら，そのようなスタイルは読者に，「経済理論はやさしい」という安心感を与えるかもしれないが，反面，退屈さのために緊張感を失わせ，「経済理論はつまらない」という印象を与えかねず，あげくのはてに経済理論への興味を失わせてしまう結果になることを恐れたからである。内容としては，最近の理論経済学の発展とその方向を考慮して，従来の教科書より一般均衡論の視点を重視し，また不確実性についての議論をより多く取り入れた。また，多くのトピックについて触れることよりも，厳選された各々のトピックについて深く分析し，ていねいに説明することを選んだ。

「理論」はその一般性（generality）と簡明性（simplicity）とが同時に要求される。簡明性のために本書では図による説明に重点を置いた。そのために議論を，たとえば，財は二種類，消費者は二人という場合のように，図に描くことができる状況に限定した。一般性のためには本書の説明ではできうる限りそれを損なわないような論法を採用した。読者が上級レベルに進んだならば知ることであるが，この本において展開されたすべての議論は，「二財・二消費者」のような特殊な状況にだけ成立するのではなく，より一般的な状況においても成立する理論である。「二財・二消費者のケースの分析で十分である」ということをしばしば耳にするが，これは誤りである。理論には一般性が不可欠であり，本書を読み終えた読者がさらに上級レベルへと進むことを願っている。

　今日では経済理論において数学が使われることは当り前のこととなっている。もちろん，数学が使われるといっても数学そのものが経済学に必要なわけではない。数学的表現が便利かつ明確であるという理由から，経済学では様々な概念が数学の用語を借りて表現されているにすぎないのである。実際，本書で使われる数学用語は高校時代に習った関数，微積分，行列などの若干の記号だけである。それらは，1章において説明されているが，すべて簡単なものばかりであり，本書を読むためには数学の予備知識は一切必要ではない。

　本書の構成は以下の通りである。最初に1章のなかで経済学における用語の説明を兼ねて，経済理論の基本的な考え方を説明する。2章，3章，4章がミクロ経済学の基礎理論であり，そこでは競争市場における消費者や企業の行動を分析し，市場均衡を説明する。5章において競争市場の効率性を問題とする。続いて6章，7章，8章では市場機構の限界，すなわち「市場の失敗」という視点に立って様々なトピックを分析する。9章では産業連関の問題を分析する。途中専門的な議論が展開される節には∗印を付けた。それらは，初めての学生がただちに理解することは困難であると思われるので，とばして読んでも構わない。2章以降の各章末には練習問題を付けた。読者はそれらを解くことによって本書の内容の理解を確実にすることができるであろう。また所々に過去の著名な経済学者の人物伝を付けた。これは本書を読みすすむ上で息抜きになるであろう。

　本書の執筆にあたり多くの人々から直接あるいは間接に様々な有益な助言お

よび示唆を受けた。そのことについて，特に，同僚である池間誠氏，山崎昭氏，さらには大学院生である石本治，遠藤健太，小川浩，金子文洋，野口雄一，長谷川かおり，原千秋の諸君に感謝する。

　最後に，本書の出版にあたって多くの助力を頂いた新世社編集部の小関清氏に厚く御礼申し上げたい。
　　　平成元年8月

　　　　　　　　　　　　　　　　　　　　　　　　武隈　愼一

目　次

1　基礎概念と分析手法　　1

- 1.1　経済分析の基本用語……………………………………3
- 1.2　経済循環………………………………………………6
- 1.3　市場経済………………………………………………8
- 1.4　数学的用語……………………………………………12

2　消費者行動　　21

- 2.1　選好と効用関数………………………………………22
- 2.2　効用最大化と需要……………………………………32
- 2.3　需要の変化と財の分類………………………………38
- 2.4　交換の理論……………………………………………48
- 2.5　双対性アプローチ*……………………………………53
- 2.6　スルツキー方程式*……………………………………62
- 練習問題…………………………………………………66

3　企業行動　　71

- 3.1　費用と供給……………………………………………72
- 3.2　生産技術と費用………………………………………77
- 3.3　生産要素の需要………………………………………86
- 3.4　短期費用と長期費用…………………………………90
- 3.5　費用関数の性質*………………………………………98

3.6　生産集合 …………………………………………………102
　　3.7　生産集合と利潤* ………………………………………109
　　練習問題 ……………………………………………………117

4　競争経済の均衡　121

　　4.1　市場均衡…………………………………………………122
　　4.2　市場調整…………………………………………………126
　　4.3　交換経済における競争均衡……………………………132
　　4.4　生産経済における競争均衡……………………………139
　　練習問題 ……………………………………………………145

5　経済厚生　149

　　5.1　資源配分の効率性………………………………………151
　　5.2　厚生経済学の基本定理…………………………………158
　　5.3　余剰分析…………………………………………………160
　　5.4　数量指数と物価指数* …………………………………166
　　5.5　経済厚生の基準…………………………………………173
　　5.6　アローの定理* …………………………………………179
　　練習問題 ……………………………………………………186

6　不完全競争　189

　　6.1　独占市場…………………………………………………190
　　6.2　クールノー均衡…………………………………………194
　　6.3　シュタッケルベルク均衡………………………………198
　　6.4　製品差別化と独占的競争………………………………202
　　6.5　価格差別…………………………………………………207
　　6.6　2部料金制 ………………………………………………209
　　6.7　交換経済のコア…………………………………………212

6.8 極限定理* …………………………………………………… 215
練習問題 …………………………………………………………… 222

7 公共経済　　　　　　　　　　　　　　　　　　　　　　227

7.1 課税の効果 ………………………………………………… 228
7.2 公共財 ……………………………………………………… 232
7.3 リンダール均衡 …………………………………………… 238
7.4 外部性 ……………………………………………………… 243
練習問題 …………………………………………………………… 252

8 不確実性と情報　　　　　　　　　　　　　　　　　　　255

8.1 期待効用 …………………………………………………… 256
8.2 危険に対する態度 ………………………………………… 258
8.3 保険と資産選択 …………………………………………… 262
8.4 不確実性下の市場均衡 …………………………………… 267
8.5 モラル・ハザード ………………………………………… 271
8.6 情報と期待 ………………………………………………… 273
8.7 シグナリング ……………………………………………… 277
練習問題 …………………………………………………………… 281

9 証券市場　　　　　　　　　　　　　　　　　　　　　　285

9.1 証券市場の均衡 …………………………………………… 286
9.2 平均・分散アプローチ …………………………………… 290
9.3 資本資産価格付けモデル ………………………………… 295
9.4 企業の資金調達 …………………………………………… 300
練習問題 …………………………………………………………… 306

10 国際貿易　309

　10.1　貿易の利益 …………………………………310
　10.2　交易の理論 …………………………………313
　10.3　生産物価格と要素価格 ……………………318
　10.4　貿易のパターン ……………………………327
　練習問題 …………………………………………333

11 ゲームの理論　335

　11.1　標準形ゲーム ………………………………336
　11.2　2人ゼロ和ゲーム …………………………341
　11.3　展開形ゲーム ………………………………345
　11.4　部分ゲーム完全均衡 ………………………351
　11.5　繰り返しゲーム ……………………………355
　練習問題 …………………………………………359

12 投入産出分析　361

　12.1　産業連関表 …………………………………362
　12.2　レオンチェフ体系 …………………………365
　12.3　行列乗数 ……………………………………369
　12.4　一般化されたレオンチェフ体系 …………373
　練習問題 …………………………………………379

文献 …………………………………………………381
練習問題解答 ………………………………………389
索引 …………………………………………………395

1

基礎概念と分析手法

　すべての学問のなかで経済学ほど身近な学問は他にはないであろう。なぜなら，人間の活動の多くは経済活動そのものであるか，あるいは経済活動に間接的に関わっているからである。人々にとって基本的な経済活動とは，働いて所得を手に入れ，その所得によって食料や衣類など生活に必要な様々な商品を購入することである。また娯楽として映画を見たり，読書をしたり，あるいは旅行をする。これらの行動もすべて経済活動の一部である。

　経済とは人々のこのような活動の集まりである。そこにおいて観察される経済現象は一見きわめて不規則あるいは無秩序であるかのように思われる。経済学はそのような人々の経済活動と，それらが集まった経済全体の構造を分析する学問である。経済学を学ぶ目的は経済の様々な諸現象を説明し理解することであり，その理解を現実経済に発生する色々な問題の解決のために役立てることである。

　経済現象を理解する仕方は人によって様々であるかもしれない。経済理論とはそのような「理解の仕方」あるいは「考え方」のことである。考え方は人によって異なるのが普通であり，したがって経済理論も人によって異なるかもしれない。実際，これまでに多くの経済学者によって様々な理論が提唱され，それらの理論のなかで，あるものは多くの人々によって支持され，またあるものは少数の人々の支持しか得られなかった。経済学は過去から現在に至るまでに提唱された様々な理論の蓄積である。そして現在多数の人々によって支持されている経済理論が現在の経済学の体系を構成しているのである。

この本の目的は現在の経済学の基礎となっている経済理論を学ぶことである。この章では，そのための準備として，経済学において使われる基礎的な概念と分析の手法を解説することにしよう。

ミクロ経済学に登場する経済学者①

スミス（Smith, Adam, 1723-1790）

スミスはイギリスの経済学者であり，古典派経済学の創始者である。彼はエディンバラの近くのカークカルディという町に生まれ，父は税関検査官，母は裕福な地主の令嬢であった。1737 年にグラスゴー大学に入学し，1740 年に文学修士の学位を得た。そのときから 1746 年までオックスフォード大学のベイリョル・カレッジのフェローであった。その後故郷に戻り研究を続け，修辞および美文，法律学など様々な題目について公開講義を行った。その公開講義が評価され，1751 年にグラスゴー大学の論理学の教授，後に道徳哲学の教授となり，1763 年までその地位にあった。1759 年には彼の最初の著書 *The Theory of Moral Sentiments*（道徳感情論）が出版されている。1764 年から 1766 年までは大富豪の家庭教師としてフランスに渡り，多くの重農主義者や啓蒙家に会っている。1767 年以後は故郷において彼の主著である *The Wealth of Nations*（諸国民の富）の執筆に取り組み，1776 年に出版している。1778 年以後生涯を終えるまでエディンバラにおいて関税局長官などの要職を務めた。また，彼は一生の間独身であった。

スミスは，著書『道徳感情論』において，社会生活における人間関係に関わる人間心理を分析し，「感情」がどのように個人を社会化し，調和した社会の鍛錬された一員とするかを示そうとした。彼の基本的な考え方は，社会の調和および人類の幸福は人為的に実現されるのではなく，本来的に携わっている「道徳感情」によって自然に，いわゆる**「見えざる手」**（the invisible hand）によって，達成されるとするものである。著書『諸国民の富』は豊富な事実資料に基づいて包括的かつ整合的に経済社会を把握しようとしたものであり，当時の社会と政府を批判し，特に政府の経済への介入の程度とその性格に関して国策の変更を求めたものである。スミスは，国防，司法，教育，不可避的独占などの例外的な事柄以外は政府の役割を否定し，自由な経済活動と競争市場によって経済の発展と繁栄が達成されるとし，19 世紀の言葉でいえば，**「自由放任主義」**（laissez-faire）の基礎となり，現在の西側諸国の経済の歴史に大きな影響を与えたのである。

1.1 経済分析の基本用語

最初に，この本において使われる基本的な用語を解説しながら，経済学のあらましを説明することにする．

■ 財

経済活動とは，一言でいうと，「財の生産と消費」である．財には，米，麦，牛肉などの食料品，あるいはラジオ，テレビ，自動車などの工業製品のような物質的なものがある．これらの財を特に商品という言葉を使って区別することがある．これに対して必ずしも物質的な形態をとらないサービスと呼ばれる財もある．たとえば，人々の労働力は財であり，それは単なる物質ではない財，すなわち，「労働」と呼ばれるサービスである．その他，交通機関による輸送サービス，学校による教育サービス，銀行による支払い手続きのサービスなど色々なものがある．経済学では商品とサービスの総称として「財」という言葉が使われる．

財のなかには貨幣のような特別な財もある．貨幣は，それ自体には実質的価値はないが，制度によって保証された特殊な機能が備わった財である．

また，政府によって供給される特殊な財もある．たとえば，国防，治安，公衆衛生などの公共サービス，あるいは道路，公園，下水道のような財である．このような財は公共財と呼ばれる．

■ 経済主体

経済のなかで活動する人々や組織は総称して経済主体と呼ばれる．経済主体はその活動の違いから大きく消費者と生産者に分類される．

消費者とは財を消費する経済主体である．人々は食料，衣料などの財を消費する．したがって，個人は通常は財の消費者である．人々は生計をともにする家族単位に区分され，一つの家族は家計と呼ばれる．通常は消費者とは個人あるいは家計のことを意味する．

他方，生産者とは財を生産する経済主体である．財の生産は個人によってな

される場合もあるが，現在の経済では，普通は会社組織が形成され財の生産がなされる。実際の経済では自動車会社，石油会社，保険会社など様々な会社組織が存在する。それらは企業と呼ばれる。現代においては普通は生産者とは企業のことを意味する。

　家計や企業以外に特殊な経済主体として政府がある。政府は様々な経済活動をするが，基本的には，税を徴収し公共財を供給する経済主体と見なされる。

■ 生産と消費

　生産と消費が経済活動の基本である。生産は主に企業によってなされる活動である。企業が生産する財は生産物と呼ばれる。他方，企業の生産活動には様々な財が必要となるが，生産に用いられる財は生産要素と呼ばれる。財の生産には様々な生産要素が使われる。たとえば，自動車を生産する企業では，鉄，ゴム，ガラスなどの原材料，人々の労働力，工作機械や組み立て機械などの物的資本，工場設備を配置するための土地などが必要である。

　生産要素のなかでも重要なものは労働と資本と土地である。資本とは機械設備のような生産要素の総称である。労働や土地のように生産することができない生産要素は本源的生産要素と呼ばれる。その他，原油，鉄鉱石，水などの天然資源も重要な生産要素である。特に，原油のように賦存量が限られており再利用ができない天然資源は枯渇資源と呼ばれる。

　生産された財の消費は主に家計によってなされる経済活動である。しかしながら，ある企業が生産した財の一部が自企業あるいは他企業の生産活動に使われることがある。たとえば，電力は家庭で使用されるばかりでなく企業の生産活動にも利用される。このように生産物が他の生産に使われることを中間投入あるいは中間消費という。中間投入を除くと生産された財はすべて最終的には家計によって消費される。このことから家計による消費は最終消費と呼ばれる。

■ 価　格

　経済主体間において財の交換がなされる。物々交換の場合にはすべての二つの財の間の交換比率を決めなければ自由な交換をすることができない。しかしながら，貨幣という交換の媒体が存在する場合は，財の交換比率は貨幣を基準

に表示することができる．貨幣1単位を1円とし，それを基準にすべての財の価値が価格によって表示される．すなわち，価格が1,000円の商品は貨幣という財1,000単位と交換可能であることを意味する．したがって，すべての財に価格を表示すれば，それは貨幣を媒体として，財の相互の交換比率を表すことになる．価格とは財の交換比率を表すものである．

貨幣はすべての財の価値を表す基準である．貨幣のように，価値の基準となる財は価値尺度財あるいはニュメレール（numéraire）と呼ばれる．

■ 市　場

財の交換がなされる場は市場と呼ばれる．市場の最も基本的な例は，実際に人々が一カ所に集まって店を開き商品を売買する，いわゆる市場（いちば）である．特殊な財の市場としては，株式の売買が行われる証券取引所がある．現代の経済においては，実際に人々が一カ所に集まる必要はない．たとえば，外国通貨を交換する為替市場においては，通貨の売買が為替仲介業者との電話やインターネットによってなされている．

現実には様々な形態の市場があるが，それらの市場が有する共通の機能は経済主体間の財の交換を可能とすることである．そして，市場は財の価格が決定される場である．

■ マクロとミクロ

すべての学問に共通することであるが，学問は「理論」と「実証」の二つの部分から構成される．経済学も理論と実証との二つの研究分野に区分される．理論の研究分野では，現実の経済現象を説明するための経済理論の体系が構築され，その諸性質が分析される．これに対して実証の研究分野では，現実の経済を観察することによって経済理論が実際の経済現象を正しく説明しているか否かの検証がなされる．

さらに，経済学はその分析の視点の違いから，マクロ経済学とミクロ経済学の二つの分野に分けられる．マクロ経済学とは，マクロ的（巨視的）な視点から経済全体の動きを問題とし，一国の生産活動の水準である国内総生産，雇用量，物価水準の変動などを分析する分野である．ミクロ経済学とは，経済を構

成する個々の家計や企業の行動を分析し，ミクロ的（微視的）な視点から経済を分析する分野である。

経済学は分析の手法と視点に基づいて以上のように区分される。この区分に従っていえば，この本はミクロ経済学の理論に関する書である。

1.2 経済循環

この節では，経済主体の相互関係と経済全体の見方を説明することにしよう。

■ 民間・政府・海外

前節において述べたように経済主体は大別すると家計，企業，政府に分類される。経済全体はこれらの経済主体の活動の集合体である。経済主体の違いに従って経済は次のように区分される。家計と企業による経済活動は民間部門，政府による経済活動は政府部門と呼び，経済を民間部門と政府部門との二つに区分する。さらに，外国との貿易がある場合は輸出と輸入を海外部門と呼ぶことにする。

■ 実物経済

図1.1は経済における財の流れを示したものである。このような図は経済循環図という。特に，財の流れだけに注目したときの経済は実物経済と呼ばれる。したがって，図1.1は実物経済の循環図である。

図において，経済は国内と外国に二分され，国内経済は民間部門と政府部門に分けられている。さらに，民間部門は家計と企業の二つの部門に分けられる。経済活動の視点から見れば，家計部門は主に財を消費する部門であり，企業部門は主に財を生産する部門である。

労働のような生産要素は個人すなわち家計によって所有されている財であり，それらは企業が生産のために雇用する。したがって生産要素は家計部門から企業部門へ移動する。企業は生産要素を用いて生産物を作る。生産物の一部は家計が消費するから，それらは企業部門から家計部門に移動する。また，生産物は中間投入される財もあり，企業部門のなかでも財が移動する。

1.2 経済循環

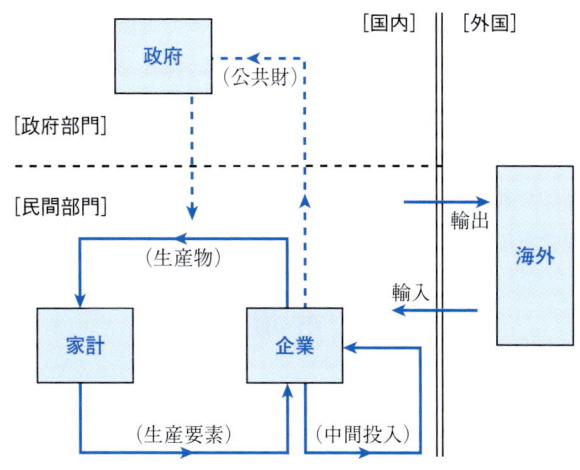

図 1.1　実物経済の循環

　公共財は政府によって生産される。生産された公共財は経済全体に供給される。一部の公共財は政府が民間の企業に発注し生産されるが，基本的には公共財は政府を通じて経済に供給される財と見なされる。

　図 1.1 には海外部門も描かれている。輸出は海外への財の流出であり，輸入は海外からの財の流入である。

■ 貨幣経済

　実物経済における財の流れの背後に必ず貨幣の逆方向への流れがある。たとえば，家計が企業に労働を供給するならば，その対価として賃金が支払われ，企業から家計へ貨幣が移動する。家計が企業から生産物を購入すれば，その代金としての貨幣が家計から企業に移動する。

　このような実物経済における財の売買に伴う貨幣の移動の他に，金融商品の売買による貨幣的な循環が存在する。代表的な金融商品は債券と株式である。それらはいずれも資金を調達する手段である。

　債券には政府が発行する国債と企業が発行する社債とがある。政府は国債を売ることによって税収の不足を補うことができる。企業は社債を発行することによって必要な資金を調達することができる。債券を発行することは「借金」

することを意味し，いずれは償還することによって返済しなければならない。

他方，株式は出資者を募る手段であり，企業は株式を発行することによって資金を調達することができる。債券とは異なり企業は株式によって調達した資金を返済する義務はないが，株式を購入した出資者には株式の保有割合に従って企業が獲得した利潤が配当として分配される。すなわち，株式保有者は企業の共同所有者である。

1.3 市場経済

経済は多数の市場の集まりと見なすことができる。そのため経済主体の市場における行動および市場の機能を明らかにすることがミクロ経済学の分析の中心となる。この節では市場に関する基本的な考え方を説明する。

■ 需要と供給

市場において経済主体は財を売買する。たとえば，家計という経済主体は，市場において生活に必要な財を購入する。購入される財は，米，パン，肉，自動車，テレビ，衣類，家屋など様々であろう。家計は市場においてはそれらの財を需要する主体，すなわち，需要者である。

他方，それらの財は通常は企業によって生産される。米や肉を生産する農家あるいは農場も「企業」と見なすことができる。企業は市場においてはそれらの財を供給する主体，すなわち，供給者である。

このように市場は需要者と供給者が出会う場である。

■ 需要曲線と供給曲線

市場では供給者から需要者に財が売られる。需要者が購入したいと思う財の量，すなわち需要量は財の価格に依存する。通常は需要者は財の価格が高いときよりも安いときの方がより多くの量を購入するであろう。図 1.2 の dd' 線はある財の市場において価格と需要量との間のこのような関係をグラフに描いたものである。それは需要曲線と呼ばれ，通常の場合は図のような右下がりの曲線である。

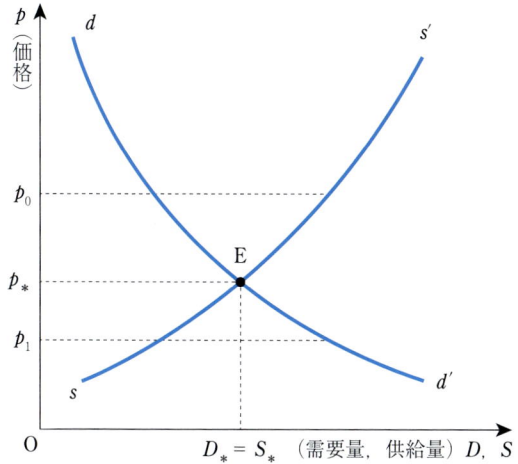

図 1.2 需要曲線と供給曲線

他方,供給者が販売したいと思う財の量,すなわち供給量も財の価格に依存する。通常は供給者は価格が低いときより高いときの方がより多くの財の量を生産するであろう。図 1.2 の ss′ 線は同じ財の市場における価格と供給量との間の関係をグラフに描いたものであり,それは供給曲線と呼ばれ,通常は右上がりの曲線になる。

■ 需要関数と供給関数

需要曲線と供給曲線をそれぞれ数式によって表すことにしよう。需要曲線と供給曲線が曲線ではなく直線であるとする。その場合それらを直線の方程式で示すことができる。財の価格を p,需要量を D,供給量を S という記号で表すとする。需要曲線と供給曲線はそれぞれ直線の方程式を用いて

$$D = -ap + b, \tag{1.3.1}$$
$$S = cp + d \tag{1.3.2}$$

と示すことができる。ただし,a, b, c, d は一定の係数であり,この場合は特に $a > 0, \ c > 0$ である。このように需要曲線および供給曲線を数式で表したものをそれぞれ需要関数および供給関数という。

■ 市場の均衡

次に，市場における需要と供給が図1.2のような状況にあるとき，いかなる取引がなされるかを考えよう。需要曲線と供給曲線との交点Eにおける価格 p_* に注目する。この価格 p_* では需要量 D と供給量 S が等しい。すなわち，もし財の価格が p_* ならば，そのとき需要者が購入したいと思う量と供給者が販売したいと思う量が一致する。したがって，その価格では需要者と供給者の間で取引が実際に行われるであろう。市場において需要と供給とが等しい状態を均衡という。そのときの価格 p_* は均衡価格と呼ばれる。

価格 p_* 以外では，たとえば，図のような p_* よりも高い価格 p_0 のもとでは，供給が需要を上回り財が余る。そのため財を売り尽くすために供給者は価格を引き下げるであろう。反対に，p_* よりも低い価格 p_1 のもとでは，需要が供給を上回り財が不足し，財を買うことができない需要者によって価格は引き上げられるであろう。いずれの場合も価格はこのような水準に維持されることなく，価格は p_* に決定されるであろう。このような「市場では需要と供給が等しくなるように価格が決定される」ということが，市場を分析する際の基本的な考え方である。

■ 経済モデル

市場の均衡を式で表せば，

$$D = S \tag{1.3.3}$$

となる。したがって，ある財の市場が上記の三つの式(1.3.1), (1.3.2), (1.3.3)によって表現されているのである。

このように経済理論においては，しばしば数式を用いて議論がなされる。経済の状況を数式によって表現したものは経済モデルと呼ばれる。すなわち，上の三式 (1.3.1), (1.3.2), (1.3.3) は一つの簡単な経済モデルなのである。

経済モデルのなかにはいくつかの変数がある。上の三式には，a, b, c, d, p, D, S の7個の変数がある。そのうち変数 a, b, c, d は需要者と供給者の行動の仕方を表す変数である。彼らの行動の仕方が変わらない限りそれらの変数は一定である。したがって，モデルにおいてはそれらの変数は所与のものと見なされている。このような変数は外生変数あるいはパラメーターと呼ばれる。

他方，変数 p, D, S はモデルによって決定される変数である。上の三つの式を方程式体系，そして変数 p, D, S をその方程式体系の未知数と見なすと，変数 p, D, S を求めることができる。

(1.3.1) 式と (1.3.2) 式を (1.3.3) 式に代入すると，
$$-ap + b = cp + d$$
となる。これより，均衡価格 $p = p_*$ として，
$$p_* = \frac{b-d}{a+c}$$
を求めることができる。さらに，これを (1.3.1) 式と (1.3.2) 式に代入すると，均衡における財の需要量 D_* と供給量 S_* として，
$$D_* = S_* = \frac{ad + bc}{a+c}$$
を求めることができる。このようにモデル内で決定される変数は内生変数と呼ばれる。

以上のように経済モデルは一つの方程式体系で表される。そして内生変数は方程式の未知数であり，外生変数は方程式における係数に相当する。

■ 競争市場

以上の説明では，市場には多数の売り手と買い手がいるために，彼らは財の価格を自分勝手には決定することはできず，財の価格は市場全体の需給によって決定されるということが想定されている。すなわち，すべての需要者も供給者も，価格は市場の需給によって決定され，それは自分では決定できない所与のものであるとして行動する。このように価格を所与のものとして行動する経済主体はプライス・テイカー（価格受容者）と呼ばれる。すべての経済主体がプライス・テイカーとなるような競争状態を完全競争という。また，そのような状況にある市場は競争市場と呼ばれる。

完全競争ではない状況は不完全競争と呼ばれる。すなわち，不完全競争の状態にある市場では価格に影響力を持つ経済主体が存在する。そのような経済主体はプライス・メイカー（価格設定者）と呼ばれる。

■ 部分均衡と一般均衡

　この節では一つの市場だけに注目して議論がなされた。このように経済の一部の市場における均衡だけを問題とする議論の仕方が部分均衡論と呼ばれる。これに対して，経済全体のすべての市場における均衡を同時に分析する手法を一般均衡論という。いうまでもなく理論的には全市場を同時に分析する一般均衡論の方が優れているのであるが，複雑な現実の経済を分析する場合には議論を単純化した部分均衡論も有用である。この本ではできるだけ一般均衡論の考え方に従った議論の仕方が採用される。

1.4　数学的用語

　経済理論の説明にはしばしば数学の概念が利用される。多くの理論経済学の専門的な論文では数学が使われており，現在の経済学には数理経済学と呼ばれる分野さえ存在するくらいである。本書でも若干の数学が使われるが，この本の目的は初等的な経済理論を説明することであり，使われる数学もごく簡単なものばかりである。実際，本書の内容を理解するには数学についての事前の知識はほとんど必要ない。

　以下では本書において使われるいくつかの数学的用語を解説する。ここでの説明はあくまでも直観的なものであり，数学的には厳密さを欠くが，この本の内容を理解するには十分なものである。

■ 関数とグラフ

　経済学は様々な経済的数量を分析する学問であるから，当然その分析において数式が使われる。価格，利子率，生産量，消費量など多くの経済変数が問題となり，それらの関係が分析される。

　経済変数の因果関係を表すために関数という言葉が使われる。たとえば，変数 x と変数 y との間に関係があり，変数 y が変数 x に依存している関係を表すために関数が使われる。変数 x と変数 y との関係を関数 f と呼ぶことにすると，それは

$$y = f(x)$$

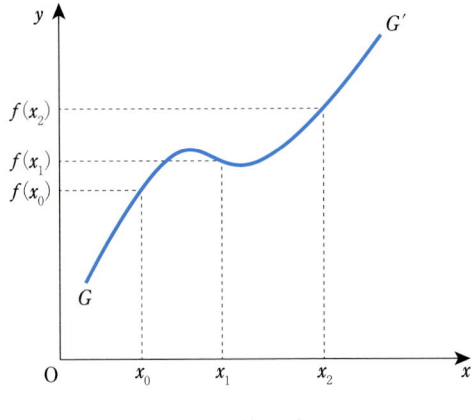

図 1.3　関数のグラフ

と表記される。経済学では問題となる変数の値が負（マイナス），あるいはゼロとなるケースは少なく，通常は正（プラス）の値をとる。いま，変数 x と変数 y の値は正である。すなわち，$x > 0$, $y > 0$ とする。

図 1.3 は変数 x が変化したとき変数 y がどのように変化するかを図に示したものである。それぞれ横軸には x，縦軸には y の大きさが測られており，変数 x の値と変数 y の値との対応関係が曲線 GG' によって示されている。このように二つの変数の関係を図に描いたものを関数のグラフという。

> **例 1.4.1**：関係 $y = f(x)$ のいくつかの例を次に示しておく。
> それら関数の形状を調べることは読者に任せることにする。ただし $x > 0$ とする。
> 1) $y = 3x + 5$　　2) $y = x^2 - x + 2$　　3) $y = \sqrt{x}$
> 4) $y = \dfrac{1}{x}$　　5) $y = \log x$　（log は自然対数）

■ 連続性と微分可能性

図 1.3 のように関数のグラフが連続な線となるとき，その関数は連続であるという。連続な関数でそのグラフが滑らかな線となるとき，その関数は微分可

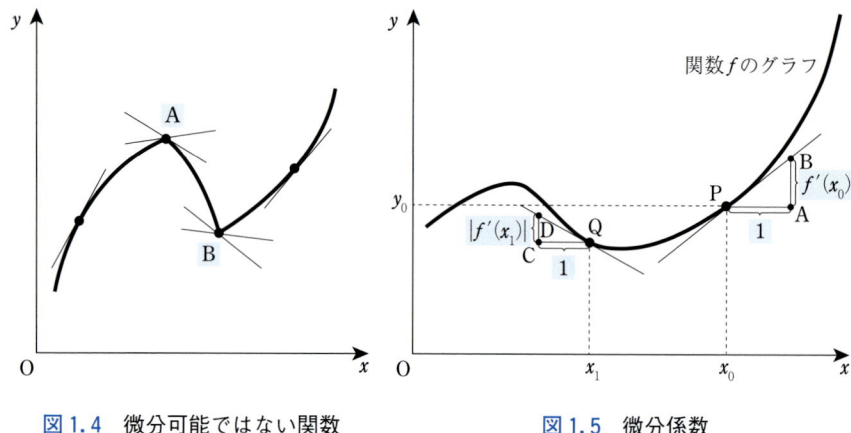

図 1.4 微分可能ではない関数　　　図 1.5 微分係数

能であるという。「グラフが滑らかである」とはグラフのどの点においても接線を引くことができ，またその接線は 1 本しかないことを意味する。したがって，関数のグラフが図 1.3 のように滑らかな場合は，その関数は微分可能である。他方，図 1.4 のようにグラフが折れ曲がっている関数は微分可能ではない。なぜなら，たとえば，グラフの A 点と B 点における接線は 1 本だけではなく，グラフが滑らかではないからである。例 1.4.1 の関数はいずれも連続であり，また微分可能でもある。

■ 微　分

関数 $y = f(x)$ が微分可能であり，そのグラフが図 1.5 で示されるとする。グラフ上の一つの点に注目し，たとえば，P 点 (x_0, y_0) における接線を引く。その接線の傾きを $f'(x_0)$ で表し，その値を関数 f の x_0 における微分係数という。P 点のように接線が正の傾きを持つ場合，$f'(x_0)$ の値は図では AP の長さを 1 としたとき AB の長さで示される。Q 点のように接線が負の傾きを持つ場合，$f'(x_1)$ の値は，その絶対値が図の CD の長さで示される。

微分係数 $f'(x_0)$ は厳密には，

$$f'(x_0) = \lim_{x \to x_0} \frac{f(x) - f(x_0)}{x - x_0}$$

で定義される．P点とQ点では微分係数の値が異なるように，微分係数は変数xに依存している．一般に，xにおける微分係数を$f'(x)$と表記すれば，$f'(x)$は変数xの関数と見なすことができる．関数$f'(x)$は$f(x)$の<u>導関数</u>と呼ばれる．導関数$f'(x)$は$\dfrac{dy}{dx}$あるいはy'などの記号で表されることもある．また，関数$f(x)$の微分係数あるいは導関数を求めることを，$f(x)$を<u>微分する</u>という．

例 1.4.2：上記の例 1.4.1 における関数 1)–5) の微分は，それぞれ以下の通りである．ただし，$x>0$ とする．

1) $y'=3$　　　2) $y'=2x-1$　　　3) $y=\dfrac{1}{2\sqrt{x}}$
4) $y'=-x^{-2}$　　5) $y'=\dfrac{1}{x}$

■ 最大と最小

経済理論において経済主体の行動を，何かを<u>最大</u>（あるいは<u>最小</u>）にする行動，と解釈することがある．たとえば，個人は自己の満足が最大になるように財を消費する，あるいは，企業は費用が最小となるような生産方法を採用するということが仮定される．経済主体のこのような行動を説明するのに関数の値が最大（あるいは最小）となるための条件を求めることが必要となる．

関数$y=f(x)$のグラフが，もし図 1.6(1) のような状況であるならば，関数fの値はM点で最大となる．また，もし関数fのグラフが図 1.6(2) のような場合にはm点で最小となる．すなわち，関数が最大あるいは最小となるための条件は，いずれの場合においても関数の微分係数がゼロとなること，すなわち，

$$f'(x)=0$$

である．この式より値$f(x)$を最大あるいは最小にするxが求められる．ただし，この条件は関数が最大あるいは最小となるための必要条件にすぎず，関数が本当に最大あるいは最小となっているかを判定するためにはグラフの全体の形状を調べなければならない．たとえば，図 1.6(1) のA点とB点では微分係数はゼロであるが関数は最大でも最小でもない．

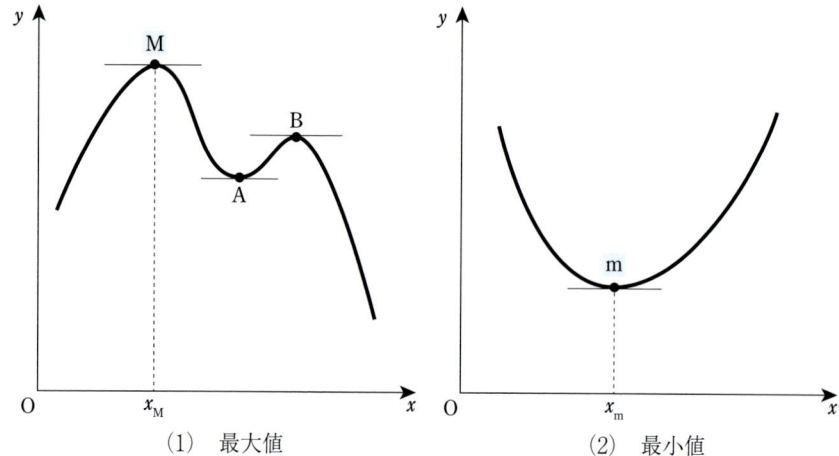

図 1.6 最大と最小

■ 偏微分

ある変数が二つ以上の変数に依存する場合がある。たとえば，変数 y は，二つの変数 x_1 と x_2 に依存し，それらの関数であるとする。その関係を関数 F と呼ぶことにすると，それは

$$y = F(x_1, x_2)$$

と表記される。このような関数 F を多変数関数（この場合は二変数関数）と呼ばれる。

多変数関数にも微分の概念を考えることができる。いま変数 x_2 をあたかもパラメーターであるかのように見なし，変数 x_2 はある一定の値であるとする。たとえば，$x_2 = b$ とする。このとき関数 $y = F(x_1, b)$ は変数 y と変数 x_1 との関係を表す関数と見なすことができる。図 1.7(1) はこのときの変数 y と変数 x_1 との関係を表すグラフであるとする。このとき変数 y を変数 x_1 の関数としての微分係数はそのグラフの傾きによって示される。たとえば，$x_1 = a$ のときの微分係数が図の A 点における接線の傾きで示される。その値は，変数 x_1 に関する関数 F の偏微分係数と呼ばれ，$\dfrac{\partial F}{\partial x_1}(a, b)$ という記号で表すことにする。

逆に，変数 x_1 がある一定の値，たとえば $x_1 = a$ とする。このとき関数 $y =$

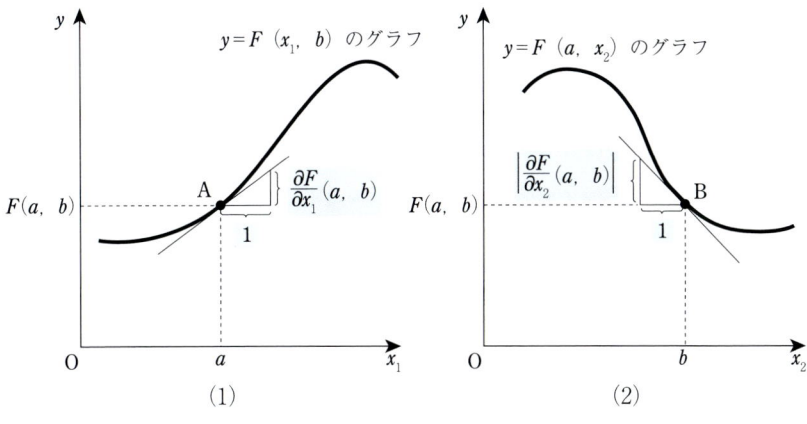

図1.7 偏微分

$F(a, x_2)$ において，変数 y は変数 x_2 の関数と見なすと，図1.7(2)のような変数 y と変数 x_2 との関係を表すグラフが描かれるとする。このとき変数 y を変数 x_2 の関数としての微分係数はそのグラフの傾きによって示される。たとえば，$x_2 = b$ のときの微分係数が図の B 点における接線の傾きで示される。その値は，変数 x_2 に関する関数 F の偏微分係数と呼ばれ，$\frac{\partial F}{\partial x_2}(a, b)$ という記号で表すことにする。

偏微分係数の値は変数 x_1 と x_2 に依存している。一般には，(x_1, x_2) における変数 x_1 と x_2 に関する偏微分係数はそれぞれ，$\frac{\partial F}{\partial x_1}(x_1, x_2)$，$\frac{\partial F}{\partial x_2}(x_1, x_2)$，あるいは簡略化して $\frac{\partial F}{\partial x_1}$，$\frac{\partial F}{\partial x_2}$ と表記され，関数 $F(x_1, x_2)$ の偏導関数と呼ばれる。また，関数 $F(x_1, x_2)$ の偏微分係数あるいは偏導関数を求めることを，$F(x_1, x_2)$ を偏微分するという。

例 1.4.3：以下は二変数関数 $y = F(x_1, x_2)$ とその偏導関数 $\frac{\partial F}{\partial x_1}$，$\frac{\partial F}{\partial x_2}$ の例である。ただし，$x_1 > 0, x_2 > 0$ とする。

1) $y = x_1{}^2 x_2{}^3$, $\quad \frac{\partial F}{\partial x_1} = 2x_1 x_2{}^3$, $\quad \frac{\partial F}{\partial x_2} = 3x_1{}^2 x_2{}^2$

2) $y = \sqrt{x_1 x_2}$, $\quad \frac{\partial F}{\partial x_1} = \frac{1}{2}\sqrt{\frac{x_2}{x_1}}$, $\quad \frac{\partial F}{\partial x_2} = \frac{1}{2}\sqrt{\frac{x_1}{x_2}}$

■ 微分法の公式

二つの関数 $y = f(x)$, $y = g(x)$ が微分可能であるならば，以下が成立する。

$$(f(x) \pm g(x))' = f'(x) \pm g'(x)$$

$$(f(x) \times g(x))' = f'(x) \times g(x) + f(x) \times g'(x)$$

$$\left(\frac{f(x)}{g(x)}\right)' = \frac{f'(x) \times g(x) - f(x) \times g'(x)}{g(x)^2} \quad (ただし，g(x) \neq 0)$$

■ 合成関数と逆関数の微分

三つの変数 x, y, z の間に関数 $z = g(y)$, $y = f(x)$ の関係が成立するとき，x の関数 $z = g(f(x))$ を定義することができる。関数 $z = g(f(x))$ は関数 f と g の合成関数と呼ばれる。関数 $z = g(y)$, $y = f(x)$ が微分可能であるとき，合成関数 $z = g(f(x))$ の微分は以下の公式で求められる。

$$\frac{dz}{dx} = \frac{dz}{dy} \times \frac{dy}{dx}, \quad すなわち，\quad g(f(x))' = g'(f(x)) \times f'(x)$$

> **例 1.4.4**：以下は関数 $z = g(y)$, $y = f(x)$ とそれらの合成関数 $z = g(f(x))$ とその微分の例である。
>
> 1) $z = y^2$, $y = 3x + 1$, $z = (3x+1)^2$, $\dfrac{dz}{dx} = 2y \times 3 = 6(3x+1)$
>
> 2) $z = \log y$, $y = \sqrt{x}$, $z = \log \sqrt{x}$, $\dfrac{dz}{dx} = \dfrac{1}{y} \times \dfrac{1}{2\sqrt{x}} = \dfrac{1}{2x}$

関数 $z = F(y_1, y_2)$, $y_1 = f(x)$, $y_2 = g(x)$ について，合成関数 $z = F(f(x), g(x))$ を定義することができる。関数 $z = F(y_1, y_2)$, $y_1 = f(x)$, $y_2 = g(x)$ が微分可能であるとき（関数 F については厳密には全微分可能であるとき），関数 $z = F(f(x), g(x))$ の微分は以下の公式で求められる。

$$\frac{dz}{dx} = \frac{\partial z}{\partial y_1} \times \frac{dy_1}{dx} + \frac{\partial z}{\partial y_2} \times \frac{dy_2}{dx},$$

すなわち，

$$(F(f(x),\ g(x)))' = \frac{\partial F}{\partial y_1}(f(x),\ g(x)) \times f'(x)$$
$$+ \frac{\partial F}{\partial y_2}(f(x),\ g(x)) \times g'(x)$$

> **例 1.4.5**：以下は関数 $z = F(y_1,\ y_2)$，$y_1 = f(x)$，$y_2 = g(x)$ とそれらの合成関数 $z = F(f(x),\ g(x))$ の微分の例である。
> 1) $z = y_1^2 + y_2$, $y_1 = x+1$, $y_2 = 2x$,
> $z = (x+1)^2 + 2x = x^2 + 4x + 1$, $\quad \frac{dz}{dx} = 2y_1 \times 1 + 1 \times 2 = 2x + 4$
> 2) $z = y_1^2 + \log y_2$, $y_1 = \sqrt{x}$, $y_2 = x^2$,
> $z = x + \log x^2$, $\quad \frac{dz}{dx} = 2y_1 \times \frac{1}{2\sqrt{x}} + \frac{1}{y_2} \times 2x = 1 + \frac{2}{x}$

関数 $y = f(x)$ で表される二つの変数 x と y の関係を，関数 $x = g(y)$ で表すことができるとき，関数 g は関数 f の逆関数と呼ばれ，$x = f^{-1}(y)$ で表される。逆関数 $f^{-1}(y)$ の微分は次の公式で求められる。

$$\frac{dx}{dy} = \left(\frac{dy}{dx}\right)^{-1}, \quad \text{すなわち,} \quad (f^{-1}(y))' = \frac{1}{f'(x)} \quad (\text{ただし,}\ x = f^{-1}(y))$$

■ ベクトル，行列，行列式

多数の変数を表記するにはベクトルを用いるのが便利である。たとえば，2 つの数 x_1, x_2 をまとめて，$\mathbf{x} = \begin{bmatrix} x_1 \\ x_2 \end{bmatrix}$ と表記したものがベクトルである。

ベクトルは通常は数を縦に並べた列ベクトルであるが，表記の便利さから，数を横に並べた行ベクトルも使われる。たとえば，数 p_1, p_2 をまとめて，$\mathbf{p} = [p_1,\ p_2]$ と表記する。

数を縦と横に並べたものが行列である。たとえば，$A = \begin{bmatrix} a_{11}, & a_{12} \\ a_{21}, & a_{22} \end{bmatrix}$ は 2 行 2 列の行列である。

さらに，c を数，$\mathbf{y} = \begin{bmatrix} y_1 \\ y_2 \end{bmatrix}$, $\mathbf{q} = [q_1, \ q_2]$, $B = \begin{bmatrix} b_{11} & b_{12} \\ b_{21} & b_{22} \end{bmatrix}$ とすると，ベクトルと行列の演算は以下で定義される．

$$c\mathbf{x} = \begin{bmatrix} cx_1 \\ cx_2 \end{bmatrix}, \quad c\mathbf{p} = [cp_1, \ cp_2], \quad cA = \begin{bmatrix} ca_{11} & ca_{12} \\ ca_{21} & ca_{22} \end{bmatrix},$$

$$\mathbf{x} \pm \mathbf{y} = \begin{bmatrix} x_1 \pm y_1 \\ x_2 \pm y_2 \end{bmatrix}, \quad \mathbf{p} \pm \mathbf{q} = [p_1 \pm q_1, \ p_2 \pm q_2], \quad \mathbf{px} = p_1 x_1 + p_2 x_2,$$

$$A\mathbf{x} = \begin{bmatrix} a_{11}x_1 + a_{12}x_2 \\ a_{21}x_1 + a_{22}x_2 \end{bmatrix}, \quad \mathbf{p}A = [p_1 a_{11} + p_2 a_{21}, \ p_1 a_{12} + p_2 a_{22}],$$

$$AB = \begin{bmatrix} a_{11}b_{11} + a_{12}b_{21} & a_{11}b_{12} + a_{12}b_{22} \\ a_{21}b_{11} + a_{22}b_{21} & a_{21}b_{12} + a_{22}b_{22} \end{bmatrix}$$

特別な行列 $I = \begin{bmatrix} 1 & 0 \\ 0 & 1 \end{bmatrix}$ は（2次の）単位行列と呼ばれる．行列 A に対して，$AB = BA = I$ が成立するとき，行列 B は行列 A の逆行列と呼ばれ，A^{-1} と表記される．行列 A の行列式は $|A|$ と表記され，以下で定義される値である．

$$|A| = a_{11}a_{22} - a_{12}a_{21}$$

行列 A の逆行列 A^{-1} が存在するための必要十分条件は，$|A| \neq 0$ である．逆行列 A^{-1} は以下の式によって計算することができる．

$$A^{-1} = \frac{1}{|A|} \begin{bmatrix} a_{22} & -a_{12} \\ -a_{21} & a_{11} \end{bmatrix}$$

例 1.4.6：以下は行列 A とその行列式 $|A|$，逆行列 A^{-1} の例である．

1) $A = \begin{bmatrix} 1 & 3 \\ 2 & 4 \end{bmatrix}, \quad |A| = -2, \quad A^{-1} = \begin{bmatrix} -2 & \frac{3}{2} \\ 1 & -\frac{1}{2} \end{bmatrix}$

2) $A = \begin{bmatrix} 0 & -1 \\ 1 & 0 \end{bmatrix}, \quad |A| = 1, \quad A^{-1} = \begin{bmatrix} 0 & 1 \\ -1 & 0 \end{bmatrix}$

2

消費者行動

　経済主体はその活動の面から消費者と生産者に大きく分けられる。すなわち，財・サービスを消費する消費者と生産する生産者に分けられる。消費者とは主に商品を購入し消費する個人あるいは家計を意味する。他方，生産者とは商品を生産し販売する企業を意味する。この章では消費者の行動を分析する。

　消費者行動の分析では「消費者は自己の満足を最大にするように行動する」ということが前提とされる。消費者の満足は効用という言葉で表現され，消費者行動の理論では効用最大化がその基礎とされる。消費者は自己の効用が最大になるように商品の購入計画，どの財をどのくらいの量購入するかを決定する。したがって，消費者は財を需要する経済主体である。また消費者の購入計画は商品の価格と自己の所得に依存する。したがって，消費者の財の需要は価格と所得の関数となる。その関数は需要関数と呼ばれる。このような消費者の行動を明らかにするのがこの章の目的である。

2.1 選好と効用関数

消費者は自己の満足が最大になるように商品の購入計画，すなわち財の種類と量とを決定する。最初に，消費者の行動の基準を明らかにし，それに関するいくつかの基本的な概念を説明する。

■ 一財の場合

初めに，一種類の商品を消費する消費者，すなわち個人の行動を考察しよう。この場合は単純である。もしその商品が個人にとって望ましい財であるならば，より多く消費することによってより高い満足が得られる。個人の満足の程度を表す一つの方法として経済学では効用関数という概念が使われる。効用関数は財の消費から個人が得る満足の程度を数値で表すものである。個人の満足の程度は効用と呼ばれる。

ある財の消費量を x で表す。たとえば，x は「米」の消費量を表すと考えればよい。それから個人が得る効用の大きさを u とすると，効用関数は一般的には

$$u = U(x)$$

と表現される関数である。

その財が個人にとって望ましいものであるなら，消費量 x の増加は効用 u を増大させる。この場合の効用関数 U は x の増加関数である。よって関数 U のグラフを描くと図 2.1 のような右上がりの曲線になる。効用関数のグラフの傾きの大きさを限界効用（marginal utility 略して MU）という。図において消費量が x_0 のときの限界効用は P 点における傾き MU の大きさである。もしグラフが図のように滑らかな曲線ならば（数学の用語を借りて厳密にいうと，効用関数 U が微分可能ならば），限界効用は効用関数 U の微分係数 $U'(x)$ の値である。限界効用とは財の消費量を 1 単位増加するとき効用が追加的にいくら増大するかを表す。効用関数のグラフが図 2.1 のような場合，消費量が増加するにつれて限界効用，すなわちグラフの傾きが小さくなる。消費量が増加すると効用の増加率が減少する。これは財を多量に消費するようになると個人に

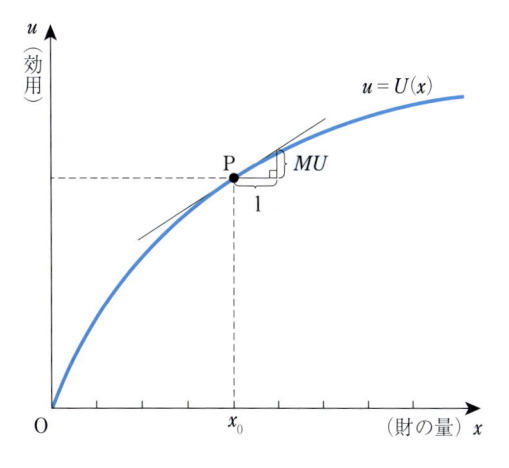

図2.1　一財の場合の効用関数

とって財の価値が小さくなることを意味している．効用関数のこのような性質を，限界効用逓減の法則という．

> **例 2.1.1**：仮に二人の消費者の効用関数をそれぞれ
>
> $$\text{消費者 } a: \quad u = \sqrt{x}, \qquad \text{消費者 } b: \quad u = x^2$$
>
> とする．二人の消費者の財から得る満足の感じ方を比較してみよう．
>
> 消費量が $x=1$，$x=4$ のとき，消費者 a の効用はそれぞれ 1，2，消費者 b の効用は 1，16 である．消費量が増加すると効用が増加するから，どちらの消費者もこの財は望ましいものと考えている．
>
> 二消費者の限界効用はそれぞれ
>
> $$\text{消費者 } a: \quad MU = \frac{1}{2\sqrt{x}}, \qquad \text{消費者 } b: \quad MU = 2x$$
>
> である．消費者が $x=1$，$x=4$ のとき，消費者 a の限界効用はそれぞれ $\frac{1}{2}$，$\frac{1}{4}$，消費者 b の限界効用は 2，8 である．消費者 a の限界効用は図 2.1 の場合のように逓減している．消費者 b の限界効用は逓増し，彼の満足は消費量の増加とともに急激に増大している．

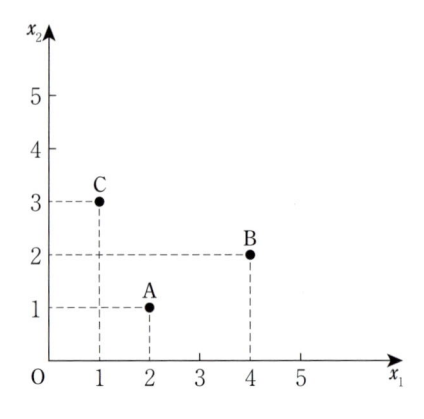

図 2.2　二財の場合の消費

■ 二財の場合

　次に，二種類の商品の消費量を決定する消費者の行動を考察することにしよう。二つの商品を第 1 財，第 2 財と呼ぶことにする。たとえば，第 1 財は「米」であり第 2 財は「パン」であると考えればよい。消費者が消費する第 1 財と第 2 財の量をそれぞれ x_1, x_2 という記号で表し，消費者の消費を二財の消費量の組合せ (x_1, x_2) で表すものとする。

　普通は財の消費量はマイナスの値となることはないから，消費量 x_1 と x_2 はゼロまたはプラスの値である。したがって，二財の消費の可能な組合せ (x_1, x_2) は図 2.2 のような平面に表すことができる。横軸には第 1 財の消費量 x_1 が，縦軸には第 2 財の消費量 x_2 が測られている。たとえば A 点では $x_1 = 2$, $x_2 = 1$ であり，第 1 財を 2 単位と第 2 財を 1 単位消費するという消費計画が表現されている。このようにすべての可能な消費計画は図の平面上の点で示される。

　平面上の無数の消費計画に関して消費者は自分の「好み」を持っているはずである。たとえば，図 2.2 の A 点と B 点で示される二つの消費計画を比較する。もし両財とも望ましい財ならば，消費者はおそらく A 点より B 点を好むであろう。また A 点と C 点を比較した場合，A 点では第 1 財の方が，C 点では第 2 財の方が多い。したがって消費者がどちらの点を好むかは一見して明ら

かではない。しかし，消費者は自分の好みに従って二点のうちいずれか一方を選択するであろう。

消費者の二財の消費の仕方についての「好み」，すなわち選好は効用関数によって表現することができる。二財の消費量の組合せを (x_1, x_2) で表し，その消費から消費者が得る効用の大きさを u で表すと，効用関数は一般的には

$$u = U(x_1, x_2)$$

と表現される。消費者の得る効用水準 u は二財の消費量 x_1 と x_2 に依存しており，消費者の選好は関数 U によって表現される。

いま，二つの消費計画 (x_1, x_2), (x_1', x_2') をそれぞれ

$$x = (x_1, x_2), \qquad x' = (x_1', x_2')$$

と表すことにする。それらの消費から得られる効用をそれぞれ u, u' とする。すなわち，そのことを効用関数 U で表せば，次のようになる。

$$u = U(x_1, x_2), \qquad u' = U(x_1', x_2')$$

二つの効用水準 u と u' を比較して，もし $u > u'$ ならば消費者は消費 x を消費 x' より選好すると解釈される。もし $u = u'$ ならば消費者にとって消費計画 x と x' とは無差別であると解釈される。このように効用関数は任意の二つの消費計画についての消費者の選好を表している。

■ 無差別曲線

いま消費者の二財の消費量がそれぞれ $x_1 = a$, $x_2 = b$ であり，そのときの効用水準が u_0 であるとする。消費 (a, b) と同じ効用水準 u_0 を実現する二財の消費量の組合せ (x_1, x_2) を捜してみよう。

もし二財とも消費者にとって望ましい財ならば，第1財の量が減少するならば同じ効用を得るためには第2財の量が増加しなければならない。逆に第1財の量が増加するならば第2財の量は減少しても同じ効用を得ることができる。したがって，図 2.3 に描かれているように Q 点と同じ効用 u_0 を実現する点の集合は曲線 I_0 のような Q 点を通る右下がりの曲線になる。曲線 I_0 上の点で表される二財の消費は消費者に同じ効用を与え，その曲線上の点はすべて消費者にとって無差別である。そのためこのような曲線は無差別曲線と呼ばれる。

Q 点と異なる効用 u_1 を消費者に与える点，たとえば図 2.3 の R 点について

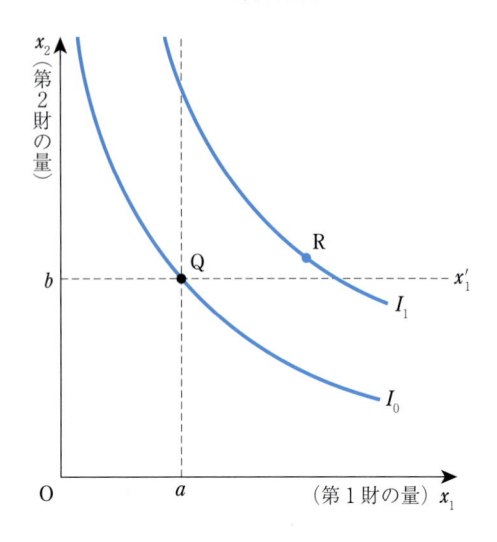

図 2.3　無差別曲線

も同様に無差別曲線 I_1 を描くことができる。このように無差別曲線は無数に存在する。通常の場合は，図において右上に位置する無差別曲線ほどより高い効用水準に対応する無差別曲線である。

■ 限界効用

二財の消費量をそれぞれ $x_1 = a$，$x_2 = b$ とする。このとき x_2 の値を b に固定したまま，x_1 の値だけを変化させたとする。その変化は図 2.3 において Q 点を通る水平な直線 x_1' 上の動きに対応する。それに伴って消費者の効用 u が変化するが，それを描いたものが図 2.4(1) である。普通は財の消費量が増加すると消費者の効用は上昇するから図のような右上がりのグラフになる。

図のようにグラフの P 点において接線を引く。この接線の傾きの大きさが第1財の限界効用である。それは第1財の量の追加的な1単位の増加が効用をどの程度上昇させるかを表す。もしグラフが図のように滑らかな曲線ならば（効用関数 $U(x_1, x_2)$ が変数 x_1 について微分可能ならば），限界効用は効用関数 $U(x_1, x_2)$ を x_1 について微分したもの，すなわち，偏微分の値に等しい。そこで x_1 についての偏微分係数を $\frac{\partial U}{\partial x_1}(x_1, x_2)$ で表すことにすれば，第1財の

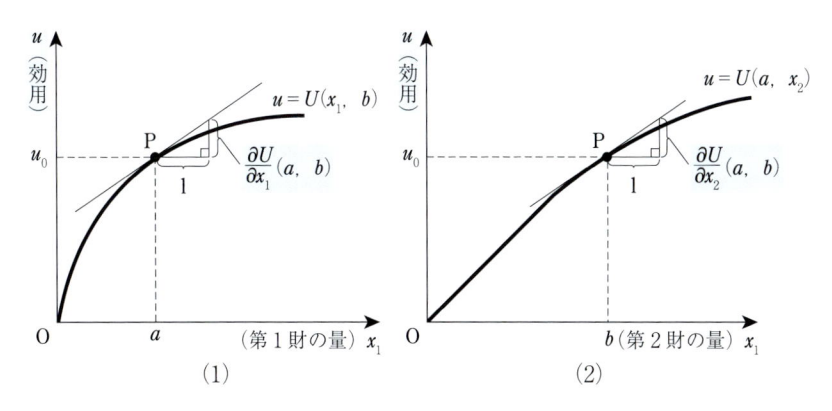

図 2.4　二財の場合の限界効用

限界効用は $\dfrac{\partial U}{\partial x_1}(x_1, x_2)$ で示される。

同様に，x_1 の値を a に固定したまま，x_2 を変化させたときの効用 u のグラフが図 2.4(2) である。第 2 財の限界効用も同様に定義され，それは効用関数 U の x_2 についての偏微分係数 $\dfrac{\partial U}{\partial x_2}(x_1, x_2)$ の値である。

ここで注意すべきことは，限界効用の値は x_1 と x_2 の値に依存することである。図の P 点における限界効用は $x_1 = a$，$x_2 = b$ のときの限界効用であり，x_1 と x_2 の値が変化すればそれに対応する限界効用の値も変化するのである。

効用関数 $u = U(x_1, x_2)$ のグラフを描いたものが図 2.5(1) である。それは u, x_1, x_2 の三つの変数の関係であり，3 次元空間の曲面となる。グラフは曲面 U のような山の形になる。その山の斜面には 2 本の等高線 H_0，H_1 が書かれている。x_1-x_2 平面上の Q 点の消費に対応する効用水準が PQ の高さ u_0 によって示されている。Q 点と同じ効用水準である山の等高線が H_0 である。これを x_1-x_2 平面に投影したものが無差別曲線 I_0 である。三点 bPQ を含む平面 u_1bx_1' で山を切り取ったときの断面を図 2.5(2) に示すが，これは図 2.4(1) のグラフそのものである。

■ 限界代替率

さて図 2.6 のように一つの点，$Q(a, b)$ を選びその点を通る無差別曲線に

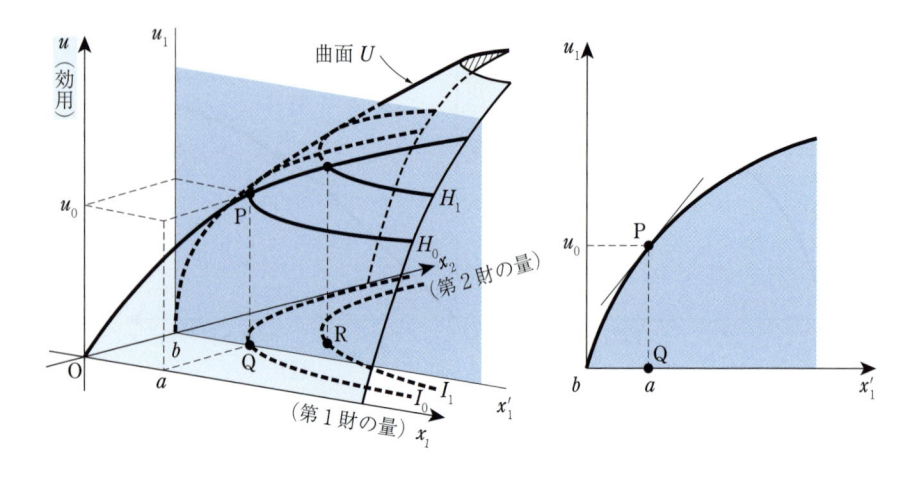

(1) 効用関数の曲面 U

(2) 平面 u_1bx_1' で曲面 U を切り取った断面図

図 2.5 効用関数のグラフ

接線を引く．この接線の傾きの大きさ（この場合は傾きがマイナスであるからその絶対値）を Q 点における限界代替率（marginal rate of substitution 略して MRS）という．

　限界代替率の意味を明らかにしよう．図 2.6 において Q 点から第 1 財の量を 1 単位減少させ第 2 財を Δx_2 だけ増加させた点 Q′ が同じ無差別曲線上にあるとする．無差別曲線は Q 点の近くではほぼ接線と等しいから，限界代替率 MRS は近似的に Δx_2 の値に等しい．さて，二点 Q，Q′ はともに同じ効用を消費者に与えるから，第 1 財の 1 単位の減少を第 2 財の Δx_2 の増加で代替することが可能である．したがって，限界代替率とは第 2 財が第 1 財を代替する程度を表し，いい換えれば，消費者にとって第 2 財で測った第 1 財の価値を表す．この意味で，いま定義した限界代替率 MRS を第 2 財の第 1 財に対する限界代替率（MRS of x_2 for x_1 略して MRS_{21}）と呼ぶことにする．

　第 1 財の 1 単位の減少と第 2 財の MRS_{21} の増加が同等であるならば，逆に第 1 財の 1 単位の増加が第 2 財の MRS_{21} の減少と同等である．したがって比例関係から第 1 財の $\dfrac{1}{MRS_{21}}$ 単位の増加が第 2 財の 1 単位の減少と同等となる．

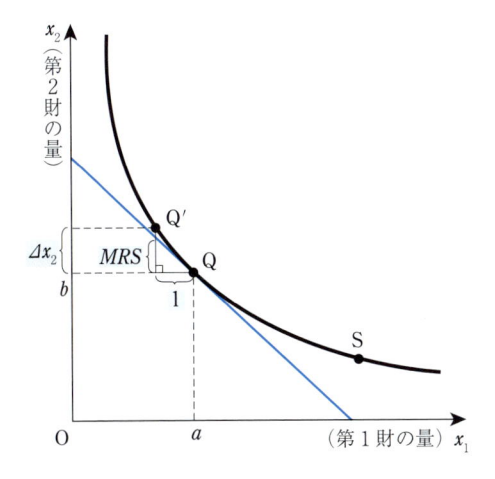

図2.6　限界代替率

ゆえに，第1財の第2財に対する限界代替率を MRS_{12} で表せば，

$$MRS_{12} = \frac{1}{MRS_{21}}$$

の関係が成立する。

　この場合にも注意すべきことは，図から明らかに見てとれるように，限界代替率の値は一定の値ではなく，注目しているQ点に依存していることである。したがって，異なる消費の点を選べば当然その点における限界代替率は異なる値となる。

　同じ無差別曲線上の二点，たとえば図2.6において二点Q，Sを比較すると，S点の方がQ点より限界代替率が小さい。すなわち第1財をより多く消費するS点の方が限界代替率が小さくなっている。これはQ点よりS点の方が第1財をより多く消費する状態にあり，第1財の価値を表す限界代替率は小さいという自然な性質である。この性質は限界代替率逓減の法則と呼ばれる。この法則の主張するところは図から明らかなように無差別曲線が原点Oに向かって凸の形をしていることに他ならない。この性質は無差別曲線の形状に関してしばしば採用される仮定である。

■ 限界効用と限界代替率の関係

次に限界効用と限界代替率の関係を明らかにしよう。いままで見てきたように，第1財の消費量を1単位減少させると，効用は限界効用の大きさ $\frac{\partial U}{\partial x_1}(x_1, x_2)$ だけ下落する。これを第2財を増加させることによって補うことにしよう。第2財1単位の増加は効用を限界効用の大きさ $\frac{\partial U}{\partial x_2}(x_1, x_2)$ だけ上昇させるから，効用を1単位上昇させるためには第2財を $1/\frac{\partial U}{\partial x_2}(x_1, x_2)$ 単位だけ増加させればよい。ゆえに，当初の効用の減少 $\frac{\partial U}{\partial x_1}(x_1, x_2)$ は第2財を $\frac{\partial U}{\partial x_1}(x_1, x_2)/\frac{\partial U}{\partial x_2}(x_1, x_2)$ だけ増加することによって補われる。したがって次の式が成立する。

$$MRS_{21} = \frac{\partial U}{\partial x_1}(x_1, x_2) \bigg/ \frac{\partial U}{\partial x_2}(x_1, x_2)$$

> **命題 2.1.1**：第2財の第1財に対する限界代替率は第1財の限界効用と第2財の限界効用の比に等しい。

これまでに説明した効用関数に関する概念を復習するために，以下に簡単な例を示しておく。

> **例 2.1.2**：ある消費者の効用関数 U が
>
> $$u = x_1^2 x_2$$
>
> であるとする。図2.2のA点の消費計画は $x_1 = 2$, $x_2 = 1$ であるから，この消費から消費者が得る効用は $u = 4$ である。またB点とC点の消費から得る効用はそれぞれ 32, 3 である。各財の限界効用は
>
> $$\frac{\partial U}{\partial x_1} = 2x_1 x_2, \qquad \frac{\partial U}{\partial x_2} = x_1^2$$
>
> となる。したがって，$x_1 = 2$, $x_2 = 1$ のとき第1財，第2財の限界効用はそれぞれ $\frac{\partial U}{\partial x_1} = 4$, $\frac{\partial U}{\partial x_2} = 4$ である。限界代替率は，命題2.1.1より，
>
> $$MRS_{21} = \frac{2x_2}{x_1}$$
>
> である。したがって，$x_1 = 2$, $x_2 = 1$ のときの限界代替率は1である。

■ 効用の基数性と序数性

以上において効用関数についての基礎的な概念を明らかにしたが，ここで「効用」という概念には二つの解釈の仕方があることを指摘しておく。その第一は効用水準そのものに意味があるとし，たとえば消費者の効用水準が1から2に変化したならばその消費者の満足は2倍になったという解釈を与える。このような効用を基数的効用という。これに対して第二の解釈は，効用水準はその大小だけに意味があるとする。上記の例でいえば，消費者の満足が増大したことは意味するが，満足が2倍になったという解釈はしない。このような効用を序数的効用という。

以下の節における消費者の行動の説明には効用の基数的性質は不要である。なぜなら，消費者が任意の二つの消費計画を比較し，どちらを選好するか，あるいはそれらは無差別であるかは無差別曲線の形状だけに依存し，効用の絶対水準には依存しないからである。しかしながら，8章で扱う保険や資産選択のような不確実性が存在する場合には効用の基数的性質が重要となる。

■ 一般的な順序付け

多くの経済分析において消費者の選好を表現するために効用関数が用いられる。しかし選好の効用関数による表現は一見きわめて一般的であるかのように見受けられるが，その手法にはすでに制約が含まれていることに注意すべきである。

そのことを示す良い例は辞書的順序と呼ばれる消費者の選好である。それは次のように判断する消費者の選好である。消費者は二種類の財を消費するが第1財を第2財より特別に好み，まず第1財の量を比較して多い方を選ぶ。もし第1財の量が同じならば，次に第2財の量を比較して多い方を選ぶ。消費者は，最初に第1財，次に第2財というように，ある順序に従って比較をする。辞書で単語を捜すとき，$a, b, c, \cdots$の順に捜すことに似ていることから，このような消費者の選好は辞書的順序と呼ばれる。消費者の選好が辞書的順序であるならば，それは効用関数では表現することが不可能であることが知られている。そのため，上級の議論において一般的な選好を表すために「順序」あるいは「二項関係」という数学の概念が用いられるが，この本では効用関数を用いた議論

に限定することにしよう。

2.2 効用最大化と需要

前節において消費者の選好が効用関数によって表現されることを明らかにしたが，この節では消費者が自己の選好に基づいて財を購入する行動を分析する。財が一種類である場合は簡単である。その場合は消費者は所得のすべてをその財の購入に向けるであろう。以下では二財の場合を考察し，消費者が二種類の財を組み合わせて購入する行動を説明することにしよう。

■ 予算制約

消費者が購入する財を第1財，第2財とし，それらの量をそれぞれ x_1, x_2 で表す。財の購入量はマイナスの値になることはなく，$x_1, x_2 \geqq 0$ とする。

財の量は，たとえばテレビや自動車ならば1台，2台というように多くの場合は整数の値であるが，ここでは財の量をいくらでも小さくすることができるような財を考えることにする。たとえば，米，牛肉の食料品ならば，その量は重さによって測ることができるから，1 kg，2 kg などの整数値だけではなく，1.2 kg，2.3 kg など任意の値となる。このような性質を財の分割可能性という。したがって，x_1, x_2 は非負の実数の値をとる。

消費者が財を購入するために使う所得の額を m とする。また第1財と第2財の価格をそれぞれ p_1, p_2 とする。以下の議論においてしばらくの間は消費者の所得 m と二財の価格 p_1, p_2 は一定であるとする。また，それらはいずれも正の値，すなわち $m > 0$, $p_1 > 0$, $p_2 > 0$ であるとする。

消費者が財を購入するとき所得の制約の範囲内でしか購入することができないから，財の購入に使う金額は所得を超えることはない。また所得のすべてを使う必要はないが，ここでは貯蓄のように所得の一部を残すことは考えないことにする。したがって，二財の購入量の組合せ (x_1, x_2) は以下の式を満足しなければならない。

$$p_1 x_1 + p_2 x_2 = m \tag{2.2.1}$$

上の式は予算制約式と呼ばれる。これは購入量 x_1 と x_2 の関係であり，図2.7

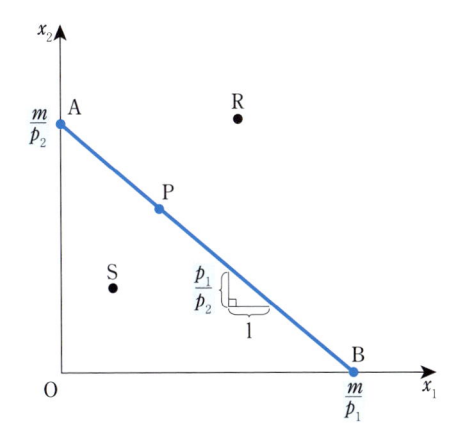

図2.7 予算線

のような直線 AB で表すことができる．もし第1財を何も購入しなければ第2財は $\frac{m}{p_2}$ だけ購入することができる．すなわち，$x_1 = 0$ ならば $x_2 = \frac{m}{p_2}$ である．また逆に $x_2 = 0$ ならば $x_1 = \frac{m}{p_1}$ となる．その他の二財の購入可能な組合せは図の直線 AB 上の点で表される．この直線を予算線という．

図2.7 において，予算線上の P 点では (2.2.1) の予算制約式を満たしており，予算線より下方にある S 点では購入可能であるが所得をすべて使い切っていない状態である．また予算線より上方にある R 点は購入不可能なものである．

予算線の傾きは，図2.7 から明らかなように $\frac{m/p_2}{m/p_1} = \frac{p_1}{p_2}$ であり，二財の価格比に等しい．

■ 効用最大化

消費者の選好は効用関数によって表され，その効用関数を

$$u = U(x_1, x_2) \tag{2.2.2}$$

とする．消費者は予算制約があるために消費量の組合せ (x_1, x_2) を自由に選ぶことはできない．選択可能な消費量の組合せは予算線上の点である．したがって，消費者は効用が一番大きくなるような消費量を予算線上の点のなかから選

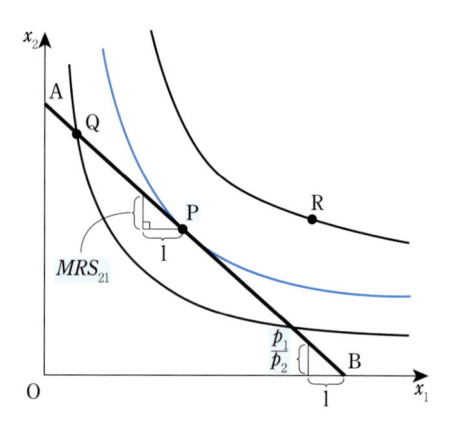

図 2.8　効用最大化

ぶであろう。消費者の行動は，予算制約式 (2.2.1) を満たす (x_1, x_2) の組合せで，(2.2.2) 式の効用関数の値が最大になるような組合せを選択するということになる。これが消費者行動の理論の基礎となる**効用最大化**である。

予算線上で効用を最大にする点はどのような点であるかを明らかにしよう。ただし，効用関数 U において二財の限界効用は正であり，また限界代替率逓減の法則が成り立っていると仮定する。図 2.8 は予算線と消費者の効用関数に対応する無差別曲線を同じ図に描いたものである。

図 2.8 の Q 点のように予算線と無差別曲線が交わっている点を考えよう。Q 点は予算線上にあるから消費者は選択可能な点であるが，予算線上で効用を最大にする点ではない。なぜなら，P 点もまた予算線上にあり，またより高い効用水準に対応する無差別曲線上にあるからである。それでは P 点のように予算線と無差別曲線が接する点を考えよう。予算線上に P 点より高い効用を与える点はあるだろうか。P 点より高い効用を与える点は，たとえば図では R 点のような点であり，それは P 点を通る無差別曲線より右上に位置する。したがって R 点のように P 点より高い効用を与える点は予算線上にはない。ゆえに消費者は P 点で示される二財の消費量の組合せを選択する。

上で明らかにしたように予算線上で効用を最大にする点は予算線と無差別曲線が接する点である。予算線の傾きは $\dfrac{p_1}{p_2}$ であり，無差別曲線の傾きは限界代

替率 MRS_{21} であるから，P 点においては

$$MRS_{21} = \frac{p_1}{p_2} \tag{2.2.3}$$

が成立する。これが消費者の効用最大化の条件である。

また，前節の命題 2.1.1 によれば限界代替率 MRS_{21} は二財の限界効用の比 $\dfrac{\partial U}{\partial x_1} \Big/ \dfrac{\partial U}{\partial x_2}$ に等しいから，上記の効用最大化の条件は

$$\frac{\partial U}{\partial x_1}(x_1, x_2) \Big/ \frac{\partial U}{\partial x_2}(x_1, x_2) = \frac{p_1}{p_2} \tag{2.2.4}$$

と書くことができる。これらのことを以下のように命題として述べておくことにする。

> **命題 2.2.1**：予算制約のもとで効用を最大にする消費者は，限界代替率すなわち二財の限界効用の比が二財の価格比に等しくなるような消費量の組合せを選ぶ。

この命題の意味を考えてみよう。第 1 財をリンゴ，第 2 財をミカンとする。リンゴとミカン，どちらも 1 個 10 円であるとする。したがって $\dfrac{p_1}{p_2} = 1$ である。いま，消費者が図 2.8 の Q 点のような点を選び，そのときリンゴとミカンの限界代替率 MRS_{21} が 2 であるとする。$MRS_{21} = 2$ であるということは，消費者にとってミカン 2 個がリンゴ 1 個と同じである。すなわち，ミカン 2 個をリンゴ 1 個と取り替えても消費者の効用は変わらない。したがって，ミカンの購入量を 2 個だけ減らすと，そのミカン 2 個に支出していた 20 円でリンゴを 2 個も買うことができるから消費者の効用は増大する。このように，価格比と限界代替率が等しくない場合は，消費者は予算制約のなかで購入量を変えてより高い満足を得ることができる。したがって，効用を最大にしているならば上の命題が主張するように限界代替率と価格比が等しくなければならない。

さらに，上記の効用最大化の条件 (2.2.4) は

$$\frac{\partial U}{\partial x_1}(x_1, x_2) \Big/ p_1 = \frac{\partial U}{\partial x_2}(x_1, x_2) \Big/ p_2 \tag{2.2.4$'$}$$

と変形することができる。これは各財の限界効用 $\frac{\partial U}{\partial x_1}$, $\frac{\partial U}{\partial x_2}$ を価格で加重した値が等しいことを意味しており，加重限界効用均等の条件と呼ばれる。これより効用最大化の条件は次のように解釈される。第1財の価格が p_1 であるから，1円の所得で購入できる第1財の量は $\frac{1}{p_1}$ である。第1財の限界効用は $\frac{\partial U}{\partial x_1}$ であるから，上の式の左辺 $\frac{\partial U}{\partial x_1} \big/ p_1$ は消費者が1円で第1財を購入することによって得ることのできる効用の大きさである。同様に，右辺 $\frac{\partial U}{\partial x_2} \big/ p_2$ は1円で第2財を購入することによって得ることのできる効用の大きさである。したがって，消費者が効用を最大にしているならば，それらは等しく，すなわち，所得の最後の1円で消費者がどちらの財を購入しても同じ効用を得るという状態である。この意味において条件 (2.2.4)′ は所得1円の効用，すなわち，貨幣の限界効用が均等していることを意味する。

■ 需要関数

　消費者は二財の価格 p_1, p_2 と所得 m が所与のもとで自己の効用が最大となるように二財の購入量 x_1, x_2 を決定する。消費者が購入したいと思う財の量の組合せを需要と呼ぶことにする。消費者の財の需要は価格と所得に依存する。もし価格と所得が変化すれば需要も変化する。すなわち需要 (x_1, x_2) は価格と所得 (p_1, p_2, m) の関数である。その関数を

$$x_1 = D_1(p_1, p_2, m)$$
$$x_2 = D_2(p_1, p_2, m)$$
(2.2.5)

と書くことにする。関数 D_1, D_2 は需要関数と呼ばれる。式によって理解すれば，需要は未知数を x_1, x_2 とし p_1, p_2, m をパラメーターとする2本の方程式 (2.2.1), (2.2.4) の解であり，パラメーターが変化すれば方程式の解も変化するという関係が需要関数である。

　需要関数の一つの基本的な性質を明らかにしよう。それは需要は二財の価格と所得の比率だけに依存しているという性質である。たとえば消費者の所得が変化して2倍になったとする。それと同時に二財の価格も変化してどちらも2倍になったとする。このとき消費者にとって実質的には何も変化していない。したがって所得と価格の比例的変化は需要を変化させない。

一般的に議論すると，価格と所得が同時に t 倍 $(t>0)$ になったとする。すなわち当初の価格と所得をそれぞれ p_1, p_2, m とすると，変化後の価格と所得は tp_1, tp_2, tm である。そのときの予算制約式は

$$tp_1 x_1 + tp_2 x_2 = tm$$

となる。ところがこれは t を約すと (2.2.1) 式と同じものであり，消費者にとって同じ予算制約に直面していることになる。ゆえに効用を最大にする需要 x_1, x_2 は以前と同じである。実際，このときの効用最大化の条件は

$$MRS_{21} = \frac{tp_1}{tp_2}$$

であり，これも (2.2.3) 式と同じものである。したがって，価格と所得が (p_1, p_2, m) であるときの需要関数の値と，(tp_1, tp_2, tm) であるときの値は等しい。すなわち，任意の $t>0$ について

$$D_1(p_1, p_2, m) = D_1(tp_1, tp_2, tm)$$
$$D_2(p_1, p_2, m) = D_2(tp_1, tp_2, tm)$$

が成立する。関数 D_1, D_2 のこのような性質は数学の用語を借りて0次同次性と呼ばれる。

> **命題 2.2.2**：需要関数は価格と所得に関して0次同次の関数である。需要は価格と所得の比だけに依存し，価格と所得の比例的変化は需要を変化させない。

最後にこの節で説明した消費者の効用最大化の行動と需要関数について復習するために，簡単な例を示しておく。

> **例 2.2.1**：ある消費者の効用関数が
> $$u = (\sqrt{x_1} + \sqrt{x_2})^2$$
> であるとする。この場合二財の限界効用はそれぞれ，合成関数の微分法(1.4節) を使って計算すると，
> $$\frac{\partial U}{\partial x_1} = 2(\sqrt{x_1} + \sqrt{x_2}) \times \frac{1}{2\sqrt{x_1}} = 1 + \sqrt{\frac{x_2}{x_1}},$$

$$\frac{\partial U}{\partial x_2} = 2(\sqrt{x_1} + \sqrt{x_2}) \times \frac{1}{2\sqrt{x_2}} = 1 + \sqrt{\frac{x_1}{x_2}}$$

である。したがって限界代替率は

$$MRS_{21} = \frac{\partial U}{\partial x_1} \bigg/ \frac{\partial U}{\partial x_2} = \sqrt{\frac{x_2}{x_1}}$$

となる。いま二財の価格および消費者の所得がそれぞれ $p_1 = 1$, $p_2 = 2$, $m = 6$ とする。予算制約式は $x_1 + 2x_2 = 6$ である。また効用最大化条件は

$$\sqrt{\frac{x_2}{x_1}} = \frac{1}{2}$$

である。上の二式より $x_1 = 4$, $x_2 = 1$ となり，消費者は効用を最大にするために第1財，第2財をそれぞれ 4，1 の量を購入する。

一般に二財の価格および消費者の所得をそれぞれ p_1, p_2, m とすると予算制約式は

$$p_1 x_1 + p_2 x_2 = m$$

であり，他方，上で求めた限界代替率を用いると効用最大化条件は

$$\sqrt{\frac{x_2}{x_1}} = \frac{p_1}{p_2}$$

である。上の二式を x_1, x_2 について解くと，需要関数は

$$x_1 = \frac{m p_2}{p_1(p_1 + p_2)}, \qquad x_2 = \frac{m p_1}{p_2(p_1 + p_2)}$$

となる。これは明らかに0次同次の関数である。

2.3 需要の変化と財の分類

前節では予算制約のもとで効用最大化する消費者の行動を説明し，消費者の財の需要が価格と所得に依存することを明らかにした。この節では価格と所得の変化が需要に与える効果を分析し，その効果の違いに従って財を分類する。

当初の二財の価格を p_1, p_2，消費者の所得を m とすると，予算制約は

$$p_1 x_1 + p_2 x_2 = m$$

で示される。消費者はこの予算制約のもとで自己の効用

$$u = U(x_1, x_2)$$

が最大になるように行動する。そのときの需要 (x_1, x_2) が需要関数

$$x_1 = D_1(p_1, p_2, m), \qquad x_2 = D_2(p_1, p_2, m)$$

によって示される。需要関数は，価格と所得 (p_1, p_2, m) が変化したとき消費者が自己の選好に基づいて需要 (x_1, x_2) を変える行動を表現するものである。したがって需要関数の形は消費者の選好，すなわち無差別曲線の形状に依存している。以下において価格と所得が変化したとき需要がどのように変化するかを説明しよう。

■ 所得の変化

最初に所得の変化に伴う需要の変化を分析する。消費者の所得が上昇したとする。その上昇分を Δm で表すと，新たな予算制約は

$$p_1 x_1 + p_2 x_2 = m + \Delta m$$

となる。この予算制約のもとでは，もし第1財を何も買わなければ第2財を $\frac{m + \Delta m}{p_2}$ だけ購入することが可能であり，反対にもし第2財を何も買わなければ第1財を $\frac{m + \Delta m}{p_1}$ だけ購入することが可能である。そして予算線の傾きは $\frac{p_1}{p_2}$ であり以前と変わらない。所得が変化する前の予算線と変化後の予算線が図 2.9 に描かれている。AB 線が変化前の予算線であり，A′B′ 線が変化後の予算線である。図のように予算線は上方に平行に移動する。

消費者が需要する二財の量は新しい予算線と消費者の選好を表す無差別曲線との接点である Q 点で示される。図において P 点を変化前に消費者が需要していた点とすると，P 点と Q 点を比較すると二財の需要はともに増加している。図 2.9 において所得の変化に伴う需要の変化の軌跡が ss' 曲線で描かれている。この曲線は**所得消費曲線**と呼ばれる。

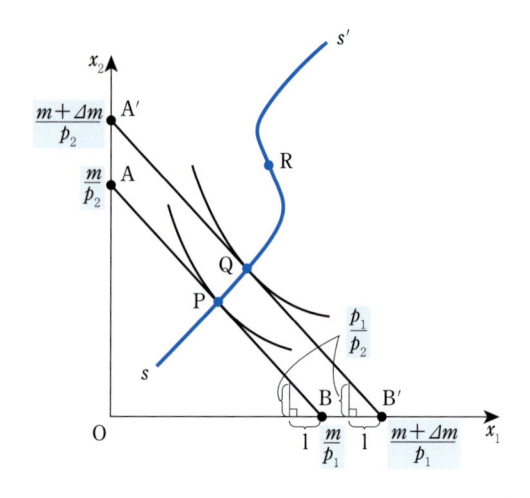

図 2.9　所得の変化

■ エンゲル曲線

　第 1 財の需要の変化に注目しよう。二財の価格を固定したもとで消費者の所得の変化に伴う需要の変化をグラフにしたものが図 2.10 である。すなわち需要関数 D_1 において p_1 と p_2 を固定したときの x_1 と m との関係を表すグラフである。横軸に所得 m，縦軸に第 1 財の需要量 x_1 を表し所得の変化と需要の変化との関係が Oe 曲線として描かれている。この曲線はエンゲル (Engel) 曲線と呼ばれる。

　図の P 点のように普通は所得が増加すると需要は増大し，エンゲル曲線は右上がりとなる。このような状況ではその財は正常財と呼ばれる。あるいは，質の良い財ならば人々は裕福になればより多く購入するという意味で，上級財とも呼ばれる。反対に裕福になると購入量を減らす質の悪い財もある。すなわち，例外的には図の R 点のようにエンゲル曲線が右下がりとなることもある。このような状況ではその財は下級財（または劣等財）と呼ばれる。また，第 2 財の需要の変化についてもエンゲル曲線を描くことができ，同様の議論をすることができる。したがって，第 i 財のエンゲル曲線の傾きは需要関数 D_i の m についての偏微分係数 $\frac{\partial D_i}{\partial m}$ で示されるから，$\frac{\partial D_i}{\partial m}(p_1, p_2, m) > 0$ ならば第 i 財は上級財，$\frac{\partial D_i}{\partial m}(p_1, p_2, m) < 0$ ならば下級財である。

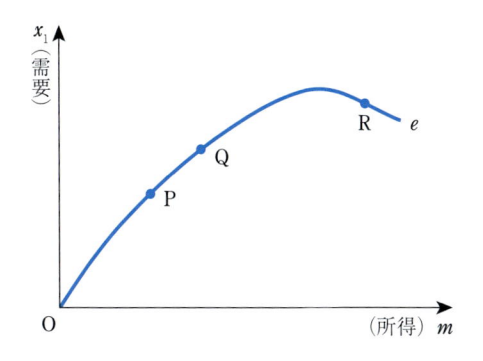

図 2.10　エンゲル曲線

■ 需要の所得弾力性

所得が変化したときの需要の変化の程度を別の指標で測ることができる。いままでと同様の状況を考えよう。二財の価格が p_1, p_2, 所得が m であるとき二財の需要量がそれぞれ x_1, x_2 であるとし，消費者の所得が Δm だけ上昇したとする。このとき二財の需要量がそれぞれ Δx_1, Δx_2 だけ変化したとする。このとき以下のような値 η_i を定義する。

$$\eta_i = \frac{\Delta x_i}{x_i} \bigg/ \frac{\Delta m}{m} = \frac{\Delta x_i}{\Delta m} \times \frac{m}{x_i} \qquad (i=1,\ 2)$$

この値 η_i は第 i 財の需要の所得弾力性と呼ばれる。この値は需要の変化率 $\frac{\Delta x_i}{x_i}$ と所得の変化率 $\frac{\Delta m}{m}$ との比であるから，需要の所得弾力性とは1％の所得の増加に伴って需要量が何％変化するかを表す指標である。また，変化率 $\frac{\Delta x_i}{\Delta m}$ は近似的には需要関数 D_i の m についての偏微分係数 $\frac{\partial D_i}{\partial m}$ に等しいから，需要の所得弾力性 η_i は

$$\eta_i = \frac{\partial D_i}{\partial m}(p_1,\ p_2,\ m) \times \frac{m}{x_i}$$

と定義される。したがって，$\eta_i > 0$ ならば第 i 財は上級財，$\eta_i < 0$ ならば下級財である。

■ 必需品・奢侈品

所得弾力性の大きさに依存して財が分類される。仮に $\eta_i < 1$ であるとする。

すなわち所得の増加率より需要の増加率が小さいとする。このとき $m\Delta x_i < x_i \Delta m$ であるから，これより

$$\frac{p_i(x_i + \Delta x_i)}{m + \Delta m} < \frac{p_i x_i}{m}$$

が成立する。この式は右辺から左辺を引くことによって容易に確かめられる。右辺は所得が変化する以前において第 i 財の購入に支出した金額が全所得に占める割合であり，他方左辺は変化後の割合である。したがって需要の所得弾力性が1より小さい財は，所得が増加するとその財に支出する金額が全所得に占める割合が減少する。$\eta_i < 1$ であるような財は必需品と呼ばれる。食料品のような基礎的な財はこのような性質を持っているものと考えられる。家計支出に占める飲食費の比率はエンゲル係数と呼ばれ，所得の増加はエンゲル係数を減少させる傾向があることが知られている。もし反対に $\eta_i > 1$ ならば，第 i 財は奢侈品（ぜいたく品）と呼ばれる。この場合は裕福になると支出の割合が増加する財である。

奢侈品と上級財，必需品と下級財の関係は次の通りである。第 i 財が奢侈品ならば，$\eta_i > 1 > 0$ であるから，それは上級財でもある。また，第 i 財が下級財ならば，$\eta_i < 0 < 1$ であるから，それは必需品でもある。

■ 価格の変化

次に価格の変化による需要の変化を調べよう。どちらの財の価格が変化しても議論は同様にすることができるから，いま第1財の価格 p_1 が上昇したとしよう。その上昇分を Δp_1 とすると新たな予算制約式は

$$(p_1 + \Delta p_1)x_1 + p_2 x_2 = m$$

となる。この予算制約のもとでは，もし第1財を何も買わなければ第2財を $\frac{m}{p_2}$ だけ購入することが可能であり，反対にもし第2財を何も買わなければ第1財を $\frac{m}{p_1 + \Delta p_1}$ だけ購入することが可能である。そして予算線の傾きは $\frac{p_1 + \Delta p_1}{p_2}$ となり以前より大きくなる。価格が変化する以前の予算線と変化後の予算線を図に描くと図2.11のようになる。AB線が変化前の予算線でありAB′線が変化後の予算線である。図のように予算線はA点を中心に回転する。

2.3　需要の変化と財の分類　　43

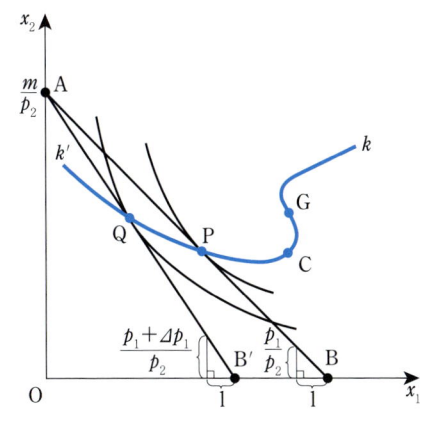

図 2.11　価格の変化

　消費者が需要する二財の組合せは，新しい予算線と消費者の無差別曲線との接点である Q 点で示される。変化前に消費者が需要していた P 点と比較すると，この場合は第 1 財の需要量は減少し第 2 財の需要量は増加している。図 2.11 において価格の変化に伴う需要の変化の軌跡が kk' 曲線によって描かれている。この曲線は価格消費曲線と呼ばれる。

■ 需 要 曲 線

　第 1 財の需要の変化に注目しよう。第 2 財の価格と所得が一定のもとで第 1 財の価格の変化に伴う需要の変化をグラフにしたものが図 2.12 である。すなわち曲線 dd' は需要関数 D_1 において第 2 財の価格 p_2 と所得 m を固定し，第 1 財の需要量 x_1 と第 1 財の価格 p_1 との関係をグラフに描いたものである。縦軸に第 1 財の価格を，横軸に第 1 財の需要量を表し，第 1 財の価格と需要量との関係が dd' 曲線として描かれている。この曲線が第 1 財の需要曲線である。図 2.12 の P 点の状況のように普通は価格が上昇すればその財の需要量は減少し，需要曲線は右下がりとなる。ただし図 2.12 の G 点の場合のように例外的に需要曲線が右上がりになることがあり，そのときその財はギッフェン（Giffen）財と呼ばれる。

図 2.12　需要曲線

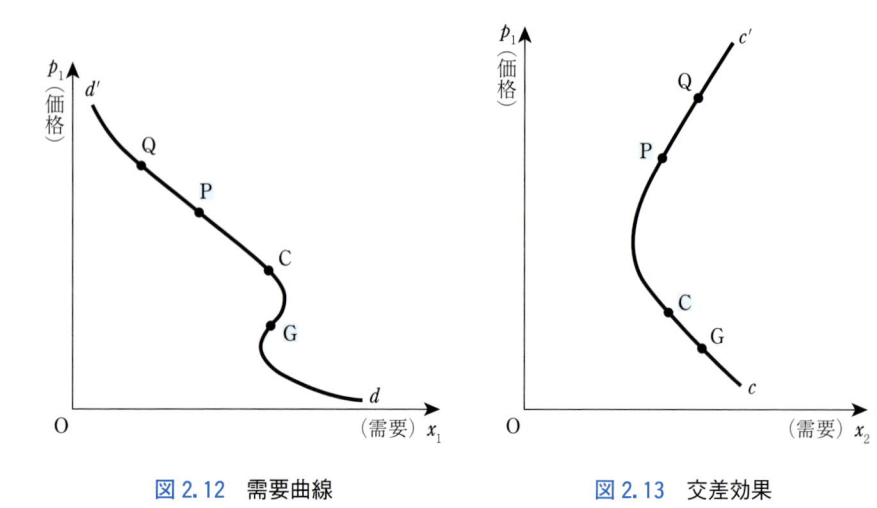

図 2.13　交差効果

■ 粗代替財・粗補完財

　縦軸に第 1 財の価格を，横軸に第 2 財の需要を表し，それらの関係を描いたものが図 2.13 の cc' 曲線である。すなわち cc' 曲線は需要関数 D_2 において p_2 と m を固定したときの p_1 と x_2 との関係を表すグラフである。通常は第 1 財の価格が上昇すれば相対的に安い第 2 財の需要量が増加する。すなわち値段の高い財は安い財に代替される。したがって，図 2.13 の P 点のように右上がりの曲線となる。このとき第 2 財は第 1 財の粗代替財であるという。

　反対に図 2.13 の C 点のように第 1 財の価格が上昇すると第 2 財の需要が減少することがある。この場合は二財とも需要量が減少しているから二財は同時に需要される財である。したがって，それらは補完的な関係にあることを意味しており，C 点のように cc' 曲線が右下がりとなる状況では第 2 財は第 1 財の粗補完財であるという。

■ 代替効果・所得効果

　価格の変化が消費者の需要に与える効果をよりくわしく調べることにしよう。図 2.11 と同様の状況を考えよう。当初二財の価格が p_1，p_2，所得が m であり，第 1 財の価格 p_1 が Δp_1 だけ上昇したとする。図 2.14 において，P 点は価

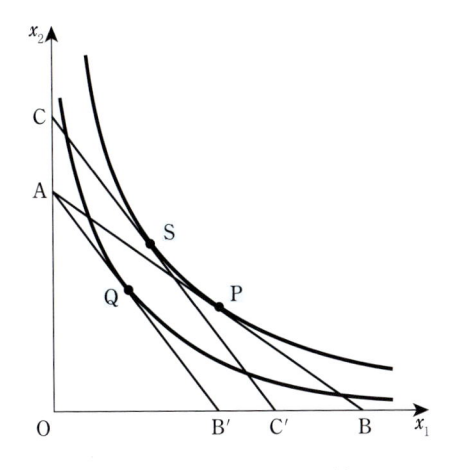

図 2.14　代替効果と所得効果

格が変化する前の需要であり，Q 点は変化後の需要とする．第 1 財の変化に注目する．P 点から Q 点への変化量を Δx_1 とする．この変化を二つに分解することにする．そのために図のように変化後の予算線と平行に P 点を通る無差別曲線に接線 CC′ を引きその接点を S 点とする．このように P 点から Q 点への変化は P 点から S 点への変化と，S 点から Q 点への変化に分解される．

　P 点から S 点への変化は，両方とも同じ無差別曲線上にあるから，消費者にとって同じ効用を得ているという意味で実質的な変化ではない．価格変化後の予算線は直線 AB′ であるが，もし仮に予算線が直線 CC′ となるように追加的に所得が補償されたならば，消費者は S 点の消費をすることができる．すなわち，S 点は価格の上昇による実質所得の減少が補償されたときの需要である．したがって，P 点から S 点への変化は，価格が相対的に高い第 1 財から相対的に安い第 2 財への需要の移行と見なすことができる．すなわち第 1 財が第 2 財によって代替されたことになる．この意味で P 点から S 点への変化は代替効果と呼ばれる．他方，S 点から Q 点への変化は，価格の上昇による実質的な所得の減少による効果と見なされる．この意味で S 点から Q 点への変化は所得効果と呼ばれる．

■ 代替財・補完財

図 2.14 の代替効果 PS において第 1 財の需要の変化を見よう。この変化を，第 1 財の価格変化が第 1 財自身の需要量に与える効果という意味で，自己代替効果という。図 2.14 において第 1 財の需要量は減少しているから，自己代替効果は負（マイナス）である。図 2.14 から明らかなように，この効果は正（プラス）になることはない。すなわち，自己代替効果は必ず非正である。

これに対して第 2 財の需要の変化は交差代替効果と呼ばれる。図 2.14 において第 2 財の需要量は増加しているから，交差代替効果は正である。このような場合，第 2 財が第 1 財を代替するという意味で，第 2 財は第 1 財の代替財であるという。消費者が三種類以上の財を購入するとき，例外的に交差代替効果が負になることがある。その場合は補完財と呼ばれる。

■ ギッフェン財

以上のように価格の変化が需要に与える効果は代替効果（P 点から S 点への変化）と所得効果（S 点から Q 点への変化）の和として解釈される。第 1 財の価格が上昇したならば第 1 財の需要量は，自己代替効果が非正であるから，減少する傾向がある。しかし残りの所得効果が正ならば両方の効果の和が正となり，第 1 財の需要量は増加する。価格が上昇したとき需要量が増加するならば，第 1 財はギッフェン財である。この状況が図 2.15 に描かれている。所得効果が正であるとは，所得の減少が需要を増加させるということを意味するから，第 1 財は下級財でもある。すなわちギッフェン財は，代替効果を上回るほどに所得効果が極度に大きな下級財である。

■ 需要の価格弾力性

最後に需要の弾力性にはもう一つ別の概念があることを述べておく。それは需要の価格弾力性と呼ばれ，

$$\varepsilon_{ij} = -\frac{\partial D_i}{\partial p_j}(p_1, \ p_2, \ m) \times \frac{p_j}{x_i} \qquad (i = 1, \ 2\,; j = 1, \ 2)$$

と定義される値 ε_{ij} である。この値は近似的には需要の変化率 $\frac{\Delta x_i}{x_i}$ と価格の変

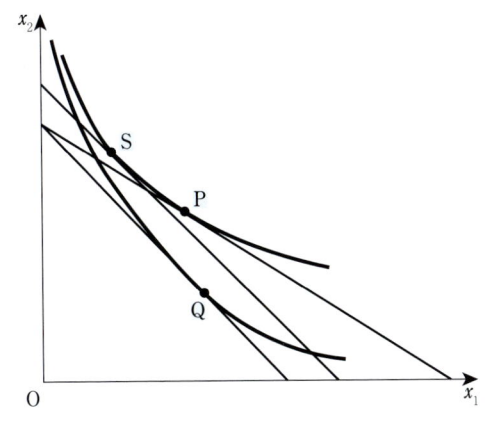

図 2.15　ギッフェン財

化率 $\frac{\Delta p_j}{p_j}$ との比であるから，1％の価格の上昇に伴って需要量が何％変化するかを示すものである。

■ 財の分類

　以上のことを需要関数を使って整理しておこう。もし需要関数が微分可能な関数ならば，エンゲル曲線および需要曲線の傾きは需要関数の偏微分で示される。需要関数 D_i の価格 p_j，および所得 m に関する微分をそれぞれ $\frac{\partial D_i}{\partial p_j}$，$\frac{\partial D_i}{\partial m}$ で表す。また価格 p_j が需要 x_i に与える代替効果を $\frac{\partial D_i^u}{\partial p_j}$ で表す。

　財の分類は次頁の表の通りである。分類Aによると財は四種類に分類され，たとえば，種類①は財のぜいたく品かつ上級財であるが，ギッフェン財ではない財である。また，表から必需品の一部が下級財であり，下級財の一部がギッフェン財であることが示されている。分類Bでは財は粗代替財と粗補完財の二種類に，分類Cでは財は代替財と補完財の二種類に分類されている。

分類 A

分類の基準 第 i 財の分類	η_i	$\dfrac{\partial D_i}{\partial m}$	$\dfrac{\partial D_i}{\partial p_i}$
種類①	ぜいたく品 $\eta_i > 1$	上級財 $\dfrac{\partial D_i}{\partial m} > 0$	非ギッフェン財 $\dfrac{\partial D_i}{\partial p_i} < 0$
種類②	必需品 $\eta_i < 1$		
種類③		下級財 $\dfrac{\partial D_i}{\partial m} < 0$	
種類④			ギッフェン財 $\dfrac{\partial D_i}{\partial p_i} > 0$

分類 B（第 j 財との関係）

分類の基準 第 i 財の分類	$\dfrac{\partial D_i}{\partial p_j}$
種類①	粗代替財 $\dfrac{\partial D_i}{\partial p_j} > 0$
種類②	粗補完財 $\dfrac{\partial D_i}{\partial p_j} < 0$

分類 C（第 j 財との関係）

分類の基準 第 i 財の分類	$\dfrac{\partial D_i^u}{\partial p_j}$
種類①	代替財 $\dfrac{\partial D_i^u}{\partial p_j} > 0$
種類②	補完財 $\dfrac{\partial D_i^u}{\partial p_j} < 0$

2.4　交換の理論

　これまでに効用最大化という行動によって財を需要する消費者の行動を明らかにしたが，この節では同様の考え方に基づいて，「財の交換」と「労働供給」を説明することにする。

■ 財の交換

　最初に財を交換する消費者の行動を明らかにしよう。第 1 財 x_1 と第 2 財 x_2 を消費する消費者の効用関数を

$$u = U(x_1, x_2) \tag{2.4.1}$$

とする。当初この消費者は第 1 財だけを保有しておりその保有量を e_1 とする。

消費者は自己の効用を最大にするために，市場において自分が保有している第1財の一部を売却し，それから得た所得を用いて第2財を購入するとしよう。すなわち，消費者は第1財を第2財と交換する。

市場において二財の価格がそれぞれ p_1, p_2 であるとする。消費者が売却する第1財の量を s とし，購入する第2財の量を b とする。第1財の売却より得る所得は $p_1 s$ であり，この所得から消費者は第2財を購入するから $p_2 b = p_1 s$ なる関係が成立しなければならない。売買の結果実現する二財の量の組合せを (x_1, x_2) とすると，$x_1 = e_1 - s$ と $x_2 = b$ の関係があるから，

$$p_1 x_1 + p_2 x_2 = p_1 e_1 \tag{2.4.2}$$

という関係が成立する。これは消費者が二財の消費量の組合せ (x_1, x_2) を選択する場合に満足すべき条件すなわち予算制約である。消費者はこの予算制約のもとで (2.4.1) 式の効用が最大となるような消費量の組合せ (x_1, x_2) を選択するのである。

予算制約 (2.4.2) に対応する予算線を図示すると図 2.16 の AB 線のようになる。横軸に x_1，縦軸に x_2 を測ると，予算線は消費者が当初所有する第1財の量 e_1 を示す B 点を通る傾き $\dfrac{p_1}{p_2}$ の直線である。図に消費者の選好を表す通常の仮定を満たす無差別曲線が描かれている。消費者の効用を最大にする二財の消費量は予算線と無差別曲線が接する Q 点で示される。したがって効用最大化の条件は

$$MRS_{21} = \frac{p_1}{p_2} \tag{2.4.3}$$

あるいは，命題 2.1.1 より

$$\frac{\partial U}{\partial x_1}(x_1, x_2) \Big/ \frac{\partial U}{\partial x_2}(x_1, x_2) = \frac{p_1}{p_2} \tag{2.4.4}$$

となる。図の Q 点における二財の消費量は (2.4.2) と (2.4.3) (あるいは (2.4.4)) によって決定される。図の s が消費者が売る第1財の量を，b が消費者が買う第2財の量を表す。財の売買の量は明らかに二財の価格に依存する。

以上の消費者の行動は 2.2 節において明らかにされた消費者行動と基本的に同じである。実際，異なる点は予算制約 (2.2.1) における消費者の所得 m が予算制約 (2.4.2) において $p_1 e_1$ になっていることだけであり，効用最大化の

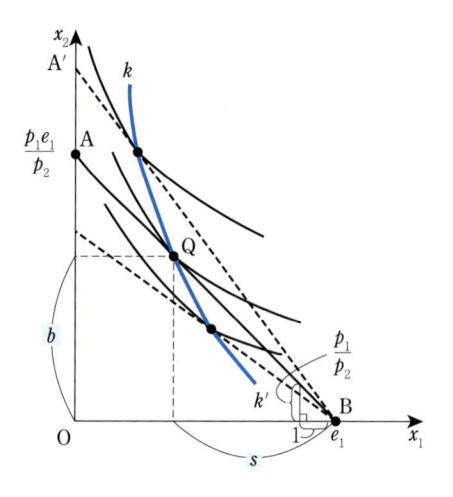

図 2.16　財の交換

条件はすべて同じである。したがって図 2.16 の Q 点の二財の消費量 x_1, x_2 は，(2.2.5) 式の需要関数において $m = p_1 e_1$ とすると，

$$x_1 = D_1(p_1,\ p_2,\ p_1 e_1)$$
$$x_2 = D_2(p_1,\ p_2,\ p_1 e_1) \tag{2.4.5}$$

と表すことができる。このように消費者が選択する消費量は二財の価格 p_1, p_2 の関数となる。実際にはそれらは二財の価格比 $\dfrac{p_1}{p_2}$ だけに依存する。なぜなら命題 2.2.2 によると需要関数は価格と所得について 0 次同次の関数であるからである。たとえば，もし二財の価格がともに 2 倍になると所得 $p_1 e_1$ も 2 倍になり，したがって，消費者の需要は変わらない。また，このことは予算制約 (2.4.2) と効用最大化の条件 (2.4.3) が価格の比例的変化には依存しないことからも明らかである。

上で明らかにしたように消費者が選択する二財の消費量 x_1, x_2 は二財の価格比 $\dfrac{p_1}{p_2}$ の関数である。したがって消費者の第 1 財の販売量 s も，$s = e_1 - x_1$ であるから，価格比 $\dfrac{p_1}{p_2}$ の関数である。また第 2 財の購入量 b も，$b = x_2$ であるから，やはり価格比 $\dfrac{p_1}{p_2}$ の関数である。この場合は特に逆数 $\dfrac{p_2}{p_1}$ の関数と見なすことにする。それらの関数関係を

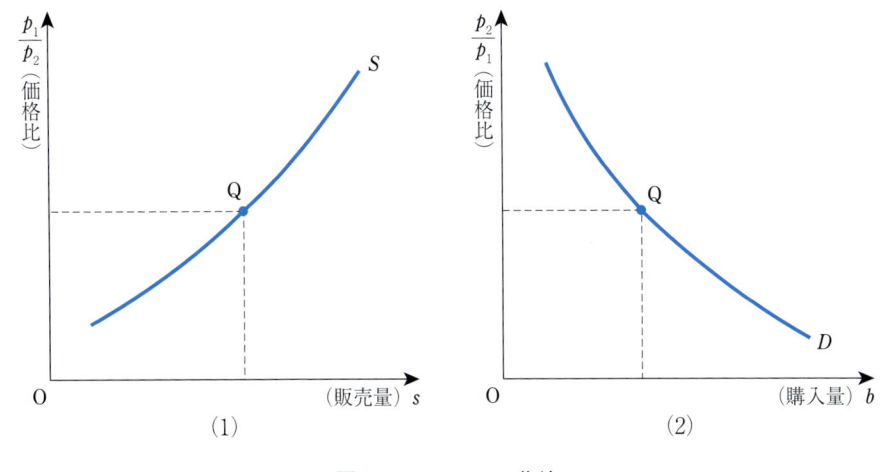

図 2.17　オファー曲線

$$s = S\left(\frac{p_1}{p_2}\right), \qquad b = D\left(\frac{p_2}{p_1}\right) \tag{2.4.6}$$

と書くことにする。これらはそれぞれ第 1 財の供給関数および第 2 財の需要関数である。

次に二財の価格が変化したときの効果を調べよう。価格が変化すると予算線の傾きは変化するが，予算線が図 2.16 の B 点を通ることに変わりはない。したがって，たとえば価格比 $\frac{p_1}{p_2}$ が上昇したならば予算線 AB は A′B 線に変わる。すなわち，図 2.16 において価格の変化は予算線の B 点を中心とする回転を引き起こす。

価格の変化に伴って消費者が選択する二財の消費量の変化の軌跡を描いたものが kk' 曲線である。この曲線は，第 1 財を「提供する」という意味で，オファー曲線（offer curve）と呼ばれる。このオファー曲線に対応する販売量 s と購入量 b の変化をグラフにしたものが図 2.17(1), (2) である。通常の状況では第 1 財の販売量 s は価格比 $\frac{p_1}{p_2}$ の増加関数となり，第 2 財の購入量 b は価格比 $\frac{p_2}{p_1}$ の減少関数となる。

■ 労働供給

同様の考え方で労働の供給関数を導出しよう。経済主体として労働を供給し，消費財を需要する家計を考えることにする。家計は労働を供給し，その見返りとして賃金を受け取り，獲得した賃金で消費財を購入する。家計が供給することができる最大の労働量を L_0 とする。家計の選好を表す効用関数は，供給する労働量と購入する消費財の量に依存するとしよう。家計の効用は労働が増えると低下し，消費が増えると高まると考えられる。消費財の購入量を C で，労働量を L で表す。供給しない労働量を余暇と呼びその量を X で表すと，$X = L_0 - L$ である。家計の効用関数を

$$u = U(X, C) \tag{2.4.7}$$

とし，その無差別曲線が図 2.18 のような状況であるとする。さて労働の価格すなわち賃金率を w，消費財の価格を p とする。消費財の購入額と稼いだ賃金額が等しくなければならないから，家計の予算制約は $pC = wL$ である。これを書き換えると

$$pC + wX = wL_0 \tag{2.4.8}$$

となる。この予算制約に対応する予算線が図 2.18 における AB 線である。家計は，この予算制約のもとで (2.4.7) 式の効用が最大になるように消費 C と余暇 X すなわち労働 L を決定する。同図において Q 点が家計の効用を最大にする点である。

この議論は先の財の交換の理論と同一である。なぜなら余暇 X は第 1 財 x_1，消費財 C は第 2 財 x_2 に対応している。そして (2.4.1) 式は (2.4.7) 式に，(2.4.2) 式は (2.4.8) 式に対応する。したがって，(2.4.6) 式に対応して家計の労働供給と消費財需要はそれぞれ

$$L = S\left(\frac{w}{p}\right), \qquad C = D\left(\frac{p}{w}\right) \tag{2.4.9}$$

という $\frac{w}{p}$ の関数で示される。価格比 $\frac{w}{p}$ は消費財 1 単位を基準にして測った賃金率であり，実質賃金率と呼ぶことができる。図 2.17(1) に対応して，ここでは労働供給 L と実質賃金率 $\frac{w}{p}$ の関係を描いたものが図 2.19 の SS' 曲線である。これが労働の供給曲線である。

家計の選好を表す無差別曲線の形状によっては，供給曲線は図の R 点のよ

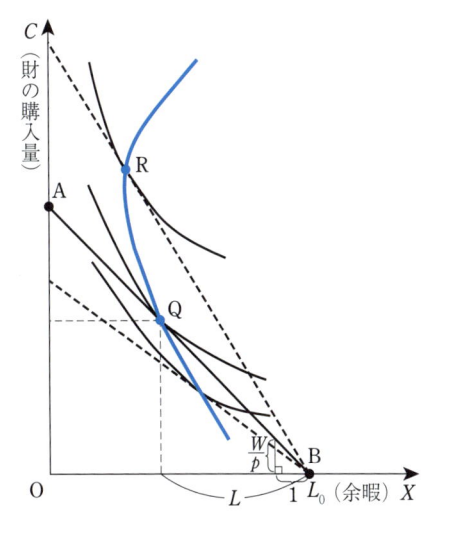

図 2.18　余暇と消費財の選択

図 2.19　労働の供給曲線

うな左上がりの部分があるかもしれない。これは労働供給曲線の後方湾曲（backward bending）と呼ばれる現象で，家計は賃金が非常に高くなると働いてより多くの賃金を得ることよりも余暇を楽しむという裕福な状況である。

2.5　双対性アプローチ*

　消費者の一定所得のもとでの効用最大化は「支出金額が同じとなる消費の仕方ならば効用が最大となるものを選択する」という行動である。これに対して，「同じ効用を実現する消費の仕方ならば支出金額が最小となるものを選択する」という行動を考えることができる。この行動を，効用最大化と対比して，費用最小化と呼ぶことができよう。このような視点から消費者の行動の分析をする方法を双対性アプローチという。

　双対性の分析を始める前に，最初に 2.2 節で明らかにした消費者行動の理論を整理しておこう。消費者は二種類の財を消費し，消費者の効用 u は第1財と第2財の消費量 x_1, x_2 に依存し，その関係は効用関数

$$u = U(x_1, x_2) \tag{2.5.1}$$

で示される。もし二財の価格が p_1, p_2 であるならば、消費者が第1財と第2財をそれぞれ x_1, x_2 だけ購入するのに必要な所得 m は

$$m = p_1 x_1 + p_2 x_2 \tag{2.5.2}$$

と示される。このとき効用最大化は上の二式において価格 p_1, p_2 と所得 m を所与として効用 u が最大になるような x_1 と x_2 を選択することである。この消費者の行動は以下のような最大化問題によって表現される。

> **最大化問題**：m, p_1, p_2 を定数と見なし、制約条件 $m = p_1 x_1 + p_2 x_2$ のもとで関数 $U(x_1, x_2)$ の値が最大となるような x_1, x_2 を求める。

■ 間接効用関数

上の問題の解 x_1, x_2 が満たすべき条件、すなわち効用最大化の条件はすでに 2.2 節の命題 2.2.1 で明らかにしたように

$$MRS_{21} = \frac{p_1}{p_2}, \quad \text{すなわち} \quad \frac{\partial U}{\partial x_1} \bigg/ \frac{\partial U}{\partial x_2} = \frac{p_1}{p_2} \tag{2.5.3}$$

である。そのときの解 x_1, x_2 は (2.5.2) 式と (2.5.3) 式を x_1 と x_2 について解いたものであり、それらは (2.2.5) 式の需要関数

$$\begin{aligned} x_1 &= D_1(p_1, p_2, m) \\ x_2 &= D_2(p_1, p_2, m) \end{aligned} \tag{2.5.4}$$

で示される。このとき消費者が得ている効用の値を v とすると、それは効用関数にそのときの需要量を代入した値、すなわち

$$v = U(D_1(p_1, p_2, m), D_2(p_1, p_2, m)) \tag{2.5.5}$$

である。この式の右辺は p_1, p_2, m の関数と見なすことができるから、それを

$$v = V(p_1, p_2, m) \tag{2.5.6}$$

と書くことにする。この値は価格が p_1, p_2 であり所得が m であるとき、予算制約のもとで消費者が得ることができる効用の最大値である。関数 V によって、消費者の効用はあたかも価格と所得から得られるかのように表現されている。もちろん消費者の効用は財の消費量に依存しており、価格と所得には間接的にしか依存していない。この意味で関数 V は間接効用関数と呼ばれる。

■ 補償需要関数

次に以下のような消費者の費用最小化行動を考えよう。消費者は，ある特定の効用水準に注目し，その効用水準を実現する二財の消費量で支出額が最小となるような組合せを選択するとしよう。(2.5.1) 式は，u を定数と見なすと，効用関数の値が u となるような組合せ (x_1, x_2) が満たすべき条件となる。他方，(2.5.2) 式において，m は二財の価格がそれぞれ p_1, p_2 であるとき消費者が二財をそれぞれ x_1, x_2 だけ購入するときにかかる費用，すなわち支出額である。したがって，費用最小化は，u を定数と見なした (2.5.1) 式の制約のもとで，p_1, p_2 を所与として (2.5.2) 式の m が最小となるような x_1 と x_2 を選ぶことである。この消費者の行動は以下のような最小化問題として表現される。

> **最小化問題**：u を定数と見なし，制約条件 $u = U(x_1, x_2)$ のもとで，$p_1 x_1 + p_2 x_2$ の値が最小となるような x_1, x_2 を求める。

この問題を図示すると図 2.20 のようになる。無差別曲線は図 2.20 のように通常の形状をしているものとする。制約 (2.5.1) 式は一つの無差別曲線に対応する。図では I_u 曲線で表されている。その曲線上の x_1 と x_2 の組合せのなかで (2.5.2) 式の値を最小にするものを求めることである。図 2.20 に描かれているような傾きが $\frac{p_1}{p_2}$ の直線において，同じ直線上の点は費用が同じであり，また左下方にある直線上の点の方が費用はより小さい。Q 点のように無差別曲線 I_u と傾き $\frac{p_1}{p_2}$ の直線が交わるところでは費用は最小ではない。したがって，無差別曲線 I_u 上で費用が最小となる点は P 点のように無差別曲線と直線が接する点である。ゆえに，P 点では $MRS_{21} = \frac{p_1}{p_2}$，すなわち，命題 2.1.1 より，$\frac{\partial U}{\partial x_1} \bigg/ \frac{\partial U}{\partial x_2} = \frac{p_1}{p_2}$ が成立することを意味する。これが費用最小化の条件である。これは上の効用最大化の条件 (2.5.3) とまったく同じものであることに注意しよう。

図 2.20　費用最小化

図 2.21　補償需要曲線

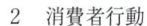

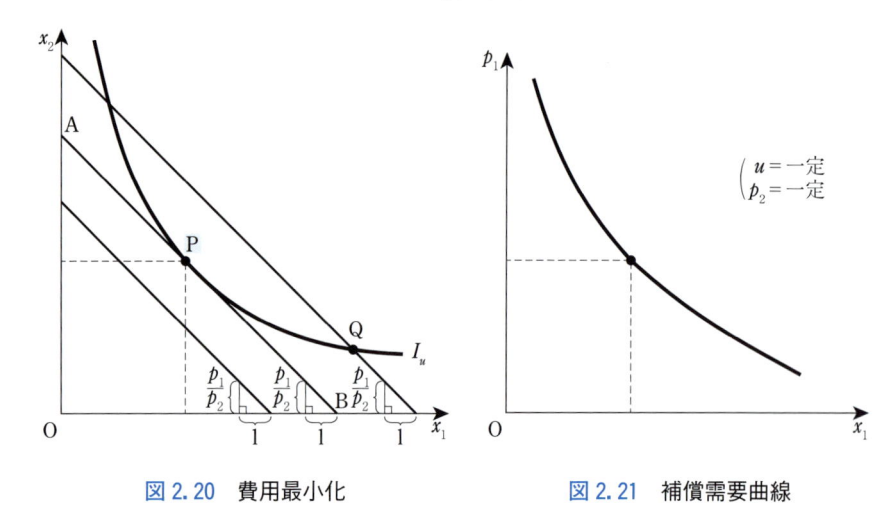

> **命題 2.5.1**：消費者が一定の効用水準のもとで費用が最小となるように消費量の組合せを選ぶならば，そのとき限界代替率は価格比に等しい。いい換えれば限界効用の比は価格比に等しい。

図 2.20 の P 点の二財の量 x_1, x_2 は二財の価格 p_1, p_2 と効用水準 u が所与のもとで支出額が最小となる組合せであり，それらは補償需要と呼ばれる。このように補償需要 x_1, x_2 は p_1, p_2, u に依存して決まり，p_1, p_2, u の関数である。その関数関係を

$$x_1 = D_1^u(p_1, p_2) \qquad x_2 = D_2^u(p_1, p_2) \qquad (2.5.7)$$

で示すことにする。この関数は補償需要関数と呼ばれる。これを数学的に理解すれば，補償需要は，未知数を x_1, x_2 とし，p_1, p_2, u をパラメーターとする 2 本の方程式 (2.5.1)，(2.5.3) の解である。図 2.21 は，(2.5.7) 式の第 1 式において p_2 と u を一定とし，p_1 が変化したときの x_1 と p_1 との関係を描いたものである。このような曲線を補償需要曲線という。補償需要は効用水準 u の無差別曲線上の点であるから，補償需要曲線上のいずれの点においても消費者の効用は同じ水準 u である。

■ 支 出 関 数

さて P 点の補償需要の二財の量 x_1, x_2 を購入するときの支出額を c とすると，それは補償需要関数を用いると

$$c = p_1 D_1^H(p_1, p_2) + p_2 D_2^H(p_1, p_2) \tag{2.5.8}$$

で示される。この値は二財の価格が p_1, p_2 であるとき消費者が効用水準 u を実現するときの最小の支出額である。いい換えれば，効用水準 u を実現するのに必要な最小の所得である。これは，消費者の効用を水準 u に維持しようとするならば消費者に補償されなければならない最小の所得という意味で，補償所得（あるいは最小費用）と呼ばれる。上の式から明らかなように補償所得 c は二財の価格 p_1, p_2 と効用水準 u の関数と見なすことができ，それを書き換えて

$$c = E(p_1, p_2, u) \tag{2.5.9}$$

と書くことにする。この関数 E は消費者の支出関数（あるいは，最小費用関数，補償所得関数）と呼ばれる。

上述の消費者の費用最小化行動を効用最大化行動と比較してみよう。図 2.20 の P 点は価格が p_1, p_2 であり効用水準 u であるときの補償需要を表している。この点は効用最大化行動の場合の図 2.8 の P 点と同じ性質を持っている。実際，効用最大化の条件も費用最小化の条件も同じ (2.5.3) 式である。したがって，図 2.20 の P 点を通る直線 AB 上で，P 点は効用を最大にする点である。直線 AB を予算線と見なすと，それに対応する所得は上で求めた補償所得 $E(p_1, p_2, u)$ である。ゆえに，P 点は価格が p_1, p_2 であり所得が $E(p_1, p_2, u)$ であるときの需要と見なすことができる。価格が p_1, p_2 であり所得が補償所得 $E(p_1, p_2, u)$ であるときの需要は，需要関数 (2.5.4) 式において $m = E(p_1, p_2, u)$ とおいたときの需要の値であり，他方，補償需要は (2.5.7) 式によって示されるから，

$$\begin{aligned} D_1^H(p_1, p_2) &= D_1(p_1, p_2, E(p_1, p_2, u)) \\ D_2^H(p_1, p_2) &= D_2(p_1, p_2, E(p_1, p_2, u)) \end{aligned} \tag{2.5.10}$$

という関係が成立する。したがって需要と補償需要との間に以下の命題が成立する。

> **命題 2.5.2**：価格が p_1, p_2 であり効用水準 u であるときの補償需要は，価格が p_1, p_2 であり所得が $E(p_1, p_2, u)$ であるときの需要に等しい。

さらに図 2.20 において価格が p_1, p_2 であり効用水準 u であるときの補償需要を表す P 点は無差別曲線 I_u 上にあるから，P 点の効用水準は u である。他方，P 点は価格が p_1, p_2 であり所得が補償所得 $E(p_1, p_2, u)$ であるときの予算制約のもとで効用を最大にする点でもある。したがって，P 点の効用は価格が p_1, p_2 であり所得が $E(p_1, p_2, u)$ であるときの間接効用の値に等しい。したがって，

$$u = V(p_1, p_2, E(p_1, p_2, u)) \tag{2.5.11}$$

が成立する。ゆえに補償所得と間接効用との間に以下の命題が成立する。

> **命題 2.5.3**：価格が p_1, p_2，効用水準が u であるとする。このとき価格 p_1, p_2 と所得 $E(p_1, p_2, u)$ の間接効用は効用水準 u に等しい。

次に支出関数と補償需要関数の関係を明らかにしよう。図 2.22 において，効用水準 u の無差別曲線を曲線 I_u とし価格 p_1, p_2 のときの補償需要 x_1, x_2 を表す点を P 点とする。このときの補償所得を c とすると

$$c = p_1 x_1 + p_2 x_2$$

となる。いま第 1 財の価格 p_1 が変化し，p_1' に上昇したとする。この変化の結果，補償需要が図の Q 点になり，そのときの補償需要と補償所得を x_1', x_2', c' とする。二財の価格が p_1', p_2 であるとき無差別曲線 I_u 上の点のなかで支出を最小するものが Q 点で示され，その最小値が c' である。したがって，変化後の価格のもとで P 点を購入するときの費用 $p_1' x_1 + p_2 x_2$ は，最小値 c' より小さくはない。すなわち，

$$c' \leq p_1' x_1 + p_2 x_2 \tag{2.5.12}$$

が成立する。上の二式より

$$c' - c \leq (p_1' - p_1) x_1$$

を得る。逆に価格が p_1' から p_1 に変化したと考えると，同様の議論によって，

2.5 双対性アプローチ

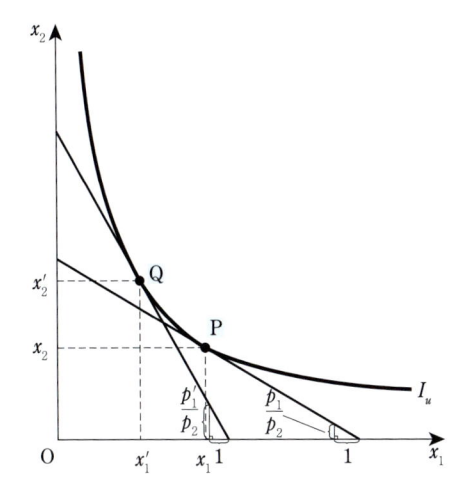

図 2.22 補償需要

上の不等式に対応する式として
$$c - c' \leq (p_1 - p_1')x_1'$$
を得る。

したがって，$p_1' > p_1$ であるから，上の二つの不等式より

$$x_1' \leq \frac{c' - c}{p_1' - p_1} \leq x_1$$

が成立する。これを書き換えると，

$$D_1^u(p_1', p_2) \leq \frac{E(p_1', p_2, u) - E(p_1, p_2, u)}{p_1' - p_1} \leq D_1^u(p_1, p_2)$$

となる。上の不等式において p_1' と p_1 を近づけると左辺と右辺が等しい値になり，したがって中央の項，すなわち関数 E の p_1 に関する傾き（偏微分係数の値）も同じ値になることが分かる。ゆえに

$$\frac{\partial E}{\partial p_1}(p_1, p_2, u) = D_1^u(p_1, p_2)$$

が成立する。また，第 2 財の価格を変化させると価格 p_2 について同様のことを示すことができる。

以上のことから，マッケンジー（McKenzie）の補題と呼ばれる以下の命題が証明された。

> **命題 2.5.4**：支出関数を価格について偏微分すると補償需要関数となる。すなわち
> $$\frac{\partial E}{\partial p_i}(p_1, p_2, u) = D_i^u(p_1, p_2) \qquad (i = 1, 2) \quad (2.5.13)$$
> が成立する。

この命題は直観的には次のように解釈される。第1財の価格が1円上昇したとする。価格が変化する前の第1財の補償需要が，たとえば10であったとする。この場合，もし所得が変化前の補償所得より10円（1円×第1財の補償需要量10）増加すれば，第1財を以前と同じ量10だけ購入することができる。すなわち所得が10円増加すれば以前と同じ効用を維持することができる。したがって同じ効用を維持するためには補償所得は10円上昇すればよいことになる。上の命題はこの推論を支持している。実際，上の命題は価格が1円上昇すると補償所得は10円増加することを主張している。

次に間接効用関数と需要関数の関係を明らかにしよう。命題2.5.3より任意の価格 p_1, p_2 と効用水準 u について（2.5.11）式が成立している。したがって，その式の両辺を p_1 について微分すると以下の式を得る。

$$0 = \frac{\partial V}{\partial p_1}(p_1, p_2, m) + \frac{\partial V}{\partial m}(p_1, p_2, m) \times \frac{\partial E}{\partial p_1}(p_1, p_2, u)$$

ただし，$m = E(p_1, p_2, u)$ である。この式は，命題2.5.4より，

$$0 = \frac{\partial V}{\partial p_1}(p_1, p_2, m) + \frac{\partial V}{\partial m}(p_1, p_2, m) \times D_1^u(p_1, p_2)$$

と書き換えられる。さらに，（2.5.10）式と $m = E(p_1, p_2, u)$ であることから，$D_1^u(p_1, p_2) = D_1(p_1, p_2, m)$ が成立する。ゆえに上の式は

$$0 = \frac{\partial V}{\partial p_1}(p_1, p_2, m) + \frac{\partial V}{\partial m}(p_1, p_2, m) \times D_1(p_1, p_2, m)$$

となる。また価格 p_2 についても同様の式が得られる。

以上よりロワ（Roy）の恒等式と呼ばれる以下の命題が成立する。

> **命題 2.5.5**：間接効用関数の価格と所得に関する偏微分の比より需要関数が得られる。すなわち，
> $$-\frac{\partial V}{\partial p_i}(p_1,\ p_2,\ m)\bigg/\frac{\partial V}{\partial m}(p_1,\ p_2,\ m)=D_i(p_1,\ p_2,\ m)$$
> $$(i=1,\ 2)$$
> が成立する。

この命題の解釈は以下の通りである。ある価格と所得のもとで第 1 財の需要が，たとえば，10 であったとする。このとき，仮に第 1 財の価格が 1 円上昇し，同時に所得も 10 円増加したとする。この場合，第 1 財を以前と同じ量 10 だけ購入することができる。したがって，第 1 財の価格が 1 円上昇したとき同時に所得が 10 円（1 円×第 1 財の需要量 10）増加すれば以前と同じ効用を得ることができる。このことは，第 1 財の価格が 1 円上昇したときの間接効用の減少量は，所得が 10 円増加したときの間接効用の増加量に等しいことを意味する。上の命題はこのことを主張している。実際，上の命題は，価格 1 円の上昇による効用の減少量と所得 1 円の増加による効用の増加量の比は 10 である，すなわち価格 1 円の上昇は 10 円の所得の減少に相当することを主張している。

以上の解釈は基本的には命題 2.5.4 の解釈と同じである。ロワの恒等式はマッケンジーの補題と本質的には同じことを主張するものである。

以上において双対性の議論を展開してきたが，ここで得られた結果は次節においてスルツキー方程式と呼ばれる需要理論の基本方程式の導出において重要な役割を果たす。

2.6 スルツキー方程式*

価格が消費者の需要に与える効果は代替効果と所得効果に分解されることを2.3節において示した。この節ではそれを数式によって明確にする。代替効果と所得効果への分解を表す式をスルツキー (Slutsky) 方程式という。

当初二財の価格が p_1, p_2, 消費者の所得が m であり，そのときの需要を x_1, x_2 とする。すなわち，消費者の需要関数を D_1, D_2 とすると，

$$x_1 = D_1(p_1, p_2, m)$$
$$x_2 = D_2(p_1, p_2, m)$$

となる。この需要のもとで消費者が得る効用水準を u とする。すなわち，消費者の効用関数を U とすると

$$u = U(x_1, x_2)$$

となる。この消費者の状況は前節の図2.20のP点で示される状況と同じである。したがって，P点は価格 p_1, p_2, 効用 u のもとで支出が最小となっている点でもあるから，

$$m = E(p_1, p_2, u)$$

が成立している。

■ スルツキー方程式

いま第1財の価格が上昇したとしよう。前節の (2.5.10) は任意の価格と効用水準について成立するから，それを価格 p_1 について微分すると，その第1式より，

$$\frac{\partial D_1^u}{\partial p_1}(p_1, p_2) = \frac{\partial D_1}{\partial p_1}(p_1, p_2, m) + \frac{\partial D_1}{\partial m}(p_1, p_2, m) \times \frac{\partial E}{\partial p_1}(p_1, p_2, u)$$

が成立する。ただし，$m = E(p_1, p_2, u)$ とする。命題2.5.4より，

$$\frac{\partial E}{\partial p_1}(p_1, p_2, u) = D_1^u(p_1, p_2)$$

であり，さらに，$m = E(p_1, p_2, u)$ であるとき，(2.5.10) 式から，

$$D_1^u(p_1, p_2) = D_1(p_1, p_2, m) = x_1$$

が成立するから，先の式は

$$\frac{\partial D_1^u}{\partial p_1}(p_1, p_2) = \frac{\partial D_1}{\partial p_1}(p_1, p_2, m) + \frac{\partial D_1}{\partial m}(p_1, p_2, m) \times x_1$$

と書き換えられる。

同様にして，価格 p_2 についても，また需要関数 D_2 についても上の式に相当する関係を導出することができる。したがって，それらの関係式より以下の命題が得られる。

> **命題 2.6.1**：価格を p_1, p_2, 所得と m とし，そのときの需要 x_1, x_2 における消費者の効用水準を u とする。このとき以下の関係が成立する。
>
> $$\frac{\partial D_i}{\partial p_j}(p_1, p_2, m) = \frac{\partial D_i^u}{\partial p_j}(p_1, p_2) - x_j \times \frac{\partial D_i}{\partial m}(p_1, p_2, m)$$
>
> $$(i = 1, 2 ; j = 1, 2)$$

この命題における関係式が<u>スルツキー方程式</u>と呼ばれるものである。スルツキー方程式の<u>左辺は価格が需要に与える効果</u>である。<u>右辺の第 1 項は補償需要に与える効果</u>であるから代替効果に相当する。なぜなら，補償需要は価格の上昇による実質的な所得の減少を補い，同じ効用を実現できるように所得が与えられたときの需要であるからである。

<u>右辺の第 2 項は所得効果であることを明らかにしよう。</u>命題 2.5.4 と (2.5.10) によると，価格 p_j の 1 円の上昇による補償所得の増加額はそのときの需要 x_j に等しい。すなわち補われるべき所得の額は需要量 x_j に等しい。所得が 1 円減少すると需要は $\frac{\partial D_i}{\partial m}$ だけ減少するから，x_j 円の所得減少につき需要は $x_j \times \frac{\partial D_i}{\partial m}$ だけ減少する。したがって，右辺の第 2 項はこの効果を表し，所得効果に相当する。

■ 代替行列

代替効果を行列を用いて表現することにしよう。代替効果は補償需要関数を微分したものであるから，価格が p_1, p_2, 効用水準 u について 2 行 2 列の行列 $S^u(p_1, p_2)$ を次のように定義することができる。

$$S^u(p_1, p_2) = \begin{bmatrix} \dfrac{\partial D_1^u}{\partial p_1}(p_1, p_2), & \dfrac{\partial D_1^u}{\partial p_2}(p_1, p_2) \\ \dfrac{\partial D_2^u}{\partial p_1}(p_1, p_2), & \dfrac{\partial D_2^u}{\partial p_2}(p_1, p_2) \end{bmatrix}$$

この行列は代替行列あるいはスルツキー行列と呼ばれる。代替行列は最小費用関数によっても表現される。実際，命題2.5.4の (2.5.13) 式を p_j について微分すると，

$$\frac{\partial^2 E}{\partial p_j \partial p_i}(p_1, p_2, u) = \frac{\partial D_i^u}{\partial p_j}(p_1, p_2) \qquad (i = 1, 2 ; j = 1, 2)$$

を得る。ただし，$\dfrac{\partial^2 E}{\partial p_j \partial p_i}$ は関数 E を p_i, p_j の順に微分した2階の偏微分を表す。したがって，

$$S^u(p_1, p_2) = \begin{bmatrix} \dfrac{\partial^2 E}{\partial p_1^2}(p_1, p_2, u), & \dfrac{\partial^2 E}{\partial p_2 \partial p_1}(p_1, p_2, u) \\ \dfrac{\partial^2 E}{\partial p_1 \partial p_2}(p_1, p_2, u), & \dfrac{\partial^2 E}{\partial p_2^2}(p_1, p_2, u) \end{bmatrix}$$

が成立する。ところで2階連続的に偏微分可能な関数は，微分の順序に依存せず，$\dfrac{\partial^2 E}{\partial p_2 \partial p_1}(p_1, p_2, u) = \dfrac{\partial^2 E}{\partial p_1 \partial p_2}(p_1, p_2, u)$ である。したがって，

$$\frac{\partial D_1^u}{\partial p_2}(p_1, p_2) = \frac{\partial D_2^u}{\partial p_1}(p_1, p_2)$$

が成立する。これは代替行列が対称行列であることを意味する。

命題 2.6.2：交差代替効果は対称である。すなわち，
$$S^u(p_1, p_2) = S^u(p_1, p_2)^T$$
が成立する。ただし，行列 $S^u(p_1, p_2)^T$ は $S^u(p_1, p_2)$ の転置行列である。

次に自己代替効果と交差代替効果の関係を調べよう。前節の支出関数の定義 (2.5.8) および (2.5.9) より，支出関数 E を価格 p_1 で微分すると，

$$\frac{\partial E}{\partial p_1}(p_1, p_2, u) = D_1^u(p_1, p_2) + p_1 \times \frac{\partial D_1^u}{\partial p_1}(p_1, p_2) + p_2 \times \frac{\partial D_2^u}{\partial p_1}(p_1, p_2)$$

を得る。これと命題2.5.4より，

$$p_1 \times \frac{\partial D_1^u}{\partial p_1}(p_1, p_2) + p_2 \times \frac{\partial D_2^u}{\partial p_1}(p_1, p_2) = 0$$

が成立する。これは代替行列 $S^u(p_1, p_2)$ の第1列が表すベクトルと価格ベクトル $\mathbf{p} = [p_1, p_2]$ との内積がゼロであり，それらが直交していることを意味している。同様にして価格 p_2 についても

$$p_1 \times \frac{\partial D_1^u}{\partial p_2}(p_1, p_2) + p_2 \times \frac{\partial D_2^u}{\partial p_2}(p_1, p_2) = 0$$

が成立する。上の二式を行列で表現したのが以下の命題である。

> **命題 2.6.3**：各財の価格について代替効果の価値の総和はゼロである。すなわち，
>
> $$\mathbf{p}S^u(p_1, p_2) = 0$$
>
> が成立する。ただし，$\mathbf{p}$ は価格ベクトル $[p_1, p_2]$ を表す。

代替行列の対角要素すなわち自己代替効果の符号を調べよう。前節の図 2.22 の状況を再考しよう。(2.5.12) と $c' = p_1'x_1' + p_2 x_2'$ であることから，

$$p_1'x_1' + p_2 x_2' \leq p_1'x_1 + p_2 x_2$$

を得る。逆に価格が p_1' から p_1 に変化したと考えると，同様の議論によって，上の不等式に対応する式として

$$p_1 x_1 + p_2 x_2 \leq p_1 x_1' + p_2 x_2'$$

を得る。上の二式を加えて整理すると

$$(p_1' - p_1)(x_1' - x_1) \leq 0$$

となる。したがって，もし $p_1' > p_1$ ならば $x_1' \leq x_1$ である。これは補償需要関数 $D_1^u(p_1, p_2)$ は p_1 に関して減少関数であり，$\frac{\partial D_1^u}{\partial p_1}(p_1, p_2) \leq 0$ であることを意味する。同様に，$\frac{\partial D_2^u}{\partial p_2}(p_1, p_2) \leq 0$ であることが示される。

> **命題 2.6.4**：自己代替効果は非正である。すなわち，
>
> $$\frac{\partial D_i^u}{\partial p_i}(p_1, p_2) \leq 0 \qquad (i = 1, 2)$$
>
> が成立する。

次に代替行列の非対角要素すなわち交差代替効果の符号を調べよう。命題 2.6.3 より，自己代替効果と交差代替効果の価値の和がゼロである。一方，命題 2.6.4 より自己代替効果は非正であるから，価格が正であることを考慮すると，交差代替効果は非負であることが分かる。

> **命題 2.6.5**：交差代替効果は非負である。すなわち，
>
> $$\frac{\partial D_i^u}{\partial p_j}(p_1, p_2) \geqq 0 \qquad (i \neq j)$$
>
> が成立する。

以上の議論では消費者が二種類の財だけを消費することを前提としてきた。しかしながら，最後の命題以外は多数の財が存在する一般的な場合にも成立することが知られている。命題 2.6.5 が常に成立するのは二財の場合だけである。このことは，2.3 節で定義した代替財・補完財の言葉を用いると，二財の場合はそれらが互いに補完財であることはなく，常に代替財の関係にあることを意味している。

練 習 問 題

問 2.1（効用関数，無差別曲線）：以下の効用関数の無差別曲線の形状を図示せよ。
1) $u = x_1^2 x_2$　　2) $u = 2x_1 + x_2$　　3) $u = \min\{2x_1, x_2\}$

ただし，$\min\{a, b\}$ は $a \geqq b$ ならば値 b であり，$a \leqq b$ ならば値 a を表す記号である。

問 2.2：消費者の効用関数 $u = U(x_1, x_2)$ が
$$u = x_1 x_2^2$$
であるとする。
1) 二財の限界効用 $\frac{\partial U}{\partial x_1}, \frac{\partial U}{\partial x_2}$ を求めよ。
2) 限界代替率 MRS_{21} を求めよ。

問 2.3：消費者の効用関数を
$$u = x_1^2 x_2$$
とし，二財の価格を $p_1 = 2$, $p_2 = 1$, 所得を $m = 3$ とする。

1) 予算制約式を求めよ。
2) 二財の需要量を求めよ。
3) 二財の需要関数を求めよ。

問 2.4：消費者の効用関数を
$$u = x_1 x_2^2$$
とし，二財の初期保有量を $e_1 = 2, e_2 = 1$ とする。
1) 二財の価格が $p_1 = p_2 = 1$ のときの予算制約式を求めよ。
2) 1)の場合の二財の超過需要量（初期保有を超える需要量）を求めよ。
3) 消費者の超過需要関数を求めよ。

問 2.5：二財を需要する消費者の効用関数が
$$u = \sqrt{x_1 x_2}$$
であるとき，消費者の支出関数，補償需要関数，間接効用関数，需要関数を求めよ。

問 2.6：消費者の選好がある効用関数 $u = U(x_1, x_2)$ で表現されるとき，間接効用関数が
$$u = \frac{m^2}{4 p_1 p_2}$$
であることが分かっている。ただし，p_1, p_2 はそれぞれ第 1 財，第 2 財の価格，m は消費者の所得とする。
1) 支出関数を求めよ。
2) 補償需要関数を求めよ。
3) ロワの恒等式より需要関数を求めよ。
4) 効用関数 $u = U(x_1, x_2)$ を求めよ。

問 2.7：消費財の分類に関する以下の記述のうち，正しくないものはどれか。
① ギッフェン財は下級財である。
② 上級財は，同時に必需品である場合がある。
③ ぜいたく品は上級財である。
④ 下級財は必需品であるが，ギッフェン財であるとは限らない。
⑤ 必需品は下級財であるが，ギッフェン財であるとは限らない。

問 2.8：二財を消費する消費者の効用関数が $u = U(x_1, x_2)$ であるとき，需要関数，間接効用関数，補償需要関数，最小費用関数に関する以下の記述のうち，正しくないものはどれか。ただし，それらの関数は以下のように表記する。

　　需要関数　　　　：$x_i = D_i(p_1, p_2, m)$　　　$(i = 1, 2)$
　　間接効用関数：$u = V(p_1, p_2, m)$
　　補償需要関数：$x_i = D_i^H(p_1, p_2)$　　　　　$(i = 1, 2)$

支出関数　：$c = E(p_1, p_2, u)$

$[x_i：i$ 財の量, $p_i：i$ 財の価格 $(i = 1, 2)$, m：所得, u：効用水準, c：支出]

① $V(p_1, p_2, m)$ は, 価格が p_1, p_2, 所得が m であるとき消費者が予算制約のもとで達成可能な効用の最大値である.

② $E(p_1, p_2, u)$ は, 価格が p_1, p_2 であるときに消費者が効用水準 u を実現するために必要な最小の所得である.

③ 消費者が二財をそれぞれ補償需要, $D_1^u(p_1, p_2)$, $D_2^u(p_1, p_2)$, だけ消費するならば, そのとき消費者の効用は u より大きい.

④ 消費者が二財をそれぞれ補償需要, $D_1^u(p_1, p_2)$, $D_2^u(p_1, p_2)$, だけ購入することが可能であるためには, 所得が $E(p_1, p_2, u)$ より大きければよい.

⑤ 消費者が需要量, $D_1(p_1, p_2, m)$, $D_2(p_1, p_2, m)$, だけ消費するならば, そのとき消費者の効用は $V(p_1, p_2, m)$ に等しい.

問 2.9：スルツキー方程式の代替効果および所得効果に関する以下の記述のうち, 正しくないものはどれか. ただし, j 財価格の i 財需要に対する代替効果を S_{ij}, 所得の i 財需要に対する所得効果を I_i で表す.

① 代替効果 S_{ij} は i 財の補償需要の j 財価格に関する変化のことである.

② 交差代替効果 S_{ij} $(i \neq j)$ は対称であり, S_{ij} は S_{ji} に等しい.

③ 各 j 財の価格に関する代替効果の価値の総和 ($\sum_i p_i \times S_{ij}$) はゼロである.

④ 自己代替効果 S_{ii} は必ず非正であり, 交差代替効果 S_{ij} $(i \neq j)$ は必ず非負である.

⑤ 所得効果 I_i は必ずしも非正であるとは限らない.

ミクロ経済学に登場する経済学者②

スルツキー（Slutsky, Eugen, 1880-1948）

スルツキーはロシアの経済学者であり，また統計学者および数学者としても有名である。1899年にキエフ大学に数学の学生として入学したが，革命活動のために3年後に追放された。1903年から1905年までミュンヘン工科大学において工学を学んでいる。1905年の革命の後にロシアに戻り，1911年にキエフ大学において法律の学位を得た。しばらくの間法律学を教えたが，経済学にも興味を持つようになり，1918年には経済学の学位も受け，キエフ商学研究所の教授となる。1926年にモスクワの景気循環研究所に移った。1931年から1934年までは気象学中央研究所の一員であった。1934年にモスクワ州立大学から数学の名誉学位を授賞し，それ以降は生涯を終えるまでソビエト連邦学士院数学研究所に務めた。

経済学に関する研究としては，1915年の論文 Sulla teoria del bilancio del consumatore が有名である。その内容は効用関数と価格，所得，および消費との関係についてのエッジワースとパレートの考えを発展させたものである。その論文においていわゆる「スルツキー方程式」と呼ばれる関係式を導出し，価格の変化は代替効果と所得効果という二つの独立した効果の和として表現されることを初めて示したのである。しかしながら，スルツキーのその論文は，アレン（Allen, R.D.G.）が発見し，1936年に論文（Professor Slutsky's Theory of Consumer's Choice, *Review of Economic Studies 3*, 120-129）を発表するまでは，まったく注目されなかったのである。それ以外には経済学の論文を書くことはほとんどなく，むしろ統計学および確率論に関する多数の論文があり，確率過程論の創始者の一人として著名である。

ミクロ経済学に登場する経済学者③

マーシャル（Marshall, Alfred, 1842-1924）

　マーシャルは現代経済学の発展において最も重要な経済学者の一人であり，彼の有名な著書 *Principles of Economics*（経済学原理）は社会科学の文献のなかで最高峰に位置づけられるものである。彼の影響は莫大であり，20世紀の最初の25年間は**マーシャルの時代**と呼ばれるほどである。また，それまで経済学は Political Economy という言葉で表現されていたが，現在の Economics という言葉を定着させたのはマーシャルである。

　マーシャルはロンドン郊外に生まれ，彼の父は英国銀行の出納係を務める中流階級であった。彼はケンブリッジ大学セント・ジョンズ・カレッジに入学し，数学を専攻した。彼は同世代のなかで最も優秀な学生の一人であり，1865年の数学学位卒業試験の一級合格者のなかで二番の成績であり，卒業後は数学のフェローの地位を与えられた。その後徐々に哲学および倫理学に傾倒し，経済学に移行した。1877年に彼は Mary Paley という女性と結婚している。彼女は彼が教えた学生の一人で，ケンブリッジ大学で教育を受けた最初の女性の一人である。結婚によりフェローの地位を辞任することを余儀なくされ，その年からしばらくの間ブリストルの大学の教授となり，1833年にはベイリョル・カレッジのフェローになった。1884年に政治経済学の教授としてケンブリッジ大学に戻り，1908年に引退するまで在職した。

　早くから多くの研究成果を発表していたが，彼の完璧主義はそれらを著書として発表することを妨げ，『経済学原理』を出版したのは彼が48歳のときである。たとえば，**限界効用の理論**はジェボンズ，ワルラス，メンガーよりも以前の1860年代に口頭で発表されている。その他の研究として，**消費者余剰と生産者余剰**，**生産理論における内部経済と外部経済**，**数量による均衡への調整**，いわゆる「ケンブリッジ方程式」と呼ばれる**貨幣需要理論**，など多数の貢献がある。また，彼は，卓越した数学的能力にもかかわらず，経済学における数学の有用性については否定的であり，著書では数式による分析を脚注あるいは付録において展開するというスタイルを採用した。

3

企 業 行 動

　この章では商品やサービスを供給する生産者の行動を分析する。通常，生産者とは商品を生産し販売する企業のことである。企業の目的は「利益を最大にする」ことである。企業の利益とは製品を販売することによって得た収入と製品を生産するためにかかった総費用との差，すなわち利潤を意味する。

　企業は利潤が最大になるように商品の生産量を決定する。他方，生産に必要な生産要素を購入する。生産された商品は市場において販売される。また，必要な生産要素は市場で購入される。したがって企業の生産計画は製品および生産要素の市場価格に依存する。企業の製品の供給量および要素需要量はそれらの価格の関数となる。その関係は供給関数あるいは要素需要関数と呼ばれる。このような企業の行動を説明するのがこの章の目的である。

3.1 費用と供給

　企業の目的は，商品を生産し，それを市場で販売し利益を得ることである。このとき企業は，市場においてその商品がいくらで売れるか，またその商品を生産するときにかかる費用はいくらであるかを知らなければならない。企業は商品の市場価格と生産費とを比較し，より多くの利益を得るように行動するであろう。この節では商品の市場価格と生産費用に基づいて企業がどのように商品の供給量を決定するかを説明する。

■ 費用関数

　企業はある財を生産しており，その財を生産するときの費用は財の生産量に依存するとしよう。企業の財の生産量 q とそのための総費用 c との関係が

$$c = C(q)$$

という関数 C によって示されるとする。すなわち，企業が財を q だけ生産するときの費用が $C(q)$ の値である。このような生産量と生産費用との関係を表す関数は**費用関数**と呼ばれる。

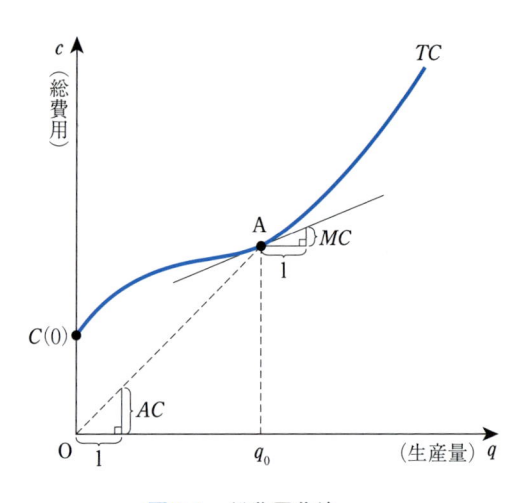

図 3.1　総費用曲線

費用関数のグラフを描いたものが図 3.1 の TC 曲線である。このような曲線を総費用曲線という。費用関数のグラフは通常は図のような形状をしていると考えられる。生産量の増加に伴って費用は増加するから，費用関数 C は q の増加関数である。したがって，総費用曲線は図のように右上がりの曲線である。

さて $q = 0$ のときの費用を考えよう。図の費用曲線では $C(0) > 0$ であり，これは生産量がゼロであっても費用がかかることを意味する。企業が商品を生産しなくても必要とされるこのような費用は固定費用（fixed cost 略して FC）と呼ばれる。これは，たとえば，企業が土地，建物を借りているときの賃貸料，あるいは負債によって設備投資をしたときの利子支払いなどの費用である。

■ 限界費用と平均費用

生産量を 1 単位増加するとき追加的にかかる費用は限界費用（marginal cost 略して MC）と呼ばれる。これは総費用曲線の傾き，すなわち費用関数の微分係数 $C'(q)$ の値である。図 3.1 において A 点の傾き MC が，生産量が q_0 のときの限界費用である。

製品 1 単位当たりの費用は平均費用（average cost 略して AC）と呼ばれる。生産量が q のとき総費用が $C(q)$ であるから，平均費用は $\frac{C(q)}{q}$ である。図 3.1 において生産量が q_0 のときの平均費用が A 点と原点 O を結んだ直線の傾き AC で示されている。

図 3.2 は限界費用と平均費用のグラフを描いたものである。MC 曲線が限界費用曲線，AC 曲線が平均費用曲線である。この図から分かるように，限界費用と平均費用のいずれも，生産量 q が小さいところでは減少し，生産量 q が大きなところでは増加している。これは生産規模を拡大すると初めは大量生産の利益により平均費用あるいは限界費用が減少するが，生産量が過大になると生産は効率的ではなくなりそれらの費用が急増することを意味している。

図 3.2 の限界費用（MC）曲線と平均費用（AC）曲線の位置関係について次の命題が成立する。

> **命題 3.1.1**：平均費用曲線の最低点を限界費用曲線が通過する。

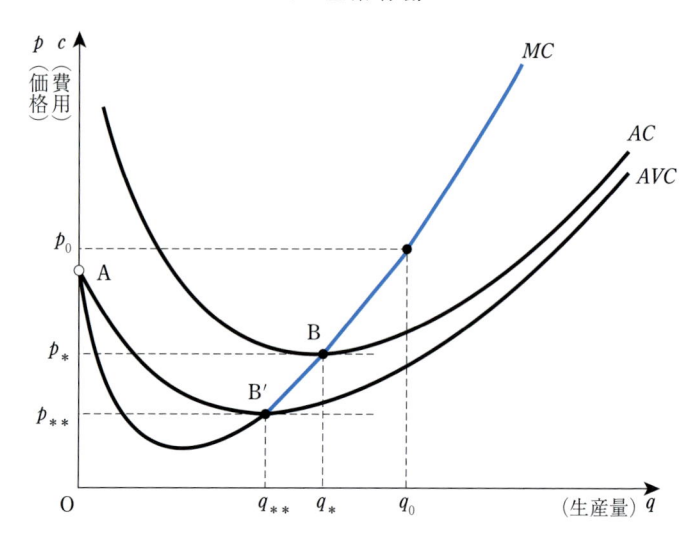

図 3.2　企業の供給曲線

このことは次のように確かめることができる。平均費用は $\frac{C(q)}{q}$ であるから，平均費用曲線の傾きはこれを q に関して微分したものである。したがって，平均費用曲線の最低点（図の B 点）においては，その傾きがゼロであるから，$q = q_*$ のとき，

$$\frac{d}{dq}\left(\frac{C(q)}{q}\right) = \frac{C'(q)q - C(q)}{q^2} = 0$$

が成立する。上式の分子が 0 であるから B 点では，$C'(q_*) = \frac{C(q_*)}{q_*}$ が成立する。すなわち平均費用曲線の最低点では限界費用と平均費用は等しく，限界費用曲線は B 点を通過する。

■ 利潤最大化

上記の費用関数のもとで企業が利潤を最大にする行動を明らかにしよう。企業が生産した財が市場において価格 p で売れるとする。もし企業が q だけ生産しそれを販売すると $p \times q$ の収入を得る。他方，そのための生産費用は $C(q)$ であるから，企業の利潤を π とすると，それは

$$\pi = pq - C(q)$$

と表すことができる。価格 p は一定であるとすると，利潤が最大となるための条件は，上式を q の関数と見なしたとき極値をとる（q で微分したものがゼロに等しい）ことである。すなわち，企業の利潤最大化の条件は，

$$p = C'(q)$$

である。この式は，価格 p と限界費用 $C'(q)$ が等しくなるように企業は生産量 q を決定することを意味している。

> **命題 3.1.2**：利潤を最大にする企業は，限界費用が財の価格と等しくなるような生産量を選ぶ。

■ 供給曲線

企業の利潤最大化の行動基準は「価格＝限界費用」であるから，企業の行動は MC 曲線によって表現される。たとえば，図 3.2 において，もし価格が p_0 ならば利潤を最大にする生産量は q_0 である。このように MC 曲線は価格と企業が供給する財の量との関係を表している。すなわち，MC 曲線は企業の供給曲線である。

ここで，MC 曲線の全域が供給曲線ではないことに注意しなければならない。価格が p_* ならば企業の生産量は q_* となる。このとき平均費用も p_* に等しいから企業の利潤はゼロとなる。したがって，利潤は価格が p_* よりも大きいときはプラスであり，p_* よりも小さいときはマイナスである。利潤がマイナスならば企業は生産を止めるかもしれない。しかしながら，利潤がマイナスであっても生産を続ける場合がある。もし固定費用が存在するならば，生産を止めたときの損失は固定費用の額 $C(0)$ である。したがって，生産をすることによって固定費用より損失を小さくすることができるならば企業は生産を続ける。総費用 $C(q)$ が売上額 pq を上回る場合の損失は $C(q) - pq$ である。ゆえに，もし $C(0) \geq C(q) - pq$ ならば企業は生産を続ける。これより，企業が生産を続けるときの条件は

$$p \geq \frac{C(q) - C(0)}{q}$$

となる。総費用から固定費用を除いたものは可変費用（variable cost 略して VC）と呼ばれる。上式の右辺は可変費用を生産量で割ったものであるから平均可変費用（average variable cost 略して AVC）である。ゆえに，企業は価格が平均可変費用を上回る限り生産をする。

図 3.2 の AVC 曲線が平均可変費用曲線である。この曲線は $-\dfrac{C(0)}{q}$ だけ AC 曲線より下方に位置することは明らかである。また AVC 曲線の最低点（図の B′ 点）を MC 曲線が通過することは B 点の場合と同様の仕方で示すことができる。したがって，企業の供給曲線は MC 曲線の B′ 点より上方の部分である。

AVC 曲線の形状のもう一つの特徴は，図 3.2 の A 点で示されるように，生産量がゼロのとき MC 曲線と一致することである。ただし，平均可変費用は $q=0$ のときは定義できないので，q をゼロに近づけて求めたその極限は，微分の定義（1.4 節）により，

$$\lim_{q\to 0}\frac{C(q)-C(0)}{q}=\lim_{q\to 0}\frac{C(q)-C(0)}{q-0}=C'(0)$$

すなわち，生産量がゼロであるときの限界費用 $C'(0)$ であることが分かる。

> **命題 3.1.3**：企業の供給曲線は，限界費用曲線のうち平均可変費用曲線より上方の部分であり，価格が平均可変費用曲線の最低点より低いときは供給量はゼロとなる。

利潤最大化の条件 $p=C'(q)$ の関係を q について解いたものを

$$q=S(p)$$

という関数 S で表すことにする。価格 p と企業が生産し供給する財の量 q との関係，すなわち供給関数は以下のようになる。

$$q=\begin{cases} S(p) & p \geqq p_{**} \text{ のとき} \\ 0 & p < p_{**} \text{ のとき} \end{cases}$$

ただし，p_{**} は平均可変費用の最小値である。

> **例 3.1.1**：企業の費用関数を
> $$c=3q^3-9q^2+9q+3$$

とする。固定費用，限界費用，平均費用，平均可変費用はそれぞれ

$$FC = 3,$$
$$MC = 9q^2 - 18q + 9,$$
$$AC = 3q^2 - 9q + 9 + 3q^{-1},$$
$$AVC = 3q^2 - 9q + 9 = 3\left(q - \frac{3}{2}\right)^2 + \frac{9}{4}$$

である。利潤最大化の条件は

$$p = 9q^2 - 18q + 9 = (3q-3)^2$$

である。これより $q = 1 + \frac{1}{3}\sqrt{p}$ である。平均可変費用の最小値は $q = \frac{3}{2}$ において $\frac{9}{4}$ である。したがって供給関数は

$$q = \begin{cases} 1 + \frac{1}{3}\sqrt{p} & p \geqq \frac{9}{4} \text{のとき} \\ 0 & p < \frac{9}{4} \text{のとき} \end{cases}$$

である。

3.2 生産技術と費用

　前節では費用関数から企業の供給曲線を導出した。生産費用は企業が所有している生産技術に依存する。したがって，費用関数は企業の生産技術を間接的に表現したものである。この節では，より基礎的な概念である企業の生産技術について説明し，費用関数と企業の生産技術との関係を明らかにする。

　企業は製品を生産するために様々な財を必要とする。たとえば，石油会社ならば，原料として原油を，動力として電力を用い，また労働力として必要な労働者を雇用し，製品であるガソリンを生産する。原油，電力，労働力のように生産のために投入される財は<u>生産要素</u>と呼ばれ，ガソリンのような製品は<u>生産物</u>と呼ばれる。このように企業とは生産要素を投入し生産物を生産する経済主体である。企業の生産技術は生産要素と生産物との関係である。したがって，企業の生産技術は生産要素投入量と生産物産出量との関係で表すことができる。

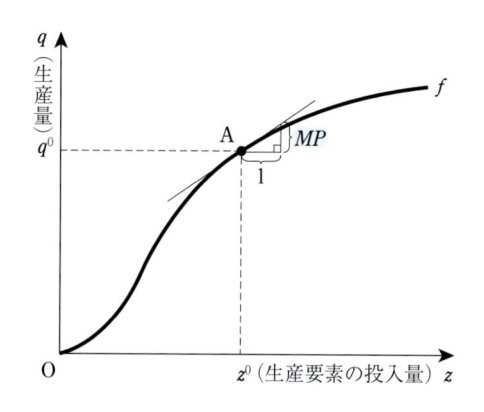

図 3.3　一生産要素の場合の生産関数

■ 一生産要素の場合

　一つの生産要素を用いてある生産物を生産する企業を考えることにする。生産要素の量を z，生産物の量を q とするとき，投入量 z と生産量 q との間に
$$q = f(z)$$
という関係があるとする。関数 f は，企業が生産要素を z の量だけ投入すると，$f(z)$ の量の生産物を生産することができることを表す。関数 f のように生産要素の投入量と生産物の生産量との関係を表す関数を生産関数という。このように企業の生産技術を生産関数によって示すことができる。

　投入量 z と生産量 q との関係を描いたものが図 3.3 である。生産要素の投入量を増加させれば生産量は増加すると考えられるから，通常の場合は生産関数 f は図のような増加関数であり，そのグラフは右上がりの曲線となる。

　生産関数のグラフの傾きは限界生産性（marginal　productivity 略して MP）と呼ばれる。その値は生産関数 f を z について微分した値 $f'(z)$ であり，生産要素 1 単位を増加させたとき生産量が追加的に増加する量を表す。図 3.3 において，A 点の傾き MP が，投入量が z^0 のときの限界生産性である。

　図 3.3 に描かれた生産関数の場合，投入量 z を増加させるにつれて，z が小さい領域では限界生産性は増大している。これは生産の拡大によってその効率性が良くなることを表している。他方，z が大きい領域では限界生産性が減少しており，生産の効率性が低下している。これは，生産が他の条件にも依存し

3.2 生産技術と費用

ており，一つの生産要素だけを増加すると生産性が徐々に悪化することを表している。この性質は<u>限界生産性逓減の法則</u>と呼ばれ，通常の場合に生産関数の自然な性質として仮定される。

企業の<u>費用関数</u>を導出しよう。そのために生産関数 $q = f(z)$ の q と z との関係を，z について解いて，

$$z = g(q)$$

と書くことにする。関数 g によって，生産量 q を実現するために必要な要素投入量が $g(q)$ で示される。すなわち関数 g は関数 f の逆関数である。

企業は市場において生産要素を購入し，そのときの価格が w であるとする。もし企業が要素を z だけ購入すると，財を q だけ生産するために必要な費用のうち生産要素購入費用は $w \times z$ である。それ以外の諸費用を c_0 とし，それは一定であるとすると，企業の総費用は $wz + c_0$ となる。したがって，生産物を q だけ生産するときの総費用 c は

$$c = wg(q) + c_0$$

である。これが企業の費用関数 $c = C(q)$ である。生産関数 f の形状が<u>図 3.3</u>のようであるならば，ここで導出された費用関数 $C(q)$ のグラフは既出の<u>図 3.1</u>のような形状となることは明らかであろう。

例 3.2.1：企業の生産関数 $q = f(z)$ が

$$q = 2\sqrt{z}$$

であるとする。限界生産性は

$$f'(z) = \frac{1}{\sqrt{z}}$$

であり，この場合は限界生産性逓減の法則が成立している。

また，要素の価格が $w = 6$，その他の費用が $c_0 = 1$ ならば，企業の費用関数は，$c = C(q) = wg(q) + c_0 = 6g(q) + 1$，$g(q) = z = \dfrac{q^2}{4}$ より，

$$c = 6 \times \frac{q^2}{4} + 1 = 1 + \frac{3}{2}q^2$$

となる。

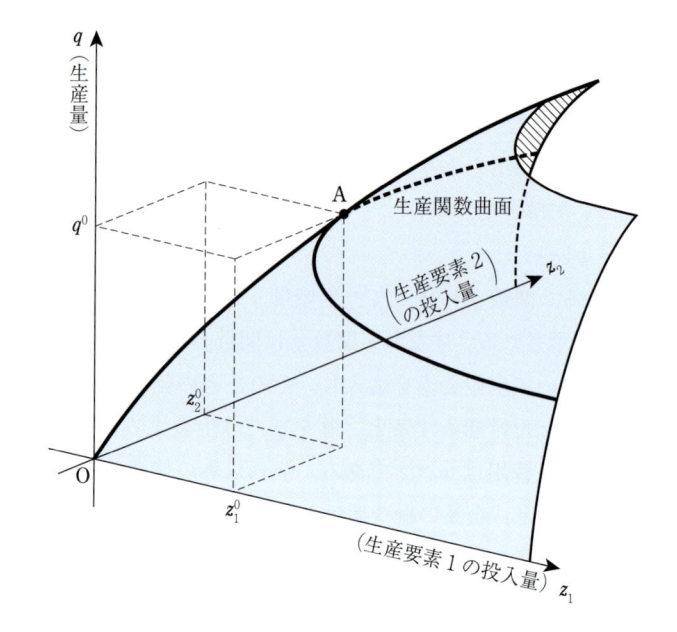

図 3.4　二種類の生産要素の場合の生産関数

■ 二生産要素の場合

次に企業が二種類の生産要素を生産に用いる場合を考察しよう.二つの生産要素の投入量をそれぞれ z_1, z_2 とする.財の生産量 q との技術的関係が

$$q = F(z_1, z_2) \tag{3.2.1}$$

という関数で示されるとする.これが企業の生産関数である.関数 F は,企業が二つの生産要素をそれぞれ z_1, z_2 だけ投入すると生産物が $F(z_1, z_2)$ の量だけ生産されることを意味する.

最初に生産関数 F の形状を明らかにしよう.通常の場合は投入量を増すと生産量は増加すると考えられるから,関数 F は二生産要素量 z_1, z_2 の増加関数である.生産量 q と生産要素の投入量 z_1, z_2 の関係を図に描いたものが図 3.4 である.q は二つの変数 z_1, z_2 に依存するから,生産関数のグラフは3次元空間における曲面となる.曲面上にある A 点は二生産要素が z_1^0, z_2^0 であるとき生産量が q^0 となることを表している.

■ 限界生産性

二つの生産要素の限界生産性 MP_1, MP_2 は次のように定義される。生産関数 F は z_1 と z_2 の二つの変数に依存する関数であるが，いま変数 z_2 が一定であるとする。このとき関数 F の z_1 に関する偏微分を $\frac{\partial F}{\partial z_1}(z_1, z_2)$ で表す。偏微分係数 $\frac{\partial F}{\partial z_1}(z_1, z_2)$ は要素 z_1 を 1 単位増加させたとき生産量が追加的に増加する大きさを表しているから，その値が要素 z_1 の限界生産性である。同様に，要素 z_2 の限界生産性 MP_2 は関数 F の z_2 に関する偏微分係数 $\frac{\partial F}{\partial z_2}(z_1, z_2)$ の値である。

■ 等産出量曲線

生産関数 $q = F(z_1, z_2)$ における q, z_1, z_2 の関係を z_2 について解いたものを
$$z_2 = G(z_1, q)$$
という関数 G で表すことにする。関数 G は，第 1 要素が z_1 であるとき生産量を q とするために必要な第 2 要素の量 z_2 を表す関数である。生産関数 F が z_1 と z_2 の増加関数であるから，明らかに関数 G は z_1 については減少関数であり，q については増加関数である。

関数 G において q を一定と見なし，z_1 と z_2 の関係をグラフに描いたものが図 3.5 である。図の $q = q^0$ の曲線は $z_2 = G(z_1, q^0)$ のグラフを描いたものである。これは生産関数 F を用いれば，$q^0 = F(z_1, z_2)$ という z_1 と z_2 の関係を表す曲線であり，同じ生産量 q^0 を実現する二生産要素の組合せを表す曲線である。このような曲線は等産出量曲線と呼ばれる。

各生産量 q に対応して一つの等産出量曲線が存在するから，等産出量曲線は無数に存在する。生産要素の量が増加すれば産出量も増加するから，より右上に位置する曲線はより高い生産量に対応する等産出量曲線である。

■ 限界代替率

等産出量曲線の傾きの絶対値は生産要素の限界代替率（MRS）と呼ばれる。図 3.5 において A 点における限界代替率は，A 点を通る等産出量曲線に接線を引いたとき，その接線の傾き MRS で示される。それは第 1 要素を 1 単位減

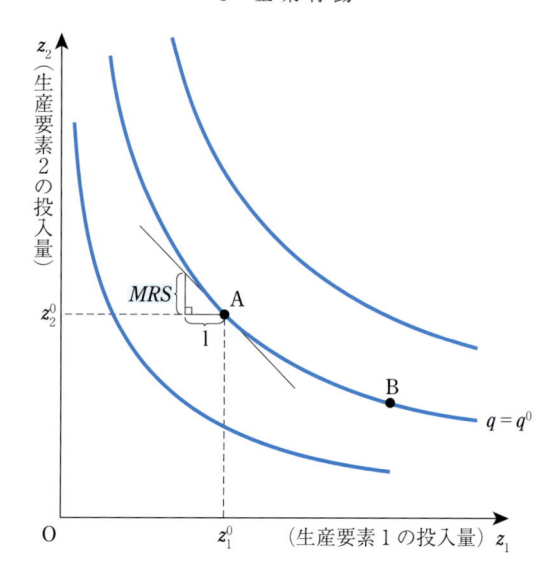

図 3.5　等産出量曲線

少させたとき同じ産出量を維持するために必要な第2要素の増加量を近似的に表す。この意味で，より正確にいえば，第2要素の第1要素に対する限界代替率（略して MRS_{21}）である。

図 3.5 において，A 点と B 点における限界代替率を比べると B 点の方が小さい。このように等産出量曲線に沿って限界代替率が低下することを限界代替率逓減の法則という。これは相対的に第1要素の投入量が増加すると，第2要素で測った第1要素の生産における重要性が低下するという自然な状況が表現されている。

限界代替率は関数 G によって表すことができる。等産出量曲線は関数 $z_2 = G(z_1, q)$ の q を一定としたときのグラフであり，限界代替率はそのグラフの傾き，すなわち関数 G の z_1 に関する偏微分の絶対値である。したがって

$$MRS_{21} = -\frac{\partial G}{\partial z_1}(z_1, q)$$

が成立する。

次に限界生産性と限界代替率の関係を明らかにする。第1要素 z_1 を1単位

減少させると，生産量 q は限界生産性 $\frac{\partial F}{\partial z_1}(z_1, z_2)$ だけ減少する。これを第2要素 z_2 を増加させることによって補うことにしよう。z_2 を1単位増加させると生産量は限界生産性 $\frac{\partial F}{\partial z_2}(z_1, z_2)$ だけ増加させることができる。したがって，生産量を1単位増加させるためには $1 \Big/ \frac{\partial F}{\partial z_2}(z_1, z_2)$ 単位だけ z_2 を増加させればよい。ゆえに，生産量 q の減少 $\frac{\partial F}{\partial z_1}(z_1, z_2)$ を補うには，z_2 を $\frac{\partial F}{\partial z_1}(z_1, z_2) \Big/ \frac{\partial F}{\partial z_2}(z_1, z_2)$ だけ増加させればよい。この第2要素の増加によって第1要素の減少が補われることになるから，

$$MRS_{21} = \frac{\partial F}{\partial z_1}(z_1, z_2) \Big/ \frac{\partial F}{\partial z_2}(z_1, z_2)$$

が成立する。これは命題2.1.1と同じ議論である。

> **命題 3.2.1**：二生産要素の限界代替率は，それらの限界生産性の比に等しい。すなわち，$MRS_{21} = \frac{MP_1}{MP_2}$ である。

■ 費用最小化

企業が財を q だけ生産するとしよう。企業はそれに必要な生産要素を市場で購入し，そのとき二生産要素の価格がそれぞれ w_1, w_2 であるとする。企業が二生産要素をそれぞれ z_1, z_2 だけ購入すると，そのための費用 c は

$$c = w_1 z_1 + w_2 z_2 \tag{3.2.2}$$

である。

企業は財を生産するときはその費用が最小となるような仕方を選ぶであろう。すなわち，企業は，財の生産量を決めたならば，それに必要な二生産要素の投入量の組合せで費用が最小となるものを選択するであろう。(3.2.1) 式は，q を定数と見なすと，生産量が q となるような z_1 と z_2 の組合せが満たすべき条件となる。他方，(3.2.2) 式は，二生産要素の価格がそれぞれ w_1, w_2 であるとき企業が二生産要素をそれぞれ z_1, z_2 だけ使用するときの費用である。したがって，企業の費用最小化行動は，q を定数と見なした (3.2.1) 式の制約のもとで，(3.2.2) 式の c が最小となるような z_1 と z_2 を選ぶことである。

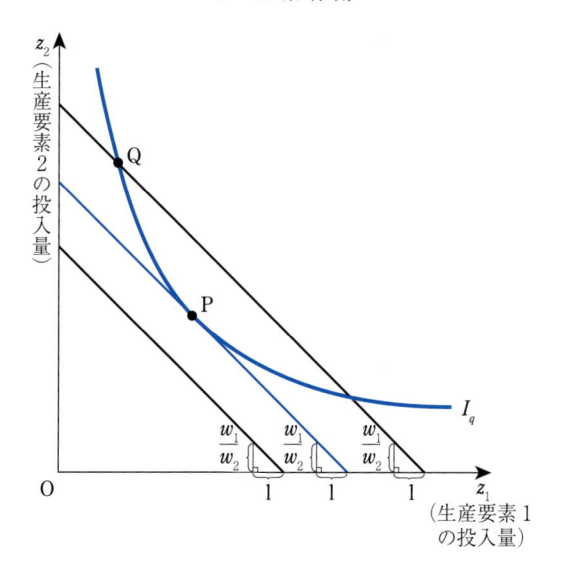

図 3.6　費用最小化

　企業の費用最小化の行動を図示すると図 3.6 のようになる。曲線 I_q は生産量が q のときの等産出量曲線である。その曲線上の z_1 と z_2 の組合せのなかで費用が最小となるものを求めよう。費用は (3.2.2) 式で示されるから，図のように傾きが $\dfrac{w_1}{w_2}$ の直線を描くと，同じ直線上の点における費用はすべて同一である。また左下方にある直線ほど費用が小さい。したがって，Q 点のように等産出量曲線 I_q と傾き $\dfrac{w_1}{w_2}$ の直線が交わるところでは費用は最小ではなく，等産出量曲線 I_q 上で費用が最小となる点は P 点のように等産出量曲線と直線が接する点である。したがって，命題 3.2.1 より，P 点では

$$\frac{\partial F}{\partial z_1}(z_1,\ z_2) \Big/ \frac{\partial F}{\partial z_2}(z_1,\ z_2) = \frac{w_1}{w_2} \tag{3.2.3}$$

が成立している。これが費用最小化の条件である。

> **命題 3.2.2**：企業が費用を最小にするならば，限界代替率が要素価格の比に等しくなるような要素投入量を選ぶ。いい換えれば，要素の限界生産性の比は要素価格比に等しい。

■ 費用関数

図 3.6 の P 点は要素価格が w_1, w_2, 生産量が q のとき, 費用が最小となる生産要素の組合せを示している。そのときの要素投入量は w_1, w_2, q に依存して決まるから, 最小費用の値も w_1, w_2, q に依存する。したがって, 最小費用の値を c とすると, それは w_1, w_2, q の関数となる。それを

$$c = C(w_1, w_2, q) \tag{3.2.4}$$

と書くことにする。この関数 C が企業の費用関数である。この費用関数においては要素の価格が明示的に入っているが, もしそれらが一定ならば, 前節の費用関数のように生産量 q だけの関数となる。

例 3.2.2: 生産関数 $q = F(z_1, z_2)$ が

$$q = 3z_1^{\frac{1}{3}} z_2^{\frac{2}{3}}$$

であるとする。生産要素の限界生産性はそれぞれ

$$\frac{\partial F}{\partial z_1}(z_1, z_2) = \left(\frac{z_2}{z_1}\right)^{\frac{2}{3}}, \qquad \frac{\partial F}{\partial z_2}(z_1, z_2) = 2\left(\frac{z_1}{z_2}\right)^{\frac{1}{3}}$$

である。したがって, 限界代替率は

$$MRS_{21} = \frac{\partial F}{\partial z_1} \bigg/ \frac{\partial F}{\partial z_2} = \frac{z_2}{2z_1}$$

となる。この場合は限界代替率逓減の法則が成立している。また, 要素価格を $w_1 = 1$, $w_2 = 2$ とすると, 費用最小化の条件は

$$\frac{z_2}{2z_1} = \frac{1}{2}$$

である。したがって, 生産量が q であるときの要素の需要量はそれぞれ

$$z_1 = \frac{q}{3}, \qquad z_2 = \frac{q}{3}$$

である。費用は $c = z_1 + 2z_2$ であるから, 費用関数 $c = C(q)$ は

$$c = q$$

となる。

3.3 生産要素の需要

　企業は生産に必要な生産要素を市場で購入する。企業が生産要素を購入するのは，企業が供給する製品を購入する消費者がいるからである。要素需要はその要素から作られる生産物に対する需要から派生したものである。この意味で生産要素に対する企業の需要は<u>派生需要</u>と呼ばれる。この節では生産要素の需要を生産関数を用いて説明する。

■ 一生産要素の場合

　生産要素として「労働」を考えることにする。ある企業が労働者を雇用し，ある財を生産するとしよう。企業が雇用する労働量を L で表す。労働量 L は，たとえば，雇用される労働者の人数，あるいは総労働時間を表すと考えれば良いであろう。生産される財の量 q は雇用量 L に依存し，その関係が

$$q = f(L)$$

という生産関数 f で示されるとする。

　労働の価格，すなわち賃金率を w，生産物の価格を p とする。もし企業が労働を L だけ雇用すると，労働者に支払う総賃金は $w \times L$ である。賃金以外の費用を c_0 とし，それは一定であるとする。このとき企業の総費用は $wL + c_0$ となる。他方，労働を L だけ雇用したならば生産量は $f(L)$ となるから，それを市場で売れば $pf(L)$ の収入を得る。したがって，企業の利潤を π とすると，それは

$$\pi = pf(L) - wL - c_0$$

と表すことができる。

　生産物価格 p，賃金率 w は一定であるとすると，企業の利潤最大化の条件として（上式を L で微分してゼロとおくと）

$$pf'(L) = w \tag{3.3.1}$$

を得る。企業は上の式が成立するように労働雇用量を決定する。$f'(L)$ は<u>労働の限界生産性</u>である。価格を掛けた値 $pf'(L)$ は労働の<u>限界生産性価値</u>と呼ばれる。

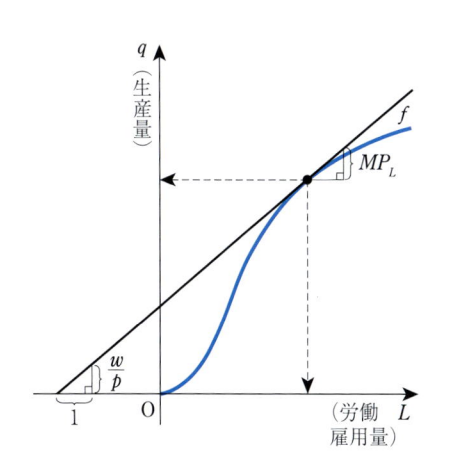

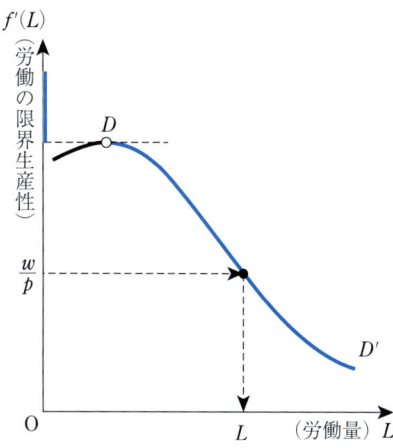

図 3.7　利潤最大化する労働雇用　　　　図 3.8　労働の需要曲線

> **命題 3.3.1**：企業が利潤を最大にするならば，労働の限界生産性価値が賃金率に等しくなるように労働雇用量を決定する．

　企業の利潤最大化行動を図で表現しよう．先の利潤最大化の条件より，図 3.7 のように生産関数のグラフの傾き $f'(L)$ が $\dfrac{w}{p}$ に等しくなるように雇用量 L を決定する．したがって，労働の需要量 L は価格比 $\dfrac{w}{p}$ の関数である．図 3.8 は労働の限界生産性 $f'(L)$ のグラフであり，それが労働の需要曲線を表している．

　生産関数 $q = f(L)$ の q と L との関係を，L について解いて，

$$L = g(q)$$

と書くことにする．すなわち，関数 g は関数 f の逆関数である．このことから企業の費用関数は

$$c = wg(q) + c_0$$

と表すことができる．これより，3.1 節において明らかにした「価格 $p = $ 限界費用」という利潤最大化の条件は

$$p = wg'(q) \tag{3.3.2}$$

である．

　労働量が 1 単位増加すると生産量は $f'(L)$ だけ増加するから，比例関係か

ら，生産量を 1 単位増加させるのに必要な労働量は $\frac{1}{f'(L)}$ である．したがって，関数 $g(q)$ を微分したものは $\frac{1}{f'(L)}$ に等しい．実際，逆関数の微分法（1.4 節）により，

$$g'(q) = \frac{1}{f'(L)}$$

という関係が成立する（ただし $L = g(q)$ とする）．ゆえに，(3.3.1) 式と (3.3.2) 式は同じものである．このことから明らかなように，この節の議論は 3.1 節の費用関数による議論と本質的に同じである．

■ 二生産要素の場合

次に，労働以外の他の生産要素として「資本」を考え，生産関数が資本にも依存する一般的な場合を考察することにする．一般に資本とは非常に広い意味を持つ概念であるが，ここでは単純に，たとえば企業の工場あるいは建物のような物理的な設備を意味するものとする．

企業はある生産物を労働と資本から生産するとしよう．生産量を q，労働の雇用量を L，資本設備の大きさを K で表すとき，それらの技術的関係が

$$q = F(K, L)$$

という生産関数 F によって示されるとする．

賃金率を w とする．また企業の資本設備はすべて借りたものと見なし，その所有者に賃貸料を支払わなければならないとする．資本の価格，すなわち資本賃貸率を r とする．企業にとって総費用 c は

$$c = rK + wL$$

となる．さらに，企業の生産物の価格を p とすると，企業の利潤 π は

$$\pi = pF(K, L) - rK - wL$$

で示される．

上式の利潤 π が資本量 K と労働量 L に関して最大であるためには（K, L のそれぞれについて微分したものをゼロとおくと）

$$\begin{aligned} p\frac{\partial F}{\partial K}(K, L) &= r \\ p\frac{\partial F}{\partial L}(K, L) &= w \end{aligned} \quad (3.3.3)$$

> **命題 3.3.2**：企業は，資本の限界生産性価値が資本賃貸率に，労働の限界生産性価値が賃金率に等しくなるように労働量および資本量を決定する。

利潤最大化の条件（3.3.3）からただちに

$$\frac{\partial F}{\partial K}(K,\ L) \Big/ \frac{\partial F}{\partial L}(K,\ L) = \frac{r}{w} \tag{3.3.4}$$

を得る。これは前節の費用最小化の条件であり，企業が利潤を最大にしているならば，費用を最小にしていることを意味する。

また条件（3.3.3）より，企業の資本 K と労働 L の需要は $p,\ r,\ w$ に依存して決まるから，それらは，

$$K = D_K(p,\ r,\ w), \qquad L = D_L(p,\ r,\ w)$$

というような関数として表現される。これらが企業の要素需要関数である。さらに，生産関数 F より K と L から q が決まるから，生産量 q も

$$q = S_q(p,\ r,\ w)$$

というような関数となる。これが企業の生産物供給関数である。

関数 $S_q,\ D_K,\ D_L$ には以下の性質がある。条件（3.3.3）は $p,\ r,\ w$ の比例的な変化（たとえば，$p,\ r,\ w$ が同時にすべて 2 倍になるというような変化）からは独立であるから，そのような変化には企業の要素需要量 $K,\ L$ と生産物供給量 q は影響されず，関数 $S_q,\ D_K,\ D_L$ の値は変わらない。このような性質を持つ関数を 0 次同次の関数という。

> **命題 3.3.3**：生産物供給関数 S_q および要素需要関数 $D_K,\ D_L$ は 0 次同次の関数である。

価格が変化したときの影響を調べよう。当初の価格体系を $(p,\ r,\ w)$ とし，そのときの企業の生産量と要素需要量，すなわち生産計画を $(q,\ K,\ L)$ とする。いま，p が p' に上昇したとする。価格体系 $(p',\ r,\ w)$ のときの企業の生産計画を $(q',\ K',\ L')$ とする。価格体系 $(p,\ r,\ w)$ のもとで利潤を最大に

する生産計画が (q, K, L) であるから，
$$pq - rK - wL \geqq pq' - rK' - wL'$$
が成立する。逆に，価格体系 (p', r, w) のもとで利潤を最大にする生産計画が (q', K', L') であるから，
$$p'q' - rK' - wL' \geqq p'q - rK - wL$$
が成立する。上の二つの不等式を加えて整理すると，
$$(p - p')(q - q') \geqq 0$$
となる。これより，$p < p'$ ならば $q \leqq q'$ であることが分かる。このことは，生産物の価格が上昇するとき，その供給量は減少しないことを意味する。

同様に r, w の変化について同じ議論をすると，要素価格が上昇したときその要素の需要が増加することはないことを示すことができる。したがって，次の命題が成立する。

命題 3.3.4：関数 S_q は価格 p についての増加関数である。また，関数 D_K は r について，関数 D_L は w について，いずれも減少関数である。

3.4 短期費用と長期費用

前節では企業の生産関数が労働と資本に依存する一般的な場合を考察したが，この節では生産要素の特殊性に依存して時間の概念を導入する。

■ 短期と長期

企業は労働と資本の二つの生産要素を適当に組み合わせて製品を生産し利潤を最大にするが，ここでは企業行動に以下のような制約があるとしよう。企業は労働雇用量を短い期間内に容易に変更することができるが，資本量の変更には長い期間が必要であるとする。通常，企業が設備投資によって資本設備の大きさを変化させるには数年という時間が必要であるから，この想定は自然であろう。このように生産要素の投入量の変更に必要な時間の違いによって，短期と長期と呼ばれる時間の概念を導入する。ここでは「短期」とは労働量だけが

3.4 短期費用と長期費用

変更可能な短い期間を意味し，それに対して「長期」とは資本量も変更可能となる長い期間を意味する。

企業の生産関数が，生産量を q，労働量を L，資本量を K で表し，

$$q = F(K, L) \tag{3.4.1}$$

という関数 F によって示されるとする。賃金率を w，資本賃貸率を r とすると，企業にとって総費用 c は次式のようになる。

$$c = rK + wL \tag{3.4.2}$$

■ 短期費用関数

最初に企業の短期費用を求めよう。企業は資本量を短期においては変更できないから，K は一定である。K を一定と見なし，生産関数 $q = F(K, L)$ における q と L の関係を L について解いたものを

$$L = G(K, q) \tag{3.4.3}$$

と表すことにする。資本量 K のもとで q だけ生産するときの短期総費用 c は，(3.4.2) 式に (3.4.3) 式を代入して，

$$c = wG(K, q) + rK \tag{3.4.4}$$

と表すことができる。これが企業の短期総費用関数である。

■ 長期費用関数

次に企業の長期費用を求めよう。長期において企業は資本量も変化させることができるから，資本量 K は一定ではない。企業は費用が小さくなるように資本量を選ぶ。すなわち，(3.4.4) 式の短期総費用が最小となるように K を決定する。したがって，費用が最小となるための条件（K について微分してゼロとおいたもの），

$$w\frac{\partial G}{\partial K}(K, q) + r = 0 \tag{3.4.5}$$

が成立する。この式は q と K との関係式であって，生産量 q と，それだけ生産するときの費用を最小とする資本量 K との関係を表している。この q と K との関係式を K について解いたものを

$$K = \Psi(q) \tag{3.4.6}$$

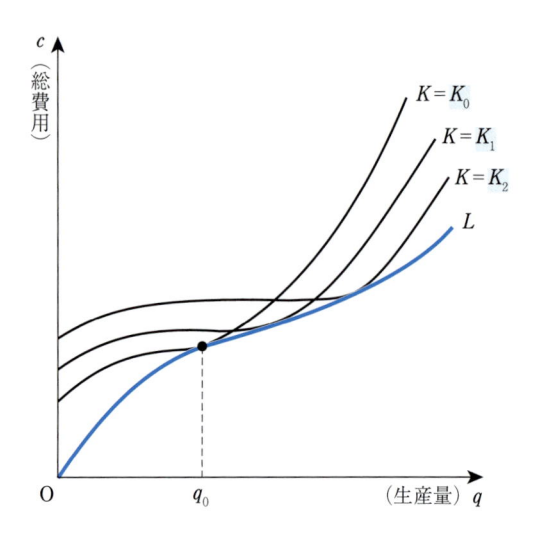

図 3.9　短期と長期の総費用

で表すことにしよう。関数 Ψ は生産量が q であるときの最適な資本量 K を示す関数である。ゆえに，q だけ生産するときの長期総費用 c は，(3.4.6) 式を (3.4.4) 式に代入して，

$$c = wG(\Psi(q), q) + r\Psi(q) \tag{3.4.7}$$

と表すことができる。これが企業の長期総費用関数である。

例 3.4.1：生産関数が $q = K^{\frac{2}{3}}L^{\frac{1}{3}}$，賃金率が $w = 1$，資本賃貸率が $r = 2$ とする。$L = q^3 K^{-2}$ であるから，短期総費用関数は

$$c = q^3 K^{-2} + 2K$$

である。これを K について最小化するには，K について微分してゼロとおくことによって，$-2q^3 K^{-3} + 2 = 0$ でなければならない。これより $K = q$ となるから，これを短期総費用関数に代入して，長期総費用関数は

$$c = 3q$$

となる。

3.4 短期費用と長期費用

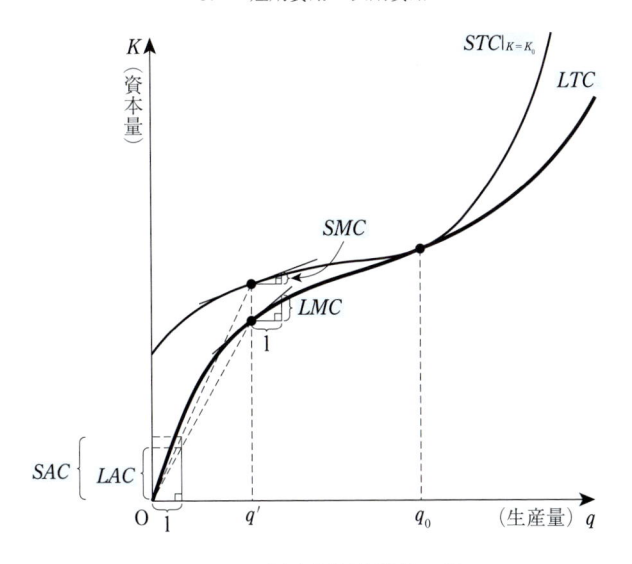

図3.10 最適な資本設備の量

次に短期費用と長期費用の関係を明らかにする。図3.9は短期総費用関数のグラフ、すなわち短期総費用（short-run total cost 略して STC）曲線を描いたものである。それは(3.4.4)式において資本量Kを一定とし、生産量qと短期総費用cとの関係を描いたものである。短期費用は資本量に依存するから、一つの資本量に対応して一つの曲線が描かれる。図3.9では資本量がK_0, K_1, K_2の三つの短期総費用曲線が描かれている。もちろん実際には無数の短期総費用曲線が存在する。

長期総費用は短期総費用が最小になるように資本量が選ばれたときの費用である。図3.9において生産量がq_0であるとき、短期総費用が最小となるのは資本量がK_0の曲線である。このように長期総費用の値は無数にある短期総費用曲線のなかで一番下方にある曲線の値である。したがって、長期総費用(long-run total cost 略して LTC) 曲線は短期総費用曲線群の下方からの包絡線（図3.9におけるOL曲線）である。

さて図3.10において、$STC|_{K=K_0}$は生産量がq_0であるときの最適な資本量$K_0 = \Psi(q_0)$に対応する短期総費用曲線を描いたものである。それは、長期総費用曲線が短期総費用曲線群の包絡線であることから、明らかに長期総費用曲

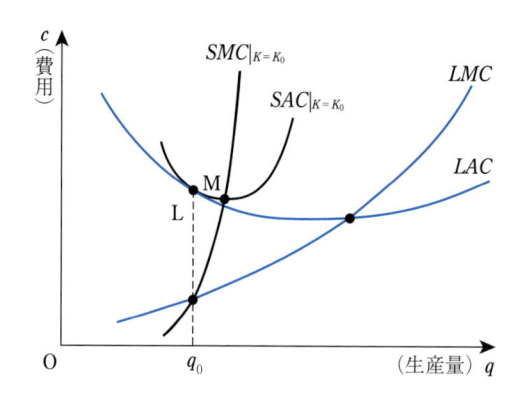

図 3.11　短期と長期の限界費用と平均費用

線の上方に位置し，また生産量が q_0 であるところで接する。

　この図 3.10 から短期と長期の平均費用および限界費用の関係を明らかにしよう。図 3.10 において，生産量が q' のときの短期限界費用（SMC）はその短期総費用曲線の傾きの大きさであり，図の SMC の傾きである。また短期平均費用（SAC）は図 3.10 の SAC の傾きである。他方，生産量が q' のときの長期限界費用（LMC）は長期総費用曲線の傾きの大きさで，図 3.10 の LMC の傾きである。また長期平均費用（LAC）は図 3.10 の LAC の傾きである。

　これらの費用をグラフに描いたのが図 3.11 である。それらの曲線の位置関係について，図 3.10 において示された費用 SMC，SAC，LMC，LAC の大きさから，以下のことを容易に明らかにすることができる。

> **命題 3.4.1：**　1)　短期においても長期においても限界費用曲線が平均費用曲線の最低点を通過する。
> 　2)　短期平均費用曲線は長期平均費用曲線の上方に位置し，長期平均費用曲線は短期平均費用曲線群の包絡線である。

　特に，この命題の 2) は長期平均費用曲線が短期平均費用曲線の最低点を連ねたものであることを意味しないことに注意すべきである。このことは，図 3.11 において，$SAC|_{K=K_0}$ 曲線の最低点 M が LAC 曲線上にないことから明ら

> **命題 3.4.2**：q_0 を生産するのに最適な資本量が K_0 であるとすると以下のことが成立する。
> 1) 資本量が K_0 の短期平均費用曲線は長期平均費用曲線と生産量が q_0 のところで接する。
> 2) 資本量が K_0 の短期限界費用曲線は長期限界費用曲線と生産量が q_0 のとき交差する。

以上において生産関数が労働と資本に依存する企業の短期と長期の費用関数を導出した。以下ではそれらを用いて企業の利潤最大化行動を説明することにしよう。

■ 短期供給曲線

企業の費用関数が与えられたとき，3.1 節において明らかにしたように，企業の利潤最大化の条件は「価格＝限界費用」である。したがって，短期において資本量は変更できないから，企業は短期限界費用が価格に等しくなるように生産量を決定する。資本量が K のときの短期限界費用は (3.4.4) 式を q で微分したもの，$w\frac{\partial G}{\partial q}(K, q)$ である。ゆえに，市場における製品価格を p とすると，短期において資本量が K であるとき企業は

$$p = w\frac{\partial G}{\partial q}(K, q) \tag{3.4.8}$$

が成立するように生産量 q を決定する。この式を変数 p, q, K の関係式と見なして q について解いたものを

$$q = S^K(p) \tag{3.4.9}$$

と表すことにする。これは，一定の資本量 K のもとで，製品価格が p であるとき企業が短期において供給する製品の量 q を表しており，短期供給関数である。そのグラフに描いたものが短期供給曲線であり，図 3.12 において，$K = K_0$ と $K = K_1$ の場合の短期供給曲線がそれぞれ S^{K_0} 曲線，S^{K_1} 曲線である。これらはいずれも (3.4.8) 式の「価格＝短期限界費用」の関係であるから，図

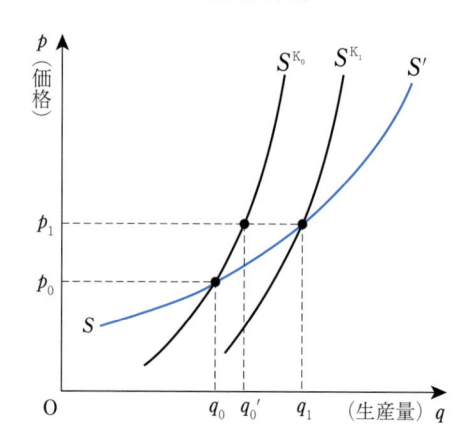

図 3.12 短期と長期の供給曲線

3.11 の短期限界費用曲線そのものである。

■ 長期供給曲線

　長期においては企業は長期限界費用が価格に等しくなるように行動する。命題 3.4.2 の 2) によると，生産量が q であるときの長期限界費用は，q だけ生産するときの最適な資本量 $K = \Psi(q)$ における短期限界費用に等しい。すなわち，生産量が q であるときの長期限界費用は，$w\frac{\partial G}{\partial q}(\Psi(q),\ q)$ である（このことは，長期総費用関数の (3.4.7) 式を q で微分して，$K = \Psi(q)$ のとき (3.4.5) 式が成立することから，数式によっても容易に確かめることができる）。したがって，企業は長期では

$$p = w\frac{\partial G}{\partial q}(\Psi(q),\ q) \tag{3.4.10}$$

となるように生産量 q を決定する。この式を変数 p と q の関係式と見なし q について解いたものを

$$q = S(p) \tag{3.4.11}$$

と表すことにする。これは製品価格が p であるとき企業が長期において供給する製品の量 q を表しており，長期供給関数である。そのグラフを描いたものが長期供給曲線であり，図 3.12 の SS' 曲線である。それは「価格＝長期限

界費用」の関係であるから，図 3.11 の長期限界費用曲線そのものである。

図 3.12 において企業の短期と長期行動を説明しよう。いま企業の資本量を K_0 とする。このとき価格が p_0 であるならば短期の供給量は q_0 である。また長期においても，q_0 だけ生産するのに最適な資本量は K_0 であるから資本量を変化させることはなく，企業は同じ量 q_0 を供給する。価格が p_1 に変化したとする。このとき企業は短期では資本量 K_0 を変更できないから，供給量は q_0' まで増加させる。しかしながら，もしこの価格変化が一時的なものではなく価格 p_1 が長期にわたって持続すると，q_0' を生産するには資本量 K_0 は小さく最適ではない。したがって企業は長期的には資本量を増大させる。資本量の増大は短期供給曲線を右方にシフトさせ，それにつれて供給量も増加する。最終的には資本量は K_1 まで増大し，供給量は q_1 まで増加する。このように，企業は，長期においては，長期供給曲線上の供給量を選択するのである。

以上において企業の行動を費用関数を用いて説明したが，次に企業の行動を生産関数によって説明することにしよう。市場における製品価格を p，賃金率を w，資本賃貸率を r とすると，企業の利潤 π は (3.4.1)，(3.4.2) より

$$\pi = pF(K, L) - rK - wL \tag{3.4.12}$$

となる。

最初に企業の短期の行動を分析しよう。資本量 K は短期においては変更できないから，K は定数と見なされる。短期では企業は労働量だけを利潤が最大になるように調整する。したがって上式の利潤が労働量に関して最大であるためには，L について微分してゼロとおいた

$$p\frac{\partial F}{\partial L}(K, L) - w = 0 \tag{3.4.13}$$

なる条件が満たされなければならない。

ところで，K を一定と見なしたとき，L と q の関係において (3.4.3) の関数 G は関数 F の逆関数である。逆関数の微分はもとの関数の微分の逆数に等しいから，$L = G(K, q)$ であるとき $\dfrac{\partial G}{\partial q}(K, q) = 1 \Big/ \dfrac{\partial F}{\partial L}(L, K)$ が成立する。したがって，(3.4.13) 式は (3.4.8) 式と同じことを意味している。すな

わち，上の条件 (3.4.13) は「価格＝短期限界費用」の条件に相当する。

次に長期における企業の行動を分析しよう。長期においては資本量も変化させることができるから，企業は労働 L と資本 K の両方を調整して利潤を最大にする。したがって，(3.4.12) 式が L と K のいずれに関しても最大であるためには，両方について微分したものがゼロに等しくなくてはならない。したがって，(3.4.13) 式に加えて，次式が成立する。

$$p\frac{\partial F}{\partial K}(K, L) - r = 0 \tag{3.4.14}$$

3.2 節において明らかにしたように，等産出量曲線は関数 $L = G(K, q)$ の q を一定としたときのグラフであり，労働の資本に対する限界代替率はそのグラフの傾き，すなわち関数 $G(K, q)$ の K に関する偏微分係数の絶対値である。また，命題 3.2.1 より，労働の資本に対する限界代替率は資本と労働の限界生産性の比に等しい。したがって，

$$-\frac{\partial G}{\partial K}(K, q) = \frac{\partial F}{\partial K}(K, L) \Big/ \frac{\partial F}{\partial L}(K, L) \tag{3.4.15}$$

が成立する。このことから (3.4.13) のもとでは (3.4.14) は (3.4.5)，すなわち (3.4.6) と同値である。

「価格＝長期限界費用」の条件は (3.4.10) 式によって示される。それは (3.4.6) と (3.4.8) 式が成立することと同じである。すでに明らかにしたように，(3.4.8) と (3.4.13) とは同じものであり，したがって，このとき (3.4.6) と (3.4.14) とは同値となる。ゆえに，(3.4.13) と (3.4.14) は「価格＝長期限界費用」の条件 (3.4.10) に相当する。

3.5 費用関数の性質*

この節では，3.2 節において導出した企業の費用関数の性質を明らかにする。ここでは特に二種類の生産要素がある場合を分析する。

最初に 3.2 節の二生産要素の場合の企業の費用最小化行動の議論を整理することにしよう。企業はある財を二つの生産要素から生産し，そのときの生産関数が，財の生産量を q，二生産要素の投入量をそれぞれ z_1, z_2 とすると，

3.5 費用関数の性質

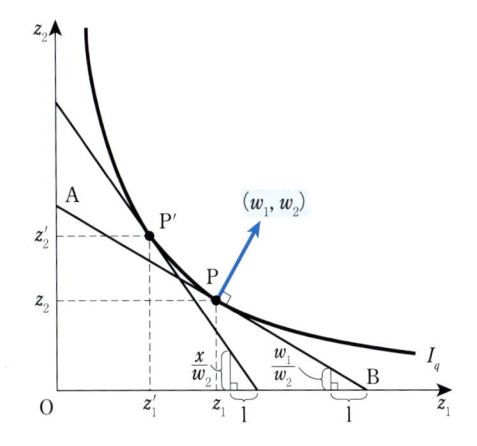

図3.13 費用最小化の要素需要

$$q = F(z_1, z_2) \tag{3.5.1}$$

で示されるとする.二生産要素の市場における価格がそれぞれ w_1, w_2 であるとする.企業が二生産要素をそれぞれ z_1, z_2 だけ購入するときの費用 c は

$$c = w_1 z_1 + w_2 z_2 \tag{3.5.2}$$

となる.

3.2節の命題 3.2.2 によると,上の (3.5.1) において生産量 q を一定と見なしたとき,(3.5.2) の費用 c を最小にする二生産要素の組合せ (z_1, z_2) は

$$\frac{\partial F}{\partial z_1}(z_1, z_2) \Big/ \frac{\partial F}{\partial z_2}(z_1, z_2) = \frac{w_1}{w_2} \tag{3.5.3}$$

の条件を満足する.

図 3.13 の P 点は要素価格が w_1, w_2 と生産量が q のとき,費用が最小となる生産要素の組合せを示している.このように要素需要量 z_1, z_2 は w_1, w_2, q に依存し,その関係を

$$z_1 = D_1^q(w_1, w_2), \qquad z_2 = D_2^q(w_1, w_2) \tag{3.5.4}$$

と書くことにする.これを(一定産出量の)要素需要関数と呼ぶことにする.この関係を数式で理解すれば,要素需要は,未知数を z_1, z_2 とし w_1, w_2, q をパラメーターとする 2 本の方程式 (3.5.1) と (3.5.3) の解であり,解がパラメーターに依存しているという関係である.この要素需要関数を用いる

と，3.2 節で導出した費用関数 $c = C(w_1, w_2, q)$ は

$$c = w_1 D_1^q(w_1, w_2) + w_2 D_2^q(w_1, w_2) \tag{3.5.5}$$

と表すことができる。この値は要素価格が w_1, w_2 であるとき企業が生産量 q を実現するために必要な費用の最小値である。

■ 要素需要の変化

費用関数 C と要素需要関数 D_1^q, D_2^q の関係を明らかにしよう。図 3.13 において産出量水準 q の等産出量線を曲線 I_q とし，当初要素価格が w_1, w_2 でありそのときの要素需要 z_1, z_2 を表す点を P 点とする。またそのときの最小費用を c とする。さて，要素価格 w_1 が変化し x になったとする。この変化の結果，要素需要が図の P′ 点になり，そのときの要素需要と最小費用を z_1', z_2', c' とする。二要素価格が w_1, w_2 であるとき，等産出量曲線 I_q 上の点のなかで費用を最小にするのは P 点であり，その値は $c = w_1 z_1 + w_2 z_2$ である。したがって，P′ 点における費用 $w_1 z_1' + w_2 z_2'$ は最小値 c より小さくない。すなわち，

$$w_1 z_1 + w_2 z_2 \leq w_1 z_1' + w_2 z_2' \tag{3.5.6}$$

が成立する。これを要素需要関数 D_1^q, D_2^q を用いて書き換えると，

$$w_1 D_1^q(w_1, w_2) + w_2 D_2^q(w_1, w_2) \leq w_1 D_1^q(x, w_2) + w_2 D_2^q(x, w_2)$$

となる。x は任意の値であるから，この式の右辺を x の関数と見なすことができる。右辺は $x = w_1$ のとき最小となり左辺と等しくなる，すなわち，$x = w_1$ で極値をとる。したがって，右辺を x について微分したものは $x = w_1$ のときゼロでなければならない。ゆえに，$x = w_1$ のとき，

$$w_1 \frac{\partial D_1^q}{\partial w_1}(x, w_2) + w_2 \frac{\partial D_2^q}{\partial w_1}(x, w_2) = 0$$

が成立する。

同様の議論が w_2 が変化した場合に成立するから，以下の命題を得る。

> **命題 3.5.1**：要素需要の変化について以下のことが成立する。
> $$w_1 \frac{\partial D_1^q}{\partial w_i}(w_1, w_2) + w_2 \frac{\partial D_2^q}{\partial w_i}(w_1, w_2) = 0 \qquad (i = 1, 2)$$

3.5 費用関数の性質

この命題は要素価格 w_i が変化したときの要素需要の変化の方向を表すベクトル $\left(\dfrac{\partial D_1^q}{\partial w_i}, \dfrac{\partial D_2^q}{\partial w_i}\right)$ がベクトル (w_1, w_2) と直交することを意味している。図 3.13 においてベクトル PP′ がほぼ P 点の接線 AB の方向を向いていることに相当する。

(3.5.5) 式より，費用関数 C を w_1 について偏微分すると，

$$\frac{\partial C}{\partial w_1}(w_1, w_2, q) = D_1^q(w_1, w_2) + w_1 \frac{\partial D_1^q}{\partial w_1}(w_1, w_2) + w_2 \frac{\partial D_2^q}{\partial w_1}(w_1, w_2)$$

となる。したがって，上の命題より，$\dfrac{\partial C}{\partial w_1}(w_1, w_2, q) = D_1^q(w_1, w_2)$ を得る。同様にして w_2 についても同じことを示すことができる。ゆえにシェパード（Shephard）の補題と呼ばれる以下の命題が証明された。

> **命題 3.5.2**：費用関数 C と要素需要関数 D_1^q，D_2^q との間に以下の関係が成立する。
>
> $$\frac{\partial C}{\partial w_i}(w_1, w_2, q) = D_i^q(w_1, w_2) \qquad (i = 1, 2)$$

この命題は以下のように解釈される。要素価格 w_1 が 1 円上昇したとする。価格が変化する前のその要素の需要量が，たとえば 10 であったとする。この場合，もし変化前と同じ量の要素を購入すれば，費用は 10 円（1 円×第 1 要素需要量 10）だけ増加する。すなわち，同じ産出量を維持すると費用が 10 円上昇することになる。上の命題はこのことを主張しているのである。

ある要素価格がその要素需要に与える効果を自己効果，他の要素の需要に与える効果を交差効果という。関数の 2 階の偏微分は微分の順序に依存しないから，

$$\frac{\partial^2 C}{\partial w_2 \partial w_1}(w_1, w_2, q) = \frac{\partial^2 C}{\partial w_1 \partial w_2}(w_1, w_2, q)$$

が成立する。ただし，$\dfrac{\partial^2 C}{\partial w_j \partial w_i}$ は関数 C を w_i，w_j の順に微分した 2 階の偏微分を表す。したがって，命題 3.5.2 から次の命題がただちに導出される。

> **命題 3.5.3**：要素需要関数の交差効果は対称である。すなわち
> $$\frac{\partial D_1^q}{\partial w_2}(w_1, w_2) = \frac{\partial D_2^q}{\partial w_1}(w_1, w_2)$$
> が成立する。

図 3.13 において要素価格が x から w_1 に変化したと見なせば，(3.5.6) に対応する関係として
$$xz_1' + w_2 z_2' \leqq xz_1 + w_2 z_2 \tag{3.5.7}$$
が成立する。(3.5.6) と (3.5.7) を加えて整理すると，
$$(x - w_1)(z_1' - z_1) \leqq 0$$
を得る。これは $x > w_1$ ならば $z_1' \leqq z_1$ であることを意味するから，自己効果 $\dfrac{\partial D_1^q}{\partial w_1}$ は非正である。同様にして $\dfrac{\partial D_2^q}{\partial w_2}$ も非正であることを示すことができる。

> **命題 3.5.4**：要素需要関数の自己効果は非正である。すなわち
> $$\frac{\partial D_i^q}{\partial w_i}(w_1, w_2) \leqq 0 \qquad (i = 1, 2)$$
> が成立する。

この命題と命題 3.5.1 および命題 3.5.3 より，$\dfrac{\partial D_1^q}{\partial w_2}(w_1, w_2) = \dfrac{\partial D_2^q}{\partial w_1}(w_1, w_2) \geqq 0$ であることが分かる。すなわち，交差効果は非負である。これは，ある要素価格の上昇は他の要素需要を増加させ，要素が代替的関係にあることを意味する。しかしながら，この性質は要素の数が 2 であることに依存しており，要素の数が 3 以上の場合には一般的には成立しない関係である。

3.6　生　産　集　合

これまでの議論においては企業の生産技術を生産関数によって表現した。この節ではより一般的な生産技術を表すために使われる「生産集合」と呼ばれる概念を説明する。それは生産要素の量と生産物の量の組合せで実行可能なすべ

3.6 生産集合

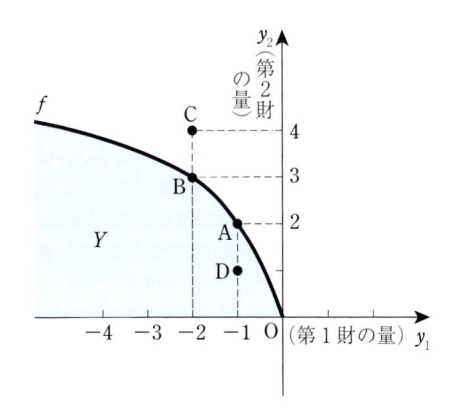

[図: 生産集合 Y。縦軸 y_2（第2財の量）、横軸 y_1（第1財の量）。曲線 f 上に点 B$(-2, 3)$、点 A$(-1, 2)$。点 C$(-2, 4)$、点 D$(-1, 1)$。]

図 3.14 第1財から第2財を生産する生産集合

ての組合せを表す集合である。

■ 二財の場合

たとえば、二種類の財があり、それぞれ第1財、第2財と呼ぶことにし、生産要素として第1財を用い、生産物として第2財を生産する企業を考えよう。第1財と第2財の量をそれぞれ y_1 と y_2 なる記号で表し、企業の生産計画を二財の量の組合せ (y_1, y_2) で表現することにしよう。ただし、この企業は第1財を生産要素として使用することを表すために y_1 は負の値とし、他方、第2財は生産物であることを表すために y_2 は正の値とする。すなわち、$y_1 < 0$, $y_2 > 0$ とする。つまり、生産計画 (y_1, y_2) は、企業が第1財を $-y_1$ の量だけ投入し、第2財を y_2 の量だけ生産することを表す。

この企業の生産計画 (y_1, y_2) のなかで実行可能な計画の集合を図 3.14 における集合 Y で表すことにする。横軸には第1財の量 y_1 が、縦軸には第2財の量 y_2 が測られている。たとえば A 点では $y_1 = -1$, $y_2 = 2$ であり、第1財1単位を生産要素として用いて第2財2単位を生産するという生産計画が表現されている。A 点が生産集合 Y に属しているということは、そのような生産計画は技術的に実行可能であること意味している。B 点では $y_1 = -2$, $y_2 = 3$ であり、A 点と比較して、生産要素である第1財の投入量を増すと生産物であ

る第2財の生産量が増え，その生産計画 $(-2, 3)$ も実行可能であることを示している。他方，C 点では $y_1 = -2$, $y_2 = 4$ という生産計画を表しているが，その点は生産集合 Y には属していないから，企業にとってそのような生産計画は実行可能ではないことを意味している。企業にとって実行可能なすべての生産計画が集合 Y によって表現されており，企業の生産技術は集合 Y によって完全に表現される。このように企業の生産技術を表した集合を<u>生産集合</u>という。

ところで，図 3.14 の D 点のように生産集合の境界上にない生産計画も実行可能である。しかしながら，その点は企業にとっては興味のない生産計画である。なぜなら，A 点と比較して同じ量の生産要素を用いてもより少ない生産物しか生産されないからである。このように，生産集合のなかには非効率的な生産計画も含まれている。効率的な生産計画は図の Of 曲線上の点である。この曲線を，$z = -y_1$, $q = y_2$ とすると，

$$q = f(z)$$

という関数で示されるとする。この関数 f が 3.2 節において説明した生産関数である。すなわち，<u>生産集合内の効率的な生産計画だけを表現したものが生産関数である</u>。

例 3.6.1：企業の生産集合 Y が

$$Y = \{(y_1, y_2) \mid y_1 \leq 0, \ y_2 \leq \sqrt{-y_1}\}$$

で示されるとする。$y_1 = -4$, $y_2 = 2$ なる生産計画 $(-4, 2)$ は生産集合に属すから，この企業は第1財を4単位投入して第2財を2単位生産することが可能である。生産計画 $(-4, 3)$ は生産集合に属さないから，第1財4単位から第2財3単位を生産することはできない。この場合の生産関数は，

$$q = \sqrt{z}$$

である。

企業がどの財を生産要素として用いるか，またどの財を生産するかは所有している技術による。上では企業が第1財を生産要素として第2財を生産する技

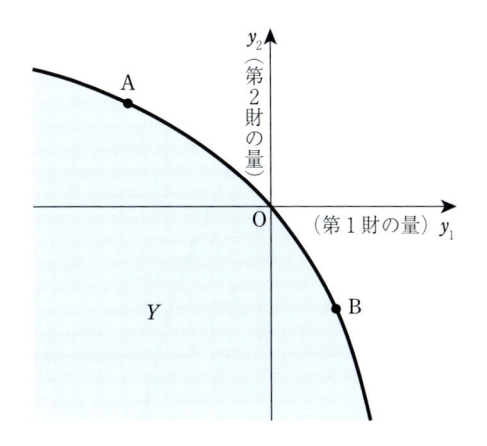

図 3.15　一般的な生産集合

術を所有する場合を考えたが，逆に，企業が第 2 財を生産要素として第 1 財を生産する技術を所有するかもしれない。さらに，企業がいずれの生産技術をも所有する場合もあろう。その場合は生産集合のなかに，$y_1 > 0$, $y_2 < 0$ となる生産計画 (y_1, y_2) もあることになる。したがって，一般的には企業の生産集合は図 3.15 のような集合 Y で示される。この企業は A 点では第 1 財から第 2 財を生産しており，他方，B 点では逆に第 2 財から第 1 財を生産する。すなわち，生産集合に属している生産計画 (y_1, y_2) は，もし $y_i < 0$ ならば第 i 財は生産要素として投入され，$y_i > 0$ ならば生産物として生産されることを示している。このように，生産集合は企業の生産技術を表現する非常に一般的な方法である。

■ 生産集合の形

生産集合の形状について議論するために図 3.16 のような標準的な生産集合 Y を考えることにしよう。

第一の特徴は原点 O が生産集合 Y に属すことである。原点 O は，$y_1 = 0$, $y_2 = 0$ であるから，何も投入せず何も生産しないという生産計画を意味している。このような生産計画は普通は可能であると考えてよいであろう。

第二の特徴は原点 O 以外の第 1 象限の点は生産集合には属さないことであ

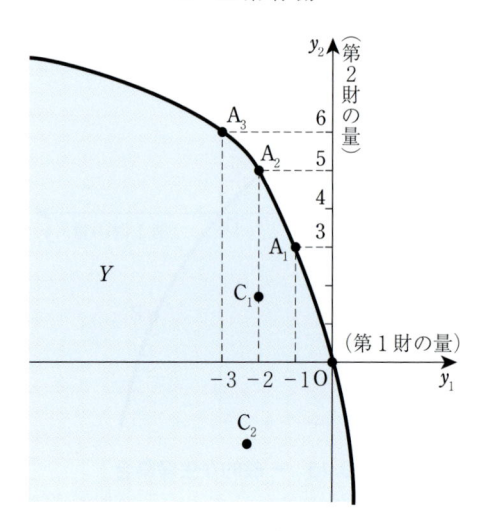

図 3.16　凸性と自由処分性

る。たとえば，点 $(0, 1)$ あるいは点 $(1, 1)$ は生産集合 Y には属さない。すなわち，何も投入しなければ何も生産することはできないことを意味する。

　第三の特徴は境界の形状である。A_1 点では $y_1 = -1$, $y_2 = 3$ とする。A_2 点では $y_1 = -2$, $y_2 = 5$ であり，A_1 点と比較して生産要素である第1財の投入量を増し生産物である第2財の生産量を増す生産計画が実行可能であることを示している。さらに，A_3 点では $y_1 = -3$, $y_2 = 6$ であり，このような点も可能な生産計画である。このように生産集合の境界は通常は左上がりの曲線となる。

　さらに，第四の特徴として，この場合のように生産要素の増加に伴い生産量が増加するとき，その増加の割合が小さくなるならば，生産集合の形状は境界が外に向かって膨らんだ凸型となる。このような性質は生産集合の凸性と呼ばれる。これは生産関数の限界生産性逓減の法則に相当する。

　最後に，第五の特徴として，C_1 点と A_1 点を比較してみよう。C_1 点では，より多くの第1財を投入して，より少ない第2財を生産している。すなわち A_1 点と比べると，生産要素をより無駄に使用し生産をより非効率に行っている。もし A_1 点の生産計画が実行可能ならば，それよりも非効率な C_1 点のよ

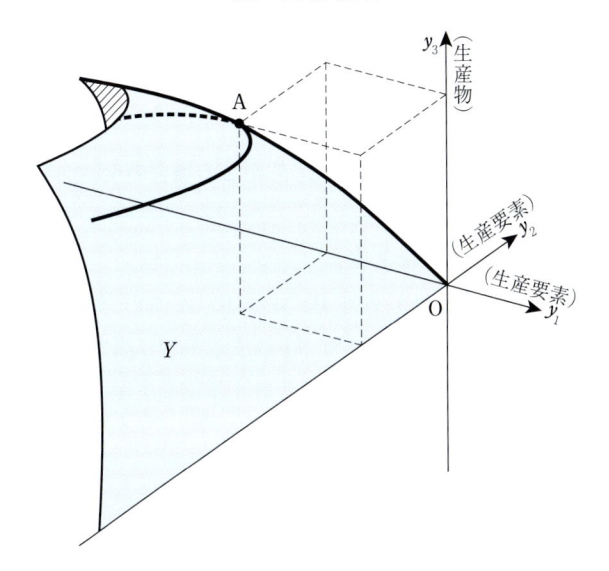

図 3.17　二生産要素，一生産物の場合の生産集合

うな生産計画は常に可能であると考えられる．極端な場合として，原点 O と比較して C_2 点も実行可能である．C_2 点では二財とも生産要素として投入されるが何も生産されないという計画である．すなわち，二財とも費用をかけずに捨て去ることが可能であることを意味する．生産集合のこのような性質は自由処分性と呼ばれる．

■ 三財の場合

企業の生産活動が三つの財に関係する場合を考えよう．三種類の財を第 1 財，第 2 財，第 3 財と呼び，それらの量をそれぞれ y_1, y_2, y_3 で表すことにする．企業の生産計画は三財の量の組合せ (y_1, y_2, y_3) で表現される．

最初に，生産要素として第 1 財と第 2 財を用い，生産物として第 3 財を生産する企業を考えよう．図 3.17 はこの企業の生産集合を描いたものである．図の生産集合 Y に属す A 点では，第 1 財と第 2 財は生産要素として投入されており，y_1, y_2 は負の値である．他方，第 3 財は生産物として産出されており，y_3 は正の値である．

A点のように生産集合の表面にある点は効率的な生産計画である。効率的な生産計画を表す曲面が，$z_1 = -y_1$, $z_2 = -y_2$, $q = y_3$ とすると

$$q = F(z_1, z_2)$$

という関数で表されるとする。この関数 F がこの場合の生産関数である。

例 3.6.2：企業の生産集合 Y が

$$Y = \{(y_1,\ y_2,\ y_3) | y_1 \leq 0,\ y_2 \leq 0,\ y_3 \leq (-y_1)^{\frac{1}{3}}(-y_2)^{\frac{2}{3}}\}$$

であるとする。生産計画 $(-1, -8, 4)$ は生産集合に属すから，この企業は第1財1単位と第2財8単位から第3財4単位を生産することができる。また，生産関数は

$$q = z_1^{\frac{1}{2}} z_2^{\frac{2}{3}}$$

である。

次に，生産要素として第1財を用い，生産物として第2財と第3財を同時に生産する企業を考えよう。同時に複数の生産物を生産することを<u>結合生産</u>という。生産集合に属す点では第1財は生産要素であり y_1 は負の値となる。他方，第2財と第3財は生産物であり y_2 と y_3 は正の値となる。この場合は生産物が二つあるため，効率的な生産計画は生産関数という概念では明示的には示されない。それは，$z = -y_1$, $q_1 = y_2$, $q_2 = y_3$ として，適当な関数 G を用いて

$$G(z,\ q_1,\ q_2) = 0$$

と表現される。このような関数 G を<u>陰関数表示の生産関数</u>という。

例 3.6.3：企業の生産集合 Y が

$$Y = \{(y_1,\ y_2,\ y_3) | y_1 \leq 0,\ y_2 \geq 0,\ y_3 \geq 0,\ y_2^2 + y_3^2 \leq -y_1\}$$

であるとする。生産計画 $(-13, 2, 3)$ は生産集合に属すから，この企業は第1財13単位から，第2財を2単位と第3財を3単位生産することが可能である。また，陰関数表示の生産関数は以下の通りである。

$$-z + q_1^2 + q_2^2 = 0$$

3.7 生産集合と利潤*

前節では企業の生産技術が生産集合によって表現されることを説明したが，この節では企業の利潤最大化の行動を生産集合を用いて説明することにしよう。

■ **限界変形率**

二財の場合を考え，企業の生産集合 Y が図 3.18 のような形状をしているとする。図において Q 点と R 点を比較すると，同じ量の第 1 財の生産要素を投入しているにもかかわらず，Q 点の方が生産量は大きく効率的である。したがって，企業は生産集合の内部にある R 点よりは境界上にある Q 点を選択するであろう。

生産集合の境界上の点に注目して一つの概念を定義しよう。図のように境界上の Q 点に接線 TT' を引く。この接線の傾きの大きさを**限界変形率**（marginal rate of transformation 略して *MRT*）と呼ぶことにする。図において第 1 財の量を 1 単位減少させ第 2 財を Δy_2 だけ増加させた点 Q′ が生産集合の境界上に

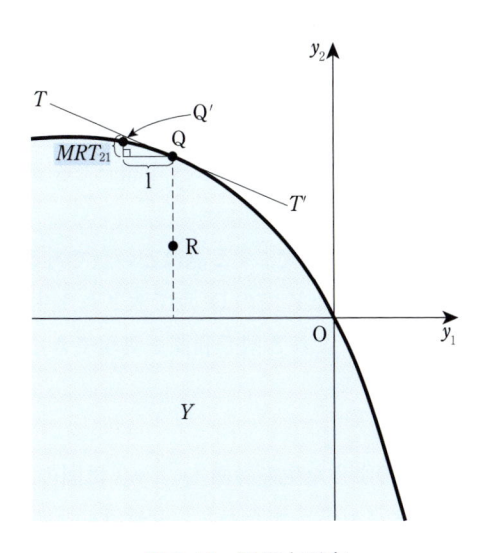

図 3.18 限界変形率

あるとする。このとき Δy_2 は近似的に限界変形率に等しい。したがって，限界変形率とは第1財1単位を第2財何単位に変形することが可能かを表している。この意味で正確には第2財の第1財に対する限界変形率 MRT_{21} と表記される。同様に第1財の第2財に対する限界変形率 MRT_{12} が定義され，それは MRT_{21} の逆数に等しい。

■ 利潤最大化

第1財と第2財の市場における価格をそれぞれ p_1, p_2 とする。二財の価格 p_1, p_2 は企業にとって一定であり，また正の値であるとする。企業が生産集合 Y 内のある生産計画 (y_1, y_2) を選択すると，もし図3.18のQ点のように企業が第1財を生産要素として投入しているなら，$y_1 < 0$ であり，第1財を購入するために支払う費用は $-p_1 y_1$ となる。また，第2財を生産物として産出しているならば，$y_2 > 0$ となり，第2財を販売することによって得られる売上額は $p_2 y_2$ となる。企業が得る利益は売上から費用を引いたものである。したがって，このとき企業が得る利益，すなわち利潤の額を π とすると，それは

$$\pi = p_1 y_1 + p_2 y_2 \tag{3.7.1}$$

と表される。企業は生産計画 (y_1, y_2) を生産集合 Y 内から自由に選択することができる。企業は利潤が一番大きくなるような生産計画を生産集合内の点のなかから選ぶ。したがって，企業は生産集合 Y 内の生産計画 (y_1, y_2) の組合せで (3.7.1) 式の利潤の値が最大になるような組合せを選択する。これが企業の利潤最大化の行動である。

それでは生産集合内で利潤を最大にする点はどの点であるかを明らかにしよう。図3.19において，生産集合 Y 内のQ′点で表される生産計画によって実現できる利潤の額 π^0 とする。これと同じ利潤を実現できる生産計画 (y_1, y_2) とは

$$\pi^0 = p_1 y_1 + p_2 y_2$$

を満たすものである。そのような生産計画 (y_1, y_2) は図のQ′点を通る傾きが $\dfrac{p_1}{p_2}$ の直線 AA' 上の点で表される。すなわち，直線 AA' 上のすべての生産計画は同額の利潤 π^0 を実現する。そして，その直線より右上方にある生産計画

3.7 生産集合と利潤

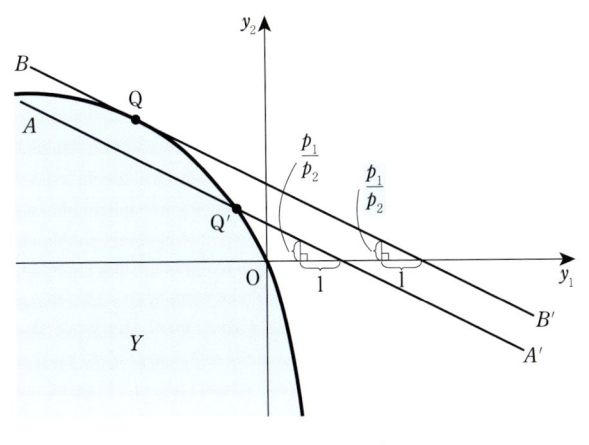

図 3.19 利潤最大化

(y_1, y_2) は

$$\pi^0 < p_1 y_1 + p_2 y_2$$

という不等式を満たす．したがって直線 AA' より右上方にある生産計画はより大きな利潤を実現する．ゆえに Q 点の生産計画の方が Q′ 点の生産計画より大きな利潤を実現するから，Q′ 点の生産計画は企業の利潤を最大にしていない．

　Q 点のような生産計画に注目しよう．Q 点では傾きが $\dfrac{p_1}{p_2}$ の直線 BB' と生産集合 Y とが接している．生産集合内に Q 点より大きな利潤を実現する点はあるだろうか．Q 点より高い利潤を実現する点は直線 BB' の右上方にある点である．したがって，Q 点より高い利潤を実現する生産計画は生産集合内には存在せず，企業の利潤が最大となる生産計画は Q 点で示される．

　このように生産集合内で利潤を最大にする点は，傾きが二財の価格比に等しい直線と生産集合の境界との接点である．生産集合の境界線の傾きは限界変形率 MRT_{21} であるから，Q 点では

$$MRT_{21} = \frac{p_1}{p_2} \tag{3.7.2}$$

が成立する．これが企業の利潤最大化の条件である．

> **命題 3.7.1**：企業が利潤を最大化するならば，限界変形率が二財の価格比と等しくなるような生産計画を選ぶ。

> **例 3.7.1**：企業の生産集合 Y を
> $$Y = \{(y_1, y_2) \mid y_1 \leq 0, \ y_2 \leq 2\sqrt{-y_1}\}$$
> とし，二財の価格を $p_1 = 1$, $p_2 = 2$ とする。$y_1 < 0$, $y_2 > 0$ であるような境界上の点 (y_1, y_2) は
> $$y_2 = 2\sqrt{-y_1} \tag{a}$$
> なる関係式を満たすから，その点における限界変形率 MRT_{21} は
> $$MRT_{21} = \frac{1}{\sqrt{-y_1}}$$
> となる。したがって利潤最大化の条件は
> $$\frac{1}{\sqrt{-y_1}} = \frac{1}{2} \tag{b}$$
> となる。(a)と(b)より，$y_1 = -4$, $y_2 = 4$ となり，企業は第1財を4単位投入し第2財を4単位生産する。

■ **供給関数**

企業は，二財の価格 p_1, p_2 が所与のもとで，自己の利潤が最大になるように生産計画 (y_1, y_2) を決定する。もし価格が変化したならば，それに伴って企業の生産計画も変化する。すなわち，生産計画 (y_1, y_2) は価格 (p_1, p_2) の関数となる。その関数を
$$y_1 = S_1(p_1, p_2), \qquad y_2 = S_2(p_1, p_2) \tag{3.7.3}$$
と書くことにする。これらの関数 S_1, S_2 は<u>供給関数</u>と呼ばれる。

供給関数を数学的に理解すれば，生産計画 (y_1, y_2) は二つの条件によって決定されている。一つは生産計画が生産集合 Y の境界上の点であるという条件であり，もう一つは利潤最大化の条件である。利潤最大化の条件である

(3.7.2) 式は価格 p_1, p_2 に依存しており，供給関数は価格が変化すると生産計画が変化するという関係を表しているのである．

企業が生産して販売する生産物の量は供給と呼ばれ，購入して投入する生産要素の量は要素需要と呼ばれる．図 3.19 のような一般的な生産集合を持つ企業はどちらの財を供給し，どちらの財を需要するかは，市場の価格に依存して決まる．すなわち (3.7.3) 式において y_i が正ならば企業は第 i 財を供給し，負ならば $-y_i$ だけ需要することを意味する．

例 3.7.2：企業の生産集合 Y を前例と同様に
$$Y = \{(y_1, y_2) \mid y_1 \leq 0,\ y_2 \leq 2\sqrt{-y_1}\}$$
とし，二財の価格を p_1, $p_2 > 0$ とする．$y_1 < 0$, $y_2 > 0$ であるような境界上の点 (y_1, y_2) は前例の (a) 式で表される．また利潤最大化の条件は
$$\frac{1}{\sqrt{-y_1}} = \frac{p_1}{p_2} \qquad (\mathrm{c})$$
となる．(a) と (c) より企業の供給関数
$$y_1 = -\frac{p_2^2}{p_1^2}, \qquad y_2 = \frac{2p_2}{p_1}$$
を得ることができる．

供給関数の一つの基本的な性質を明らかにしておこう．それは供給および要素需要は二財の価格比だけに依存しているという性質である．二財の価格が同時に変化し，いずれももとの t 倍 $(t > 0)$ になったとする．すなわち，最初の価格をそれぞれ p_1, p_2 とすると，変化後の価格は tp_1, tp_2 である．この場合の利潤最大化の条件は $MRT_{21} = \dfrac{tp_1}{tp_2}$ であり，これは (3.7.2) 式と同じものである．したがって，価格が (p_1, p_2) であるときの供給関数の値と，(tp_1, tp_2) であるときの値は等しい．すなわち，任意の $t > 0$ について
$$S_1(p_1, p_2) = S_1(tp_1, tp_2), \qquad S_2(p_1, p_2) = S_2(tp_1, tp_2)$$
が成立する．関数 S_1, S_2 のこのような性質は，数学の用語を用いて，0 次同次性と呼ばれる．

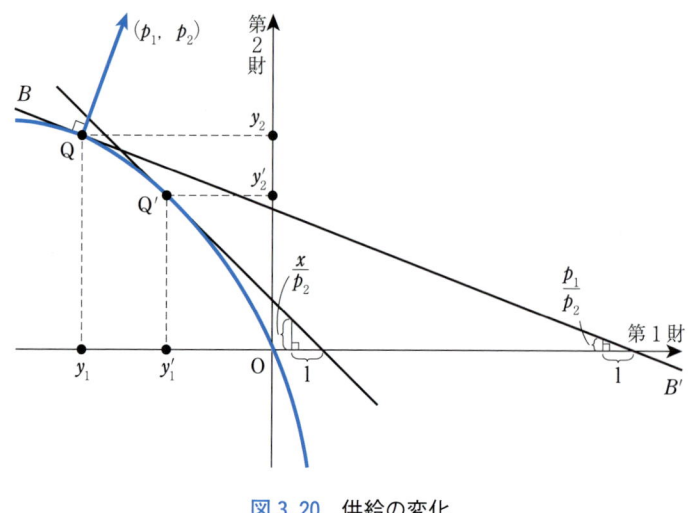

図 3.20　供給の変化

> **命題 3.7.2**：供給関数は価格に関して 0 次同次の関数である．供給および要素需要は価格比だけに依存し，価格の比例的変化はそれらを変化させない．

■ 利潤関数

企業が利潤最大化したときの最大利潤は，(3.7.1) と (3.7.3) より，
$$\pi = p_1 S_1(p_1, p_2) + p_2 S_2(p_1, p_2) \tag{3.7.4}$$
と表すことができる．このように最大利潤の値は価格 p_1, p_2 の関数となるから，その関係を $\pi = \Pi(p_1, p_2)$ という関数で表すことにしよう．関数 Π は利潤関数と呼ばれる．

■ 供給の変化

利潤関数 Π と供給関数 S_1, S_2 の関係を明らかにしよう．図 3.20 において，当初価格が p_1, p_2 であり，そのときの生産計画 y_1, y_2 を表す点を Q 点とする．また，そのときの最大利潤を π とする．さて，価格 p_1 が変化し x になったと

する。この変化の結果，供給が図の Q′ 点になり，そのときの供給と最大利潤を y_1', y_2', π' とする。価格が p_1, p_2 であるとき，生産集合 Y 内の点で利潤を最大にするのは Q 点であり，その値は $\pi = p_1 y_1 + p_2 y_2$ である。したがって，Q′ 点における利潤 $p_1 y_1' + p_2 y_2'$ は最大値 π より大きくない。すなわち，

$$p_1 y_1 + p_2 y_2 \geqq p_1 y_1' + p_2 y_2' \tag{3.7.5}$$

が成立する。これを供給関数 S_1, S_2 を用いて書き換えると，

$$p_1 S_1(p_1, p_2) + p_2 S_2(p_1, p_2) \geqq p_1 S_1(x, p_2) + p_2 S_2(x, p_2)$$

となる。x は任意の値であるから，この式の右辺を x の関数と見なすことができる。右辺は $x = p_1$ のとき最大となり左辺と等しくなる，すなわち，$x = p_1$ で極値をとる。したがって，右辺を x について微分したものは $x = p_1$ のときゼロでなければならない。ゆえに，$x = p_1$ のとき，

$$p_1 \frac{\partial S_1}{\partial p_1}(x, p_2) + p_2 \frac{\partial S_2}{\partial p_1}(x, p_2) = 0$$

が成立する。

同様の議論が p_2 が変化した場合に成立するから，以下の命題を得る。

命題 3.7.3：供給の変化について以下のことが成立する。

$$p_1 \frac{\partial S_1}{\partial p_i}(p_1, p_2) + p_2 \frac{\partial S_2}{\partial p_i}(p_1, p_2) = 0 \qquad (i = 1, 2)$$

この命題は価格 p_i が変化したときの供給の変化の方向を表すベクトル $\left(\frac{\partial S_1}{\partial p_i}, \frac{\partial S_2}{\partial p_i}\right)$ がベクトル (p_1, p_2) と直交することを意味している。図 3.20 においてベクトル QQ′ がほぼ Q 点の接線 BB′ の方向を向いていることに相当する。

(3.7.4) 式より，利潤関数 Π を p_1 について偏微分すると，

$$\frac{\partial \Pi}{\partial p_1}(p_1, p_2) = S_1(p_1, p_2) + p_1 \frac{\partial S_1}{\partial p_1}(p_1, p_2) + p_2 \frac{\partial S_2}{\partial p_1}(p_1, p_2)$$

となる。したがって，上の命題より，$\frac{\partial \Pi}{\partial p_1}(p_1, p_2) = S_1(p_1, p_2)$ を得る。同様にして p_2 についても同じことを示すことができる。ゆえに，以下の命題が証明された。

> **命題 3.7.4**：利潤関数 Π と供給関数 S_1, S_2 との間に以下の関係が成立する。
>
> $$\frac{\partial \Pi}{\partial p_i}(p_1,\ p_2) = S_i(p_1,\ p_2) \qquad (i = 1,\ 2)$$

この命題は**ホテリング**（Hotelling）**の補題**と呼ばれるものである。これは次のように解釈される。価格 p_1 が1円上昇したとする。価格が変化する前のその供給量が，たとえば10であったとする。このとき，もし変化前と同じ量を供給すれば，利潤は10円（1円×供給量10）だけ増加する。すなわち，同じ生産計画を実行すると利潤が10円上昇することになる。上の命題はこのことを主張しているのである。

ある価格がその財の供給に与える効果を**自己効果**，他の財の供給に与える効果を**交差効果**という。関数の2階の偏微分は微分の順序に依存しないから，

$$\frac{\partial^2 \Pi}{\partial p_2 \partial p_1}(p_1,\ p_2) = \frac{\partial^2 \Pi}{\partial p_1 \partial p_2}(p_1,\ p_2)$$

が成立する。ただし，$\frac{\partial^2 \Pi}{\partial p_j \partial p_i}$ は関数 Π を p_i, p_j の順に微分した2階の偏微分を表す。したがって，命題 3.7.4 から次の命題がただちに導出される。

> **命題 3.7.5**：供給関数の交差効果は対称である。すなわち
>
> $$\frac{\partial S_1}{\partial p_2}(p_1,\ p_2) = \frac{\partial S_2}{\partial p_1}(p_1,\ p_2)$$
>
> が成立する。

図 3.20 において価格が x から p_1 に変化したと見なせば，(3.7.5) に対応する関係として

$$xy_1' + p_2 y_2' \geqq xy_1 + p_2 y_2 \tag{3.7.6}$$

が成立する。(3.7.5) と (3.7.6) を加えて整理すると，

$$(x - p_1)(y_1' - y_1) \geqq 0$$

を得る。これは $x > p_1$ ならば $y_1' \geqq y_1$ であることを意味するから、自己効果 $\dfrac{\partial S_1}{\partial p_1}$ は非負である。同様にして、$\dfrac{\partial S_2}{\partial p_2}$ も非負であることを示すことができる。

> **命題 3.7.6**：供給関数の自己効果は非負である。すなわち
> $$\frac{\partial S_i}{\partial p_i}(p_1, p_2) \geqq 0 \qquad (i = 1, 2)$$
> が成立する。

すでに読者は気付いていると思うが、この節における議論は 3.5 節、あるいは 2.5 節と 2.6 節の議論と本質的に同じものである。この節の供給関数 S_1, S_2 は、3.5 節の要素需要関数 D_1^q, D_2^q に、あるいは 2.5 節の補償需要関数 D_1^u, D_2^u に相当する。また、命題 2.5.4（マッケンジーの補題）、命題 3.5.2（シェパードの補題）、命題 3.7.4（ホテリングの補題）の三つの命題は、それぞれ異なる状況において証明された命題であるが、それらの理論構造はまったく同じものである。

練習問題

問 3.1：企業の費用関数が
$$c = 2 + (q - 1)^3 \qquad (c：総費用, \quad q：生産量)$$
であるとする。
1) 限界費用曲線と平均費用曲線を求めよ。
2) 固定費用と平均可変費用曲線を求めよ。
3) 生産物価格が 12 のとき供給量、売上収入、総費用、利潤はいくらか。
4) 企業の供給曲線を求めよ。

問 3.2：生産要素 z を投入し生産物 q を生産する企業の生産関数が
$$q = 2\sqrt{z}$$
であり、また、要素価格を 2、固定費用を 1 とする。
1) 総費用関数を求めよ。
2) 限界費用曲線、平均費用曲線を求めよ。
3) 生産物価格が 4 のとき供給量はいくらか。

4) 企業の供給関数を求めよ。

問 3.3：企業の生産関数が
$$q = z_1^{\frac{1}{3}} z_2^{\frac{2}{3}}$$
であるとする。

1) 各生産要素の限界生産性を求めよ。
2) （z_2 の z_1 に対する）限界代替率 MRS_{21} を求めよ。
3) 第1要素の価格を1，第2要素の価格を2とする。企業が $q = 1$ だけ生産するとき二要素の投入量はいくらか。
4) 企業の費用関数を求めよ。

問 3.4：企業の生産関数が
$$q = 2L^{\frac{1}{4}} K^{\frac{1}{2}} \qquad (L \text{ は労働}, K \text{ は資本})$$
であるとき，企業の供給関数と要素需要関数を求めよ。

問 3.5：企業の生産関数が
$$q = L^{\frac{1}{6}} K^{\frac{1}{3}} \qquad (L \text{ は労働}, K \text{ は資本})$$
であり，賃金率 $w = 1$，資本賃貸率 $r = 2$ とする。

1) 短期の総費用曲線，平均費用曲線，限界費用曲線を求めよ。
2) 短期供給関数を求めよ。
3) 長期の総費用曲線，平均費用曲線，限界費用曲線を求めよ。
4) 長期供給関数を求めよ。

問 3.6：競争企業の行動に関する以下の記述のうち，正しくないものはどれか。

① 企業の供給曲線は限界費用曲線の平均費用曲線より上方の部分である。
② 限界費用曲線は平均費用曲線および平均可変費用曲線の最低点を通過する。
③ 二生産要素間の限界代替率は，それら生産要素の限界生産性の比に等しい。
④ 企業が利潤最大化行動をとるならば，各生産要素の限界生産性価値はその生産要素の価格に等しい。
⑤ 企業が費用最小化行動をとるならば，二生産要素間の限界代替率はそれらの生産要素の価格比に等しい。

問 3.7：企業の短期および長期費用に関する以下の記述のうち，正しくないものはどれか。

① 長期総費用曲線は短期総費用曲線の（下方からの）包絡線である。
② ある短期費用曲線において，短期平均費用が長期平均費用に等しい生産量のもとでは短期限界費用は長期限界費用にも等しい。
③ 短期限界費用曲線はそれに対応する短期平均費用曲線の最低点を通過するが，長期限界費用曲線も長期平均費用曲線の最低点を通過する。

④ 長期平均費用曲線は短期平均費用曲線の（下方からの）包絡線であり，必ずしも短期平均費用曲線の最低点を結んだものではない。
⑤ 競争企業の短期供給曲線とは短期限界費用（の一部）であるが，長期供給曲線は長期限界費用曲線ではない。

問 3.8：競争企業の生産関数が一般に
$$q = F(z_1, z_2) \quad (q：生産量，z_i：生産要素量 (i = 1, 2))$$
であり，企業が利潤最大化をするとき，生産物供給量および要素需要量に関する以下の記述のうち，正しいものはどれか。ただし，市場における q 財の価格を p，z_i 財の価格を $w_i (i = 1, 2)$ で表す。

① p が上昇したとき，企業は q 財の供給量を減少させる場合がある。
② w_i が上昇したとき，企業は z_i 財の需要量を増加させる場合がある。
③ w_i が上昇したとき，企業は必ず z_j 財の需要量を増加させる $(i \neq j)$。
④ w_i が上昇したとき，企業は z_i 財の需要量を増加させることはないが，q 財の供給量を減少させる場合がある。
⑤ 上記の①から④はいずれも正しくない。

問 3.9：企業の生産関数が
$$q = 2\sqrt{z_1 z_2}$$
であるとき，以下の問に答えよ。

1) 企業の費用関数を求めよ。
2) 生産量が一定であるときの要素需要関数を求めよ。
3) 要素価格が要素需要に与える自己効果および交差効果を求めよ。

------- ミクロ経済学に登場する経済学者④ -------

ワルラス（Walras, Marie-Esprit Léon, 1834-1910）

　ワルラスはフランスの経済学者であり，連立方程式によって経済の一般均衡モデルを最初に定式化した経済学者として著名である．彼はフランス生まれであるが，生涯の半分以上をスイスで過ごした．彼の父も経済学者であり，パリ高等師範学校の学生であったときにクールノーの同級生でもあったが，経済学において正式な職につくことはなかったようである．

　ワルラスは文学と科学の両方の大学入学資格試験に合格している．大学時代は，工学には興味を持てず，もっぱら文学を勉強しており，実際その時期には小説を書いている．

　経済学に取り組んだのは1858年以降であり，ジャーナリスト，銀行員などの職を経て，1871年にスイスのローザンヌ大学に教授として就任した．その間に最初の著書 *L'économie politique et la justice* が1860年に発表されている．それは彼の父に影響を受けたイデオロギー的な仕事である．

　ローザンヌ大学における彼の功績の一つはジェボンズおよびメンガーとならび**限界効用理論**を確立したことである．その後の彼の純粋経済学に関する研究は1874-77年の代表的著書 *Éléments d'économie politique pure*（純粋経済学要論）に具体化されており，交換，生産，資本形成，および貨幣に関する理論を包含する統一的モデルの基礎となるものである．ワルラスの連立方程式を用いた経済の定式化は静力学における手法の影響である．一般均衡の存在，あるいは均衡への模索（tâtonnement）に関する彼の理論は，数学的には必ずしも完全なものではなかったが，1950年代に数理経済学の発展に伴って厳密な証明が与えられたのである．

4

競争経済の均衡

　前章までに消費者と企業と呼ばれる経済主体の個々の行動を明らかにした。経済は通常は複数の消費者や企業から構成される。この章では，多数の消費者あるいは企業からなる経済を分析することにしよう。

　経済主体は市場において財を需要あるいは供給する。前章までの分析で明らかにされたように，財の需要と供給は市場において成立する価格に依存している。したがって，市場における財の需要と供給は市場価格に依存する。

　もしある価格のもとで需要が供給を上回るならば，その価格では財が不足し，すべての需要者を満たすことはできない。そのとき，財を買うことができない需要者は，より高い価格を申し出ることによって財を手に入れようとする。このことによって価格は引き上げられるであろう。反対に供給が需要を上回れば財が過剰となり，売ることができない供給者によって価格は引き下げられるであろう。このような市場における価格の調整は需要と供給とが等しくなるまで続き，最終的には需要と供給が等しい状態，すなわち均衡が市場において実現し，財の価格が決定される。

　市場に参加している経済主体が非常に多数ならば，個々の経済主体は価格を自分では決定することはできず，財の価格は市場の需給によって決定され，このような状況にある市場を競争市場という。この章の目的は，各経済主体が市場価格を所与のものとして行動する競争市場を分析することである。

4.1 市場均衡

　この節では経済主体が財を売買する市場の構造を分析する。これまでの章では，消費者あるいは企業と呼ばれる個々の経済主体が市場における価格は一定であるとして財を需要または供給する行動を分析してきた。もし市場において多数の経済主体が財を売買するならば，彼らの間の競争によって，ある経済主体だけが他より安い価格で購入したり，あるいは他より高い価格で販売することはできない。したがって，多数の経済主体からなる競争市場では，個々の経済主体は市場における価格を自分の力では変更することができない所与のものとして行動する。このような行動をプライス・テイカー（価格受容者）の行動という。この節では，すべての経済主体がプライス・テイカーとして行動する競争市場において需要と供給がどのように価格を決定するかを明らかにしよう。

■ 市場需要

　市場において多数の消費者がある財を需要するとしよう。市場における財の需要の総量は，その市場にいるすべての消費者の需要量を合計したものである。消費者は市場における財の価格は所与であるとして行動するとしよう。各消費者の財の需要量はその財の価格に依存し，したがって，市場における財の総需要量も価格に依存する。

　単純な場合を想定する。いま，市場に消費者が二人だけいるとする。それらの消費者を，消費者1，消費者2と呼ぶ。各消費者の財の需要量はその財の価格に依存し価格の関数である。消費者1と消費者2の財の需要量をそれぞれ d^1, d^2 で，また財の価格を p で表す。価格 p 以外の他の状況は一定であると仮定し，二人の消費者の需要はそれぞれ需要関数により

$$d^1 = D^1(p), \qquad d^2 = D^2(p)$$

で表現されるとする。このとき，市場における総需要量を d とすると，それは二人の消費者の需要量を合計したものであり，

$$d = D^1(p) + D^2(p)$$

となる。これが市場の需要関数である。

(1) 消費者1　　(2) 消費者2　　(3) 市場

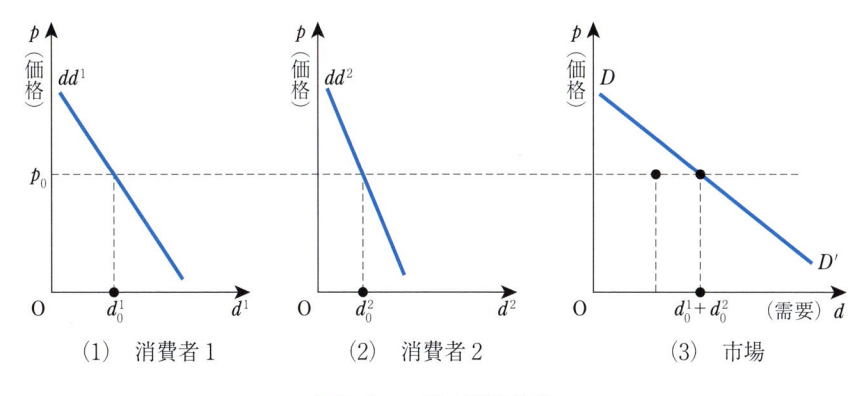

図 4.1　市場の需要曲線

　市場の需要を図によって求めよう。図4.1の(1)と(2)のdd^1線とdd^2線はそれぞれ二消費者の需要関数D^1, D^2のグラフ，すなわち需要曲線である。通常は需要関数は価格の減少関数であり，需要曲線は右下がりの曲線である。図において価格がp_0のとき各消費者の需要量はそれぞれd_0^1, d_0^2である。したがって，図の(3)において価格p_0のときの市場の需要量d_0はd_0^1とd_0^2の和である。このように二人の消費者の需要曲線を水平方向に加えることによって市場の需要曲線が導出される。それは図のような右下がりの曲線となる。
　一般には市場には多数の消費者がおり，その数をnとする。第i番目の消費者の需要関数を$d^i = D^i(p)$で表せば，市場の需要関数は

$$d = \sum_{i=1}^{n} D^i(p)$$

となり，そのグラフが市場の需要曲線である。

■ 市 場 供 給

　次に，同じ市場において，供給を考えよう。その市場では多数の企業が財を供給するとしよう。市場における財の供給の総量は，すべての企業の供給量を合計したものである。企業は市場における財の価格は所与であるとして行動するとしよう。企業の供給量は財の価格に依存し，したがって，市場における財の総供給量もやはり価格に依存する。

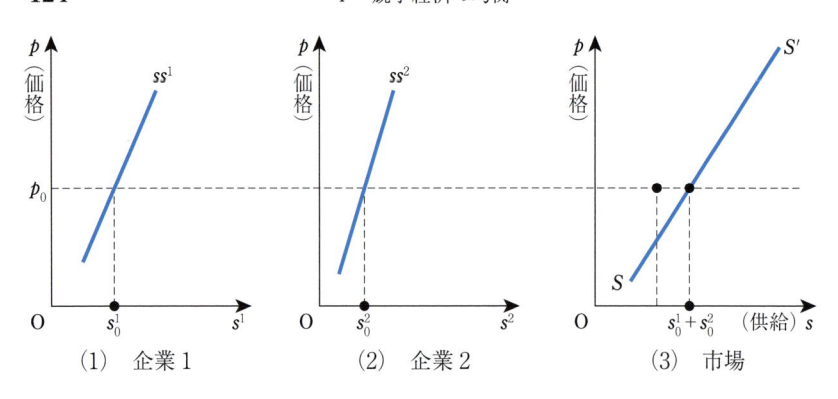

図 4.2　市場供給

　単純な場合として，市場で二つの企業がその財を販売するとしよう。それらの企業を企業 1，企業 2 とする。各企業の財の供給量はその財の価格に依存し価格の関数である。企業 1 と企業 2 の財の供給量をそれぞれ s^1，s^2 で，また財の価格を p で表す。いま価格 p 以外の他の状況は一定であると仮定し，二つの企業の供給がそれぞれ供給関数

$$s^1 = S^1(p), \qquad s^2 = S^2(p)$$

によって表現されるとする。このとき市場における供給量 s は，二つの企業の供給量を合計したものであり，

$$s = S^1(p) + S^2(p)$$

と表される。これが**市場の供給関数**である。

　同様にして市場の供給を図によって求めよう。図 4.2 の（1）と（2）の ss^1 線と ss^2 線はそれぞれ二つの企業の供給関数 S^1，S^2 のグラフ，すなわち供給曲線である。通常は供給関数は価格の増加関数であるから供給曲線は右上がりの曲線となる。図において価格が p_0 のとき二つの企業の供給量は s_0^1，s_0^2 である。したがって，図の（3）において価格 p_0 のときの市場の供給量は s_0^1 と s_0^2 の和である。このように二つの企業の供給曲線を水平方向に加えることによって**市場の供給曲線**が導出される。それは図のような右上がりの曲線となる。

　一般には市場には多数の企業があり，その数を m とする。第 j 番目の企業

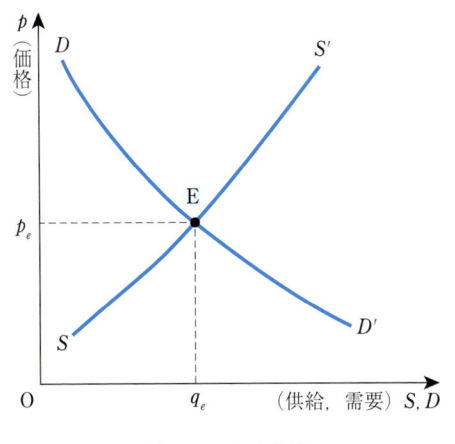

の供給関数を $s^j = S^j(p)$ で表せば,市場の供給関数は

$$s = \sum_{j=1}^{m} S^j(p)$$

となり,そのグラフが市場の供給曲線である。

■ 市場均衡

上述のように導出された市場の需要関数と供給関数をそれぞれ

$$d = D(p), \qquad s = S(p)$$

とする。これらのグラフを,すなわち市場の需要曲線と供給曲線を同じ図に描いたものがそれぞれ図 4.3 の DD' 曲線と SS' 曲線である。

図において需要曲線と供給曲線が交差する E 点に注目しよう。その点に対応する価格を p_e とする。価格 p_e では市場における財の需要量と供給量が等しい。すなわち,

$$D(p_e) = S(p_e)$$

が成立する。これは,市場において価格が p_e であるならば,その財を需要するすべての消費者が価格 p_e で望む量を買うことができ,またその財を供給するすべての企業が価格 p_e で望む量を売ることができることを意味する。その価格のもとでは消費者と企業との間で実際に財を売買することが可能である。

したがって，市場において価格はそのような水準に決定されると考えられる。市場において需要と供給が等しい状態は均衡と呼ばれる。また市場を均衡させる価格 p_e は均衡価格と呼ばれる。

上の説明では，消費者が財を需要し，企業が財を供給するとしている。しかしながら，市場において誰が財を需要するか供給するかは財の種類によって異なる。たとえば，財が労働である場合は，需要するのは普通は企業であり，供給するのは労働者あるいは家計と呼ばれる経済主体である。また株式市場の場合は，同じ個人が需要者になることもあれば供給者になることもある。したがって，「市場の需要」あるいは「市場の供給」とは，その市場において財を売買するすべての経済主体の需要あるいは供給の総和を意味することになる。

4.2 市場調整

前節では市場において需要と供給が等しくなる均衡を説明した。この節では，市場が均衡していない状況ではどのような調整が市場においてなされるかを分析しよう。

■ ワルラス的調整

ある財の市場の需要曲線と供給曲線がそれぞれ図 4.4 における D_0 曲線と S_0 曲線で表されるとする。この場合，市場では均衡価格 p_0 が成立する。すなわち，価格 p_0 のもとで需給が一致する。さて，需要が増大して需要曲線が D_1 に移動したとする。このような需要の変化は，たとえば，財を需要する消費者が以前よりもこの財を欲するようになる，というような「嗜好」の変化によって引き起こされるであろう。この変化の後では，市場で価格 p_1 が成立する。すなわち，需要の増大は市場において価格を上昇させる。

この価格の上昇はどのようにして起きるかを明らかにしよう。需要曲線が D_1 にシフトすると，もはや価格 p_0 では需給は等しくない。この場合価格 p_0 のもとでは需要が供給を上回っており，市場は超過需要の状態である。その価格では望む量を買うことができない需要者が存在する。したがって，満たされない需要者は価格を引き上げ，最終的には p_1 まで上昇する。

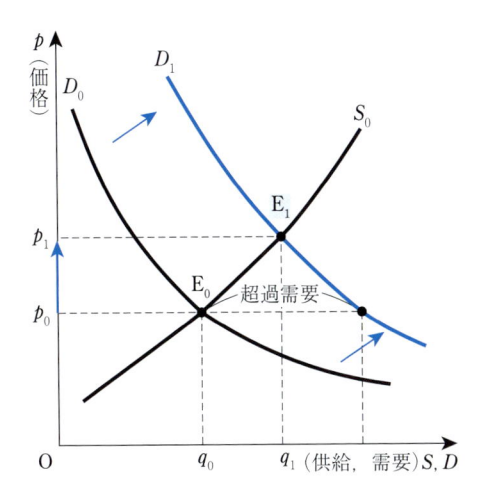

図 4.4　ワルラス的調整（需要の変化）

　次に図 4.5 において，ある財の市場の当初の需要曲線と供給曲線がそれぞれ D_0, S_0 であり，市場では均衡価格 p_0 が成立しているとする。こんどは供給が増大して供給曲線が S_1 に移動したとする。このような供給の変化は，たとえば財を供給する企業の生産技術が向上して以前よりも財をより多く生産できるようになる，という技術の変化によって引き起こされるであろう。この変化の後は市場では価格 p_1 が成立する。すなわち，供給の増大は市場において価格を下落させる。

　この価格の下落はどのようにして起きるのかを見よう。供給曲線が S_1 にシフトすると価格 p_0 では供給が需要を上回っており，市場は超過供給の状態である。その価格では望む量を売り尽くすことができない供給者が存在する。したがって，そのような供給者によって価格が引き下げられ，最終的には p_1 まで下落する。

　以上の二つの例では，市場において価格は超過需要のときは上昇し，超過供給のときは下落する。このように価格が調整されることを需要と供給の法則という。市場が不均衡の状態にあるとき，価格による市場の調整はワルラス的調整，またはワルラス的模索と呼ばれる。これはワルラス（L. Walras）が価格による市場調整を分析したことに由来している。また，図 4.4 と図 4.5 の場合

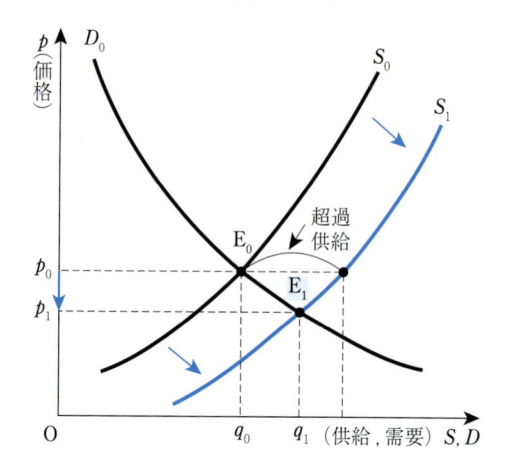

図 4.5　ワルラス的調整（供給の変化）

のように価格調整によって均衡が達成されるとき，市場はワルラス的調整において安定であるという。

■ マーシャル的調整

次に市場が価格ではなく数量によって調整される場合を分析しよう。ある財の市場における需要曲線と供給曲線をそれぞれ図 4.6 の DD' 曲線と SS' 曲線とする。財の供給者は企業，需要者は消費者であるとする。

仮に企業の総供給量が q_1 であるとする。このとき供給曲線の定義から，企業は財の価格が p^s ならば q_1 だけ供給してもよいと考えている。そしてこれより高い価格であっても不都合はない。すなわち，価格 p^s は q_1 だけ供給するとき企業が受け入れることができる最低の価格である。このような価格を供給価格という。

他方，需要曲線の定義から，消費者は価格が p^d ならば q_1 だけ購入してもよいと考えている。そしてこれ以下の価格であっても不都合はない。すなわち，価格 p^d は q_1 だけ購入するとき消費者が受け入れることができる最高の価格である。このような価格を需要価格という。

供給量 q_1 のもとでは需要価格 p^d が供給価格 p^s を上回っている。その状況

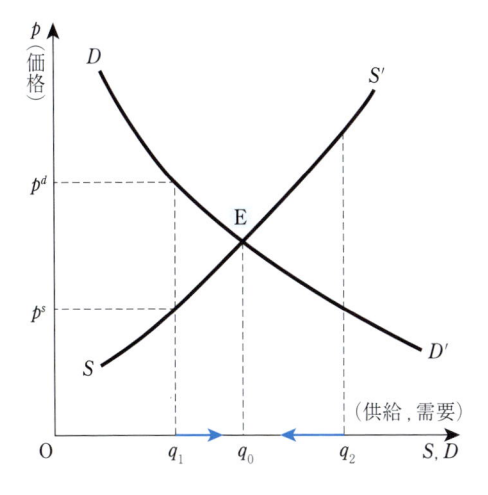

図 4.6　マーシャル的調整

では，企業は許容できる価格 p^s よりも高い価格で財を売ることが可能である。実際，p^d と p^s 間の価格ならば消費者も許容する価格であり需要を失わない。より高い価格で財を売ることができるならば，企業は生産を拡大し供給量を増加させるであろう。最終的には q_0 まで供給量が増加して E 点の均衡が実現する。

逆に，企業の総供給量が q_2 であるときは供給価格 p^s が需要価格 p^d を上回り，そのため企業は供給を減少させ，この場合も最終的には E 点の均衡が実現する。

以上のような数量による市場調整は，マーシャル的調整と呼ばれる。これは市場の数量による調整をマーシャル (A. Marshall) が分析したことに由来する。また，数量調整によって均衡が達成されるとき，市場はマーシャル的調整において安定であるという。

現実の市場では，上述のワルラス的調整とマーシャル的調整のいずれが支配的であろうか。それは市場で取引される財の性質に依存する。たとえば，生鮮食料品のような非耐久財では，価格はそのときの需給によって大きく変動し，市場ではワルラス的調整がなされると考えられる。また，たとえば自動車あるいは電気製品などの耐久財ならば，企業は需給の状態に応じて価格を変化させ

るのではなく，その生産量を調整する。この場合は市場ではマーシャル的調整がなされると考えられる。

■ クモの巣の理論

次に価格と数量がともに調整される市場を分析する。図 4.7 においてある財の需要曲線と供給曲線をそれぞれ DD' 曲線と SS' 曲線とする。それらに対応して需要関数と供給関数を

$$d = D(p), \qquad s = S(p)$$

とする。

ここでは「時間」を考慮して，供給には時間のラグがあると仮定する。すなわち供給者は財を生産し，その財を生産するには時間がかかる。たとえば，米の生産では春に作付し，秋に収穫するから，半年の生産期間が必要である。

時間を t で表す。供給者は t 期の市場における供給量の決定は，もし生産に 1 期間必要とするなら，前の期の $t-1$ 期に決定しなければならない。しかしながら，$t-1$ 期に t 期の市場における財の価格を知ることはできない。したがって，供給者は t 期の市場で成立する価格を予想しなければならない。t 期の価格の予想の最も単純な仕方として，供給者は $t-1$ 期と同じ価格が t 期においても成立すると予想すると仮定しよう。この仮定により，$t-1$ 期に決定される t 期の供給量 s_t は，$t-1$ 期に成立した価格 p_{t-1} に依存し，

$$s_t = S(p_{t-1})$$

という関係が成立する。

他方，需要には時間のラグはないとする。需要者は t 期の需要量 d_t の決定は t 期の価格 p_t を知ってから決めることができるから，

$$d_t = D(p_t)$$

という関係が成立する。t 期において市場が均衡するためには

$$d_t = s_t$$

でなければならない。すなわち，上の三つの式より

$$D(p_t) = S(p_{t-1})$$

となるように価格 p_t が t 期の市場で決定される。この式は $t-1$ 期の価格 p_{t-1} に依存して t 期の価格 p_t が決定される関係式であり，これに従って価格およ

4.2 市場調整

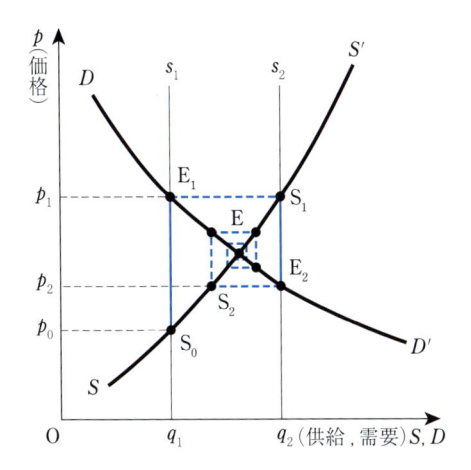

図 4.7 クモの巣の循環（安定な場合）

び数量が調整される。

以上の調整を図によって説明しよう。図 4.7 において，第 0 期の価格を p_0 とする。この価格に応じて供給者は第 0 期に第 1 期の供給量 q_1 を決定する。第 1 期になると供給量 q_1 はもはや変更することは不可能であり，その期においては供給量は一定である。すなわち第 1 期における供給曲線は直線 s_1 となる。そのような供給曲線は，その期間内の供給曲線という意味で，**一時的供給曲線**と呼ばれる。第 1 期における市場では需要曲線 DD' と一時的供給曲線 s_1 との交点 E_1 で価格が決定され，第 1 期の価格は p_1 となる。

次に第 1 期の均衡価格 p_1 に応じて供給者は第 1 期に第 2 期の供給量を q_2 に決める。そして第 2 期には供給量 q_2 は変更することができない。第 2 期における一時的供給曲線は s_2 である。したがって，第 2 期における市場では需要曲線 DD' と一時的供給曲線 s_2 との交点 E_2 で価格 p_2 が決定される。

このように，S_0 点，E_1 点，S_1 点，E_2 点，S_2 点，…と循環し，やがて需要曲線 DD' と供給曲線 SS' との交点である E 点に収束する。この市場の調整過程が図の形状から**クモの巣の循環**と呼ばれる。図 4.7 において循環は安定であり，E 点に収束する。しかしながら，図 4.8 のように不安定となり均衡に収束しない場合もある。調整の安定性は需要曲線と供給曲線の傾きに依存している。

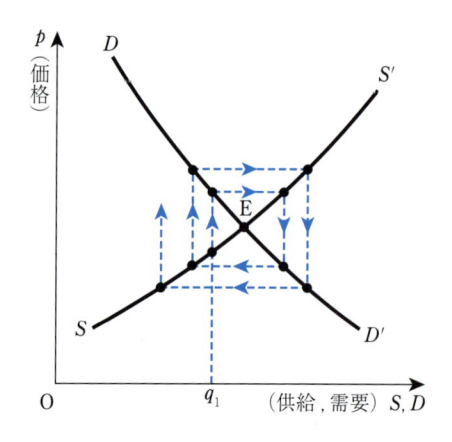

図 4.8　クモの巣の循環（不安定な場合）

4.3　交換経済における競争均衡

　前節までの分析では，他の市場の状態が一定であるとして，一つの市場だけに注目し議論がなされている。このような分析の方法は，経済の一部の市場の均衡だけを問題とするという意味で，部分均衡論と呼ばれる。それに対して経済のすべての市場の均衡を同時に考察する理論は一般均衡論と呼ばれる。この節では消費者が財を市場で交換する経済を一般均衡論の手法で分析する。

■ 交換経済

　次のような経済を分析する。経済は複数の消費者から構成される。各消費者は当初いくらかの財を所有している。消費者は市場において財を売買し，適当に財を交換することによって自己の満足を最大にしようとする。経済には企業のような生産者は存在せず，財の生産はなされないとする。このように財の交換だけが市場においてなされる経済を純粋交換経済，あるいは単に交換経済という。

　さらに，経済には非常に多数の消費者が存在するとしよう。そのため個々の消費者は市場では価格に影響力を持たず，プライス・テイカーとして行動する。

このような経済の状態は完全競争の状態と呼ばれる。

■ 交換経済モデル

上述の経済を単純化されたモデルによって表現しよう。経済には二人の消費者が存在し，それらを消費者A，消費者Bと呼ぶことにする。経済には二種類の財が存在し，それらを第1財，第2財とする。消費者A，Bはそれらの財を消費し，そのときの満足がそれぞれ以下の効用関数によって示されるとする。

$$u = U^A(x_1, x_2), \qquad u = U^B(x_1, x_2)$$

当初，消費者Aが所有している二財の量をそれぞれ e_1^A, e_2^A とする。また，消費者Bが所有している二財の量をそれぞれ e_1^B, e_2^B とする。これらをベクトル $\mathbf{e}^A$, $\mathbf{e}^B$ を用いて，

$$\mathbf{e}^A = (e_1^A, e_2^A), \qquad \mathbf{e}^B = (e_1^B, e_2^A)$$

と表すことにする。

この交換経済に関するデータは，二人の消費者の効用関数 U^A, U^B と，二財の初期保有量 (e_1^A, e_2^A), (e_1^B, e_2^A) とからなり，この経済は

$$\mathscr{E} = \{U^A, U^B, \mathbf{e}^A, \mathbf{e}^B\}$$

と表すことができる。

最初に，各消費者の行動を説明しよう。市場において二財の価格が p_1, p_2 であるとする。この経済には二人の消費者しか存在しないが，ここでは競争的な経済を分析することが目的であるから，消費者は価格を所与として行動すると仮定する。

議論は2.4節と同様である。図4.9は消費者Aの状況を示したもので，消費者Aの無差別曲線と二財の初期保有量を表す e^A 点が描かれている。消費者Aの予算制約は

$$p_1 x_1 + p_2 x_2 = p_1 e_1^A + p_2 e_2^A$$

である。これは図において e^A 点を通る傾き $\dfrac{p_1}{p_2}$ の aa' 線に対応する。消費者Aはその予算線上で効用が最大となるA点の消費を選ぶ。A点では限界代替率と価格比が等しくなっているから，

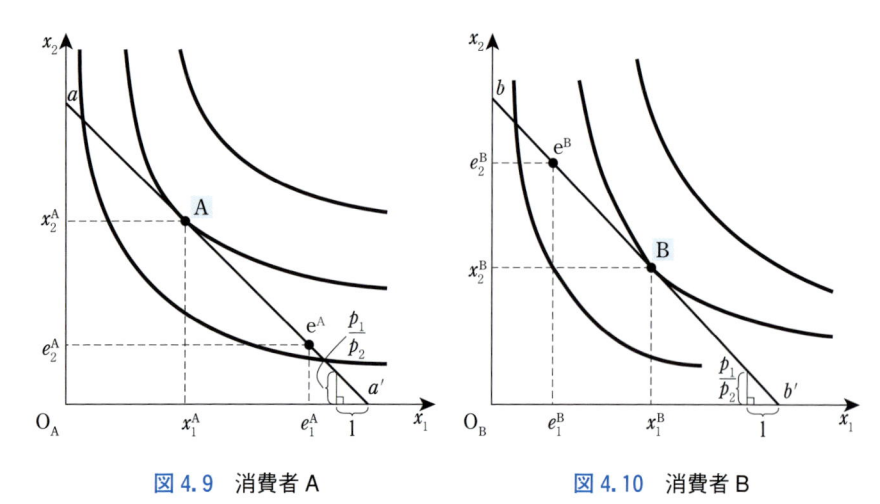

図4.9　消費者A　　　　　　　　図4.10　消費者B

$$\frac{\partial U^{\mathrm{A}}}{\partial x_1}(x_1,\ x_2)\Big/\frac{\partial U^{\mathrm{A}}}{\partial x_2}(x_1,\ x_2) = \frac{p_1}{p_2}$$

が成立している。ここで $\frac{\partial U^{\mathrm{A}}}{\partial x_1}$, $\frac{\partial U^{\mathrm{A}}}{\partial x_2}$ は二財の限界効用，すなわち関数 U^{A} の x_1, x_2 についての偏微分である。

A点の最適な消費を $(x_1^{\mathrm{A}},\ x_2^{\mathrm{A}})$ とする。これは上の二式を x_1 と x_2 の方程式と見なしたときの解であり，消費者Aは第1財を $e_1^{\mathrm{A}} - x_1^{\mathrm{A}}$ だけ売って得た所得で第2財を $x_2^{\mathrm{A}} - e_2^{\mathrm{A}}$ だけ買う。

同様に図4.10には消費者Bの状況が描かれている。消費者Bの予算制約は

$$p_1 x_1 + p_2 x_2 = p_1 e_1^{\mathrm{B}} + p_2 e_2^{\mathrm{B}}$$

である。これに対応する予算線 bb' 上の効用が最大となるB点では，

$$\frac{\partial U^{\mathrm{B}}}{\partial x_1}(x_1,\ x_2)\Big/\frac{\partial U^{\mathrm{B}}}{\partial x_2}(x_1,\ x_2) = \frac{p_1}{p_2}$$

が成立している。

B点の最適な消費 $(x_1^{\mathrm{B}},\ x_2^{\mathrm{B}})$ は，上の二つの式を x_1 と x_2 の方程式と見なしたときの解であり，消費者Bは第2財を $e_2^{\mathrm{B}} - x_2^{\mathrm{B}}$ だけ売って得た所得で第1財を $x_1^{\mathrm{B}} - e_1^{\mathrm{B}}$ だけ買う。

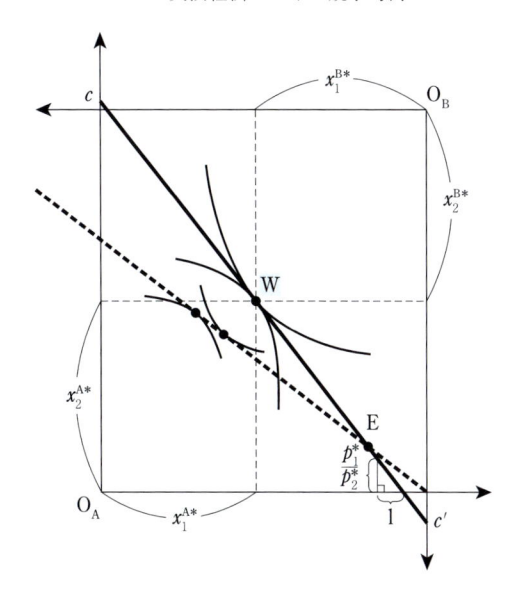

4.3 交換経済における競争均衡　　**135**

図 4.11　エッジワース・ボックス

■ 競争均衡

　図 4.11 は，図 4.10 を逆さにし，e^B 点を図 4.9 の e^A 点に重ね合わせた図である。図の E 点が e^B 点と e^A 点とを重ね合わせた点である。また，その図は，二財の価格を適当な価格 p_1^*, p_2^* に選ぶことによって，図 4.9 の消費者 A が選ぶ A 点と，図 4.10 の消費者 B が選ぶ B 点とが重なった状況を描いたものである。図の W 点が A 点と B 点が一致した点である。直線 cc' は，消費者 A，B いずれにとっても，そのときの価格体系 (p_1^*, p_2^*) に対応する予算線であり，いずれの消費者の無差別曲線も W 点で予算線 cc' に接している。その場合，第 1 財は消費者 A が供給し消費者 B が需要しており，第 2 財は消費者 A が需要し消費者 B が供給している。そしてどちらの財も需給が等しい状態にある。実際，消費者 A，B がそのとき選ぶ消費 (x_1^{A*}, x_2^{A*}) と (x_1^{B*}, x_2^{B*}) は

$$x_1^{A*} + x_1^{B*} = e_1^A + e_1^B,$$
$$x_2^{A*} + x_2^{B*} = e_2^A + e_2^B$$

という需給均衡条件を満たしている。

　図 4.11 によって交換経済の二財の市場における均衡状態が同時に描かれて

いる。この図は，エッジワース（F. Y. Edgeworth）の分析に由来して，エッジワース・ボックスと呼ばれる。図の W 点によって表される交換経済の均衡は競争均衡，あるいは，一般均衡論の創始者であるワルラスに由来して，ワルラス均衡とも呼ばれる。

■ 総超過需要関数

消費者 A が交換する二財の量は $x_1^A - e_1^A$, $x_2^A - e_2^A$ である。それらを超過需要と呼ぶ。超過需要がプラスの値ならばその財を市場で需要し，マイナスならば供給することを意味する。最適な消費 (x_1^A, x_2^A) は価格 p_1, p_2 に依存するから，二財の超過需要も価格に依存する。したがって，消費者 A の超過需要 $x_1^A - e_1^A$, $x_2^A - e_2^A$ は価格 p_1, p_2 の関数である。同様に消費者 B の超過需要 $x_1^B - e_1^B$, $x_2^B - e_2^B$ も価格 p_1, p_2 の関数である。

消費者の超過需要の和を総超過需要という。すなわち，二財の総超過需要を z_1, z_2 とすると，それらは

$$z_1 = (x_1^A - e_1^A) + (x_1^B - e_1^B),$$
$$z_2 = (x_2^A - e_2^A) + (x_2^B - e_2^B)$$

と定義される。したがって，総超過需要 z_1, z_2 も価格 p_1, p_2 の関数となる。それを

$$z_1 = f_1(p_1, p_2), \qquad z_2 = f_2(p_1, p_2)$$

と表すことにする。関数 f_1, f_2 は総超過需要関数と呼ばれる。

総超過需要関数の性質を調べよう。いま，二財の価格が比例的に変化したとする。たとえば，当初価格が p_1, p_2 であったのがどちらも 2 倍になり，$2p_1$, $2p_2$ になったとする。このような価格の変化は消費者の予算制約に変化を与えない。このことは予算線が価格比 $\dfrac{p_1}{p_2}$ だけに依存していることからも明らかであろう。したがって，消費者が選ぶ消費量，そして超過需要も変化しない。ゆえに総超過需要も変化しない。

命題 4.3.1：総超過需要関数 f_1, f_2 は変数 p_1, p_2 を比例的に変化させても関数の値が変わらない関数，いわゆる 0 次同次の関数である。すなわち任意の価格 p_1, p_2 と $t > 0$ について

$$f_1(p_1, p_2) = f_1(tp_1, tp_2),$$
$$f_2(p_1, p_2) = f_2(tp_1, tp_2)$$
が成立する。

さらに，価格 p_1, p_2 のもとで消費者 A, B が選ぶ消費 (x_1^A, x_2^A), (x_1^B, x_2^B) は予算制約を満たしているから，
$$p_1 x_1^A + p_2 x_2^A = p_1 e_1^A + p_2 e_2^A,$$
$$p_1 x_1^B + p_2 x_2^B = p_1 e_1^B + p_2 e_2^B$$
が成立する。これらを加えて整理すると，総超過需要 z_1, z_2 が
$$p_1 z_1 + p_2 z_2 = 0$$
を満たすことを容易に示すことができる。すなわち総超過需要の価値の総和は常にゼロである。この総超過需要の性質はワルラス法則と呼ばれる。

命題 4.3.2：総超過需要関数 f_1, f_2 は以下の性質を持つ。すなわち任意の価格 p_1, p_2 について
$$p_1 f_1(p_1, p_2) + p_2 f_2(p_1, p_2) = 0$$
が成立する。

ある価格 (p_1, p_2) のもとで
$$f_1(p_1, p_2) = 0, \qquad f_2(p_1, p_2) = 0$$
が成立しているならば，それは均衡価格である。この場合，総超過需要関数の 0 次同次性から任意の $t > 0$ について (tp_1, tp_2) が均衡価格となる。したがって，均衡価格の絶対水準は決定されず，価格比 $\dfrac{p_1}{p_2}$ だけが決定される。さらに，ワルラス法則により，上の二つの式のいずれか一方が成立すれば他方が成立するから，二式は独立ではない。すなわち，一方の市場の均衡は他方の市場の均衡を意味する。これは次のように，一般化可能な原理であることが知られている。「もし財の種類が一般に n 種類であるならば，ワルラス法則は $n-1$ 個の市場が均衡しているとき残りの第 n 番目の市場の均衡を保証する。」ここでは財の数 n が 2 の場合に相当する。

総超過需要は価格比 $\dfrac{p_1}{p_2}$ の関数である．実際，命題 4.3.1 において $t = \dfrac{1}{p_2}$ とおくと，総超過需要 z_1 は

$$z_1 = f_1(p_1, p_2) = f_1\left(\dfrac{p_1}{p_2}, 1\right)$$

と表され，z_1 は $\dfrac{p_1}{p_2}$ の関数となる．このグラフを描いたものが図 4.12 の総超過需要曲線である．$\dfrac{p_1}{p_2}$ が上昇すると相対的に第 1 財が高くなるから，通常は第 1 財の需要は減少し，そして総超過需要が減少するであろう．したがって，総超過需要曲線は通常は右下がりの曲線となる．図では価格比が $\dfrac{p_1^*}{p_2^*}$ のとき第 1 財の市場が均衡しているが，ワルラス法則によって第 2 財の市場も同時に均衡している．

もし価格比 $\dfrac{p_1}{p_2}$ が $\dfrac{p_1^*}{p_2^*}$ より大きければ，第 1 財は超過供給が生じているから $\dfrac{p_1}{p_2}$ は下落するであろう．逆の場合は超過需要が生じているから上昇するであろう．したがって，E 点は安定な均衡である．

図 4.13 は総超過需要曲線が変則的な形状をしており，経済に三つの均衡 E_1, E_2, E_3 が存在する場合である．点 E_1 と E_3 は安定な均衡であるが，点 E_2 は不安定である．

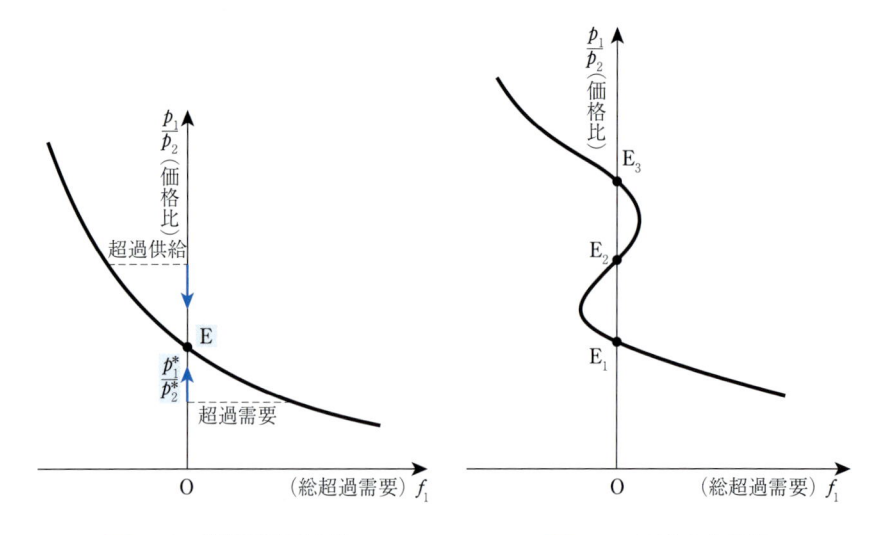

図 4.12　総超過需要曲線

図 4.13　不安定な均衡

4.4 生産経済における競争均衡

前節では市場で財を交換する消費者だけからなる交換経済を分析したが，この節では生産者も含む経済を考察する。財の生産が行われる経済という意味でここでの経済を生産経済と呼ぶことにする。

■ 生産経済

以下のような経済を考察しよう。経済には多数の消費者と生産者がいるとする。消費者は当初いくらかの財を所有している。それらの財のなかには労働のような生産要素，あるいは石油のような資源も含まれる。生産者は生産技術を所有している。ここでは消費者は家計，生産者は企業と解釈することにしよう。家計は所有している生産要素を売り，企業が生産する生産物を買う。企業は市場で生産要素を購入し，生産物を売る。

企業と家計の関係を説明しよう。企業はいずれかの個人，すなわち家計によって所有されていると考える。企業の所有は通常は株式の保有によってなされる。ここでは株式の売買はないものと仮定し，株式の保有量は不変であるとする。したがって，企業が獲得した利潤は一定の株式保有比率に応じて家計に分配されるとする。すべての財および企業の所有権が個人に属すという意味で，このような経済は私的所有経済と呼ばれる。

経済におけるすべての財および利潤の流れを表す経済循環図は図 4.14 のようになる。これは 1.2 節の図 1.1 の一部分に相当する。

また経済は完全競争の状態にあるとする。すなわち，経済には非常に多数の消費者と生産者が存在し，そのためすべての経済主体は市場において価格に影

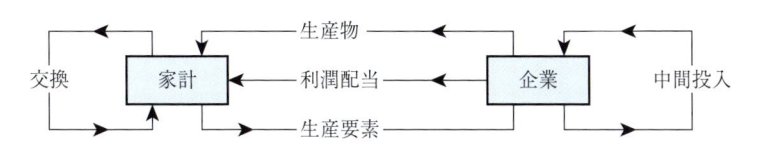

図 4.14 財および利潤の流れ

響を与えることができず，プライス・テイカーとして行動する。

■ 生産経済のモデル

この経済における均衡を単純化された経済モデルによって表現する。経済に二人の消費者と一つの企業が存在するとしよう。二人の消費者を消費者A，消費者Bと呼ぶ。また，経済には二種類の財が存在し，それらを第1財，第2財と呼ぶ。消費者A，Bの効用関数をそれぞれ

$$u^A = U^A(x_1, x_2), \qquad u^B = U^B(x_1, x_2)$$

とする。消費者A，Bの財の初期保有量をそれぞれ

$$\mathbf{e}^A = (e_1^A, e_2^A), \qquad \mathbf{e}^B = (e_1^B, e_2^B)$$

とする。したがって，経済に当初存在する二財の総量はそれぞれ

$$e_1 = e_1^A + e_1^B, \qquad e_2 = e_2^A + e_2^B$$

である。

企業の生産技術が図4.15の生産集合 Y で表されるとする。企業は利潤を最大にするように行動し，獲得した利潤は企業の所有者に分配されるとする。ここでは企業の所有者は二人の消費者であり，その分配の割合を θ^A, θ^B で表す。ただし $\theta^A + \theta^B = 1$ とする。すなわち，θ^A は企業の総利潤のうち消費者Aが受け取る割合を，θ^B は消費者Bが受け取る割合を表す（たとえば，もし $\theta^A = \frac{1}{3}$, $\theta^B = \frac{2}{3}$ ならば，企業の利潤の $\frac{1}{3}$ が消費者Aに配当され，残りの $\frac{2}{3}$ が消費者Bに配当されることを意味する）。

以上を整理すると経済は二消費者の効用関数と財の初期保有量，企業の生産集合，二消費者への利潤分配率によって規定されている。すなわち，この経済は次式で表される。

$$\mathscr{E} = \{U^A, U^B, \mathbf{e}^A, \mathbf{e}^B, Y, \theta^A, \theta^B\}$$

この経済は二消費者と一企業からなる経済であるが，競争均衡の特徴を分析する目的のために，経済に多数の消費者と企業が存在する場合の行動様式として，消費者も企業も市場における財の価格を所与として行動するプライス・テイカーであると仮定する。

市場において二財の価格がそれぞれ p_1, p_2 であるとする。3.7節において明らかにしたように，企業が利潤を最大にするとき，図4.15のように，生産

4.4 生産経済における競争均衡

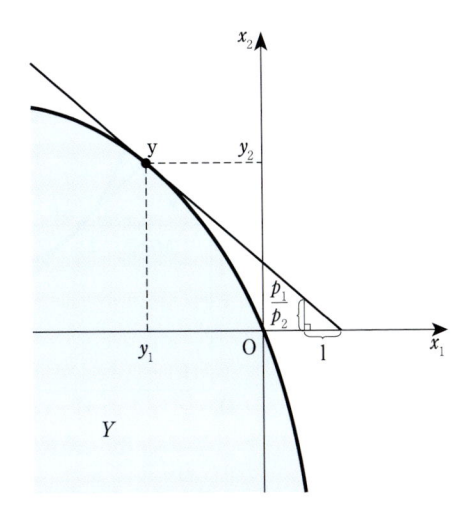

図 4.15 企業の利潤を最大にする生産計画

集合 Y の接点 y を選ぶ。すなわち，生産集合 Y の境界上の点で限界変形率が価格比 $\frac{p_1}{p_2}$ に等しくなるような生産計画 (y_1, y_2) を選択する。このときの企業の利潤を π とすると，

$$\pi = p_1 y_1 + p_2 y_2 \tag{4.4.1}$$

である。この利潤のうち $\theta^A \pi$ が消費者 A に，$\theta^B \pi$ が消費者 B に配当される。

他方，消費者は予算制約のなかで効用を最大にするように二財を購入する。消費者の所得は当初所有している財の価値と企業からの利潤配当からなる。したがって，消費者 A の消費計画 (x_1^A, x_2^A) は予算制約

$$p_1 x_1^A + p_2 x_2^A = p_1 e_1^A + p_2 e_2^A + \theta^A \pi \tag{4.4.2}$$

を満たさなくてはならない。この制約のもとで効用を最大にするとき，図 4.16 (1) のように，無差別曲線が予算線と接する点 x^A を選ぶ。すなわち，予算線上の点で限界代替率が価格比 $\frac{p_1}{p_2}$ に等しくなるような消費計画 (x_1^A, x_2^A) を選択する。

同様に，消費者 B の消費計画 (x_1^B, x_2^B) は予算制約

$$p_1 x_1^B + p_2 x_2^B = p_1 e_1^B + p_2 e_2^B + \theta^B \pi \tag{4.4.3}$$

を満たし，図 4.16(2) のように無差別曲線が予算線と接する点 x^B である。

(1) 消費者A　　　　　　　　(2) 消費者B

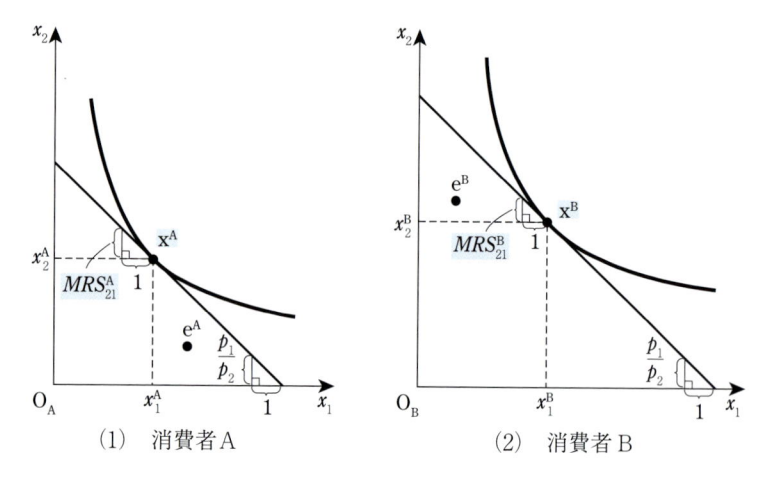

図 4.16　消費者の効用を最大にする消費計画

■ 競争均衡

市場が均衡するための条件を明らかにしよう。第1財について消費者A, Bはそれぞれ x_1^A, x_1^B だけ需要する。他方, 消費者A, Bはそれぞれ当初に e_1^A, e_1^B だけ保有している。企業は第1財を y_1 だけ供給する。ただし, もし y_1 がマイナスの値ならば $-y_1$ だけ需要していることを意味する。したがって, 第1財の需給均衡条件は

$$x_1^A + x_1^B = y_1 + e_1^A + e_1^B$$

となる。同様に第2財の需給均衡条件は

$$x_2^A + x_2^B = y_2 + e_2^A + e_2^B$$

である。市場において価格が調整され, これらの需給が等しくなった状態が競争均衡である。

図 4.17 において競争均衡の状態が描かれている。この図は図 4.15, 4.16(1), (2)の三つを一つに重ねたものである。図 4.15 の原点が O′ 点 (e_1, e_2) に対応しており, 企業が選んだ生産計画が O_B 点で表されている。二人の消費者が選んだ消費計画が W 点で示されている。消費者Aの状況は図 4.16(1)そのままであるが, 消費者Bの状況は図 4.16(2)を O_B 点を中心に逆さまに描かれている。当初経済に存在した二財の総量 e_1, e_2 が企業の生産 (y_1, y_2) によって

4.4 生産経済における競争均衡

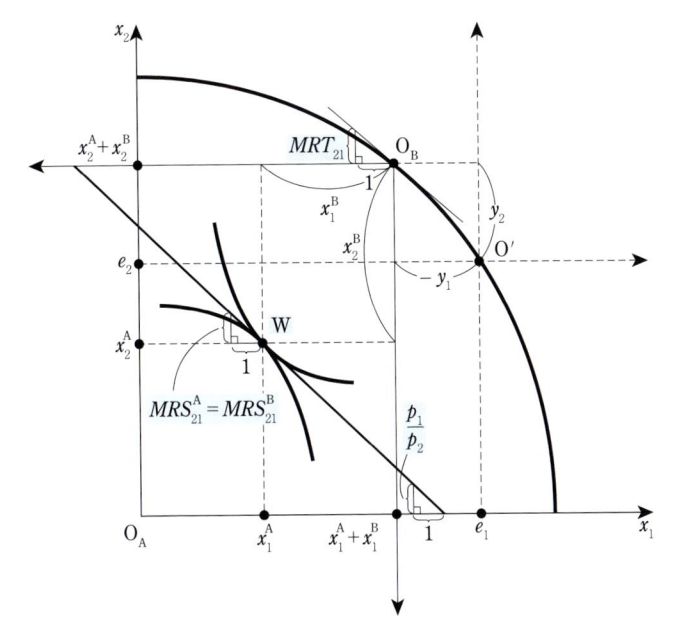

図 4.17 競争均衡

$y_1 + e_1$, $y_2 + e_2$ となる。それらが二消費者の需要 $x_1^A + x_1^B$, $x_2^A + x_2^B$ に等しい。

図の均衡状態を表す W 点および O_B 点では，価格を通じて二消費者の限界代替率と企業の限界変形率が等しくなっている。すなわち，

$$MRS_{21}^A = MRS_{21}^B = MRT_{21} = \frac{p_1}{p_2} \tag{4.4.4}$$

が成立している。

■ 総超過需要関数

消費者 A の最適な消費計画を (x_1^A, x_2^A) とすると，二財の超過需要は $x_1^A - e_1^A$, $x_2^A - e_2^A$ である。同様に消費者 B の二財の超過需要は $x_1^B - e_1^B$, $x_2^B - e_2^B$ である。他方，企業の最適な生産計画を (y_1, y_2) とすると，それらは純供給量を表すから，二財の超過需要は $-y_1$, $-y_2$ である。

したがって，二財の総超過需要を z_1, z_2 とすると，それらは

$$z_1 = (x_1^A - e_1^A) + (x_1^B - e_1^B) - y_1,$$
$$z_2 = (x_2^A - e_2^A) + (x_2^B - e_2^B) - y_2$$

である。消費者および企業の超過需要は価格 p_1, p_2 の関数であるから，総超過需要 z_1, z_2 も価格 p_1, p_2 の関数となる。この総超過需要 z_1, z_2 と価格 p_1, p_2 の関係が生産経済の総超過需要関数である。

生産経済の総超過需要関数の性質を明らかにしよう。いま，二財の価格が比例的に変化したとする。たとえば，すべての価格が2倍になったとする。このとき，企業の利潤最大化条件は $MRT_{21} = \dfrac{2p_1}{2p_2}\left(=\dfrac{p_1}{p_2}\right)$ は以前と同じであるから，企業が生産計画 (y_1, y_2) を変えることはない。このとき企業の利潤は，(4.4.1) より，以前の2倍になることが分かる。このことは，消費者AとBの予算制約式 (4.4.2) と (4.4.3) において，所得（右辺の値）は2倍になるから，二消費者の予算制約は実質的に以前と同じである。したがって，消費者AとBの消費計画 (x_1^A, x_2^A) と (x_1^B, x_2^B) が変わることはない。このことから，総超過需要 (z_1, z_2) は変化しないことが分かる。

> **命題 4.4.1**：総超過需要関数は0次同次の関数である。すなわち，すべての価格が比例的に変化しても総超過需要は変化しない。

さらに，生産経済においてもワルラス法則が成立することを示そう。企業の利潤の定義 (4.4.1) と，二消費者の予算制約式 (4.4.2) と (4.4.3) から，任意の価格 p_1, p_2 について

$$\begin{aligned} p_1 z_1 + p_2 z_2 &= p_1(x_1^A - e_1^A) + p_1(x_1^B - e_1^B) - p_1 y_1 \\ &\quad + p_2(x_2^A - e_2^A) + p_2(x_2^B - e_2^B) - p_2 y_2 \\ &= \theta^A \pi + \theta^B \pi - \pi \\ &= 0 \end{aligned}$$

が成立する。

> **命題 4.4.2**：総超過需要関数はワルラス法則を満たす。すなわち，任意の価格のもとでの総超過需要の価値の総和はゼロである。

総超過需要関数の0次同次性から，総超過需要がゼロとなる均衡価格 (p_1, p_2) は，その絶対水準は決定されず，価格比 $\frac{p_1}{p_2}$ だけが決定されることが分かる。また，ワルラス法則から，二つの市場の一方が均衡するとき，同時に他方の市場も均衡することが分かる。

練習問題

問 4.1：二供給者と二需要者からなる市場について以下の問に答えよ。

1) 供給者 1, 2 の供給関数がそれぞれ
$$s_1 = 2p - 1, \qquad s_2 = p - 2 \qquad (p \geqq 2)$$
であるとき，市場の供給関数を求めよ。

2) 需要者 1, 2 の需要関数がそれぞれ
$$d_1 = -p + 8, \qquad d_2 = -2p + 7 \qquad \left(0 \leqq p \leqq \frac{7}{2}\right)$$
であるとき，市場の需要関数を求めよ。

3) 1), 2) の状況において，市場における均衡価格はいくらか。また，均衡における取引総量はいくらか。

問 4.2：市場調整に関する以下の設問に答えよ。

1) 市場の供給関数と需要関数がそれぞれ
$$S = 2p - 1, \qquad D = -p + 11$$
であるとき均衡価格を求めよ。この市場におけるワルラス的調整過程とマーシャル的調整過程の安定性を調べよ。

2) 市場の供給関数と需要関数がそれぞれ
$$S = p - 1, \qquad D = -2p + 11$$
であるときの均衡価格を求めよ。この市場における「クモの巣」的調整過程の安定性を調べよ。

3) 1) の場合の市場における「クモの巣」的調整過程の安定性を調べよ。

問 4.3：二財 1, 2 と二消費者 A, B からなる純粋交換経済において，各消費者の効用関数と財の初期保有量がそれぞれ
$$u^A = x_1 x_2^2, \qquad e_1^A = 2, \; e_2^A = 1,$$
$$u^B = x_1^2 x_2, \qquad e_1^B = 1, \; e_2^B = 2$$
であるとする。

1) 各消費者の超過需要関数を求めよ。
2) 経済の総超過需要関数を求めよ。
3) 均衡価格体系を求めよ。また，均衡における財の取引量を求めよ。

問 4.4：一企業，一消費者からなる生産経済において，企業の生産関数が
$$q = \sqrt{L} \quad (q \text{ は消費財産出量，} L \text{ は労働投入量})$$
であり，消費者の効用関数が
$$u = xc^2 \quad (x \text{ は余暇，} c \text{ は消費財の消費量})$$
であるとする。消費者は当初労働力として $L_0 = 2$ だけ保有しており，そのうち労働力として提供した残りが余暇となる。企業の獲得する利潤はすべて消費者に配当されるものとする。賃金率を w，消費財価格を p，利潤を π で表すとする。

1) 企業の消費財供給関数，労働需要関数，利潤関数を求めよ。
2) 消費者の消費財需要関数，労働供給関数を求めよ。
3) 均衡価格体系を求めよ。また，均衡における消費財，労働，余暇の量を求めよ。

問 4.5：図において，DD' は需要曲線，SS' は供給曲線である。均衡点 A，B の近傍におけるワルラス的調整過程，マーシャル的調整過程における安定，不安定の組合せとして正しいものはどれか。

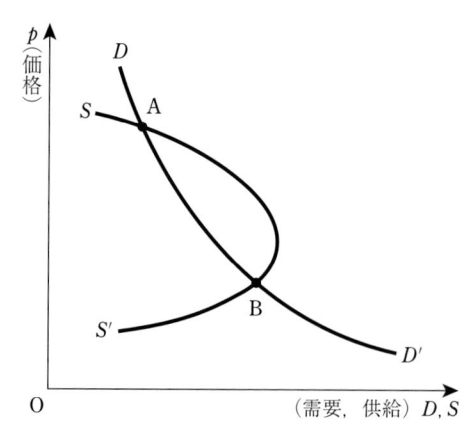

	均衡点 A		均衡点 B	
	ワルラス的調整	マーシャル的調整	ワルラス的調整	マーシャル的調整
①	安定	不安定	不安定	安定
②	不安定	安定	安定	不安定
③	安定	安定	安定	不安定
④	不安定	不安定	安定	不安定

⑤ 上記の①から④はいずれも正しくない。

問 4.6：次の「クモの巣モデル」

$$需要曲線： D_t = a_1 P_t + b_1$$
$$供給曲線： S_t = a_2 P_{t-1} + b_2$$

[P_t：t 期の価格，P_{t-1}：$t-1$ 期の価格，D_t：t 期の需要量，S_t：t 期の供給量，a_1，b_1，a_2，b_2 はパラメーター]
において，調整過程の安定条件は以下のうちいずれか．ただし，均衡は存在するものとする．

① $|a_1| \cdot |a_2| < 1$， ② $\dfrac{|a_1|}{|a_2|} > 1$

③ $|a_1| + |a_2| < 1$， ④ $\dfrac{|a_1|}{|a_2|} < 1$

⑤ その他

問 4.7：一企業，二消費者 {A, B}，二財 {第 1 財，第 2 財} から構成される経済において，企業の生産集合が，

$$Y = \{(y_1, y_2) \mid y_1 \leqq 0, y_2 \leqq 6\sqrt{-y_1}\}$$

で示され，二消費者の効用関数と初期保有量がそれぞれ

$$u^A = x_1 x_2, \quad u^B = x_1 x_2, \quad \mathbf{e}^A = (15, 0), \quad \mathbf{e}^B = (12, 0)$$

で示されるとする．企業の利潤は二消費者に分配され，消費者 A と消費者 B への分配率はそれぞれ $\theta^A = \dfrac{1}{3}$，$\theta^B = \dfrac{2}{3}$ であるとする．このとき以下の問に答えよ．

ただし，第 1 財と第 2 財の価格を p_1，p_2，企業の利潤を π で表すものとする．

1) 企業の供給関数と利潤関数を求めよ．
2) 消費者 A と B の需要関数を求めよ．
3) 競争均衡における価格比 $\dfrac{p_1}{p_2}$ を求めよ．

ミクロ経済学に登場する経済学者⑤

エッジワース（Edgeworth, Francis Ysidro, 1845-1926）

　エッジワースはアイルランド出身のイギリスの経済学者であり，また統計学者としても著名である。身内には有名な小説家や詩人がおり，その影響のためか，若いころはスペイン語，フランス語，ドイツ語，イタリア語の書を読み，大陸の文学に興味を持った。ダブリンのトリニティ・カレッジに入学し，その後オックスフォード大学ベイリョル・カレッジに進学し，人文学学士の優等学位を受けた。それから数年間は法律を学び，その後キングズ・カレッジの論理学の講師，のちに経済学の教授となった。1891年にはオックスフォード大学の経済学の教授となり，オールソウル・カレッジのフェローとなった。そこにおいてその後の人生を過ごし，生涯独身であった。

　エッジワースは1891年に王立経済学会の機関誌 *The Economic Journal* の初代編集者になっている。また彼が亡くなる1926年にはケインズとともに共同編集者であった。1922年にはオックスフォード大学の名誉教授となり，そのとき王立経済学会の副会長でもあった。またそれより以前の1912年には王立統計学会の会長の職も務めている。

　エッジワースは教師としても独創的研究者としても経済学者および統計学者から高く評価されたが，その時代の思索には大きな影響を与えなかったようである。しかしながら現代の多くのアイディアの原型が彼の仕事のなかに見い出されるのである。経済学の研究においては，1881年に出版された *Mathematical Psychics*（数理心理学）が最も重要な書である。彼の「契約曲線」の概念は一般化され，現在では「エッジワース配分」あるいは「コア」と呼ばれている。財の交換の説明において使われる「エッジワース・ボックス」も，図そのものはパレートによるが，彼の物々交換の理論に由来するものである。エッジワースはその他に多数の論文を書いており，公正課税，価格差別，独占などの問題において貢献がある。

5

経済厚生

　経済学では「資源配分」と「所得分配」という二つの事柄を区別して議論する。資源配分は経済に存在する「資源」の利用の仕方（配分）を意味し，限られた資源を用いて財を生産・配分するときの効率性が問題となる。他方，所得分配は作られた「富」を人々の間で分けるときの分け方（分配）を意味し，個人が得る効用の大きさが人々の間で異なることが問題となる。

　「配分の問題」は技術的な問題であり客観的な基準を用いて議論することが可能であるが，「分配の問題」は人々の価値判断に依存する問題であり，たとえば「公平性」あるいは「平等」などの価値基準を導入しなければ，経済理論だけではその問題に答えることは困難である。

　資源配分を評価する基準として「パレート最適」と呼ばれる基準が使われる。それは生産と消費の効率性に関する基準である。この章では，前章において説明した競争均衡がパレート最適の基準で望ましいものであることを示し，競争市場における価格メカニズムの重要性を明らかにする。また，「消費者余剰」および「生産者余剰」という概念を用いて個々の市場の効率性を測る部分均衡論的手法についても説明する。

　所得分配を評価する基準として，この章では，そのために提唱されたいくつかの基準が考察される。また，人々の意見から民主的な手続きによって社会的基準を作り出すことは一般に困難であることが明らかにされる。

ミクロ経済学に登場する経済学者⑥

パレート（Pareto, Vilfredo, 1848-1923）

　パレートはイタリアの経済学者であり，また社会学者としても有名である。彼は，彼の父が政治的に追放されたために，パリで生まれたが，10歳のときに父が恩赦を受け，そのときイタリアに戻った。彼はトリノ理工科学院を卒業しており，そのときは工学を専攻した。実業家として成功した彼が経済学者となったきっかけはパンタレオーニに会い，彼の著書を研究したことであり，その後ワルラスの一般均衡理論の研究に移行した。彼がワルラスと会ったのは1891年であり，ワルラスがローザンヌ大学を引退した1893年に彼の教授の地位を継いだ。1898年にはスイスに移住し，1900年以降はスイスを出ることはほとんどなかったようである。彼が亡くなる直前にはイタリアのファシスト政府によって上院議員に指名されたこともある。

　彼の1896-97年の最初の著書 *Cours d'économie politique*（経済学講義）はローザンヌ大学でなされた講義からなるものである。その内容は事実に依拠する科学として経済学の概要を明らかにし，大量の統計的事実に基づいて数学的に議論を展開したものである。パレートの中心的業績である1906年の著書 *Manuel d'économie politique*（経済学提要）は，ワルラスの一般均衡理論を発展させたものである。また，その内容は1911年の論文 *Économie mathématique* においてより簡潔に展開されている。

　パレートは基数的効用と序数的効用とを初めて明確に区別し，理論を**無差別曲線**から始めることを提唱した（「無差別曲線」の言葉そのものは基数的効用の意味において**エッジワース**によって最初に使われている）。また，「**パレート最適**」の概念も彼の分析によるものであり，一般均衡がパレート最適であることを主張する「**厚生経済学の基本定理**」もその原型が彼の分析に見られる。その他にマーシャルの消費者余剰に関する分析や所得分布に関する研究は有名である。

5.1 資源配分の効率性

　経済活動とは，所与の資源と技術から財が生産され，生産された財が経済を構成する人々によって消費されることである。その結果，経済の一つの状態，すなわち資源配分が実現する。その実現した状態が望ましいか否かが問題となる。この節では様々な経済の状態の比較，あるいは評価をする。

　経済の状態を評価するには，経済を構成する個人の満足の程度に基づいてなされるのが自然である。経済に属す各個人の満足の程度はその個人がおかれている状況に依存し，それは個人が得ている効用の大きさによって表現される。

■ パレート最適

　個人が得ている効用水準に基づいて次のような状態は効率的であると考えられる。すなわち，もしある人の効用を増加させようとするならば，他の人の効用を減少させなければならない状態である。これは，経済に存在する資源から効率的に財が生産され，また，生産された財が効率的に分配されている状態であり，ある個人の満足を大きくするために資源あるいは生産物の配分を変更するならば，必ず他の個人の満足を下げてしまうという状態である。これはパレート(V. Pareto)によって考えられた基準であり，このような経済の状態をパレート最適な状態という。

　以下においてパレート最適な状態とはどのような状態であるかを具体的に明らかにしよう。

■ 消費の効率性

　二人の消費者からなる経済を考えよう。二人をそれぞれ消費者A，消費者Bと呼ぶことにする。また経済には二種類の財があり，それらを第1財，第2財と呼ぶことにする。経済にはそれらの財が一定の量だけ存在し，それらを二人の消費者の間で分配することを考えよう。また，経済において生産活動は行われないものとする。

　4章で学んだように二財の配分状況はいわゆるエッジワース・ボックスで表

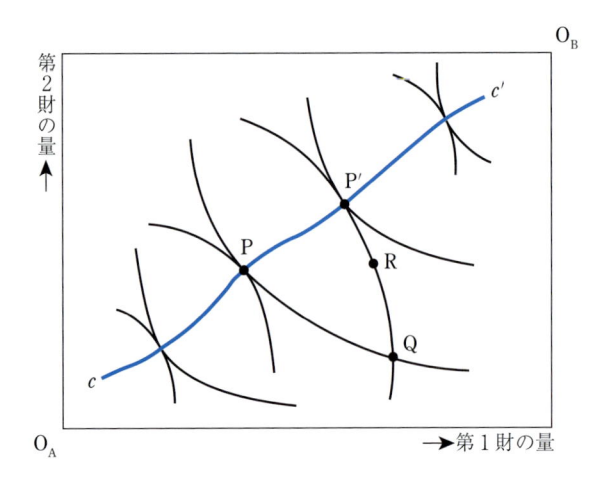

図 5.1　パレート最適な配分

現される．図 5.1 においてボックスの横の長さが経済に存在する第 1 財の総量を，縦の長さが第 2 財の総量を表す．ボックス内の任意の点は，O_A 点から測った場合は消費者 A への分配量を表し，点 O_B から測った場合は消費者 B への分配量を表す．消費者が得る効用は分配された財の量に依存し，図に二人の消費者の効用水準を表す無差別曲線が描かれている．

図 5.1 の Q 点のように二人の無差別曲線が交差している状況はパレート最適ではない．なぜなら，もし R 点に財の配分を変化させたならば，消費者 B の効用を下げることなしに消費者 A の効用を高めることができるからである．これに対して P 点または P' 点のように二人の無差別曲線が接している状況はパレート最適である．なぜなら，どちらかの個人（消費者）の効用を高めようと分配状態を変化させるならば，必ず他の個人の効用が下がってしまうからである．二人の無差別曲線が接している点の軌跡は契約曲線と呼ばれる．すなわち，契約曲線 cc' によって経済のすべてのパレート最適な状態が表されている．

パレート最適な状態では二人の無差別曲線が接しているから，二人の無差別曲線の傾き，すなわち限界代替率が等しい．すなわち，個人 A，B の（第 2 財の第 1 財に対する）限界代替率をそれぞれ MRS_{21}^A，MRS_{21}^B とすると，

$$MRS_{21}^A = MRS_{21}^B \tag{5.1.1}$$

5.1 資源配分の効率性

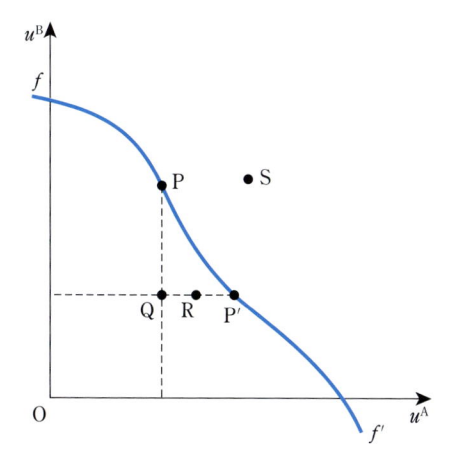

図5.2 効用フロンティア

が成立する。あるいは、二人の効用関数をそれぞれ

$$u^A = U^A(x_1, x_2), \quad u^B = U^B(x_1, x_2)$$

とすると、二財の限界効用を $\frac{\partial U^A}{\partial x_1}, \frac{\partial U^A}{\partial x_2}, \frac{\partial U^B}{\partial x_1}, \frac{\partial U^B}{\partial x_2}$ で表せば、

$$\frac{\partial U^A}{\partial x_1} \bigg/ \frac{\partial U^A}{\partial x_2} = \frac{\partial U^B}{\partial x_1} \bigg/ \frac{\partial U^B}{\partial x_2} \tag{5.1.1}'$$

が成立する。すなわち、以下の命題が成立する。

> **命題 5.1.1**：財の配分においてパレート最適な状態ではすべての個人の財の限界代替率は等しい。

図5.2は図5.1の財の分配状況に対応して二人の効用水準を表したものである。横軸は消費者Aの効用水準 u^A を、縦軸は消費者Bの効用水準 u^B を表す。契約曲線 cc' に対応して二人の効用水準を描いたものが ff' 曲線である。ff' 曲線はパレート最適な効用水準の組合せである。したがって、曲線 ff' より右上方にあるS点のような組合せはこの経済では実現できない。この意味で ff' 曲線は効用フロンティアと呼ばれる。明らかな性質として、それは右下がりの曲線である。

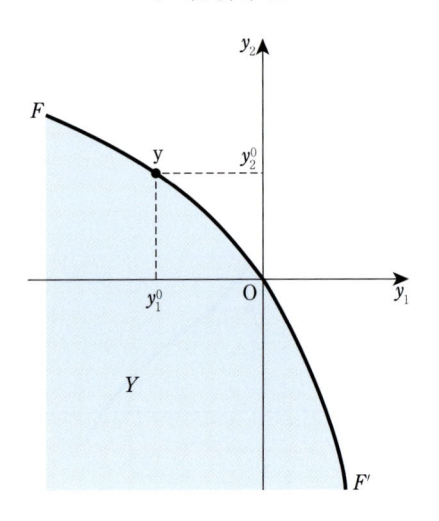

図 5.3　生産集合

■ 生産と消費の効率性

次に生産がある場合を考えよう．そのために上述の経済に生産技術を導入することにしよう．経済の生産技術を表すのに 3.6 節で学んだ生産集合を用いることにする．経済の生産集合が図 5.3 の集合 Y で表されるものとする．

当初，経済には第 1 財が x_1^0，第 2 財が x_2^0 だけ存在するとしよう．もし図 5.3 の y 点のような生産を行うと，第 1 財を $-y_1^0$ だけ用いて第 2 財が y_2^0 だけ生産される．したがって，二財の総量はそれぞれ $x_1^0 + y_1^0$，$x_2^0 + y_2^0$ となる．このように経済に存在する二財の総量を生産によって変化させることが可能である．その状況が図 5.4 に描かれている．図 5.3 の原点 O が図 5.4 の O′ 点に対応する．また図 5.3 の FF' 曲線は図 5.4 の FF' 曲線に対応する．図 5.4 の FF' 曲線は二財の生産量の可能な組合せを表しており，それは生産可能性フロンティアと呼ばれる．

このように生産技術によって二財の総量を変化させることが可能であり，それは図 5.4 の生産可能性フロンティア上の点を選ぶことに相当する．そして生産された財は二個人間で分配され，それはそのとき生産された財の量に対応するエッジワース・ボックス内の点を選ぶことに相当する．

5.1 資源配分の効率性

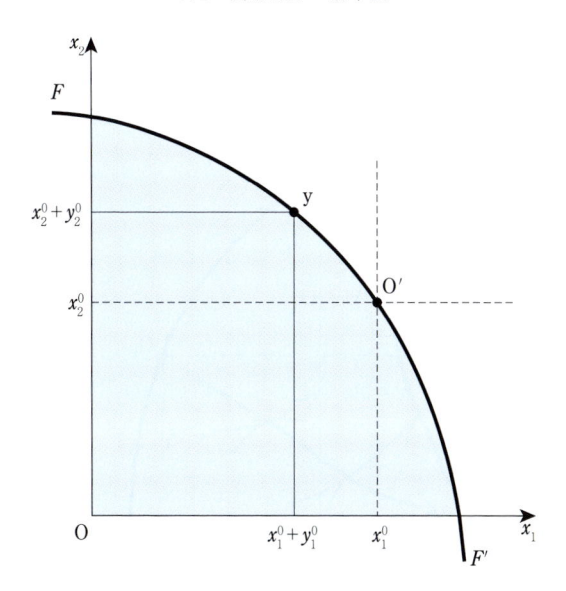

図5.4 生産可能性フロンティア

さて生産がある場合のパレート最適な状況を明らかにしよう。いま図5.4に二人の消費者の状況を描いたものが図5.5である。原点を O_A で表し，選ばれた生産量が生産可能性フロンティア上の O_B 点とすると，図5.1に対応するエッジワースのボックスが描かれる。そこにおける二財の分配の仕方を考えよう。交換経済の場合に明らかにしたように，財の分配の仕方がパレート最適であるためには二人の無差別曲線が接していなければならない。したがって，生産がある場合においてもパレート最適な状況ではP点のように二人の無差別曲線が接していなければならない。したがって，上記の（5.1.1）の条件が成立し，二個人の限界代替率が等しくなければならない。

加えて，生産がある場合には財の生産の仕方と生産された財の分配の仕方との関係が重要となる。すなわち O_B 点とP点の関係である。図の状況がパレート最適であるためにはさらに次の条件が成立しなければならない。生産可能性フロンティア FF' の傾きは（第2財の第1財に対する）限界変形率と呼ばれる。いま O_B 点における限界変形率を MRT_{21} とする。このとき，O_B 点とP点の組合せがパレート最適であるならば，

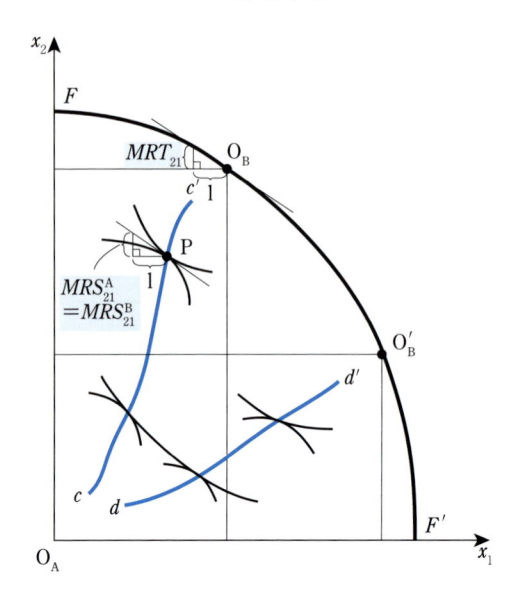

図 5.5 パレート最適な配分（生産のある場合）

$$MRT_{21} = MRS^{A}_{21}(= MRS^{B}_{21}) \tag{5.1.2}$$

が成立することを示そう．

仮に $MRT_{21} > MRS^{A}_{21}$ であるとする．このとき第1財の生産を1単位減少させてみよう．それに伴い第2財の生産を MRT_{21} だけ増加させることが可能である．したがって，第1財の量は1だけ減少し，第2財の量は MRT_{21} だけ増加する．このことから消費者Aへの財の配分量を第1財を1だけ減少させ，第2財を MRT_{21} だけ増加させることが可能である．消費者Aの効用は，第1財が1だけ減少しても第2財が MRS^{A}_{21} だけ増加するならば不変である．ところが第2財を MRS^{A}_{21} より多い MRT_{21} の量を貰うことができるから効用は以前より高まる．このことは消費者Bの状態を変えずに消費者Aの満足を高めることが可能であることを意味し，以前の状態はパレート最適ではないことになる．

同様にして，$MRT_{21} < MRS^{A}_{21}$ ならば，パレート最適ではないことを示すことが可能である．ゆえに，以下の命題が証明された．

5.1 資源配分の効率性

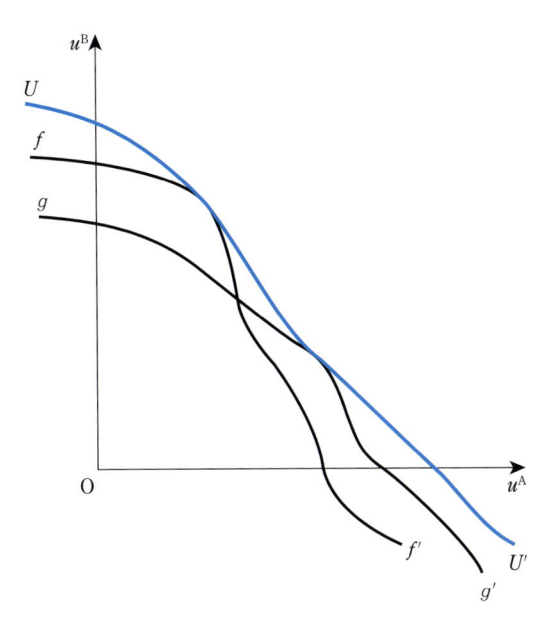

図 5.6　効用フロンティア（生産のある場合）

> **命題 5.1.2**：生産がある場合，パレート最適な状態ではすべての個人の限界代替率が等しいばかりでなく，それは生産における限界変形率にも等しい。

最後に，この経済の効用フロンティアを導出しよう。図 5.5 において生産可能性フロンティア上の O_B 点に対応するエッジワース・ボックスにおける契約曲線 cc' から，図 5.2 の ff' 曲線を導出したときと同様に，図 5.6 における ff' 曲線が描かれる。次に，O_B 点の代わりに O_B' 点を選び，それに対応するエッジワース・ボックスにおける契約曲線 dd' から，同様に図 5.6 の gg' 曲線を描くことができる。このように生産可能性フロンティア上から選ぶ点 O_B を変えることによって，対応する ff' 曲線が無数に導出される。それらの曲線群の右上方の包絡線が図 5.6 の UU' 線である。二人の消費者の効用の組合せは UU' 線より右上方にはありえないから，UU' 線が効用フロンティアである。

5.2 厚生経済学の基本定理

前節において経済の効率性を評価する基準として「パレート最適」という概念を導入した。ここでは，4章において明らかにした競争経済の均衡はパレート最適であることを明らかにする。

交換経済の競争均衡は，4.3節で説明したように，図4.11のエッジワース・ボックスのW点で示される。その点では二人の消費者の無差別曲線は接しており，パレート最適であるための条件 (5.1.1) が成立している。また，4.4節で説明したように，生産経済の競争均衡は図4.17のW点で示され，(4.4.4) より，競争均衡ではパレート最適であるための条件 (5.1.2) が成立していることが分かる。これらのことから，競争均衡のもとで実現する資源配分はパレート最適であることが容易に推論することができる。

ただし，条件 (5.1.1) あるいは (5.1.2) はパレート最適であるための必要条件ではあるが十分条件ではないので，それらの条件だけでは，競争均衡がパレート最適であることを意味しない。消費者の無差別曲線あるいは企業の生産集合について通常の形状を仮定すれば，条件 (5.1.1) あるいは (5.1.2) は十分条件でもあることを示すことが可能であるが，以下ではより直接的な方法で，競争均衡の状態がパレート最適であることを証明する。

■ 生産経済の競争均衡

4.3節において説明した生産経済は，二財 {第1財，第2財}，二消費者 {消費者A，消費者B}，一企業から構成され，

$$\mathscr{E} = \{U^A, U^B, \mathbf{e}^A, \mathbf{e}^B, Y, \theta^A, \theta^B\}$$

で示される。この経済の競争均衡の状態は図4.17で示される。図中に示されている均衡価格を (p_1, p_2)，W点で示された均衡における消費者Aと消費者Bの二財の消費量をそれぞれ (x_1^A, x_2^A), (x_1^B, x_2^B)，O_B 点で示された均衡における企業の二財の生産量を (y_1, y_2) とする。均衡において実現した状態は二消費者の消費量と企業の二財の生産量の組合せ $\{(x_1^A, x_2^A), (x_1^B, x_2^B), (y_1, y_2)\}$ で示される。

■ 競争均衡のパレート最適性

　均衡において実現した状態がパレート最適であることを，背理法によって証明しよう。いま仮に均衡における状態 $\{(x_1^A, x_2^A), (x_1^B, x_2^B), (y_1, y_2)\}$ がパレート最適ではないとする。それがパレート最適でないならば，二消費者の効用水準がより高くなる状態が他に存在する。そのような状態における二消費者の消費量と企業の生産量を，均衡における状態と区別するためにダッシュ「′」を付け，$\{(x_1^{A\prime}, x_2^{A\prime}), (x_1^{B\prime}, x_2^{B\prime}), (y_1', y_2')\}$ で表すことにする。

　最初に，その状態が実現可能であることから，以下の式が成立する。

$$x_1^{A\prime} + x_1^{B\prime} = y_1' + e_1^A + e_1^B, \quad x_2^{A\prime} + x_2^{B\prime} = y_2' + e_2^A + e_2^B \tag{5.2.1}$$

　次に，点 (y_1', y_2') は企業の生産集合 Y 内の点であるから，均衡価格 (p_1, p_2) のもとでの企業の最大利潤を π とすると，利潤が最大となるのは生産量が (y_1, y_2) のときであるから，次の不等式が成立する。

$$\pi = p_1 y_1 + p_2 y_2 \geqq p_1 y_1' + p_2 y_2' \tag{5.2.2}$$

　さらに，二消費者の状態は均衡における状態より改善されているから，

$$U^A(x_1^{A\prime}, x_2^{A\prime}) \geqq U^A(x_1^A, x_2^A),$$
$$U^B(x_1^{B\prime}, x_2^{B\prime}) \geqq U^B(x_1^B, x_2^B)$$

が成立する。ただし，上の不等式のうち少なくとも一方については厳密な不等号（>）が成立する。

　二消費者は，価格が (p_1, p_2)，企業の利潤が π であるときの予算制約のもとで効用最大化をしており，その状況は図 4.16 で描かれている。消費者 A については，上の不等式は点 $(x_1^{A\prime}, x_2^{A\prime})$ が点 (x_1^A, x_2^A) を通る無差別曲線の右上にあることを意味し，したがって点 $(x_1^{A\prime}, x_2^{A\prime})$ は予算線の右上にある。同様に，消費者 B についても点 $(x_1^{B\prime}, x_2^{B\prime})$ は予算線の右上にある。したがって以下の不等式が成立する。

$$p_1 x_1^{A\prime} + p_2 x_2^{A\prime} \geqq p_1 e_1^A + p_2 e_2^A + \theta^A \pi,$$
$$p_1 x_1^{B\prime} + p_2 x_2^{B\prime} \geqq p_1 e_1^B + p_2 e_2^B + \theta^B \pi$$

ただし，無差別曲線より厳密に右上にある点は予算線より厳密に右上にあるから，上の不等式のうち少なくとも一方については厳密な不等号（>）が成立する。これらの不等式を足し合わせると，$\theta^A + \theta^B = 1$ であることから，

$$p_1(x_1^{A\prime} + x_1^{B\prime}) + p_2(x_2^{A\prime} + x_2^{B\prime}) > p_1(e_1^A + e_1^B) + p_2(e_2^A + e_2^B) + \pi$$

となる。これと (5.2.2) より，
$$p_1(x_1^{A'}+x_1^{B'})+p_2(x_2^{A'}+x_2^{B'}) > p_1(e_1^A+e_1^B)+p_2(e_2^A+e_2^B)+p_1y_1'+p_2y_2'$$
となるが，これは (5.2.1) に矛盾する。したがって，状態 $\{(x_1^A, x_2^A), (x_1^B, x_2^B), (y_1, y_2)\}$ がパレート最適であることが証明された。

> **命題 5.2.1**：競争均衡において実現する状態はパレート最適である。

これがいわゆる厚生経済学の基本定理と呼ばれる主張である。この命題は経済が競争的であるならば効率的な資源配分が自動的に実現することを主張している。この命題を基礎に非競争的な状況である独占や寡占が批判されるのである。また，それは，古典派経済学者アダム・スミス（A. Smith）がすでに200年以前に主張しているように，「見えざる手」によって社会が望ましい状況に誘導されるとする自由放任主義の考え方に通じるものである。

市場メカニズムによって効率的な資源配分が実現するためには経済は適当な条件を満たしていなければならない。しかしながら，現実の経済では必ずしもそのような条件は満足されず，そのために資源配分は往々にして非効率的なものとなる。市場メカニズムだけでは資源配分の効率性が達成されないことを市場の失敗という。市場の失敗を引き起こす主な原因として，独占・寡占，公共財，外部性，不確実性などがある。それらの問題については他の章において詳細に分析される。

5.3　余剰分析

前節ではパレート最適の概念を用いて経済の状態を評価したが，経済全体あるいはすべての市場の状況を同時に考察することは現実的には不可能である。個々の市場の状態を個別に評価する部分均衡論的なアプローチの方が現実的な分析手法である。

消費者あるいは企業は市場で財を売買することによって利益を得る。消費者が財を購入することによって得る利益は「消費者余剰」，企業が財を販売することによって得る利益は「生産者余剰」と呼ばれる。それらの概念は需要曲線

■ 消費者余剰

最初に，消費者余剰と呼ばれる概念を説明しよう。議論の単純化のために，消費者が次のような状況にあるとする。消費者は当初所得として m の量の貨幣を持っており，その貨幣の一部を使い，ある財を購入するとしよう。その財の価格を p，購入量を x，支出しない貨幣の量を y とすると，予算制約は

$$px + y = m$$

となる。消費者の効用 u は財の消費量 x と手許に残る貨幣量 y に依存すると仮定する。ただし，消費者の効用関数，$u = U(x, y)$，は次のような特殊な形をしているとする。

$$u = V(x) + y$$

上の効用関数において，$V(x)$ は財の消費から得る効用を表す。y は手許に残す貨幣の効用を表し，その他の財を購入したとき得られる間接的効用と解釈される。さらに，この効用関数では貨幣1単位，すなわち，1円が効用1単位に相当し，貨幣の限界効用が常に1であることが仮定されている。したがって，消費者の効用を貨幣金額で表示することが可能となる。

この効用関数の無差別曲線の傾き，すなわち限界代替率は

$$MRS_{yx} = \frac{\partial u}{\partial x} \Big/ \frac{\partial u}{\partial y} = V'(x)$$

である。これは限界代替率は貨幣量 y には依存しないことを意味しており，したがって，図 5.7 のように無差別曲線はすべて同じ形をしており，縦軸方向に平行移動した関係にある。

消費者の効用を最大にする (x, y) の組合せが図 5.7 の E 点によって示されている。E 点では予算制約を表す BB' 線と無差別曲線が接しているから，

$$p = V'(x)$$

という条件が成立している。消費者は財の価格が p であるとき，この条件が成立するような量 x を購入する。この条件から明らかなように，消費者の財の需要量 x は価格 p だけに依存し，所得 m には依存しない。すなわち，財の需

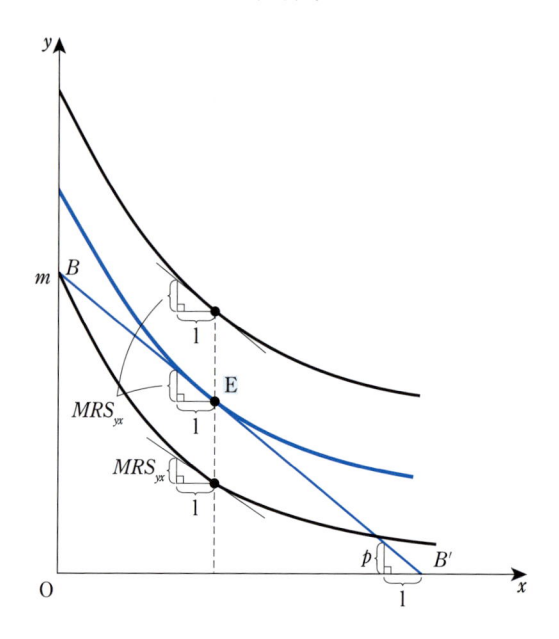

図 5.7 無差別曲線が平行な消費者

要は所得から独立であり，所得効果がない状況である．これは無差別曲線が同形である性質によるものである．

図 5.8 は限界効用 $V'(x)$ のグラフを描いたものであり，そのグラフは上の式の財の価格 p と需要量 x の関係を表す．したがって，限界効用 $V'(x)$ のグラフは消費者の需要曲線であり，上の式を x について解いたものが，消費者の需要関数である．

当初，消費者は貨幣を m だけ持っており，財は何も持っていない．したがって，そのときの消費者が得ている効用は $U(0, m)$ である．もし消費者が価格 p で財を x だけ購入すると，手許に残る貨幣量 y は，$y = m - px$ となる．したがって，そのときの消費者の効用は $U(x, m - px)$ である．ゆえに，財を購入することによって消費者の効用は $U(x, m - px) - U(0, m)$ だけ増加した．この増加分を消費者余剰（consumer's surplus 略して CS）と定義する．すなわち，消費者余剰を CS で表すと，

5.3 余剰分析

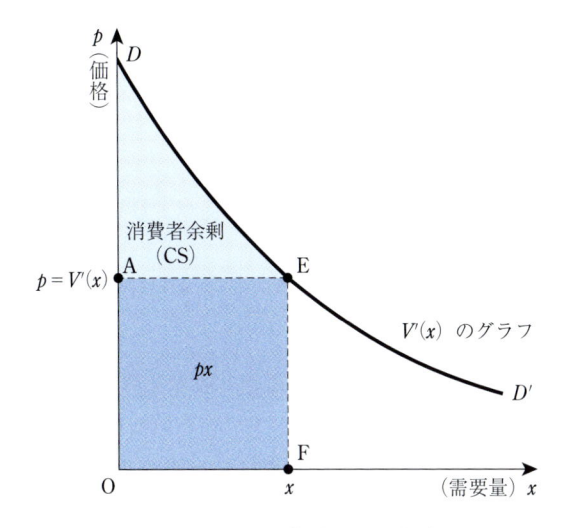

図5.8 消費者余剰と需要曲線

$$\mathrm{CS} = U(x,\ m - px) - U(0,\ m)$$
$$= V(x) - V(0) - px$$

となる。

微分積分学の基本定理により，

$$V(x) - V(0) = \int_0^x V'(z)\,dz$$

が成立する。したがって，上の二式より消費者余剰 CS は

$$\mathrm{CS} = \int_0^x V'(z)\,dz - px$$

と書き換えられる。

この式の第1項は $[0,\ x]$ 間の需要曲線の下部の面積であり，px は長方形 OAEF の面積である。ゆえに，消費者余剰 CS は図5.8の淡い網点部の面積に等しい。

上の議論では消費者の効用関数が特殊なものであることが前提とされている。したがって，一般には消費者余剰は需要曲線の下部の面積に正確には等しくはなく，その面積は消費者余剰を近似的に表すものであると理解すべきである。

■ 生産者余剰

次に，生産者余剰と呼ばれる概念を説明する。企業がある財を生産し，その費用関数が，生産量を x，総費用を c として，

$$c = C(x)$$

で示されるとする。財の価格 p のもとで供給量が x であるとき企業の利潤は

$$\pi(x) = px - C(x)$$

であり，したがって，企業の利潤最大化の条件は

$$p = C'(x)$$

である。これは 3.1 節で明らかにした 価格＝限界費用 の条件である。

図 5.9 は企業の限界費用曲線 MC と平均可変費用曲線 AVC を描いたものである。3.1 節で示したように，企業の供給曲線は限界費用曲線のうち平均可変費用曲線の上方の部分であり，平均可変費用の最小値（図 5.9 の p_{**}）より価格が低いとき供給量はゼロとなる。図 5.9 では，供給量がゼロになる部分 OB と水平になる部分 BC を含めて，企業の供給曲線を青色の線で示してある。

企業が何も生産しないときの利潤は $\pi(0)$ であり，価格 p で財を x だけ販売することによって得る利潤は $\pi(x)$ である。したがって，財を生産し販売することによって企業の利潤は $\pi(x) - \pi(0)$ だけ増加する。この増加分を生産者余剰（producer's surplus 略して PS）と定義する。すなわち，生産者余剰を PS で表すと，

$$\begin{aligned}\text{PS} &= \pi(x) - \pi(0) \\ &= px - C(x) + C(0)\end{aligned}$$

企業の生産量が x_{**} のとき平均可変費用が最小値 p_{**} になるとすると，

$$p_{**} = \frac{C(x_{**}) - C(0)}{x_{**}}$$

が成立する。また，微分積分学の基本定理により，

$$C(x) - C(x_{**}) = \int_{x_{**}}^{x} C'(z) dz$$

が成立する。したがって，上の三式より，

$$\text{PS} = px - p_{**} x_{**} - \int_{x_{**}}^{x} C'(z) dz$$

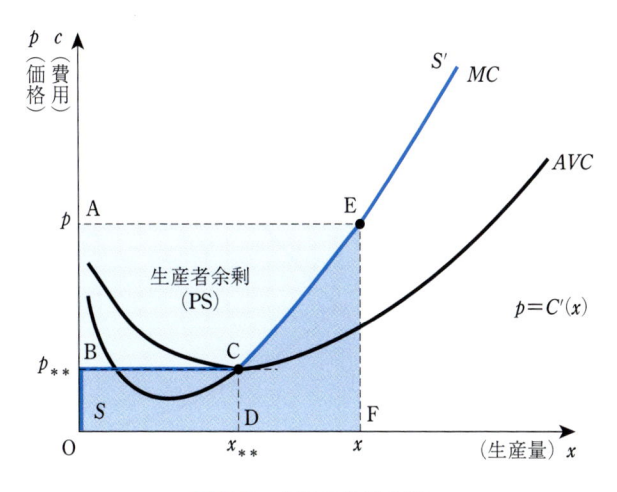

図 5.9　企業の供給曲線

となる．図 5.9 において，この式の右辺の第 1 項 px は長方形 OAEF の面積，第 2 項 $p_{**}x_{**}$ は長方形 OBCD の面積，第 3 項は限界費用曲線 MC の区間 $[x_{**}, x]$ の下部の面積である．したがって，生産者余剰 PS は供給曲線の上方の淡い網点部の面積である．

　生産者余剰は，定義によって固定費用 $C(0)$ を無視すれば，企業の利潤に等しい．利潤は企業の所有者あるいは経営者の間で分配され彼らの所得となる．彼らは消費者としても行動する．したがって，利潤を受け取る人々の効用関数が，先の消費者余剰の議論のように貨幣の限界効用が常に 1 となる特殊なものであるならば，生産者余剰は利潤を受け取る人々の満足の程度を表していると見なすことができる．

■ 経済厚生の指標

　図 5.10 において需要曲線と供給曲線の交点 E で市場均衡が達成されるとする．価格 p_0 で x_0 の量の財の取引がなされると，財を購入した消費者の効用は消費者余剰 CS だけ増加し，また財を供給した企業の利潤，すなわち，それを最終的に受け取る消費者の効用は生産者余剰 PS だけ増加する．それら効用の増分は，上の議論で明らかにしたように，需要曲線と供給曲線との間の図の淡

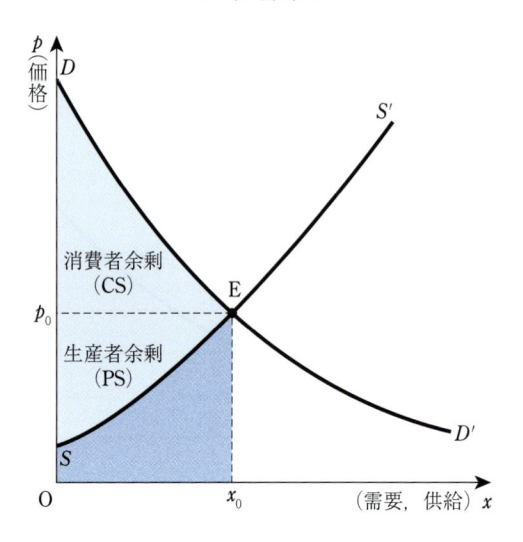

図 5.10 市場の経済厚生

い網点部で近似的に表される．したがって，この市場でなされた取引によって生じた経済厚生は，それらの余剰の和，

$$W = \text{CS} + \text{PS}$$

によって示される．このことから明らかなように，一つの市場に注目して分析が行われる部分均衡論では，経済厚生は消費者余剰と生産者余剰の大きさによって測定することができるのである．

5.4 数量指数と物価指数*

前節では，消費者の効用関数が特殊なものであることを仮定し，消費者が得る利益は消費者余剰によって測ることができることを示した．この節ではより一般的な状況にある消費者を考察し，消費者の状況の変化を表す指数である「数量指数」と「物価指数」について説明する．

消費者が二種類の財を消費するとし，消費者の効用水準 u は，二財の消費量 x_1, x_2 に依存し，効用関数

$$u = U(x_1, x_2)$$

5.4 数量指数と物価指数

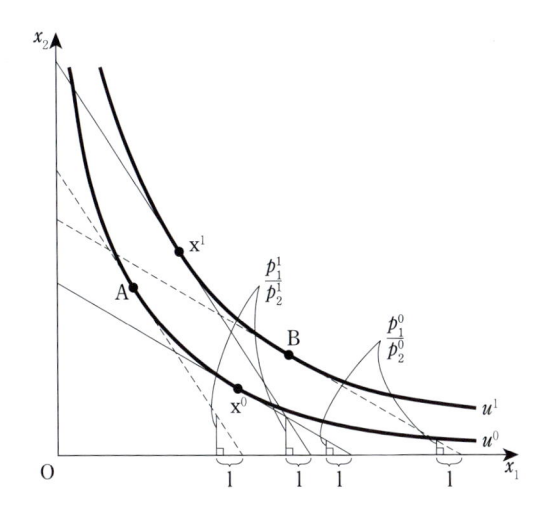

図 5.11　数量指数と物価指数

で示されるとする。消費者は自分の所得と二財の価格に応じて自己の効用が最大になるように二財を需要するとしよう。

　以下の議論において消費者の次のような二つの状態を比較する。最初の状態では二財の価格は $\mathbf{p}^0 = (p_1^0, \ p_2^0)$ であり，そのときの消費者の二財の需要量を $\mathbf{x}^0 = (x_1^0, \ x_2^0)$，消費者の効用水準を u^0 で表す。状態が変化し，新しい状態では二財の価格は $\mathbf{p}^1 = (p_1^1, \ p_2^1)$ であり，そのときの消費者の二財の需要量を $\mathbf{x}^1 = (x_1^1, \ x_2^1)$，消費者の効用水準を u^1 で表す。上付きの添字 0 は変化前の状態であることを，上付きの添字 1 は変化後の状態であることを示している。

　状態を示す添字 0，1 を一般的に記号 t あるいは s で表し，以下のような表記方法を使うことにする。

$$\mathbf{p}^t \cdot \mathbf{x}^s = p_1^t x_1^s + p_2^t x_2^s \qquad (t = 0,\ 1\ ;\ s = 0,\ 1)$$

二財の価格を p_1，p_2 で表すと，2.5 節で定義された消費者の支出関数 E は

$$E(p_1,\ p_2,\ u) = \min\{p_1 x_1 + p_2 x_2 | U(x_1,\ x_2) = u\}$$

となる。支出関数 E の定義より，以下の補題が成立する。そのことは図 5.11 からも容易に確かめられる。

補題 5.4.1: $\mathbf{p}^0$, $\mathbf{x}^0$, $\mathbf{p}^1$, $\mathbf{x}^1$ について以下のことが成立する。

$$\mathbf{p}^t \cdot \mathbf{x}^t = E(p_1^t, p_2^t, u^t)$$
$$\mathbf{p}^t \cdot \mathbf{x}^s \geq E(p_1^t, p_2^t, u^s)$$
$(t = 0, 1 ; s = 0, 1)$

■ 数量指数

消費者の満足の変化を測る指標として，二つの指数

$$L_x = \frac{\mathbf{p}^0 \cdot \mathbf{x}^1}{\mathbf{p}^0 \cdot \mathbf{x}^0} = \frac{p_1^0 x_1^1 + p_2^0 x_2^1}{p_1^0 x_1^0 + p_2^0 x_2^0},$$

$$P_x = \frac{\mathbf{p}^1 \cdot \mathbf{x}^1}{\mathbf{p}^1 \cdot \mathbf{x}^0} = \frac{p_1^1 x_1^1 + p_2^1 x_2^1}{p_1^1 x_1^0 + p_2^1 x_2^0}$$

が定義される。これらはそれぞれラスパイレス（Laspeyres）数量指数，パーシェ（Paasche）数量指数と呼ばれる。ラスパイレス数量指数 L_x は変化前の財の価格 $\mathbf{p}^0$ を基準とし，また，パーシェ数量指数 P_x は変化後の財の価格 $\mathbf{p}^1$ を基準とし，二つの財の量 $\mathbf{x}^0$ と $\mathbf{x}^1$ とを購入するのに必要な所得を比較したものである。指数が 1 より大きいならば，財を購入するのに使った所得は増加したことを意味し，購入量は実質的に増加し消費者の効用は増大したと考えられる。

消費者にとって実際には $\mathbf{x}^t$ の量の財を購入する必要はなく，それと同じ効用水準 u^t を実現できればよいのであるから，指数 L_x と P_x に対する真の指数はそれぞれ，

$$\mathscr{L}_x = \frac{E(p_1^0, p_2^0, u^1)}{E(p_1^0, p_2^0, u^0)},$$

$$\mathscr{P}_x = \frac{E(p_1^1, p_2^1, u^1)}{E(p_1^1, p_2^1, u^0)}$$

である。実際，最小支出関数 E の定義から明らかなように，$u^1 > u^0$ であるための必要十分条件は $\mathscr{L}_x > 1$（あるいは，$\mathscr{P}_x > 1$）であり，消費者の効用の増減は $\mathscr{L}_x$（あるいは，$\mathscr{P}_x$）によって示される。

補題 5.4.1 より，$L_x \geq \mathscr{L}_x$, $P_x \leq \mathscr{P}_x$ という関係が容易に求められる。すなわち，以下の命題が成立する。

5.4 数量指数と物価指数

> **命題 5.4.2**：数量指数 L_x, P_x とそれらの真の指数 $\mathscr{L}_x$, $\mathscr{P}_x$ との間には
> $$L_x \geqq \mathscr{L}_x, \qquad P_x \leqq \mathscr{P}_x$$
> の関係が成立する。

この命題が示すように，ラスパイレス数量指数 L_x は上方に，パーシェ数量指数 P_x は下方に偏りを持った指数である。したがって，$L_x > 1$ は必ずしも消費者の効用の増大を意味せず，また $P_x < 1$ は必ずしも効用の減少を意味しない。さらに，もし $\mathscr{L}_x > 1$ ならば $L_x > 1$ であるから，消費者の効用の増大は L_x によって確実に計測される。他方，$\mathscr{P}_x < 1$ ならば $P_x < 1$ となるから，効用の減少は P_x によって確実に計測される。

■ 顕示選好の理論

ここで，$\mathbf{p}^t$ と $\mathbf{x}^t$ はそれぞれ状態 t における財の価格と消費者の需要を，また $\mathbf{p}^s$ と $\mathbf{x}^s$ はそれぞれ状態 s における財の価格と消費者の需要を表すとする。

仮に $\mathbf{p}^t \cdot \mathbf{x}^t \geqq \mathbf{p}^t \cdot \mathbf{x}^s$ であるとする。ただし，$\mathbf{x}^t \neq \mathbf{x}^s$ とする。そのことは，状態 t における消費者の所得は $\mathbf{p}^t \cdot \mathbf{x}^t$ であることから，状態 t でも $\mathbf{x}^s$ は購入可能であることを意味する。$\mathbf{x}^s$ と $\mathbf{x}^t$ のいずれも購入可能であるときに消費者は $\mathbf{x}^t$ を選ぶのであるから，消費者は $\mathbf{x}^t$ を $\mathbf{x}^s$ より好んでいることが分かる。すなわち，$u^t > u^s$ である。したがって，消費者が状態 s のもとでは $\mathbf{x}^s$ を選ぶということは，状態 s では $\mathbf{x}^t$ を購入できないことを意味する。すなわち，$\mathbf{p}^s \cdot \mathbf{x}^t > \mathbf{p}^s \cdot \mathbf{x}^s$ でなければならない。図 5.12 はこのような状況を描いたものである。以上の議論から明らかなように，合理的な消費者の行動は次の公理を満足しなければならない。

> **公理**：$\mathbf{x}^t \neq \mathbf{x}^s$ とする。このとき，もし $\mathbf{p}^t \cdot \mathbf{x}^t \geqq \mathbf{p}^t \cdot \mathbf{x}^s$ ならば，$\mathbf{p}^s \cdot \mathbf{x}^t > \mathbf{p}^s \cdot \mathbf{x}^s$ である。

この公理はサミュエルソンによって提唱されたものであり，顕示選好の弱公理と呼ばれる。この公理より，もし $\mathbf{p}^0 \cdot \mathbf{x}^1 \leqq \mathbf{p}^0 \cdot \mathbf{x}^0$ ならば $\mathbf{p}^1 \cdot \mathbf{x}^1 < \mathbf{p}^1 \cdot \mathbf{x}^0$ であ

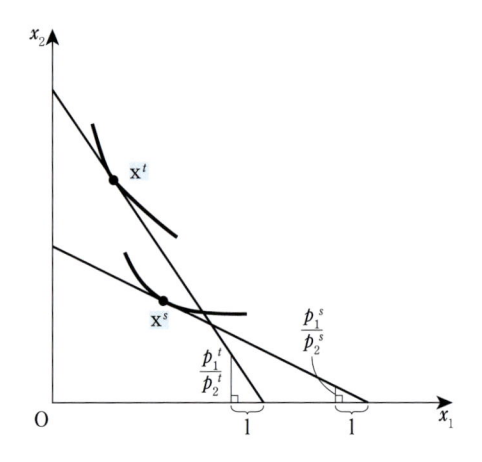

図 5.12 顕示選好の弱公理

り，また，もし $\mathbf{p}^1 \cdot \mathbf{x}^1 \geqq \mathbf{p}^1 \cdot \mathbf{x}^0$ ならば，$\mathbf{p}^0 \cdot \mathbf{x}^1 > \mathbf{p}^0 \cdot \mathbf{x}^0$ である．以上のことを整理すると次の命題となる．

> **命題 5.4.3**：$\mathbf{x}^0 \neq \mathbf{x}^1$ とする．このとき，もし $L_x \leqq 1$ ならば，$P_x < 1$ である．すなわち，もし $P_x \geqq 1$ ならば，$L_x > 1$ である．

■ 物価指数

物価水準の変化を測る指標として，二つの指数

$$L_p = \frac{\mathbf{p}^1 \cdot \mathbf{x}^0}{\mathbf{p}^0 \cdot \mathbf{x}^0} = \frac{p_1^1 x_1^0 + p_2^1 x_2^0}{p_1^0 x_1^0 + p_2^0 x_2^0},$$

$$P_p = \frac{\mathbf{p}^1 \cdot \mathbf{x}^1}{\mathbf{p}^0 \cdot \mathbf{x}^1} = \frac{p_1^1 x_1^1 + p_2^1 x_2^1}{p_1^0 x_1^1 + p_2^0 x_2^1}$$

が定義される．これらはそれぞれラスパイレス物価指数，パーシェ物価指数と呼ばれる．ラスパイレス物価指数 L_p は変化前の財の需要量 $\mathbf{x}^0$ を基準とし，また，パーシェ物価指数 P_p は変化後の財の需要量 $\mathbf{x}^1$ を基準とし，二つの価格 $\mathbf{p}^0$ と $\mathbf{p}^1$ のもとで同じ量の財を購入するときかかる費用を比較したものである．指数が 1 より大きいならば，同じ量の財を購入するために必要な所得は増加し

たことになり，すなわち，物価は上昇したことになる．この意味で物価指数は生計費指数とも呼ばれる．

消費者は以前と同じ効用水準を達成できればよいのであるから，指数 L_p と P_p に対する真の指数はそれぞれ，

$$\mathscr{L}_p = \frac{E(p_1^1,\ p_2^1,\ u^0)}{E(p_1^0,\ p_2^0,\ u^0)},$$

$$\mathscr{P}_p = \frac{E(p_1^1,\ p_2^1,\ u^1)}{E(p_1^0,\ p_2^0,\ u^1)}$$

であると考えられる．

補題 5.4.1 より，$L_p \geqq \mathscr{L}_p$, $P_p \leqq \mathscr{P}_p$ という関係が容易に求められる．すなわち，以下の命題が成立する．

> **命題 5.4.4**：物価指数 L_p, P_p とそれらの真の指数 $\mathscr{L}_p$, $\mathscr{P}_p$ との間には
> $$L_p \geqq \mathscr{L}_p, \qquad P_p \leqq \mathscr{P}_p$$
> の関係が成立する．

この命題が示すように，ラスパイレス物価指数 L_p は上方に，パーシェ物価指数 P_p は下方に偏りを持った指数である．したがって，$L_p > 1$ は必ずしも物価の上昇を意味せず，また $P_p < 1$ は必ずしも物価の下落を意味しない．さらに，もし $\mathscr{L}_p > 1$ ならば $L_p > 1$ であるから，物価上昇は L_p によって確実に計測される．しかしながら，$\mathscr{P}_p > 1$ であっても必ずしも $P_p > 1$ とはならず，物価上昇は P_p では確実には計測されない．この理由により通常はラスパイレス物価指数が使用される．

■ **補償所得の変化**

価格の変化によって消費者が得る利益を所得の大きさで測ることにしよう．次の式で定義される値 CV は補整的変分（compensating variation 略して CV）と呼ばれる．

$$\mathrm{CV} = E(p_1^0,\ p_2^0,\ u^0) - E(p_1^1,\ p_2^1,\ u^0)$$

第 1 項は変化前の所得であり，第 2 項は変化後の価格体系 $\mathbf{p}^1$ において変化

前と同じ効用 u^0 を実現するために必要な所得である．したがって，補整的変分とは変化前を基準に価格の変化がもたらす実質所得の増分を測ったものである．また，次の式で定義される値 EV は等価的変分（equivalent variation 略して EV）と呼ばれる．

$$\mathrm{EV} = E(p_1^0, p_2^0, u^1) - E(p_1^1, p_2^1, u^1)$$

第1項は変化前の価格体系 $\mathbf{p}^0$ において変化後と同じ効用 u^1 を実現するために必要な所得であり，第2項は変化後の所得である．したがって，等価的変分とは変化後を基準に価格の変化がもたらす実質所得の増分を表す．

これらの変分における基準時点の違いは，評価の時点の違いと解釈してもよい．補整的変分は変化以前に，もし変化が起きるとすれば，それによってもたらされるであろう利益を測定したものである．他方，等価的変分は変化以後に，もし変化が起きなかったとすれば，それによってもたらされなかったであろう利益を測定するものである．

上で定義された補整的変分および等価的変分と補償需要関数との関係を明らかにしよう．そのために，ここでは特に，$p_1^0 > p_1^1$，$p_2^0 = p_2^1 = p_2$ であり，また消費者の所得も一定であるとする．このときの補整的変分 CV は

$$\mathrm{CV} = E(p_1^0, p_2, u^0) - E(p_1^1, p_2, u^0)$$
$$= \int_{p_1^1}^{p_1^0} \frac{\partial E(p_1, p_2, u^0)}{\partial p_1} dp_1$$

となる．したがって，2.5節の命題2.5.4より，

$$\mathrm{CV} = \int_{p_1^1}^{p_1^0} D_1^{u^0}(p_1, p_2) dp_1$$

となる．したがって図5.13のように，価格が p_1^0 から p_1^1 に下落することによって消費者が得た利益を表す補整的変分 CV は，補償需要曲線のグラフの左の部分の面積で示される．同様の関係が等価的変分 EV についても成立する．

以上のことから，価格の変化による消費者の利益を表す CV あるいは EV は，補償需要曲線によって表現される．補償需要曲線は需要曲線から所得効果を除いたものである．したがって，所得効果がない財では需要曲線と補償需要曲線は一致する．通常，需要曲線の左の部分の面積の大きさは消費者余剰と呼ばれる．価格 p_1^0 のときの消費者余剰は図5.13の CS である．すなわち，所得効果

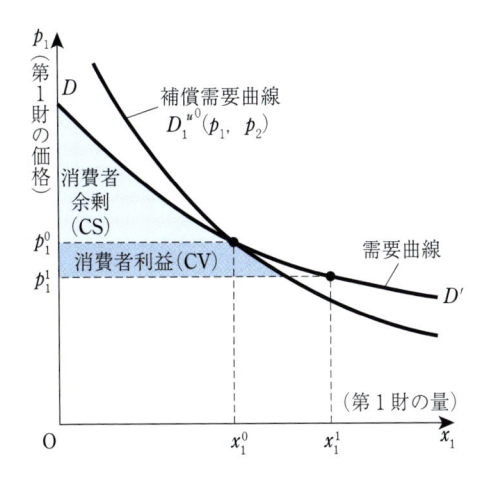

図 5.13 消費者余剰と補整的変分

がない財では補整的変分あるいは等価的変分は消費者余剰の増分に等しい。これが消費者の利益を測るために消費者余剰が近似的に用いられる理由である。

5.5 経済厚生の基準

5.2節では，経済の状態を評価するための一つの基準として，パレート最適と呼ばれる概念が用いられた。この節では経済状態を比較するために提案された様々な基準を紹介し，それらの関係を説明しよう。

■ パレートの基準

すでに明らかにしたように，パレート最適とは経済における資源の配分に関する効率性の基準である。それは同時に経済の状態を比較する一つの基準でもある。経済のある状態がパレート最適ではないとする。それを状態 S と呼ぶことにする。その状態がパレート最適でないならば，ある個人の効用を，他の個人の効用も下げることなく，高めることが可能である。実際にそのように経済の状態を変化させたとする。その新しい状態を状態 T と呼ぶことにする。状態 T においては，状態 S と比べて少なくとも一人の個人の効用は増大し，

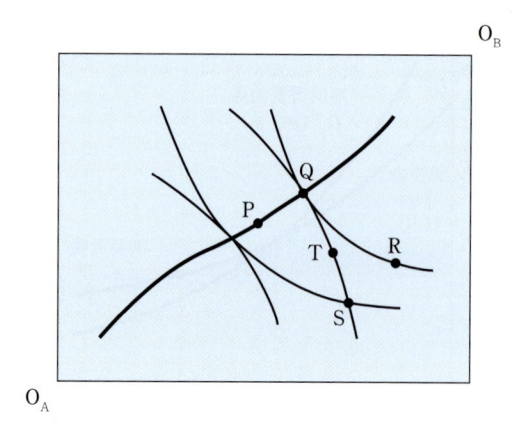

図 5.14　経済状態の変化

またどの個人の効用も減少していない。すなわち，状態 S から状態 T への変化によって，どの個人も損することはなく，また少なくとも一人の個人は得をする。したがって，そのような経済状態の変化は望ましいことであり，経済状態は改善されたと見るのが自然である。この意味における経済状態の改善を**パレート改善**と呼ぶことにする。

　たとえば，財の分配について考えてみよう。図 5.14 は二種類の財を二個人 A，B で分配するときのエッジワース・ボックスである。S 点と T 点の分配を比較すると，S 点から T 点への移行は，個人 A の効用が増加し，個人 B の効用が不変であるからパレート改善である。また S 点から P 点への移行は，二個人とも効用が増加するから，やはりパレート改善である。ただし，パレート改善の基準では，P 点と Q 点，あるいは S 点と R 点は比較できない。なぜなら，二個人 A，B の効用水準は一方は増加するが他方は減少するからである。

■ カルドアの基準

　上で説明したパレートの基準は非常に弱い基準であり，多くの場合経済状態はその基準によって比較することは不可能である。そのため，資源配分の問題から所得分配の問題を切り離すことを目的として，**補償原理**と呼ばれる基準がカルドア（N. Kaldor）によって提唱された。

いま経済の状態が変化したとする。その変化によって利益を得た人々が損をした人々に補償をすることを考えよう。もし適当な補償によって損をした人々の満足を変化以前と同じ満足に戻すことが可能であり、なおかつ利益を得た人々にはそのような補償をしても利益が残るとする。このような補償手段が存在するならば、その経済状態の変化は望ましいものであるとする。これが補償原理の考え方である。この意味の改善はカルドア改善と呼ばれる。

補償原理では実際に補償がなされるべきか否かは問題とされない。カルドア改善ならば、もし実際に補償がなされると経済状態は結局パレート改善される。すなわち、カルドア改善とは、生産性が潜在的に増大しており、誰も損をせず、また誰か一人は得をするような再分配の仕方が存在する経済状態への移行である。したがって、カルドア改善は潜在的な意味でのパレート改善を意味する。

■ カルドア基準の矛盾

一見有用であるかのように思われる上記のカルドア基準に矛盾があることが知られている。ある状態 S から他の状態 T への移行がカルドア改善であり、また逆の移行、すなわち状態 T から状態 S への移行もやはりカルドア改善であるという場合がある。この矛盾はシトフスキー（T. Scitovsky）によって明らかにされ、シトフスキーのパラドックスと呼ばれる。

この矛盾を回避するため、ある移行がカルドア改善であり、かつその逆の移行がカルドア改善ではないとき、その移行は改善であるとすることを提案した。この意味の改善はシトフスキー改善と呼ばれる。

また、ヒックス（J. Hicks）は、経済状態のある移行において、その逆の移行がカルドア改善ではないとき、その移行は改善であるとすることを提案した。この意味の改善はヒックス改善と呼ばれる。すなわち、シトフスキー改善である移行は、カルドア改善かつヒックス改善である移行のことである。しかしながら、シトフスキーの基準も依然として矛盾が含まれることが知られている。

■ バーグソン・サミュエルソンの社会厚生関数

経済の状態の評価基準のもう一つのアプローチとして社会厚生関数という概念がある。経済の状態の良さの程度を、経済厚生あるいは社会厚生と呼び、そ

の社会厚生の水準を数値として与えるものが社会厚生関数である。

社会厚生は，一般的には社会のすべての状態に依存すると考えられるが，特にその社会に属す個人の満足の程度に依存すると考える。たとえば，社会が二個人A，Bからなるとする。個人A，Bの効用水準を u^A, u^B, 社会厚生の水準を w とすると，社会厚生関数とは

$$w = W(u^A, u^B) \tag{5.5.1}$$

というように，個人の効用水準と社会厚生とを関係づける関数 W のことである。これがバーグソン（A. Bergson）およびサミュエルソン（P. Samuelson）によって主張された社会厚生関数である。

この社会厚生関数においては効用の個人間比較可能性が前提とされている。たとえば，関数 W の特殊な形として，

$$w = u^A + u^B \tag{5.5.2}$$

であるとする。これはピグー（A. C. Pigou）に始まる古典的な厚生経済学においてしばしば想定された功利主義的な社会厚生関数である。この基準によると，金持ちから貧乏人への所得移転は，貨幣の限界効用が金持ちより貧乏人の方が大きいならば，必ず社会厚生を高めることになる。

同じ社会厚生を与える個人の効用の組合せを描いた曲線，すなわち社会厚生の無差別曲線が図5.15に描かれている。(1)は(5.5.1)式の一般的な場合，(2)は(5.5.2)式の加法的な場合の社会厚生関数の無差別曲線である。無差別曲線の形状は，右下がりであることを除けば，一般的にはその形状は明らかではないであろう。右下がりであることは，パレートの基準が満たされることに相当する。

以上において，経済の状態を評価するためのいくつかの基準を説明した。経済を評価する基準は，政府が経済政策を行う場合に政策の是非を判断するために必要である。たとえば，政府がある政策を実行すると経済状態が変化するが，その変化が社会的にみて望ましいものであるか否かを判定しなければならない。もしその変化がすべての人が利益を得るというパレート改善であるならば問題はない。しかしながら，多くの場合，経済状態の変化は，ある人は得をするが他の人は損をする，というような分配の変化を伴う。経済厚生の基準に関する多くの議論は，分配の変化を伴う経済状態の移行を判定するための基準を求め

5.5 経済厚生の基準

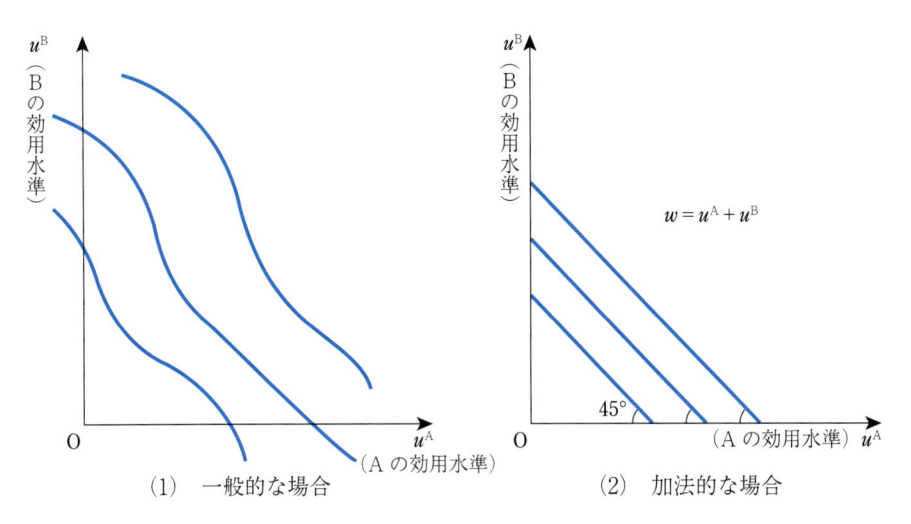

図 5.15 社会厚生関数の無差別曲線
(1) 一般的な場合
(2) 加法的な場合

ようとするものである。

おそらく，社会的基準は，それが社会的に受け入れられるためには，人々の嗜好あるいは意見を反映したものでなければならないであろう。したがって，社会を構成する人々の意見を反映させて社会的基準を作ることが可能か否かが問題となる。

■ 投票のパラドックス

現実の社会において人々が異なる考えを持つとき，しばしば「投票」という仕方で人々の意見をまとめ，一つの社会的決定を行う。投票は人々の意見とそれを支持する人数に依存させ，社会的な基準を作り出す一つの手続きである。

いま，社会の任意の二つの状態として状態 x と状態 y を考えよう。これらの二つの状態のどちらがより望ましいものであるかを判定する社会的基準として多数決による順序付けを考えよう。すなわち，たとえば，x より y が望ましいと考える人の人数が，それとは反対の意見を持つ人の人数より多い場合，社会的な順序付けとして「x より y がより望ましい」という順序を付ける。社会的な意思決定の方法として，このような投票はきわめて民主的なものである。しかしながら，その手続きには以下のような矛盾が含まれている。

三人の個人からなる社会を考える。それらの個人の名前をA，B，Cとする。社会の状態として三つの選択対象x, y, zがあり，社会はそれらのうちいずれかを選択する。これらの選択対象に人々が以下の表のように順序を付けているとする。表は個人の好みに従って選択対象を望ましい順に並べたものである。たとえば，個人Aはxを最も好み，次にyを，その次にzを好むことを表している。

順位 個人	1, 2, 3
A	x, y, z
B	y, z, x
C	z, x, y

　この状況において多数決によって三つの状態x, y, zに順位を付けてみよう。xとyについては個人Aと個人Cはxをyより，また個人Bはyをxより好んでいる。したがって，投票によると2対1でxの方がyより順位が上になり，社会的順序としてはxがyよりも望ましいことになる。次にyとzについて投票を行うと，社会的順序ではyがxより望ましい。

　ゆえに，社会的順序としてxがyより，そしてyがzより望ましいから，xがzより望ましいはずである。しかしながら，xとzについて投票すると，社会的順序ではzがxより望ましい。これは矛盾である。これが「投票」という手続きに含まれている矛盾であり，投票のパラドックスと呼ばれるものである。

■ アローの不可能性定理

　上で明らかにしたように投票による社会的順序付けは矛盾を含む。しかしながら，投票は社会の意思決定の手続きとしては社会の構成員全員の意思に依存するという意味においてきわめて民主的なものであり，現実の社会でそれによって様々な社会的決定が行われている。そこで問題となるのは，投票のように民主的な手続きであり，また社会的決定として矛盾のない順序付けを形成する手続きは存在するか否かである。この問題の答は否定的である。すなわち，民主的で，かつ矛盾のない社会的順序を形成する「手続き」は一般には存在しないことが知られている。それはアロー（K. Arrow）によって初めて主張され

たものであり，アローの不可能性定理と呼ばれる命題である（単にアローの定理とも呼ばれる）。次節において，単純化された社会におけるアローの定理を証明することにしよう。

5.6 アローの定理*

　この節では社会選択理論における中心的命題である「アローの定理」を説明し，それを証明する。

　議論を単純化するために，社会は二人の個人から構成され，それらを個人1，個人2とする。また社会には選択対象が三つあり，それらをa, b, cと呼ぶことにする。各個人はそれらに順序を付け，社会的順序はそれら二人の個人の順序付けに依存して定まるとする。

■ 選択対象の順序

　一般に，選択対象の順序付けを表現するために記号$>$を用いることにする。すなわち，記号$>$は三つの選択対象a, b, cに付けられた一つの順序を表す。それは，たとえば，aは第1位，bは第2位，cは第3位という一つの順序付けを表す。そして，この場合aはbよりも，またbはcよりも「好まれる」と解釈される。

　記号$>$で示される順序について以下のことを約束しておく。選択対象a, b, cのいずれかを表すのに，一般的にはx, yあるいはzなどの記号を用いることにしよう。ある順序$>$について，もし選択対象xが対象yより上位であるならば，そのことを$x > y$と表記する。

　順序$>$に対応して，新たに記号$\sim$と記号$\gtrsim$を次のように定義する。もし対象xと対象yが順序$>$において同じ順位であるならば，$x \sim y$と表記する。また，$x > y$または$x \sim y$であることを，$x \gtrsim y$と表記する。

　さらに，ここの議論においては，順序$>$は以下の性質を持つ自然なものに限定する。

（C）　任意の選択対象x, yについて，$x \gtrsim y$または$y \gtrsim x$が成立する。

（T）　もし$x \gtrsim y$かつ$y \gtrsim z$ならば，$x \gtrsim z$が成立する。

最初の性質（C）は，すべての選択対象に順序が付いており，比較できない選択対象がないこと，すなわち，順序が完全（complete）であることを意味する。性質（T）は，任意の三つの選択対象の順序の付け方に矛盾がないこと，すなわち，順序が推移的（transitive）であることを意味する。これ以後，順序とはすべて上の二条件を満たす合理的な順序であるとする。

次に，各個人の順序を表す方法を説明する。個人1の順序を記号 $>_1$ で表す。すなわち，$x >_1 y$ は順序 $>_1$ において x が y より順位が上であること，つまり，個人1は x を y より好むことを意味する。上述の表記の約束にしたがって，順序 $>_1$ に対応して記号 $\sim_1$ と記号 $\gtrsim_1$ を使うことにする。また，個人2の順序を $>_2$ で表記する。同様に，$\sim_2$ と $\gtrsim_2$ を順序 $>_2$ に対応して使うことにする。

■ 社会厚生関数

さて，社会の二人の個人の順序に依存して，ある一つの「手続き」によって，選択対象に社会的順序が付けられるとしよう。すなわち，二人の個人の順序 $(>_1, >_2)$ から導出される社会的順序を $>_s$ とすると，数学的には $>_s$ は $(>_1, >_2)$ の関数となる。それを

$$>_s = F(>_1, >_2)$$

という関数 F で表すことにする。関数 F は，個人の順序から社会的順序が導出される仕方を表しており，このような関数 F がアローの社会厚生関数と呼ばれるものである。導出される社会的順序 $>_s$ に対応して，同様に，記号 $\sim_s$ と $\gtrsim_s$ を使うことにする。

たとえば，「投票」という手続きは個人の順序から社会的順序を導出する一つの仕方である。すなわち，「投票」は社会厚生関数 F の一つの例である。しかしながら，すでに明らかにしたように，投票は矛盾を含む手続きである。そこで，矛盾を含まず，望ましい性質を持つ社会厚生関数が存在するか否かが問題となる。

次に，社会厚生関数 F が満たすべき望ましい三つの条件を説明する。以下において，二人の個人の順序と，それらに対応する社会的順序の関係が議論される。その場合，二人の個人の順序とそれから導出される社会的順序との関係を表すのに，次のような表記の仕方をする。二人の個人の順序がそれぞれある

順序 $>_1$, $>_2$ であるとき，社会厚生関数 F によって導出される社会的順序は $>_s$ で表す。そして，もし二人の個人の順序が変化して，それぞれ別の順序 $>_1'$, $>_2'$ になったならば，そのときの社会的順序は $>_s'$ で表す。すなわち，$>_s' = F(>_1', >_2')$ である。

■ 満場一致

もしすべての個人が同じ意見を持つならば，その意見は社会的にも支持されるべきである。つまり，ある選択対象 x, y について二人の個人が同じ順序を付けるならば，x と y の社会的順序は二人の個人の順序に一致するのが自然である。これは満場一致で支持されることは社会的に採択されるという自然な決定の仕方である。この性質を社会厚生関数 F が持つことを要請しよう。すなわち，もし $x >_1 y$ かつ $x >_2 y$ ならば，$x >_s y$ が成立する。この条件は満場一致 (unanimity) の条件，あるいはパレート・ルールと呼ばれる。この条件は以下のように表記することができる。

(U) $x >_1 y$ & $x >_2 y \to x >_s y$

■ 非独裁性

ある特定の個人の意見がいつも社会的決定として採用されるのは非民主的である。自己の意見が常に社会の決定となるような個人は独裁者である。たとえば，個人1が独裁者であるとは，もし $x >_1 y$ ならば，個人2の順序 $>_2$ がいかなるものであっても，必ず $x >_s y$ が成立することである。すなわち，個人1の順序が，個人2の順序とは無関係に，社会的順序となることを意味する。このような独裁者を生み出す社会厚生関数は排除することにする。これが非独裁性 (non-dictatorship) の条件と呼ばれるものであり，以下のようにまとめることができる。

(N)   いずれの個人 i ($i = 1, 2$) についても次のことは成立しない。
　　　　$x >_i y \to x >_s y$

■ 独立性

第三の条件として社会厚生関数 F に次のことが要請される。二つの選択対

象の社会的順序は，二人の個人がそれらの選択対象に付ける順序だけに依存し，それら以外の第三の選択対象，すなわち無関係な選択対象の順序には依存しない。任意の二つの選択対象 x, y について，社会的順序 $>_s$ における x と y の順序は，二人の個人の順序 $>_1$ と $>_2$ における x と y の順序だけに依存する。この条件は無関係な選択対象からの独立性(independence of irrelevant alternatives)の条件と呼ばれる。

(I) 任意の二つの選択対象 x, y について，たとえ二人の順序 $(>_1, >_2)$ が別の順序に $(>_1', >_2')$ に変化しても，x と y の順序が変化しなければ［各個人 i ($i = 1, 2$) の順序 $>_i$ と $>_i'$ における x と y の順序が同じならば］，社会的順序 $>_s$ と $>_s'$ における x と y の順序は変化しない。

この条件の意味を理解するために次のような例を考えてみよう。三人の個人 $\{1, 2, 3\}$ からなる社会において，三つの選択対象 $\{x, y, z\}$ があるとする。各個人が最も選好する選択対象に 1 票を投ずるという「選挙」を行い，得票数の順序に従って選択対象に社会的順序付けがなされるとする。以下の二つの場合を比較してみよう。

(ケース I)

順序＼順位	1, 2, 3
$>_1$	z, x, y
$>_2$	z, x, y
$>_3$	y, x, z
$>_s$	z, y, x

(ケース II)

順序＼順位	1, 2, 3
$>_1'$	x, y, z
$>_2'$	x, y, z
$>_3'$	y, x, z
$>_s'$	x, y, z

ケース I の場合，選択対象 x, y, z の得票数はそれぞれ $0, 1, 2$ となり，社会的順序は z, y, x となる。他方，ケース II の場合は，選択対象 x, y, z の得票数はそれぞれ $2, 1, 0$ となり，社会的順序は x, y, z となる。選択対象 x, y に注目すると，三人の個人の x と y に関する順序はどちらの場合も同じであるが，x と y の社会的順序は異なる。選択対象 z の順序が選択対象 x, y の順序に影響しているのである。したがって，「選挙」は独立性の条件を満たさない社会厚生関数である。

■ アローの定理の証明

次の命題が，いわゆるアローの定理と呼ばれる命題である。

> **命題 5.6.1**：三つの条件(U)，(N)，(I)を同時に満たす社会厚生関数は存在しない。

以下においてこの命題を証明する。その目的のために，ある社会厚生関数 F が条件(U)，(N)，(I)を満たすと仮定し，それから矛盾を導くことにする。まず，非独裁性の条件（N）より，個人1は独裁者ではないから自己の順序が社会的順序にならないことがある。すなわち，ある選択対象 x, z と二人の個人のある順序，$>_1$，$>_2$ のもとでは

$$x >_1 z, \; z \gtrsim_s x$$

が成立する。ここで，もし $x >_2 z$ ならば，パレート条件(U)より $x >_s z$ となり，矛盾するから，

$$z \gtrsim_2 x$$

でなければならない。いま，y を x と z とは異なる選択対象とする。このとき，二人の個人の順序 $>_1$，$>_2$ がそれぞれ

$$x >_1 y, \; y >_1 z$$
$$y >_2 z, \; z \gtrsim_2 x$$

とする。条件(I)より，$z \gtrsim_s x$ となる。また，条件(U)より $y >_s z$ となる。ゆえに，$y >_s x$ となる。したがって，x, y に注目すると，

$$x >_1 y, \; y >_2 x, \; y >_s x$$

が成立している。このことから，条件(I)によって，選択対象 x と y について，

$$x >_1 y \; \& \; y >_2 x \; \rightarrow \; y >_s x$$

が成立する。したがって，次の補題が成立する。

> **補題 5.6.2**：ある選択対象 x, y は，
> $$x >_1 y \; \& \; y >_2 x \; \rightarrow \; y >_s x$$
> という性質を持つ。

さて，ある選択対象 x と y が補題 5.6.2 の性質を持っていると仮定する。いま，z を x と y とは異なる選択対象とする。このとき二人の個人の順序 $>_1$，$>_2$ がそれぞれ

順序＼順位	1, 2, 3
$>_1$	x, z, y
$>_2$	z, y, x

であるとする。条件（U）より $z >_s y$ となる。また，x と y に関する前提より，$y >_s x$ となる。ゆえに，$z >_s x$ となる。したがって，x, z に注目すると，

$$x >_1 z, \ z >_2 x, \ z >_s x$$

が成立している。このことから，条件（I）によって，選択対象 x と z について，

$$x >_1 z \ \& \ z >_2 x \ \rightarrow \ z >_s x$$

が成立する。

次に，二人の個人の順序（$>_1$，$>_2$）をそれぞれ

順序＼順位	1, 2, 3
$>_1$	x, z, y
$>_2$	y, x, z

とする。x と y に関する前提より，$y >_s x$ となる。また，条件（U）より，$x >_s z$ となる。ゆえに，$y >_s z$ となる。選択対象 z, y に注目すると，

$$z >_1 y, \ y >_2 z, \ y >_s z$$

が成立している。

このことから，条件（I）によって，選択対象 z と y について，

$$z >_1 y \ \& \ y >_2 z \ \rightarrow \ y >_s z$$

が成立する。以上のことを整理すると次の補題となる。

補題 5.6.3： ある選択対象 x と y が次の性質を持つとする。
$$x >_1 y \ \& \ y >_2 x \ \rightarrow \ y >_s x$$
このとき，任意の選択対象 z について以下のことが成立する。

(1) $x >_1 z$ & $z >_2 x$ → $z >_s x$
(2) $z >_1 y$ & $y >_2 z$ → $y >_s z$

さて，三つの選択対象を a, b, c と呼ぶことにする。このうち，二つの選択対象を選ぶと，それらが補題 5.6.2 の性質を持つ。選択対象の呼び名は自由であるから，一般性を失うことなく，選択対象 a, b がその性質を持つとする。すなわち，

$$a >_1 b \quad \& \quad b >_2 a \quad \to \quad b >_s a \tag{5.6.1}$$

が成立する。ここにおいて $x = a, y = b, z = c$ と見なすと，補題 5.6.3 より，

$$a >_1 c \quad \& \quad c >_2 a \quad \to \quad c >_s a, \tag{5.6.2}$$
$$c >_1 b \quad \& \quad b >_2 c \quad \to \quad b >_s c \tag{5.6.3}$$

が成立する。さらに，(5.6.3) において $x = c, y = b, z = a$ と見なすと，補題 5.6.3 の (1) より，

$$c >_1 a \quad \& \quad a >_2 c \quad \to \quad a >_s c \tag{5.6.4}$$

が成立する。さらに，同様にして (5.6.2) において $x = a, y = c, z = b$，(5.6.4) において $x = c, y = a, z = b$ と見なすと，

$$b >_1 c \quad \& \quad c >_2 b \quad \to \quad c >_s b, \tag{5.6.5}$$
$$b >_1 a \quad \& \quad a >_2 b \quad \to \quad a >_s b \tag{5.6.6}$$

が導出される。以上の 6 通りがすべての場合であるから，次の補題を得る。

補題 5.6.4：任意の二つの選択対象 x と y は，
$$x >_1 y \quad \& \quad y >_2 x \quad \to \quad y >_s x$$
という性質を持つ。

上の補題は，個人 1 が独裁者ではないことから出発し，その結果得られたものである。したがって，同様の議論により，個人 2 が独裁者ではないことから出発し，それに対応する補題が得られるはずである。すなわち，補題 5.6.4 に対応して，任意の二つの選択対象 x と y は，
$$x >_1 y \quad \& \quad y >_2 x \quad \to \quad x >_s y$$
という性質を持つ。このことと補題 5.6.4 を合わせれば，任意の二つの選択対

象 x と y について，

$$x >_1 y \ \& \ y >_2 x \ \to \ y >_s x \ \& \ x >_s y$$

が成立する。これは矛盾である。

　以上のことから社会厚生関数 F は三条件（U），（N），（I）を同時に満たすことは不可能であることが示された。いい換えれば，それらの三条件を満たす社会厚生関数は存在しないことになる。すなわち，命題 5.6.1 が証明されたことになる。

練習問題

問 5.1：二財 1, 2 と二消費者 A, B からなる純粋交換経済において，各消費者の効用関数と財の初期保有量をそれぞれ

$$u^A = \min\{x_1, x_2\}, \quad e_1^A = 8, \quad e_2^A = 0,$$
$$u^B = \min\{x_1, 2x_2\}, \quad e_1^B = 0, \quad e_2^B = 6$$

とする。
1) 二消費者の無差別曲線の状況を図示せよ。
2) エッジワース・ボックスにおいて「パレート最適な配分の集合」と「競争均衡における配分の集合」を図示せよ。
3) 競争均衡における価格体系を求めよ。

問 5.2：二財 x, y と二消費者 A, B からなる純粋交換経済において，各消費者の効用関数をそれぞれ

$$u_A = \sqrt{xy}$$
$$u_B = 2\sqrt{xy}$$

とする。経済における二財の賦存量がそれぞれ，$e_x = 2$, $e_y = 2$ であり，生産活動はないものとする。
1) 二財を二消費者に配分するときの効率性の条件を求めよ。
2) 効用フロンティア上における二消費者の効用水準 u_A と u_B の関係を求めよ。
3) 社会厚生関数が

$$w = u_A u_B$$

であるとき，最適な財の分配を求めよ。

問 5.3：ある消費者が当初に所有している貨幣 20 の一部を用いてある財を購入する。消費者の効用関数は，財の消費量 x と貨幣の残高 y に依存し，

$$u = 16\sqrt{x} + y$$

であるとする．他方，ある企業がこの財を生産し，その費用関数は，生産量 x に依存し，

$$c = 1 + \frac{x^2}{2}$$

であるとする．

消費者および企業がプライス・テイカーとして行動したとき，均衡における消費者余剰と生産者余剰はそれぞれいくらか．

問5.4：二財を購入する消費者の t 期（$t = 0, 1$）の購入量を (x_1^t, x_2^t)，価格を (p_1^t, p_2^t)，そのときの効用を u^t とする．ただし，消費者の所得と効用関数は二期間とも同じであり，各期にすべての所得を用いて効用が最大となるように財を購入するものとする．また，各期の価格と購入量は異なるものとする．

このとき，ラスパイレスと，パーシェの数量指数 L_x, P_x，および物価指数 L_p, P_p に関する以下の記述のうち正しくないものはどれか．

① $L_x \leq 1$ ならば，$P_x < 1$ かつ $u^0 > u^1$ である．
② $P_x \geq 1$ ならば，$L_x > 1$ かつ $u^0 < u^1$ である．
③ $L_x \geq 1$ かつ $P_x \leq 1$ ならば，$u^0 = u^1$ である．
④ $L_p \leq 1$ ならば，$P_p < 1$ かつ $u^0 < u^1$ である．
⑤ $P_p \geq 1$ ならば，$L_p > 1$ かつ $u^0 > u^1$ である．

問5.5：経済厚生の基準に関する以下の記述のうち，正しくないものはどれか．

① パレート基準は，経済状態が変化したとき少なくとも一人の個人が利益を受け，他のすべての個人が損失を被らないならば，経済厚生は改善されたとする基準である．
② バーグソン・サミュエルソンの社会厚生関数は，社会を構成する個人の効用水準に依存しており，個人の効用の比較可能性を前提としているため，パレート基準と矛盾するものである．
③ シトフスキー基準による改善とは，経済状態が変化したときその変化がカルドア基準で改善であるが逆の変化（以前の状態に戻る変化）がカルドア基準で改善でないことを意味し，その基準はカルドア基準を改良したものであるが依然として矛盾が含まれる基準である．
④ カルドア基準は，経済状態の変化に伴って利益を得る個人が，損失を被る個人に補償をしても利益が確保できるならば経済状態は改善されたとする基準であるが，補償は仮想的なものであるため潜在的パレート改善を意味するにすぎない．
⑤ アローの不可能性定理は，社会を構成する人々の選好から社会的厚生基準を導

出するすべての「手続き」は合理的かつ民主的な条件を同時に満足しないことを主張するものである。

問5.6：アローの定理に関連して以下の問に答えよ。
1) 単純多数決ルール（二つの選択対象のうち，過半数の人々によって選好される選択対象の方を他方よりも上位とする順序付け）はアローの定理のいずれの条件を満足していないか。その例を示せ。
2) 通常の選挙では，投票が行われた直後に当選者が死亡した場合には次点の人が繰り上げ当選となる。これに対して，「選挙をしなおすべきである」という考え方があるが，この考え方の適否を論ぜよ。

問5.7：「選挙（得票数によって選択対象に社会的順序を付ける手続き）」は社会厚生関数の一つであるが，それとアローが要求した三つの条件，満場一致(U)，無関係な選択対象からの独立性(I)，非独裁性(N)との関係についての以下の記述のうち正しいものはどれか。
① 選挙は条件(U)と(N)は満たすが，条件(I)は満たさない。
② 選挙は条件(U)と(I)は満たすが，条件(N)は満たさない。
③ 選挙は条件(I)と(N)は満たすが，条件(U)は満たさない。
④ 選挙は条件(U)は満たすが，条件(I)と(N)は満たさない。
⑤ 選挙は条件(N)は満たすが，条件(U)と(I)は満たさない。

6

不完全競争

　これまでの章では多数の需要者と供給者からなる競争的市場における経済主体の行動および市場均衡が分析された。競争的市場では，需要者と供給者が多数であるため，各経済主体はプライス・テイカーとして行動する。この章では必ずしも多数の需要者と供給者とから構成される市場ではなく，市場が競争的ではない状況，いわゆる「不完全競争」の状況を分析する。

　市場に参加している売り手および買い手の数によって市場を様々なケースに分類することができる。現実の経済においてしばしば観察される市場の状況は少数の企業が多数の消費者に商品を販売する状況である。すなわち，買い手は多数，売り手が少数という市場である。極端な場合はただ一人の売り手によって商品が供給される市場もある。そのような状況は「独占」と呼ばれる。売り手が二人である状況は「複占」，また，売り手が少数の状況は「寡占」と呼ばれる。この章の目的は不完全競争の市場における企業の行動，および企業間の競争を分析することである。

　また，交換経済における消費者間の競争が「コア」という概念を用いて分析される。多数の消費者からなる経済においては，コアと競争均衡が同一であることが示される。

6.1　独占市場

最初に，市場がただ一つの企業によって支配されている独占市場を分析することにしよう。

ある商品がただ一つの企業によって独占的に生産され，その商品を多数の消費者が購入するとしよう。各消費者は価格に依存して商品の購入量を決める。すなわち，商品の需要は消費者の需要関数によって表現される。その商品の市場における需要はすべての消費者の需要の合計であり，それが，総需要量を x，価格を p として，需要関数

$$x = D(p)$$

によって示されるとする。

■ 限 界 収 入

企業は，この商品を独占的に市場に供給しているから，もはやプライス・テイカーとして行動する必要はなく，自由に価格を設定することが可能である。企業が商品の価格を p に設定すると，需要量は $D(p)$ となるから，その量だけ商品が売れる。したがって，売上収入は $p \times D(p)$ となる。これを次のように表す。需要関数 $x = D(p)$ の p と x の関係を逆に読みかえて，

$$p = F(x)$$

とする。すなわち，関数 F は関数 D の逆関数である（需要関数の逆関数は逆需要関数と呼ばれる）。需要量が x であるためには価格は $F(x)$ でなければならず，すなわち，企業が商品を x だけ生産し，それを売り尽くすには価格はたかだか $F(x)$ でなければならない。したがって，企業が商品を x だけ供給したときの売上収入は $x \times F(x)$ である。供給量が x であるときの企業の収入を $R(x)$ で表すと，

$$R(x) = x \times F(x)$$

となる。上の式を微分すると，微分法の公式（1.4 節）により，

$$R'(x) = F(x) + x \times F'(x)$$

となる。この値は供給量 x を 1 単位だけ増加させたとき追加的に増加する企業

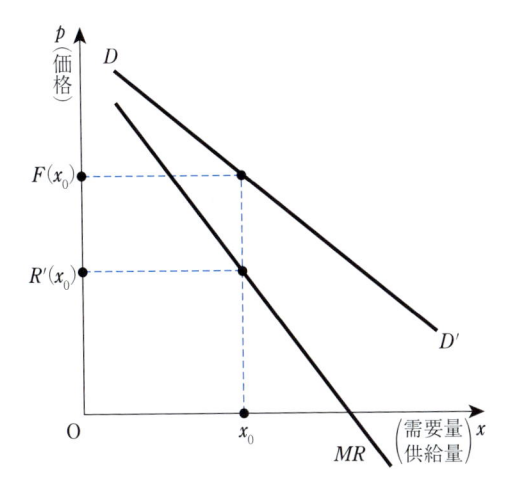

図 6.1　需要曲線と限界収入曲線

の収入の大きさであり，<u>限界収入</u>（marginal revenue 略して MR）と呼ばれる。

限界収入をグラフに描いたものは<u>限界収入曲線</u>と呼ばれる。図 6.1 において DD' 曲線は商品の需要曲線であり，MR 曲線は限界収入曲線である。<u>需要曲線が右下がりならば，その傾き $F'(x)$ は負であるから，$R'(x) < F(x)$ となる。これは図のように限界収入曲線が需要曲線の下方に位置することを意味する。</u>

■ 独占企業の利潤最大化条件

企業が商品を生産するときの費用関数を
$$c = C(x)$$
とする。生産量が x であるときの総費用が $C(x)$ であるから，企業の利潤を π とすると，
$$\pi = R(x) - C(x)$$
となる。したがって，企業の利潤最大化の条件は（上の式を x について微分してゼロとおくと），
$$R'(x) = C'(x) \quad (MR = MC)$$
となる。<u>この式の左辺は限界収入，右辺は限界費用であり，企業はそれらが等しくなるような供給量 x を選択する。</u>

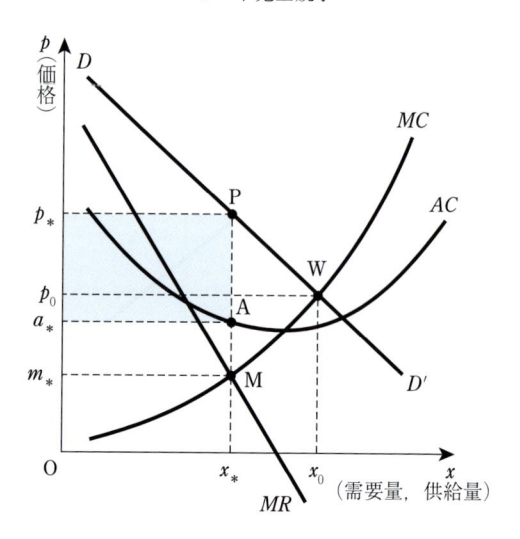

図 6.2 独占均衡

> **命題 6.1.1**：独占企業は限界収入と限界費用が等しくなるように商品の供給量を決定する。

独占企業が利潤を最大にしている状況が図 6.2 に描かれている。図 6.2 は図 6.1 に企業の限界費用曲線 MC と平均費用曲線 AC を書き込んだものである。利潤を最大にする商品の供給量は MR 曲線と MC 曲線の交点 M に対応する x_* である。そのとき企業は商品を p_* の価格で売る。独占市場の均衡は P 点で表される。また，供給量 x_* のもとでの平均費用は a_* であるから，企業の利潤は長方形 PAa_*p_* の面積で表される。

■ 独占による余剰の損失

独占企業の行動と競争市場における企業の行動を比較してみよう。競争市場においては企業はプライス・テイカーとして行動し，価格と限界費用が等しくなるような供給量を選ぶ。すなわち，限界費用曲線が企業の供給曲線であり，したがって図 6.2 における W 点の状況において市場が均衡する。その場合の価格は p_0，供給量は x_0 となる。これらを独占市場の均衡点 P と比較すると，

6.1 独占市場

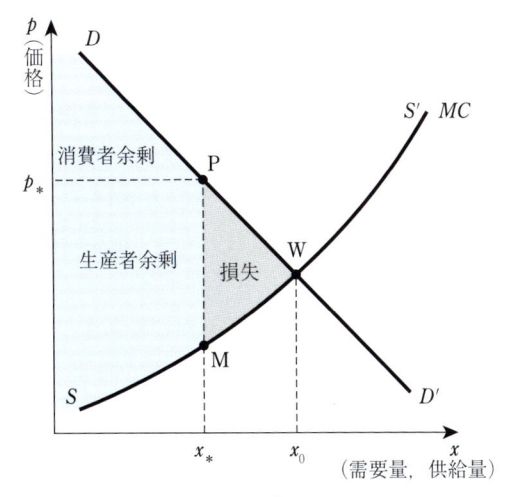

図6.3 独占による損失

$p_0 < p_*$, $x_0 > x_*$ である。すなわち，独占企業はより高い価格で，より少ない商品を供給するのである。独占は消費者にとって不利益をもたらし望ましいものではないことが明らかとなった。

独占は消費者に不利益を与えるだけではない。図6.3は図6.2と同じものを描いたものである。独占市場では生産量がx_*に，価格がp_*になり，そのときの消費者余剰と生産者余剰が図6.3で示されている。5.3節において明らかにしたように，競争市場ならば消費者余剰と生産者余剰の合計が需要曲線DD'と供給曲線SS'との間の面積で示される。したがって，独占によって競争市場ならば得られたはずの灰色の部分PWMの余剰が失われる。すなわち，独占は消費者には不利益を，独占企業には利益をもたらすが，経済全体では損失を発生させる。このことから，独占は望ましくないものとされ，独占禁止法などで規制される。

■ 独 占 度

競争状態からのかい離の程度を表す指標として，

$$L = \frac{価格 - 限界費用}{価格} \left(= \frac{p - MC}{p} \right)$$

なる指標が考えられる。これは経済学者ラーナー（A. Lerner）によるものであり，ラーナーの独占度と呼ばれる。図6.2では，$\dfrac{p_* - m_*}{p_*}$ の大きさである。供給量 x_* のうち最後の1単位を生産するために必要な費用は限界費用 m_* であり，その1単位から得られる収入は価格 p_* である。したがってラーナーの独占度は，最後の1単位の生産物から得られる収入 p_* のなかに含まれる利潤 $p_* - m_*$ の割合を表している。競争市場においては 価格＝限界費用 が成立するから，$L = 0$ である。

ラーナーの独占度と需要曲線との関係を明らかにしよう。独占企業の行動は，$MR = MC$，すなわち，$F(x) + x \times F'(x) = MC$ となるように供給量を決定する。したがって

$$L = \frac{p - F(x) - x \times F'(x)}{p}$$

である。関数 F は関数 D の逆関数であることから，$F'(x) = \dfrac{1}{D'(p)}$ （ただし，$p = F(x)$, $x = D(p)$）が成立する。したがって，

$$L = \frac{-D(p)}{D'(p) \times p}$$

となる。他方，需要の価格弾力性 ε は

$$\varepsilon = -\frac{dx}{dp} \bigg/ \frac{x}{p} = \frac{-D'(p)}{D(p)/p}$$

と定義されるから，$L = \dfrac{1}{\varepsilon}$ が成立する。すなわち，ラーナーの独占度は需要の価格弾力性の逆数に等しい。このことから，$\varepsilon = +\infty$ のとき $L = 0$ であり，これは $D'(p) \fallingdotseq -\infty$ の状況である。それは企業にとって需要曲線が水平となる競争市場の状況である。

6.2 クールノー均衡

前節では市場が一つの企業によって支配されている状況を分析したが，この節では，市場に二つの企業があり，それらが競争する場合を分析しよう。市場が二つの企業によって支配されている状況は複占と呼ばれる。

ある商品が二つの企業によって生産され，その商品を多数の消費者が購入す

るとしよう．その商品の市場における消費者の需要が，需要量を x, 価格を p として，需要関数

$$x = D(p)$$

によって表されるとする．また，需要関数 $x = D(p)$ の p と x の関係を逆に読みかえた逆需要関数を

$$p = F(x)$$

とする．

二つの企業がこの商品を市場に供給しているから，商品の価格は二つの企業の供給量に依存する．二つの企業を企業1，企業2と呼ぶことにする．二つの企業が商品をそれぞれ，x_1, x_2 だけ供給するとしよう．このとき市場において成立する価格 p は，逆需要関数 F によって

$$p = F(x_1 + x_2)$$

となる．すなわち，商品の価格 p は各企業とも独立には決定できず，互いに他の企業の供給量に依存する．

二つの企業が商品を生産するときの費用関数をそれぞれ，

$$c_1 = C_1(x_1), \qquad c_2 = C_2(x_2)$$

とする．

■ 反応関数

企業1の行動について考えよう．企業1の利潤を π_1 とすると，

$$\pi_1 = px_1 - C_1(x_1)$$
$$= F(x_1 + x_2)x_1 - C_1(x_1)$$

と表される．この式から明らかなように企業1の利潤 π_1 は自己の供給量 x_1 だけではなく企業2の供給量 x_2 にも依存する．企業2の供給量 x_2 は企業2が決定するから，企業1にとってそれは所与のものと想定して行動することを仮定する．すなわち，x_2 が一定であるとして，企業1は利潤 π_1 が最大になるように x_1 を決定する．したがって，上の式を x_1 について微分したものがゼロとなるように，すなわち，

$$\frac{\partial \pi_1}{\partial x_1} = F'(x_1 + x_2)x_1 + F(x_1 + x_2) - C_1'(x_1) = 0$$

となるように企業1は x_1 を決定する。この式は企業1は企業2の供給量 x_2 に反応して供給量 x_1 を決定する関係を表している。上の式を x_1 について解いたものを

$$x_1 = g_1(x_2)$$

とする。この関数 g_1 を企業1の**反応関数**と呼ぶことにしよう。

次に企業2の行動を考えよう。企業2も，すでに説明した企業1と同様の状況にある。企業2の利潤 π_2 は

$$\pi_2 = px_2 - C_2(x_2)$$
$$= F(x_1 + x_2)x_2 - C_2(x_2)$$

と表される。企業2は，x_1 が一定であると想定し，利潤 π_2 が最大になるように x_2 を決定する。したがって，上の式を x_2 について微分してゼロとおいた式，すなわち，

$$\frac{\partial \pi_2}{\partial x_2} = F'(x_1 + x_2)x_2 + F(x_1 + x_2) - C_2'(x_2) = 0$$

が成立する。この式から企業2の反応関数

$$x_2 = g_2(x_1)$$

が得られる。

■ クールノー均衡

二つの企業の反応関数のグラフが図6.4に描かれている。図のE点における二つの企業の供給量 (x_1^*, x_2^*) は

$$x_1^* = g_1(x_2^*), \qquad x_2^* = g_2(x_1^*)$$

の関係が成立している。それは，企業1は企業2の供給量が x_2^* である限り x_1^* を選び，逆に企業2は企業1の供給量が x_1^* である限り x_2^* を選ぶという状態である。その状況では二つの企業とも供給量を変更しようとはせず，それは一つの均衡状態である。この均衡は，経済学者クールノー（A. A. Cournot）の分析に由来して，**クールノー均衡**と呼ばれるものである（また，数学の応用分野であるゲーム理論の研究で著名な数学者ナッシュ（J. Nash）に由来して，**クールノー・ナッシュの均衡**とも呼ばれる）。

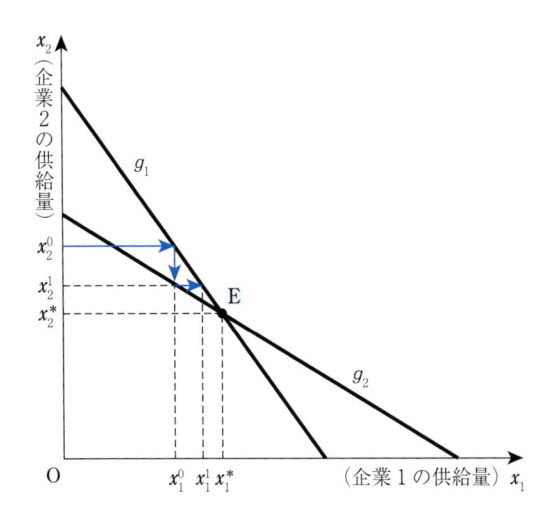

図 6.4　クールノー均衡（安定な場合）

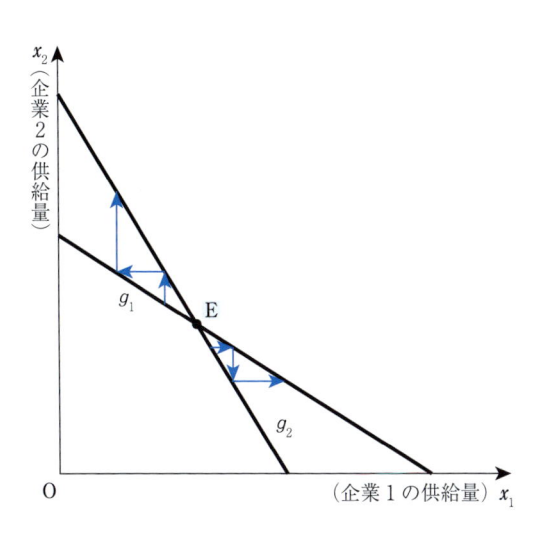

図 6.5　クールノー均衡（不安定な場合）

■ 均衡の安定性

仮に，二つの企業が E 点の供給量 (x_1^*, x_2^*) を選ばないとする。たとえば企業 2 の供給量が x_2^0 であるとする。このとき企業 1 は反応関数 g_1 に従って行動するから，企業 1 の供給量は x_1^0 となる。しかしながら企業 1 の供給量が x_1^0 であるならば，企業 2 は反応関数 g_2 に従って行動し，供給量を x_2^1 に変更する。このことは企業 1 の供給量を x_1^1 に変化させる。このような二つの企業の供給量の変化の過程はやがて E 点のクールノー均衡に収束する。すなわち，均衡は安定的である。均衡が安定的であるか否かは反応関数のグラフの位置に依存する。図 6.5 のような状況においてはクールノー均衡は不安定である。

6.3 シュタッケルベルク均衡

前節では複占市場におけるクールノー均衡を分析した。そこでは二つの企業は互いに相手企業の供給量に依存して自己の供給量を決定するという行動が仮定された。相手企業の供給量に依存して自己の供給量を決定するという行動は「追随者」の行動と呼ぶことができる。したがって，クールノー均衡は二つの企業とも追随者の行動をとった場合の市場均衡である。追随者に対して「先導者」という行動を考えることができる。先導者とは，相手が追随者であることを想定して行動する者である。すなわち，企業の先導者としての行動とは，自己の供給量に依存して相手企業が供給量を決定することを考慮しつつ自己の供給量を決定する行動である。

二つの企業，企業 1 と企業 2 からなる複占市場を考えよう。企業の行動様式を追随者と先導者とに分類すると，次の四つのケースが考えられる。

ケース＼企業	企業 1	企業 2
I	追随者	追随者
II	先導者	追随者
III	追随者	先導者
IV	先導者	先導者

企業 i ($i = 1, 2$) の供給量を x_i，利潤を π_i で表す。企業の利潤が自己の供

6.3 シュタッケルベルク均衡

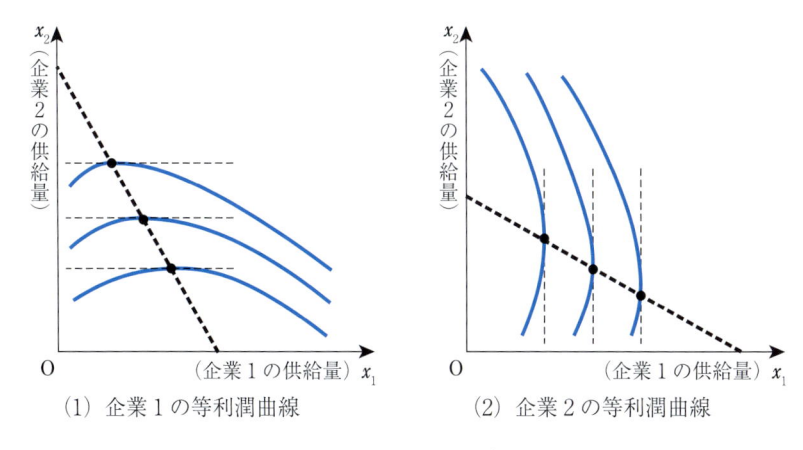

図 6.6 等利潤曲線

(1) 企業 1 の等利潤曲線　　(2) 企業 2 の等利潤曲線

給量だけでなく相手企業の供給量にも依存する一般的な状況を考え，以下のように企業 i の利潤 π_i が利潤関数 Π_i で表されるとする。

$$\pi_1 = \Pi_1(x_1, x_2), \qquad \pi_2 = \Pi_2(x_1, x_2)$$

■ 等利潤曲線

分析のために二つの企業の等利潤曲線を描くことにする。図 6.6(1) は企業 1 の等利潤曲線を描いたものであり，それらの曲線は企業 1 の利潤が等しい (x_1, x_2) の組合せである。同じ曲線上では関数 $\Pi_1(x_1, x_2)$ の値が同じであり，下方にある曲線ほど企業 1 の利潤はより大きい。同様に図 6.6(2) は企業 2 の等利潤曲線を描いたものであり，左方にある曲線ほど企業 2 の利潤がより大きな等利潤曲線である。

■ 追 随 者

企業 1 がもし追随者であるならば，企業 1 は x_2 に依存して利潤 π_1 が最大になるような x_1 を選択する。したがって，

$$\frac{\partial \Pi_1}{\partial x_1}(x_1, x_2) = 0$$

となるように企業 1 は x_1 を決定する。これを x_1 について解いた関係を

$$x_1 = g_1(x_2)$$

とすると，企業1の追随者としての行動は反応関数 g_1 によって表される．反応関数 g_1 のグラフは図 6.6(1) の等利潤曲線の頂点の軌跡である．

同様に，企業2の追随者としての行動は

$$\frac{\partial \Pi_2}{\partial x_2}(x_1, \ x_2) = 0$$

である．これを x_2 について解いた反応関数を

$$x_2 = g_2(x_1)$$

によって表現する．また反応関数 g_2 のグラフは図 6.6(2) の等利潤曲線の頂点の軌跡である．

さて，ケース I は二つの企業とも追随者として行動する場合であるから，均衡での二つの企業の供給量は図 6.7 のように二つの企業の反応関数のグラフの交点 I によって表される．これは前節で明らかにされたクールノー均衡である．

■ 先 導 者

企業1が先導者であるとしよう．企業1は企業2が追随者であると想定する．実際に企業2が追随者であるとする．この場合企業2の供給量 x_2 は企業1の供給量 x_1 に応じて反応関数の値 $g_2(x_1)$ となるから，企業1の利潤は

$$\pi_1 = \Pi_1(x_1, \ g_2(x_1))$$

となる．企業1はこれが最大になるように行動する．すなわち，(上の式を x_1 について微分したものがゼロとなるように)

$$\frac{\partial \Pi_1}{\partial x_1}(x_1, \ g_2(x_1)) + \frac{\partial \Pi_1}{\partial x_2}(x_1, \ g_2(x_1)) \times g_2'(x_1) = 0$$

が成立する x_1 に供給量を決定する．これが先導者の行動である．

企業1が先導者，企業2が追随者であるケース II は，図 6.7 の点 II で表される．なぜなら，企業2は反応関数 g_2 のグラフ上の点を選び，そして企業1はそのなかで利潤が最大であるものを選ぶからである．逆に，企業2が先導者，企業1が追随者であるケース III の状況は図 6.7 の点 III で表される．これらの状況は経済学者シュタッケルベルク (H. Stackelberg) に由来し，シュタッケルベルク均衡と呼ばれる．

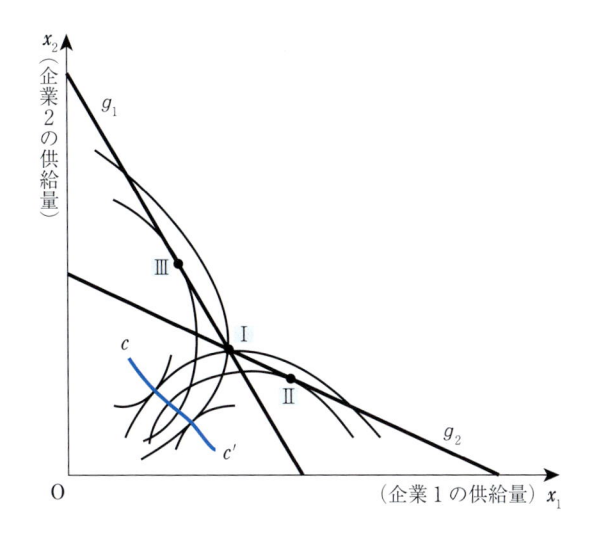

図6.7 クールノー均衡とシュタッケルベルク均衡

　図6.7のⅠ点とⅡ点を比較してみよう。企業1の立場からするとⅡ点の状況の方が利潤が大きい。すなわち，企業1は相手が追随者である限り自分は追随者であるよりも先導者になる方が得である。同様に，Ⅰ点とⅢ点を比較すると，企業2も相手が追随者である限り先導者になる方が得である。したがって両企業とも先導者になろうとする。これはケースⅣの状況である。しかしながら，二つの企業がともに先導者になろうとすると，互いに相手の行動を予測することができなくなり混乱した競争状態となる。したがって，この場合は必ずしも均衡が実現しない。このような状況は，経済学者ボーリー（A. Bowley）に由来し，ボーリー的複占と呼ばれる。あるいは，それはシュタッケルベルクの不均衡とも呼ばれる。

■ 共　謀

　これまでの議論では二つの企業が競争することが前提とされた。しかしながら二つの企業が共謀する場合も考えられる。その場合は二つの企業が協力して利潤の総和を最大にするように行動するであろう。すなわち，

$$\Pi_1(x_1, x_2) + \Pi_2(x_1, x_2)$$

が最大になるように供給量 x_1, x_2 を決定する。その状況は図 6.7 の二つの企業の等利潤曲線の接点の軌跡である cc' 曲線上のいずれかの点で表される。しかしながら，その場合には利潤が二つの企業間でどのように分配されるべきかという困難な問題が発生するのである。

6.4 製品差別化と独占的競争

　前節ではすべての企業の商品は同質であることが前提とされている。しかしながら，現実の経済では企業の製品は少しずつ異なっている。たとえば，自動車産業においては各企業が生産する自動車はデザインや性能がわずかではあるが異なっている。これは企業が他と異なる独特な商品を生産することによって独自の顧客を得ようとしているからである。このように基本的には同じ商品であるが，企業が顧客を得る目的で製品に特徴を持たせることを**製品差別化**という。この節では製品差別化をする企業の競争を分析することにしよう。

■ ベルトラン均衡

　最も単純な場合として，二つの企業，企業 1 と企業 2 が類似した商品を販売している状況を考えることにする。二つの企業が製品差別化をしているため商品の需要者は好みに従って一方の企業から商品を購入する。しかしながら，需要者は価格にも依存してどちらの企業の製品を購入するかを決定する。各企業の製品の需要は自己の製品価格だけではなく相手企業の製品価格にも依存する。したがって，二つの企業の製品の需要関数は，企業 i ($i = 1, 2$) の製品の需要量を x_i，価格を p_i とすると，それぞれ

$$x_1 = D_1(p_1, p_2), \qquad x_2 = D_2(p_1, p_2)$$

と表される。自己の製品価格を上げると需要は相手企業の製品へ移るから，関数 D_1 は p_1 について減少関数，p_2 については増加関数であり，関数 D_2 は p_1 について増加関数，p_2 については減少関数である。

　二つの企業の費用関数をそれぞれ

$$c_1 = C_1(x_1), \qquad c_2 = C_2(x_2)$$

とする。二つの企業の製品価格が p_1，p_2 であるとき，企業 i の利潤 π_i は

6.4 製品差別化と独占的競争

$$\pi_i = p_i x_i - C_i(x_i) = p_i D_i(p_1, p_2) - C_i(D_i(p_1, p_2))$$

$$(i = 1, 2)$$

である。各企業は，相手企業の価格は一定であるとして，自己の利潤が最大になるように自己の価格を決定するものとする。企業 i の利潤最大化の条件は

$$\frac{\partial \pi_i}{\partial p_i} = x_i + [p_i - C_i{}'(x_i)]\frac{\partial x_i}{\partial p_i} = 0 \qquad (i = 1, 2) \qquad (6.4.1)$$

である。上の二式から二企業の価格の組合せ (p_1, p_2) が決定される。このような市場均衡はベルトラン (Bertrand) 均衡，あるいは，その理論構造の同一性から，クールノーの価格均衡と呼ばれる。

■ 独占的競争の理論

ベルトラン均衡における企業 i の状況を図示するために，$\frac{\partial p_i}{\partial x_i} = 1 \div \frac{\partial x_i}{\partial p_i}$ と定義して，(6.4.1) を次のように書き換える。

$$\frac{\partial p_i}{\partial x_i} \times x_i + p_i = C_i{}'(x_i) \qquad (i = 1, 2) \qquad (6.4.2)$$

この場合，$\frac{\partial p_i}{\partial x_i}$ は，相手企業の価格が一定であるときの価格 p_i と需要量 x_i との関係における微分係数を表し，企業 i の製品の需要曲線の傾きを表す。したがって，(6.4.2) の左辺は限界収入 (MR) を表す。他方，右辺は限界費用 (MC) を表すから，(6.4.2) は独占企業の行動基準である $MR = MC$ が成立することを意味する。この状況が図 6.8 に描かれている。図において需要曲線 DD，限界収入曲線 MR，限界費用曲線 MC，平均費用曲線 AC が描かれている。企業 i は供給量を x_i^0，価格を p_i^0 に設定する。ただし，DD 曲線と MR 曲線は相手企業の製品価格がある一定の値であるときのものであることに注意しなければならない。

企業 i が価格を変化させたとき，相手企業が追従しなければ，需要は DD 曲線に沿って変化する。もし相手企業も同じように価格を変化させるならば需要は $D'D'$ 曲線のような傾きの大きな曲線に沿って変化するであろう。$MR = MC$ が成立しない状況では企業は価格を変化させる誘引を持つ。もし価格を下げると他企業が追従して価格を下げることが考えられる。その場合は需要は $D'D'$ 曲線に沿って変化する。他方，価格を上げる場合は他企業は追従しない

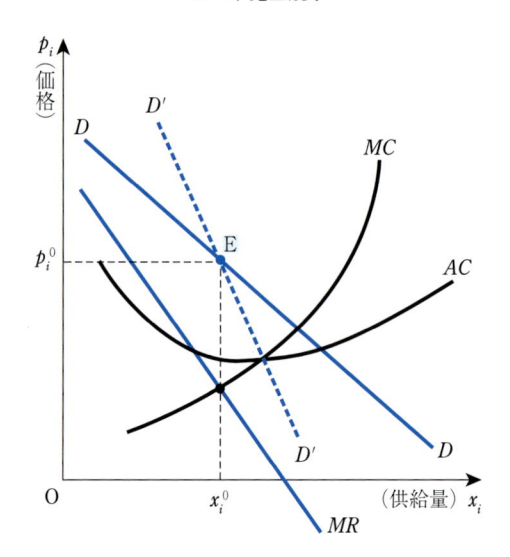

図 6.8 独占的競争の短期均衡

かもしれない．その場合は需要は DD 曲線に沿って変化する．最終的には，企業 i は図 6.8 の E 点のような状況になるまで製品価格 p_i を変更するであろう．

上の議論では企業の数が二つであるとしたが，企業の数が多数であっても同様に考えることができる．すなわち，企業は，製品差別化によって自己の製品の独占市場を持つが，類似した商品を供給する多数の企業とは競争関係にある．それは独占的競争と呼ばれ，チェンバリン（E. Chamberlin）によって分析された状況である．

短期的には，図 6.8 の E 点の状況が成立するであろう．しかしながら，長期的には新規企業が「参入」することが予想される．E 点では価格が平均費用を上回っているから，企業の利潤が正である．したがって，同等の技術を持った新しい企業がこの産業に入ってきても正の利潤を獲得することができる．既存の企業の利潤がプラスである限り，このような新規企業の参入が続く．新たな企業の参入は既存の企業にとっては需要の減少を意味する．すなわち，需要曲線 DD が左方にシフトする．そのシフトは需要曲線 DD が平均費用曲線 AC

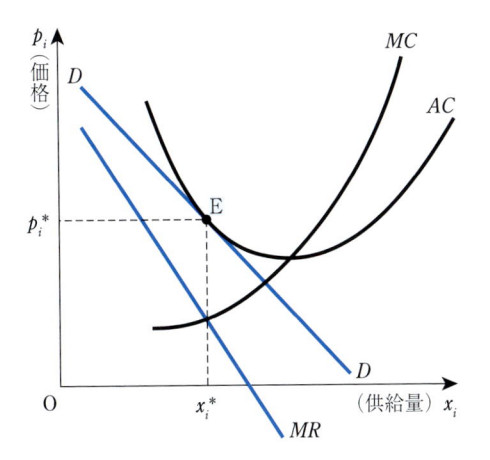

図 6.9　独占的競争の長期均衡

と接する状態になるまで続き，そのとき既存企業の利潤がゼロとなり新規企業の参入が止まる。その状況が図 6.9 の E 点である。それは**独占的競争の長期均衡**と呼ぶことができる。

E 点の長期均衡の状態では需要曲線の傾きと平均費用曲線の傾きが等しい。すなわち，

$$\frac{\partial p_i}{\partial x_i} = \frac{C_i{}'(x_i)x_i - C_i(x_i)}{x_i{}^2} \quad \left(= \frac{d}{dx_i}\left[\frac{C_i(x_i)}{x_i}\right]\right)$$

が成立する。また価格と平均費用が等しいから，

$$p_i = \frac{C_i(x_i)}{x_i}$$

が成立する。上の二式より，(6.4.2) 式の $MR = MC$ の条件が導出される。したがって，この長期均衡においては限界収入曲線と限界費用曲線が交わっており，企業の利潤最大化の条件が成立している。

■ **屈折需要曲線**

企業間の競争において各企業の製品に対する需要は相手企業の行動に影響される。実際，先に説明した図 6.8 では，DD 線は相手企業が価格を変更しないときの需要曲線であるのに対して，$D'D'$ 線は相手企業も追従して価格を変更

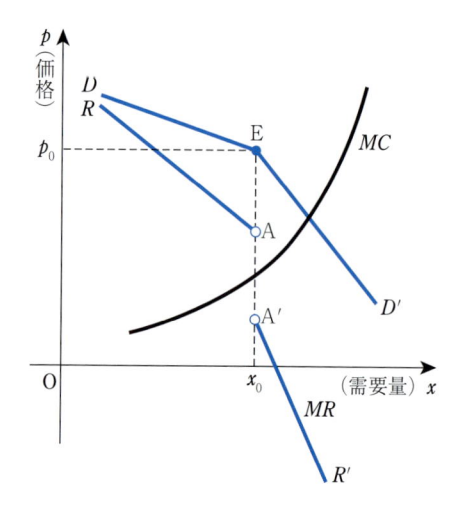

図6.10　屈折需要曲線

するときの需要曲線を表す。

　相手企業の行動についての予想として，企業は，自分が価格を上げたときは相手は追従しないが，価格を下げたときは相手も対抗して価格を下げると予想するとしよう．この場合，企業が予想する需要曲線は図6.8のE点で屈折したものになる．このような需要曲線は屈折需要曲線と呼ばれ，図6.10のように表される．

　現実の経済では企業が製品価格を頻繁に変更するという現象はほとんど観察されない．このような価格の硬直性をスウィージー（P. Sweezy）は屈折需要曲線を用いて説明した．

　図6.10の屈折需要曲線DD'が，需要量をx，価格をpとして
$$x = D(p)$$
によって表されるとする．pとxとの関係を逆にした逆需要関数を
$$p = F(x)$$
とする．すなわち，関数Fは関数Dの逆関数である．E点で需要曲線が屈折していることは，曲線DD'の傾き（の絶対値）がE点の左側では小さく，右側では大きいことを意味する．したがって，曲線DD'の傾きは関数Fの微分F'で表され，$F'(x)$の値は負であるから，$x < x_0$のときは$F'(x)$は大きく，

$x > x_0$ のときは $F'(x)$ は小さくなり，$x = x_0$ において F' は不連続である。

このことから限界収入曲線の形状を明らかにしよう。企業の供給量が x であるときの企業の収入 $R(x)$ は

$$R(x) = p \times x = F(x) \times x$$

であり，したがって限界収入 $R'(x)$ は，上の式を微分すると，

$$R'(x) = x \times F'(x) + F(x)$$

となる。需要曲線の傾き $F'(x)$ の変化に伴い，$R'(x)$ は $x < x_0$ のときは大きく，$x > x_0$ のときは小さく，$x = x_0$ において $R'(x)$ は不連続となる。限界収入 $R'(x)$ のこのような変化を描いたものが，図 6.10 の RA と $A'R'$ 曲線である。限界収入曲線 MR は A 点と A' 点で不連続となる。需要曲線の屈折の程度が大きいと傾き $F'(x)$ の不連続の程度は大きく，したがって，A 点と A' 点の距離が大きくなる。その結果，この企業の限界費用曲線 MC が図のように A 点と A' 点の間を通過する可能性が大となる。もし実際にそのような状況ならば，企業は供給量 x を x_0 から変更しない。なぜなら，もし $x > x_0$ に変更すると限界費用が限界収入を上回り，利潤が減少し，また同様に $x < x_0$ に変更しても利潤は減少するからである。したがって，企業は価格を p_0 に，供給量を x_0 に維持し続けるのである。これは独占企業の行動基準である $MR = MC$ が成立している状況と本質的には異ならない。

屈折需要曲線の理論には次のような問題がある。この理論は，企業が価格 p_0 で x_0 だけ販売していることを前提として，企業がその点で需要曲線が屈折することを予想し，その価格を維持することを主張しているにすぎない。すなわち，企業がなぜ当初価格を p_0 に設定したのか，また，企業がなぜそのような予想を持ったかが説明がなされていないのである。

6.5 価格差別

これまでは企業は商品を同じ価格で販売することを前提としていた。現実の経済では企業は同じ商品であっても必ずしも同じ価格では販売しない。たとえば，映画館や遊園地などでは入場料金は子供より大人の方が高い。電力会社の電力料金は夜間よりも昼間の方が高い。電話料金も同様である。また，各種の

娯楽施設では平日料金と休日料金の違いがある。このように同じ商品であるが企業がより大きな利潤を得る目的で異なる価格で販売することを**価格差別**という。この節では企業が需要者を区別して同じ商品を異なる価格で売る行動を分析することにしよう。

企業が同じ製品であるにもかかわらず異なる価格で販売する第一の理由は，状況に応じて需要者を区別することが可能であるからである。上の例のように，大人と子供，あるいは夜間と昼間という違いは需要者の区別である。そのような区別を一般に状況1と状況2と呼ぶことにしよう。企業は各状況における需要を完全には分離することができず，むしろ相互に依存する状況が普通である。すなわち，状況 ($i = 1, 2$) の需要量を x_i，価格を p_i で表すと，各状況の需要関数は

$$x_1 = D_1(p_1, p_2), \qquad x_2 = D_2(p_1, p_2)$$

と表される。関数 D_1 は p_1 について減少関数，関数 D_2 は p_2 について減少関数と考えられるが，p_1 が D_2 へ，あるいは p_2 が D_1 に与える効果は財の種類によって色々な場合が考えられる。

企業の同じ製品に異なる価格を付ける第二の理由は，状況に応じて生産費が異なるからである。たとえば，電力会社は同じ量の電力を生産するのに，費用が逓増的であるならば，一時期に生産するより夜間と昼間に分けて生産する方が費用が安い。したがって，各状況における供給量を x_1, x_2 とすると，一般的には企業の総費用は総供給量 $x_1 + x_2$ に依存するのではなく，各供給量 x_1, x_2 に依存する。すなわち，総費用 c は

$$c = C(x_1, x_2)$$

と表される。

企業利潤を π とすると

$$\begin{aligned}\pi &= p_1 x_1 + p_2 x_2 - c \\ &= p_1 D_1(p_1, p_2) + p_2 D_2(p_1, p_2) - C(D_1(p_1, p_2), D_2(p_1, p_2))\end{aligned}$$

となる。利潤 π を最大にするような価格 p_1, p_2 は，上の式を p_1 と p_2 に関して微分してゼロとおいて得られる関係式

$$D_i + \left(p_1 - \frac{\partial C}{\partial x_1}\right)\frac{\partial D_1}{\partial p_i} + \left(p_2 - \frac{\partial C}{\partial x_2}\right)\frac{\partial D_2}{\partial p_i} = 0 \qquad (i = 1, 2)$$

より求められる。一般に価格 p_1, p_2 は同じにはならない。これは企業は利潤を最大にするために価格差別をすることを意味する。

　上の分析のおそらく最も典型的な例は電力需要の場合である。電力の需要量は時間によって異なり、夜間より昼間の方が電力需要が多いため電力供給の負担が大きい。このように供給負担は時間によって変化し、そのなかで最も大きな負担を**ピークロード**という。負担の変化を平均化して設備の効率的使用と費用節約を目的として、需要の多いピークの時間帯の料金を高くし需要を抑え、逆に需要の少ないオフピークの時間帯の料金を安くし、需要を増大する価格の設定方式を**ピークロード・プライシング**という。このような価格設定は必ずしも利潤最大化だけを目的とするものではなく、負担の変化を平均化することによって設備の効率的使用と費用節約を達成し、経済厚生を高める効果がある。

6.6　2部料金制

　価格は商品1単位の値段を表し、通常企業は同じ商品ならばすべて同じ価格で販売する。しかしながら、企業は同じ商品であっても商品1単位をすべて同じ価格で販売するとは限らない。たとえば、電車、バス、タクシーなどの乗り物の料金は、初乗り料金とある距離を超えて乗るとかかる料金の二つの部分からなる。あるいは、電力、ガス、電話などの料金は、使用量と無関係にかかる料金（基本料金）と、使用した量に依存してかかる料金（使用料金）の合計である。このような料金制度は**2部料金制**と呼ばれる。以下では遊園地を例に、企業がそのような料金制度を採用する理由を明らかにする。

■ ディズニーランドのジレンマ

　ある遊園地のなかには乗り物があり、個人は遊園地に行ったときはその乗り物に乗ることから効用を得るものとする。すべての個人は同一の状況にあり、個人の効用関数は

$$u = U(x) + y$$

　　　（u：効用水準，x：乗車回数，y：他の財の購入に充てられる貨幣量）

で示されるものとする。また、個人は当初十分な所得 $m > 0$ を保有している

とする。

他方，乗り物を提供する遊園地の費用関数は

$$C = C_0 + c \times X$$

(C：総費用，X：総乗車回数，C_0とcは正の定数)

で示されるものとする。

遊園地は個人に「入場料金」と乗り物の「乗車料金」の二種類の料金を課すものとする。入場料金をT，乗り物の乗車1回当たりの料金をpで表すことにする。このとき，個人が遊園地に行き乗り物に乗るときの予算制約式は

$$T + px + y = m \quad (x：個人の乗車回数)$$

であり，したがって，個人が得る効用は

$$u = U(x) + y = U(x) + (m - px - T) \tag{6.6.1}$$

で示される。個人は効用が最大となる乗車回数xを選択し，そのときの効用最大化の条件は

$$\frac{du}{dx} = U'(x) - p = 0 \tag{6.6.2}$$

である。すなわち，個人は乗り物の乗車回数に関する限界効用$U'(x)$が乗車料金pに等しくなるような乗車回数xを選択する。したがって，図6.11に描かれた限界効用$U'(x)$のグラフが，個人の乗り物に対する需要曲線（料金pと乗車回数xとの関係）を表す。

個人が乗り物に乗ることから得られる利益は消費者余剰で表され，それは図6.11の乗り物の需要曲線DD'の下部CSの面積で表される。実際，遊園地で個人が得ることができる効用水準は，(6.6.1)と(6.6.2)より，xが$U'(x) = p$を満たすときの$U(x) + (m - px - T)$の値である。他方，個人が遊園地に行かないときの効用水準は，$T = 0$，$x = 0$であるときの値$U(0) + m$である。したがって，個人が遊園地に行くのは

$$U(0) + m \leq U(x) + (m - px - T) \quad (ただし，U'(x) = p)$$

のとき，したがって

$$T \leq U(x) - U(0) - px \left(= \int_0^x U'(z)dz - px = \mathrm{CS} \right)$$

のときである。遊園地としては，個人が遊園地に来てくれる料金で，できるだ

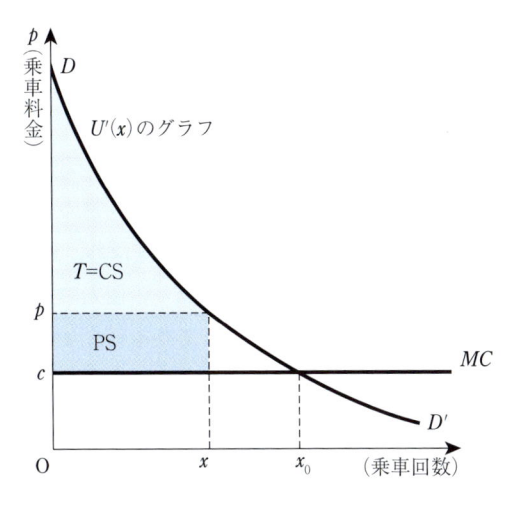

図 6.11 2部料金制

け高い料金にしたいから，上の不等式より，遊園地は入場料金を
$$T = U(x) - U(0) - px (= \mathrm{CS}) \tag{6.6.3}$$
に設定する．すなわち，遊園地は乗車料金が図 6.11 の p のときには入場料金 T を消費者余剰 CS の値に設定する．

一個人が支払う入場料金は T であり，一個人に乗り物を提供することから得る利益（生産者余剰 PS）は $(p-c)x$ であるから，遊園地の入場者 1 人当たりの利益 π は，(6.6.3) より，
$$\pi = T + (p-c)x = U(x) - U(0) - cx \qquad (ただし,\ U'(x) = p)$$
である．遊園地は x を利益 π が最大になるような値に（p を設定）したい．利潤最大化の条件は
$$\frac{d\pi}{dx} = U'(x) - c = 0$$
であるから，x が $U'(x) = c$ となるように料金 p を設定すればよい．そのためには，個人は $U'(x) = p$ となるように x を選択するから，遊園地は料金を $p = c$ とすればよい．

図 6.11 において，入場者 1 人当たりの遊園地の利益は消費者余剰 CS（入場料金）と生産者余剰 PS（乗り物から得る利益）の合計であり，青色の部分の

面積で示される。これが最大となるは $p = c$ のときである。このときの入場料金 T は，(6.6.3) より，

$$T = U(x) - U(0) - cx \qquad (ただし，U'(x) = c)$$

であり，それは需要曲線 DD' と直線 MC との間の部分の面積に等しい。

　上で説明したように，入場料金（基本料金）と乗り物の料金（使用料金）を組み合わせることは 2 部料金（two-part tariff）と呼ばれ，遊園地にとって利潤最大化の有効な手法である。しかしながら，個々の個人の好み（効用関数）を知ることは不可能であるから，経営者にとって基本料金と使用料金との最適な組合せを見つけることは実に悩ましい問題である。これがディズニーランドのジレンマと呼ばれる問題である。実際，ディズニーランドでは，過去には乗り物の料金は有料であったが，現在では入場料金を払えば乗り物はすべてタダである。

　企業の利潤が最大となる基本料金と使用料金の組合せは，個人の状況や好みに依存している。状況や好みが異なる色々な個人を取り込むために，様々な料金体系が提供される。たとえば，携帯電話の料金はその一例である。また，電力料金も電力の自由化に伴い様々な料金体系が提示されている

　他方，料金体系は企業の費用構造にも依存している。限界費用が企業によって異なれば，最適な基本料金と使用料金の組合せは異なるであろう。電話やインターネットのように限界費用が小さい企業では使用料金は低く，基本料金が主要な料金となる。それに対して電力会社やガス会社では限界費用は小さくないから，通常は基本料金と使用料金の両方が課せられることになる。

6.7　交換経済のコア

　すでに 4.3 節において交換経済の競争均衡を説明した。交換経済におけるもう一つの均衡概念として「コア」と呼ばれる概念がある。それは数学の応用分野である「ゲームの理論」において定義された言葉であるが，もともとはエッジワースの再契約の理論において考えられた均衡概念である。この節では交換経済におけるコアと競争均衡との関係を明らかにしよう。

■ 交換経済

4.3 節において定義した交換経済 $\mathscr{E}$ は次のような経済であった。経済 $\mathscr{E}$ には二人の消費者 A, B が存在し，消費者は二種類の財，第 1 財と第 2 財を消費する。消費者 A, B の効用関数はそれぞれ

$$u = U^{\mathrm{A}}(x_1, x_2), \qquad u = U^{\mathrm{B}}(x_1, x_2)$$

で示される。消費者 A, B が当初に所有している二財の量はそれぞれ，ベクトル $\mathbf{e}^{\mathrm{A}}$, $\mathbf{e}^{\mathrm{B}}$ を用いて，

$$\mathbf{e}^{\mathrm{A}} = (e_1^{\mathrm{A}}, e_2^{\mathrm{A}}), \qquad \mathbf{e}^{\mathrm{B}} = (e_1^{\mathrm{B}}, e_2^{\mathrm{B}})$$

と表す。このとき経済 $\mathscr{E}$ は

$$\mathscr{E} = \{U^{\mathrm{A}}, U^{\mathrm{B}}, \mathbf{e}^{\mathrm{A}}, \mathbf{e}^{\mathrm{B}}\}$$

と表すことができる。

■ 競争均衡

経済 $\mathscr{E}$ の競争均衡は図 6.12 のエッジワース・ボックスによって表現される。図において，E 点は二人の消費者 A, B の財の初期保有の状態を表し，ある価格体系 $\mathbf{p} = (p_1, p_2)$ における予算線は直線 bb' で示され，二人の無差別曲線が同じ W 点で予算線と接している状態が競争均衡を表している。これは 4.3 節の図 4.11 と同じものである。

■ コア

エッジワース・ボックス内の各点は二人の消費者間の財の配分の仕方の一つを表している。当初の状態は図 6.12 の E 点で示される。消費者間で財の交換が行われ，他の配分状態に移るとする。このとき，消費者 A は Q 点のような配分に移ることは拒否するであろう。なぜなら，当初の配分 E 点より効用が低くなるからである。すなわち，消費者 A は無差別曲線 I^{A} よりも左下の配分に移行することを拒否する。この場合，自分が所有している財を自由に使う権利があるから，実際に拒否することが可能である。同様に，消費者 B は R 点のような無差別曲線 I^{B} よりも右上の配分に移行することを拒否する。

次に，S 点のような配分の場合はどうなるであろうか。S 点においては各消費者は自分の初期保有の状態より効用は低くはない。したがって，一人の消費

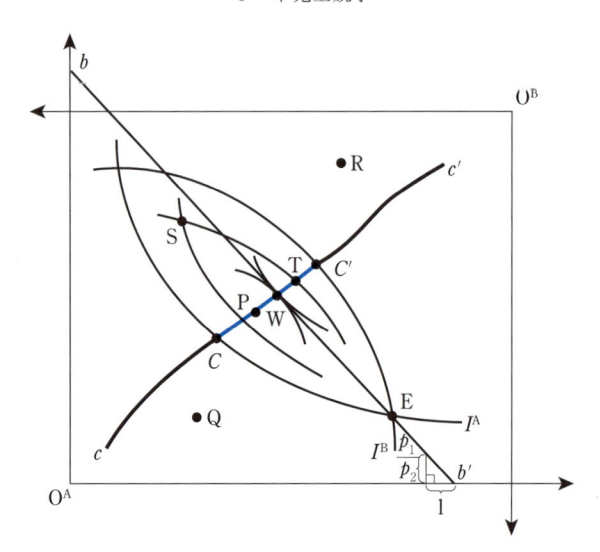

図 6.12　交換経済のコア

者では拒否することはできない．しかしながら，二人の消費者が協力すればより良い状態を実現できる．たとえば，消費者 A は消費者 B の協力によって T 点の配分に移行することによってより高い効用を得る．あるいは，P 点の配分では二人ともより高い効用を得ることができる．したがって，S 点の配分は二人の消費者によって拒否されるであろう．また，二人の消費者が相談して自分たちが所有する財を自由に使う権利があるから，実際に拒否する力がある．

図 6.12 の cc' 曲線は二人の無差別曲線が接する軌跡，すなわち契約曲線である．その曲線上の P 点の配分は，一人の消費者によっても，あるいは二人の消費者によっても，拒否されない配分である．このような配分の集合を経済のコアという．図 6.12 において，コアは CC' 曲線で示される．

■ 競争均衡とコアの関係──────────────────

コアに属す配分をコア配分と呼ぶことにする．図 6.12 より明らかなように，コアは契約曲線の一部であるから，コア配分はすべてパレート最適な配分である．また，競争均衡のもとで実現する配分は W 点のような配分である．その

ような配分を競争的配分と呼ぶことにする。図より明らかなように，競争的配分はコア配分である。したがって，それはパレート最適な配分である。

以上においては二人の消費者からなる経済のコアを定義したが，その考え方を多数の消費者からなる経済に拡張することができる。経済のコア配分とは，経済に存在する財を全消費者間で配分する仕方で，どのような消費者のグループにとっても「改善可能」ではない配分のことである。この場合，「改善可能」とは，そのグループの消費者が自分たちの初期保有をグループ内で配分することによって，グループ内の消費者の効用は以前より下げることなく，また，少なくとも一人の消費者の効用を上げることが可能であることを意味する。

二人だけからなる経済 $\mathscr{E}$ では「改善」するグループは，三つのグループしかない。すなわち，消費者 A 一人だけからなるグループ，消費者 B 一人だけからなるグループ，消費者 A と B の二人からなるグループ，である。経済の消費者の数が増えると，このようなグループの数は増加し，より多くの配分が改善可能となる。その結果，コアは小さくなる。実際，多数の消費者からなる経済においてはコアと競争的配分の集合が一致することが知られている。それが，コアと競争的配分の集合との同値定理，あるいは極限定理と呼ばれる命題である。

6.8　極限定理*

この節では多数の消費者からなる交換経済におけるコアと競争均衡との同一性を示すことにする。それは現在ではドゥブリュー（G. Debreu）とスカーフ（H. Scarf）の定理として一般均衡理論における最も重要な成果の一つである。

■ n 倍経済

多数の消費者からなる交換経済を定義しよう。そのために前節の交換経済 $\mathscr{E}$ を拡大し，多数の消費者からなる経済を次のように定義する。

経済 $\mathscr{E}$ を n 倍したものを $\mathscr{E}^n$ で表す（ただし，n は正の整数とする）。すなわち，経済 $\mathscr{E}^n$ は，効用関数と初期保有量が消費者 A と同じである消費者が n 人，消費者 B と同じである消費者が n 人，合計 $2n$ 人の消費者からなる経済で

ある。経済 $\mathscr{E}^n$ を **n 倍経済**と呼ぶことにする。また，消費者 A と同じ消費者を「A タイプの消費者」と，消費者 B と同じ消費者を「B タイプの消費者」と呼ぶことにする。このような方法によって多数の消費者からなる経済を一般的に議論することの困難性を避けることが可能となる。

■ n 倍経済の競争均衡

経済 $\mathscr{E}^n$ の競争均衡を考えよう。図 6.12 はもとの経済 $\mathscr{E}$ の競争均衡をエッジワース・ボックスによって表現したものである。W 点は n 倍経済 $\mathscr{E}^n$ における競争均衡も同時に表現していると見なすことができる。なぜならば，同じタイプの消費者は，効用関数と財の初期保有量が同じであるため，同じ価格体系のもとでは同量の財を需要するからである。すなわち，図の消費者 A の状況はすべての A タイプの消費者の状況を表しており，また B タイプの消費者についても同様のことがいえる。したがって，n 倍経済 $\mathscr{E}^n$ の競争均衡を表現するのに，すべての消費者の状況を示す必要はなく，各タイプの消費者の配分だけを示せばよい。ゆえに，図 6.12 の W 点は任意の n 倍経済 $\mathscr{E}^n$ の競争均衡を表現していると見なすことができる。W 点のような配分の集合を $\mathscr{W}$ で表すことにする。

■ n 倍経済のコア

次に経済 $\mathscr{E}^n$ のコアを定義する。経済 $\mathscr{E}^n$ の $2n$ 人の消費者に番号を $1, 2, 3, \cdots, 2n$ と付ける。i 番目の消費者に配分する二財の量をベクトル $\mathbf{x}^i$ で表し，記号 $\{\mathbf{x}^i | i = 1, \cdots, 2n\}$ によって経済の全消費者への財の配分の仕方を表すことにする。そのような配分は，実行可能性の条件として，

$$\sum_{i=1}^{2n} \mathbf{x}^i = n(\mathbf{e}^A + \mathbf{e}^B) \tag{6.8.1}$$

を満たしているとする。

ある配分 $\{\mathbf{x}^i | i = 1, \cdots, 2n\}$ に対して，何人かの消費者からなるグループを考える。そのグループに属す消費者の番号の集合を G とし，そのグループを集合 G で表す。グループ G に属す各消費者 i に別の配分を行う。そのときの二財の量をベクトル $\mathbf{z}^i$ で表し，それがグループ内で実行可能であるとする。

すなわち，
$$\sum_{i \in G} \mathbf{z}^i = \sum_{i \in G} \mathbf{e}^i \tag{6.8.2}$$
が成立する．ただし，$\mathbf{e}^i$ は，消費者 i がAタイプならば $\mathbf{e}^A$，Bタイプならば $\mathbf{e}^B$ を表す．さらに，グループ G のすべての消費者 i について
$$U^i(\mathbf{z}^i) \geqq U^i(\mathbf{x}^i) \tag{6.8.3}$$
が成立し，また，少なくとも一人の消費者については不等号（>）が成立するとしよう．ただし，効用関数 U^i は，消費者 i がAタイプならば U^A，Bタイプならば U^B を表す．もし，このような別の配分がグループ G によって可能であるとき，配分 $\{\mathbf{x}^i | i = 1, \cdots, 2n\}$ はグループ G によって改善可能であるということにする．もし，ある配分がいかなるグループによっても改善可能ではないとき，それをコア配分と呼び，そして，すべてのコア配分の集合を経済のコアと呼ぶことにする．

コア配分の一つの性質を明らかにしよう．配分 $\{\mathbf{x}^i | i = 1, \cdots, 2n\}$ がコア配分であるとする．この配分において，仮に，同じタイプの消費者であっても異なる配分を受けていたとする．一般性を失うことなく，タイプAの消費者の間で財の配分が異なっていたとする．番号が 1 から n までがAタイプの消費者であり，$n+1$ から $2n$ までがBタイプの消費者であるとする．また，一般性を失うことなく，Aタイプの消費者のなかで 1 番目の消費者の効用が最小であり，また，Bタイプの消費者のなかで $n+1$ 番目の消費者の効用が最小であるとする．すなわち，
$$U^A(\mathbf{x}^1) \leqq U^A(\mathbf{x}^i) \qquad i = 2, \cdots, n,$$
$$U^B(\mathbf{x}^{n+1}) \leqq U^B(\mathbf{x}^i) \qquad i = n+2, \cdots, 2n$$
である．消費者 1 と消費者 $n+1$ の二人からなるグループを考え，それぞれの消費者に
$$\mathbf{z}^A = \frac{1}{n} \sum_{i=1}^{n} \mathbf{x}^i, \qquad \mathbf{z}^B = \frac{1}{n} \sum_{i=n+1}^{2n} \mathbf{x}^i$$
を配分する．この配分は，(6.8.1) より，
$$\mathbf{z}^A + \mathbf{z}^B = \mathbf{e}^A + \mathbf{e}^B$$

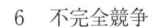

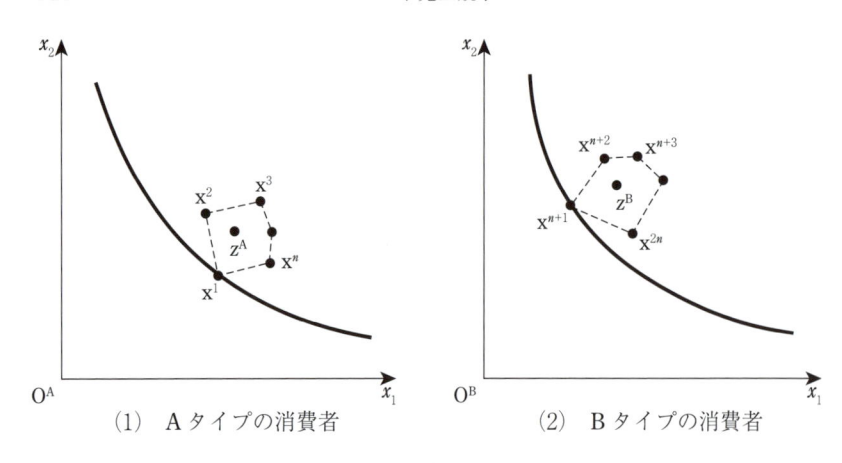

図6.13 改善可能な配分

(1) Aタイプの消費者　　(2) Bタイプの消費者

が成立するから，そのグループ内で実行可能である．図6.13から明らかなように，消費者の無差別曲線が厳密に凸ならば，

$$U^{\mathrm{A}}(\mathbf{x}^1) < U^{\mathrm{A}}(\mathbf{z}^{\mathrm{A}}), \qquad U^{\mathrm{B}}(\mathbf{x}^{n+1}) \leq U^{\mathrm{B}}(\mathbf{z}^{\mathrm{B}})$$

が成立する．したがって，消費者1と消費者$n+1$の二人からなるグループは配分$\{\mathbf{x}^i | i = 1, \cdots, 2n\}$を改善することができる．しかしながら，このことはその配分がコア配分であることに矛盾する．この矛盾は，同じタイプの消費者であっても異なる配分を受けていると仮定したことが原因である．ゆえに，以下の補題が証明された．

補題6.8.1：すべてのコア配分において，同じタイプの消費者は同じ量の財の配分を受けている．

この補題により，コア配分を表すとき，すべての消費者の配分を示す必要はなく，各タイプの消費者の配分を示すだけでよい．したがって，競争的配分と同様に，任意のコア配分も図6.12のエッジワース・ボックスの点によって表現される．そのように示されたコア配分の集合を$\mathscr{C}^n$で表すことにする．

■ コアの縮小

明らかに，$n = 1$ のとき，経済 $\mathscr{E}^1$ は経済 $\mathscr{E}$ のことである。したがって，経済 $\mathscr{E}^1$ のコア $\mathscr{C}^1$ は図 6.12 の CC' 曲線で示される。経済 $\mathscr{E}^2$ のコア $\mathscr{C}^2$ は $\mathscr{C}^1$ の一部である。なぜなら経済 $\mathscr{E}^1$ と $\mathscr{E}^2$ を比較すると，消費者の数が増えており，経済 $\mathscr{E}^1$ においてある配分を改善するグループは，経済 $\mathscr{E}^2$ においてもその配分を改善するグループとなるからである。同様の理由により，経済 $\mathscr{E}^n$ と経済 $\mathscr{E}^{n+1}$ を比較すると，$\mathscr{C}^{n+1}$ は $\mathscr{C}^n$ の一部である。したがって，経済が大きくなるにつれてコアは縮むことが分かる。

> **補題 6.8.2**：経済 $\mathscr{E}^{n+1}$ のコア配分は経済 $\mathscr{E}^n$ のコア配分でもある。すなわち，$\mathscr{C}^n \supset \mathscr{C}^{n+1}$ である。

■ 極限定理

以下において次のような表記方法をとる。消費者のある配分がベクトル $\mathbf{x} = (x_1, x_2)$ で，価格体系がベクトル $\mathbf{p} = (p_1, p_2)$ であるとき，二つのベクトルの内積を $\mathbf{p} \cdot \mathbf{x}$ で表す。すなわち，次式である。

$$\mathbf{p} \cdot \mathbf{x} = p_1 x_1 + p_2 x_2$$

最初に，競争的配分はコア配分であることを証明しよう。n 倍経済 $\mathscr{E}^n$ のある配分 $(\mathbf{x}^A, \mathbf{x}^B)$ が競争的配分であるとする。すなわち，その配分は，適当な価格体系 $\mathbf{p}$ のもとで，図 6.12 の W 点の状況にある。

仮に，その配分が経済 $\mathscr{E}^n$ のコア配分ではないとする。すなわち，適当な消費者のグループはその配分を改善することができる。そのグループを G とし，G に属する各消費者 i に $\mathbf{z}^i$ の財を配分したとき，(6.8.2) と (6.8.3) の条件を満たすとする。

図 6.12 において，(6.8.3) より各消費者 i への配分 $\mathbf{z}^i$ が表す点は，その消費者が A タイプの消費者ならば W 点を通る消費者 A の無差別曲線の右上方に（B タイプの消費者ならば W 点を通る消費者 B の無差別曲線の左下方に）ある。したがって，その点は，その消費者が A タイプの消費者ならば予算線 bb' の右上方に（B タイプの消費者ならば左下方に）ある。すなわち，

$$\mathbf{p}\cdot\mathbf{e}^i \leqq \mathbf{p}\cdot\mathbf{z}^i$$

が成立する．特に，少なくとも一人の消費者については，配分 $\mathbf{z}^i$ が表す点は無差別曲線の上にはなく，したがって予算線上にはない．すなわち，少なくとも一人の消費者については上の不等式において不等号（＜）が成立する．ゆえに，上の不等式をグループ G のすべての消費者について合計すると，

$$\sum_{i\in G}\mathbf{p}\cdot\mathbf{e}^i < \sum_{i\in G}\mathbf{p}\cdot\mathbf{z}^i$$

が成立する．これは（6.8.2）の条件に矛盾する．

この矛盾の原因は配分 $(\mathbf{x}^A, \mathbf{x}^B)$ がコア配分ではないとしたことである．ゆえに，その配分はコア配分でなければならない．したがって，次の命題が証明された．

> **命題 6.8.3**：任意の n 倍経済 $\mathscr{E}^n$ において，競争的配分はコア配分である．すなわち，任意の n について $\mathscr{C}^n \supset \mathscr{W}$ である．

この命題は，経済のサイズには依存せずに，競争的配分はコア配分であることを主張している．この命題の逆が大きな経済において成立することを以下において証明しよう．

ある配分 $(\mathbf{x}^A, \mathbf{x}^B)$ が競争的配分ではないとする．そのような配分の状況は図 6.14 の P 点で示される．初期保有の状態を表す E 点と P 点とを通過する直線が，少なくともどちらか一方の消費者の無差別曲線と交差した状態にある．

このとき A 点と B 点とを図 6.14 のように選ぶ．原点 O^A から測った A 点の二財の量を $\mathbf{z}^A$，原点 O^B から測った B 点の二財の量を $\mathbf{z}^B$ で表すことにしよう．すなわち，

$$\overrightarrow{O^A A} = \mathbf{z}^A,$$
$$\overrightarrow{BO^B} = \mathbf{z}^B$$

とする．このとき，図より明らかなように，

$$\begin{aligned} U^A(\mathbf{x}^A) &\leqq U^A(\mathbf{z}^A), \\ U^B(\mathbf{x}^B) &\leqq U^B(\mathbf{z}^B) \end{aligned} \quad (6.8.4)$$

であり，また，少なくともいずれか一方の不等式において不等号（＜）が成立

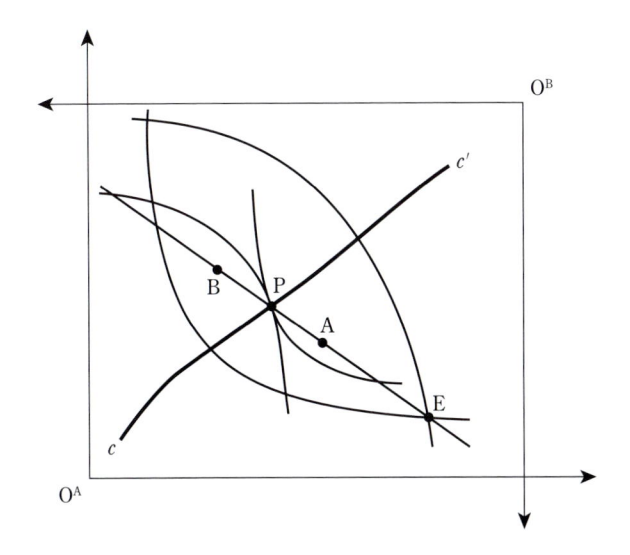

図 6.14 配分 P は十分に大きな n 倍経済のコアには属さない

するように A 点と B 点を選ぶことができる．

さらに，A 点と B 点との微少の移動によって，線分 EA と EB の長さの比が有理数となるように選ぶことが可能である．すなわち，適当な整数 n^A と n^B について，

$$\overrightarrow{EB} = \frac{n^A}{n^B} \overrightarrow{EA}$$

とする．この式に，

$$\overrightarrow{EA} = \overrightarrow{O^A A} - \overrightarrow{O^A E} = \mathbf{z}^A - \mathbf{e}^A,$$
$$\overrightarrow{EB} = \overrightarrow{O^B B} - \overrightarrow{O^B E} = -\mathbf{z}^B + \mathbf{e}^B$$

という関係式を代入し，整理すると，

$$n^A \mathbf{z}^A + n^B \mathbf{z}^B = n^A \mathbf{e}^A + n^B \mathbf{e}^B \tag{6.8.5}$$

を得る．

いま，$n > \max\{n^A, n^B\}$ である n 倍経済 $\mathscr{E}^n$ における，A タイプ n^A 人と B タイプ n^B 人からなるグループを考えることにする．このとき (6.8.4) と (6.8.5) は，A タイプの消費者には $\mathbf{z}^A$，B タイプの消費者には $\mathbf{z}^B$ の財を配分することによって，当初の配分 $(\mathbf{x}^A, \mathbf{x}^B)$ を改善することができることを意味

する。したがって，配分 ($\mathbf{x}^A$, $\mathbf{x}^B$) は n 倍経済 $\mathscr{E}^n$ のコア配分ではない。

以上のことから，競争的配分でないものは，非常に大きな n 倍経済 $\mathscr{E}^n$ においてはコア配分ではないことが示された。したがって，ある配分がどのように大きな経済においてもコア配分であるならば，それは競争的配分でなければならない。

> **命題 6.8.4**：ある配分が任意の n 倍経済 $\mathscr{E}^n$ においてコア配分であるならば，それは競争的配分である。すなわち，
> $$\bigcap_{n=1}^{\infty} \mathscr{C}^n \subset \mathscr{W}$$
> である。

上の二つの命題から，
$$\bigcap_{n=1}^{\infty} \mathscr{C}^n = \mathscr{W}$$
が成立する。これは，大きな経済ではコアと競争的配分の集合が同一となることを意味している。

練習問題

問 6.1：独占企業が支配している市場の需要関数が
$$x = 8 - p \qquad (x\text{ は需要量，}p\text{ は価格})$$
であり，この企業の費用関数を
$$c = x^2 \qquad (x\text{ は生産量，}c\text{ は費用})$$
とする。
1) 企業の供給量を x とすると，売上額はいかなる式で表されるか。
2) 企業が設定する独占価格と財の供給量を求めよ。
3) 2) の場合のラーナーの独占度はいくらか。

問 6.2：二つの企業 1, 2 が同質の財を生産し同じ市場で販売するとする。市場の需要関数が
$$x = 11 - p \qquad (x\text{ は需要量，}p\text{ は価格})$$
であり，各企業の費用関数をそれぞれ

$$c_1 = 2x_1, \quad (x_1 \text{ は企業1の生産量})$$
$$c_2 = 3x_2 \quad (x_2 \text{ は企業2の生産量})$$

とする．各企業は他の企業の供給量は所与のものとして自己の生産量を決めるとする．
1) 各企業の反応関数を求めよ．
2) クールノー均衡における両企業の生産量と価格を求めよ．
3) 2) の均衡の安定性を調べよ．

問6.3：ある財の市場において需要曲線が

$$Q = 10 - p \quad (Q：財の需要量, p：財の価格)$$

であり，二つの企業がこの財を供給するとしよう．二つの企業の費用関数は同一であり，

$$c = q^2 + 1 \quad (c：総生産費, q：生産量)$$

とする．
1) 生産量を戦略とするとき，企業が他企業の追随者として行動するときの反応関数を求めよ．
2) クールノー均衡における二つの企業の生産量と財の価格を求めよ．
3) 企業の一方が先導者，他方が追随者として行動するとき，シュタッケルベルクの均衡における二つの企業の生産量と財の価格を求めよ．

問6.4：ある財の市場において，需要関数は

$$D = 6 - p \quad (D \text{ は需要量}, p \text{ は価格})$$

であり，他方その財は一企業により供給され，その企業の費用関数は

$$c = x^2 + 1 \quad (x \text{ は生産量}, c \text{ は費用})$$

であるとする．
1) 企業が独占的に行動したならば，財の供給量と価格はいくらになるか．
2) 市場の大きさが「n 倍」($n \geq 2$)になったとする．すなわち，需要が n 倍になり需要関数が

$$D = n(6 - p)$$

となり，上記の費用関数を持つ n 個の同じ企業が市場に存在するものとする．このときクールノー均衡における各企業の財の生産量と価格を求めよ．
3) 2) において，n が十分に大きくなると，市場はどのような状態になるか．そのとき，各企業の財の生産量と価格はいくらになるか．

問6.5：企業1と企業2は代替的な製品を販売しており，二企業の製品の需要曲線がそれぞれ

$$d_1 = 100 - p_1 + p_2, \quad d_2 = 80 + p_1 - 2p_2$$

(p_i：企業 i の製品価格, d_i：企業 i の製品に対する需要量 $(i = 1, 2)$)

で示されるとする．二企業の費用関数はそれぞれ

$$c_1 = 10q_1, \qquad c_2 = 20q_2$$

(c_i：企業 i の総費用，q_i：企業 i の製品の生産量 ($i = 1, 2$))

であるとする．各企業は相手企業の製品価格を所与として，利潤が最大となるように自己の製品価格を決定するものとすると，均衡における二企業の製品価格はいくらか．

問 6.6：独占企業が同じ製品を二つの市場で販売しており，それらの需要曲線が

$$p_1 = 10 - \frac{x_1}{4}, \qquad p_2 = 8 - \frac{x_2}{2}$$

で示されるとする．企業の費用関数が

$$c = 7 + 6x$$

であるならば，二つの市場への供給量はそれぞれいくらか．

問 6.7：個人が携帯電話に加入した場合の通話サービスに対する需要曲線は

$$x = 100 - p \qquad (x：通話回数，p：通話 1 回当たりの料金)$$

で示されるものとする．電話会社が通話サービスを提供するときの限界費用（通話 1 回当たりの費用）は一定であり，10 であるものとする．

電話の基本料金を T，通話 1 回当たりの料金を p とするとき，電話会社は料金 T と p をどのように設定するか．

ただし，個人の通話回数が x のとき，個人が支払う料金は $T + p \times x$ であるとする．

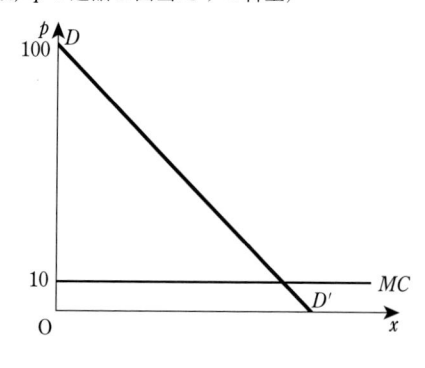

問 6.8：二財 (1, 2) と二消費者 (A, B) からなる純粋交換経済において消費者 A の効用関数 U^A と財の初期保有量 $\mathbf{e}^A$ が

$$u^A = \min\{2x_1, x_2\}, \qquad \mathbf{e}^A = (4, 2)$$

であり，消費者 B の効用関数 U^B と財の初期保有量 $\mathbf{e}^B$ が

$$u^B = \min\{x_1, 2x_2\}, \qquad \mathbf{e}^B = (2, 4)$$

であるとする．

1) エッジワース・ボックスにおいて「コア」と「競争的配分の集合」を図示せよ．また，競争均衡を実現する価格体系を求めよ．

2) この経済を「2倍」にして，A タイプの消費者が二人，B タイプの消費者が二人存在する経済を考える．二財を A タイプの消費者には (1, 2) を，B タイプの消費者には (5, 4) を与える配分はコアの配分ではないことを示せ．

ミクロ経済学に登場する経済学者⑦

クールノー（Cournot, Antoine Augustin, 1801-1877）

　クールノーはフランスの数学者および経済学者であり，また哲学者としても有名である。彼は公証人の息子として生まれ，高校時代にはラプラスやライプニッツなど科学者および哲学者の書に興味を持ち，1821年にパリ高等師範学校の科学部に入学している。その後，科学アカデミーに参加し，当時の主要な学者と交流し，1829年には科学博士の学位を受けている。彼の学位論文は工学と天文学の分野に関するものである。

　彼の多数の科学論文は数学者ポアソンに注目され，彼の紹介でリヨン大学の科学の教授の職を得た。そこでは1年間だけ教鞭を執ったが，その後はグルノーブル学院，ディジョン学院などの大学区長を務め，人生の大半を大学行政に費やした。1862年以後は公職を去り，晩年はパリに戻った。

　彼の研究は大きく三つの分野，(1)代数，微分，確率論，(2)富の理論，(3)科学哲学，歴史哲学，および一般哲学，に分類される。特に，彼の確率論の考え方はそれらの三つの研究を統合している。経済学の研究に限定すれば，1834年に最初の著書 *Recherches sur les principes mathématiques de la théorie des richesses*（富の理論の数学的原理に関する研究）が出版されている。その書においてクールノーは初めて現在の需要関数に相当する概念を用い，経済分析における関数概念の有用性を示したのである。また，**マーシャル**よりはるか以前に需要の弾力性の概念も用いている。クールノーの議論は，後の**ワルラス**や**パレート**の一般均衡の手法とは異なり，最初は独占の分析から始まり，次に寡占，多数による競争，そして市場の一般的な相互関係を分析するという手順を取った。彼の複占の理論は「**クールノー均衡**」として有名である。

ミクロ経済学に登場する経済学者⑧

ピグー（Pigou, Arthur Cecil, 1877–1959）

　ピグーはイギリスの経済学者であり，古典派の最後の経済学者と称される人である。特に彼の**厚生経済学**の分野における貢献は有名である。

　ピグーはイングランド南部の島であるワイト島で生まれ，彼の父は陸軍将校であった。ハロー学校で勉学したのち，ケンブリッジ大学キングズ・カレッジに進学し歴史学を専攻した。彼が経済学を学び始めたのは大学の3年目からである。彼が経済学の専門家と見なされるようになったのは，1902年に彼がキングズ・カレッジのフェローになり経済学の講義を担当するようになってからである。1908年には**マーシャル**の後を継いでケンブリッジ大学の教授となり，1943年までその地位にあった。

　ピグーがいわゆる「**マーシャルの経済学**」を忠実に継承し，それをケンブリッジ大学において講義したため，マーシャル的伝統はケンブリッジ学派の正統派経済学として引き継がれた。ピグーがマーシャルの経済学にほとんど偶像崇拝的に心酔したことは，彼がしばしば用いた「すべてマーシャルにある（It's all in Marshall.）」という言葉からもうかがい知ることができる。

　経済学に関するピグーの代表的著書は1920年の *The Economics of Welfare*（厚生経済学）である。その著書は，社会の経済厚生を最大にするために，実際に適用可能な理論を示すことを目指したものである。特に所得分配に関する彼の議論は，後に効用の可測性や個人間比較の問題など様々な議論を引き起こした。1933年のもう一つの著書 *The Theory of Unemployment*（失業の理論）は雇用に関する古典派経済学の代表的理論であるが，後にその現実妥当性がケインズによって批判された。雇用理論に関してケインズとの間に激しい論争がなされたが，そのとき主張された実質現金残高が雇用に与える効果，いわゆる「**ピグー効果**」は有名である。

7

公 共 経 済

　消費者と企業は自己の利益を追求する経済主体である。これに対して，政府は経済全体の利益のために行動する経済主体である。日本やアメリカのような資本主義の国では，経済活動は基本的には個人の自由意思に基づいてなされており，政府の目的は民間の活動を補整することである。これは，かつてのソビエトや中国のような社会主義国家では大部分の経済活動が政府の計画に基づいてなされていたことと対照的である。

　現実の経済では政府は様々な政策によって経済に影響を与えている。それらの政策に共通した目的は市場機構の欠陥を補うことである。政府の第一の活動は市場経済において供給されない財を供給することである。すなわち，政府は徴収した税を用いて公共財を経済に供給するのである。また，政府のもう一つの重要な仕事は経済活動の制度を整えることである。たとえば，立法の処置によって社会における経済活動のルールを規定することである。独占を禁止したり，あるいは公害を規制したりすることがこれに相当する。

　この章では政府の活動として，課税の市場に与える効果，公共財の最適供給，外部不経済への介入の問題を分析する。

7.1 課税の効果

最初に，5.3 節で説明した消費者余剰と生産者余剰の概念を用いて，政府による課税が市場に与える効果について説明する。

政府は税収を得るために様々な仕方で課税をする。税の種類を大きく分類すると直接税と間接税に分けられる。直接税は個人あるいは企業の所得に課される税であり，所得税，法人税などがある。間接税は商品の購入に課される税であり，消費税，酒やタバコなどに課される物品税，輸入品に課される関税など様々なものがある。納税者の視点からすれば，直接税は収入に対して課される税であり，間接税は支出に対して課される税である。

理論的には税は財の売買に課せられるものと見なすことができる。労働や資本などの生産要素の取引において課されるのが直接税であり，生産物である商品の取引に課されるのが間接税である。以下では市場における財の取引に与える税の効果を分析しよう。

■ 課税による余剰の損失

ある財の市場の需要曲線と供給曲線とがそれぞれ

$$d = D(p), \qquad s = S(p)$$

で示され，それらが図 7.1 の DD' 線と SS' 線で表されるとする。課税がない状況では財の価格は需要と供給とが一致する p_0 となり，取引される財の量は x_0 となる。すなわち，その状況は図の E 点で示され，

$$D(p_0) = x_0 = S(p_0)$$

という関係が成立する。このとき需要者と供給者は，ともに同じ市場価格 p_0 のもとで取引をしている。もし課税がなされると，需要者が払う金額の一部は税として徴収され，その残りを供給者が受け取るから，財の価格は需要者と供給者とでは違いが生じる。課税がなされたときの需要者にとっての価格を p_d，供給者にとっての価格を p_s，さらに財 1 単位当たりの税を T とすると，

$$p_d = p_s + T$$

という関係になる。p_d と p_s はそれぞれ需要価格，供給価格と呼ぶことにする。

7.1 課税の効果

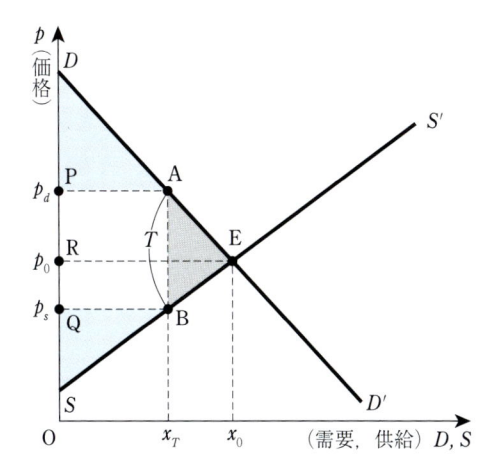

図7.1 税の効果と超過負担

課税後に取引される財の量を x_T とすると,図に示されるように
$$D(p_d) = x_T = S(p_s)$$
の関係が成立しており,需要者と供給者の状況はそれぞれA点とB点で示される。

課税前と課税後の経済厚生を比較してみよう。図7.1において,課税前の消費者余剰は三角形DER,生産者余剰は三角形SERである。したがって,財の取引量 x_0 によって得られた課税前の総余剰 U_0 は,それらの和として,
$$U_0 = 三角形 DER + 三角形 SER$$
$$= 三角形 DES$$
と表すことができる。他方,課税によって消費者余剰は三角形DAPに,生産者余剰は三角形SBQに減少するが,政府は長方形ABQPの税収を得る。税収は最終的には経済厚生を高めるために使われるから,財の取引量 x_T によって得られた課税後の総余剰 U_T は,それらの和として,
$$U_T = 三角形 DAP + 三角形 SBQ + 長方形 ABQP$$
であると考えることができる。U_0 と U_T の総余剰を比較すると,課税によって総余剰は減少し,それによってもたらされた余剰の損失 L は,
$$L = U_0 - U_T = 三角形 AEB$$

であり、それは図7.1の灰色の網点部で示される。課税によって引き起こされるこのような損失は**超過負担**(あるいは**死荷重**)と呼ばれる。

上記のことをまとめると、課税は消費者余剰と生産者余剰とを減少させ、需要者と供給者のいずれにも不利益を与える。他方、政府は獲得した税を支出することによって経済に利益を与えることができるが、政府が税収として得る利益は課税によって生じた消費者余剰と生産者余剰の減少より小さく、総余剰は必ず減少することになる。

■ 従価税と従量税

課税の形態として二つのものがある。その一つは、財の価格に比例して課税される**従価税**と呼ばれるものである。これは商品の販売価格に一定割合の税を加算する課税方法である。課税前の財の価格を p、税率を t とすると、需要価格 p_d と供給価格 p_s は

$$p_d = (1+t)p, \qquad p_s = p$$

となる。したがって、市場の需要曲線と供給曲線は

$$d = D((1+t)p), \qquad s = S(p)$$

で示される。図7.2(1)において、供給曲線はもとの SS' 線と同じであるが、需要曲線は DD' 線から D_tD' 線にシフトする。市場の均衡はB点によって示され、取引量は x_t となる。このときの財1単位当たりの税額 T は tp_s となる。

もう一つの課税方法は財の取引量に比例して課税する**従量税**と呼ばれるものである。これは販売される財1単位に一定額の税を課す仕方である。課税前の財の価格を p、税額を T とすると、需要価格 p_d と供給価格 p_s は

$$p_d = p + T, \qquad p_s = p$$

となる。この場合の需要曲線と供給曲線は

$$d = D(p+T), \qquad s = S(p)$$

で示される。図7.2(2)において、供給曲線は変わらないが、需要曲線は DD' 線から $D_TD'_T$ 線に垂直に T の幅だけ平行移動したものとなる。市場の均衡はB点であり、取引量は x_T となる。

7.1 課税の効果 **231**

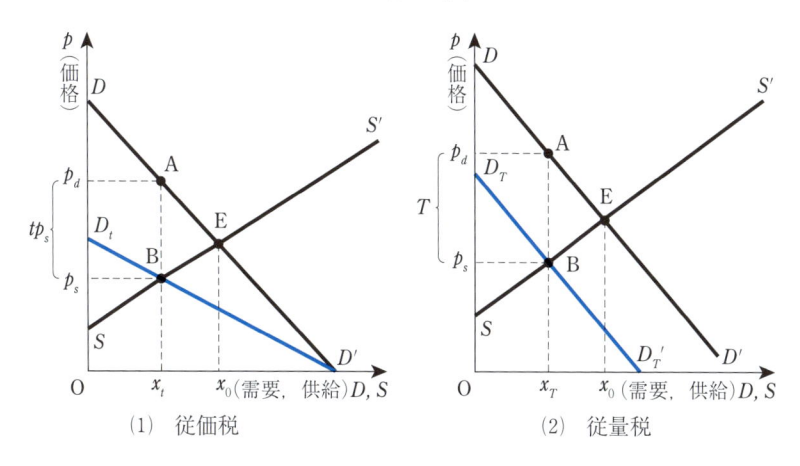

(1) 従価税　　　　(2) 従量税

図 7.2 課税の方法

■ 補助金

　課税とは逆の仕方で補助金によって政府は市場に介入することができる。その一例は，日本の「米」の市場においてなされていた政策である。それは，政府が米を生産者から一律にある価格で購入し，それとは異なる価格，場合によっては購入価格より安い価格で消費者に売る政策である。もし購入価格が販売価格より高いならば，いわゆる「逆ざや」が存在することになり，その逆ざやの金額は生産者への補助金となる。この政策は生産者の保護と，同時に価格の安定化による消費者保護を目的としたものである。

　さて，米の市場が図 7.3 のような状況であるとする。政府の購入価格 p_s と販売価格 p_d とが，$p_s > p_d$ の関係であるとする。さらに，それらの価格のもとで米の供給量は x_s，需要量は x_d であり，それらは $x_s > x_d$ の関係にあり，生産過剰の状態であるとする。政府がこのように購入価格 p_s と販売価格 p_d とを設定する政策を行ったとき発生する損失，すなわち，超過負担を求めてみよう。

　政策がなされる前の状況は E 点であり，そのときの消費者余剰と生産者余剰の和である総余剰 U_0 は，

$$U_0 = 三角形 DES$$

である。政策によって消費者余剰は三角形 DAP に，生産者余剰は三角形 SBQ

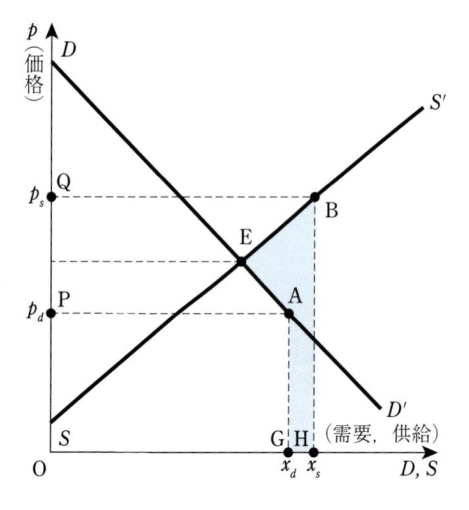

図 7.3　米の市場

に増大する．しかしながら，政府がこの政策を行うために必要は補助金 m は

$$m = p_s x_s - p_d x_d$$

である．したがって，政策後の総余剰 U_T は，

$$U_T = 三角形 DAP + 三角形 SBQ - m$$

となる．ところで，補助金 m の大きさは図において六つの点 Q, B, H, G, A, P を結んだ領域で示される．ゆえに，もし過剰に生産された $x_s - x_d$ の量の米には価値がないものとすると，政策による超過負担 $(U_0 - U_T)$ は図の網点部で示される．このように自由市場への介入は一般には総余剰の損失を発生させるのである．

7.2　公　共　財

　政府が徴収した税金は様々な目的に使用される．たとえば，道路，下水道，教育，公衆衛生，社会保障，治安，国防など色々である．政府が購入するこれらの財やサービスに共通する特徴は，特定の個人のためではなく同時に多くの人々に恩恵を与えることである．このような性質を持つ財は公共財と呼ばれる．

　公共財は人々によって集団で消費されること，あるいは集団で消費する方が

効率的であることがその特徴である（非競合性あるいは集団消費性と呼ばれる）。また，公共財は基本的には特定の人々を排除することなしにすべての人々に供給される財である（非排除性あるいは排除不可能性と呼ばれる）。

消費の非競合性と非排除性の程度が完全である公共財は純粋公共財と呼ばれる。不完全な公共財としては，たとえば近くの住民だけが利用する公園のように，特定の地域に住む人々だけが利用する公共財がある。そのような公共財は地方公共財と呼ばれる。また，ゴルフ・クラブやテニス・クラブのように会員だけが利用できる設備は，特定の人々だけが利用できる公共財と見なすことができる。そのような公共財はクラブ財と呼ばれる。以下では，最も単純なケースとして，純粋公共財についてそれがどのように社会に供給されるべきかを明らかにする。

政府がある量の公共財を供給すると，自動的にその同じ量の公共財をすべての人々が同時に消費することになる。これに対して，市場で取引される通常の財は個人は自分が消費する量を自由に決定することができる。この意味で公共財に対して通常の財は私的財と呼ばれる。

上述のことから明らかなように公共財はその性質が私的財とは異なり，市場では取引されず，市場メカニズムによって経済に適正に供給されない。このため公共財は普通は政府によって供給され，その費用は税金で賄われる。以下では，公共財がどのように政府によって供給されるべきかを分析する。

二個人からなる経済を考えよう。二個人を個人A，個人Bとする。経済には公共財と私的財の二種類の財があるとする。個人の満足は公共財と私的財の消費量に依存し，個人A，Bの効用関数をそれぞれ

$$u^A = U^A(z, x^A), \qquad u^B = U^B(z, x^B)$$

とする。ただし，x^A, x^B はそれぞれ個人A，Bの私的財の消費量，z は公共財の消費量を表す。ここで注意すべきことは，私的財の量 x^A と x^B は異なることはあるが，公共財の量 z は二個人とも常に同じ量を消費することである。図7.4(1), (2)には効用関数 U^A, U^B に対応する無差別曲線が描かれている。

経済における資源と生産技術が一定ならば，生産可能な公共財と私的財の量には限りがある。生産可能な公共財の量 z と私的財の量 x の組合せのなかで，効率的な組合せ，すなわち生産可能性フロンティアが，

$$x = F(z)$$

で示されるとする。図7.4(3)の ff' 曲線がこの関係を表すとする。この関係より公共財の生産量 z に応じて生産可能な私的財の生産量 x が決まり，それが二個人 A，B の間で分配される。すなわち，

$$x^A + x^B = x$$

の関係が成立しなければならない。

■ 効率性

公共財の供給と私的財の分配について効率的な状態とはいかなる状況であるかを明らかにしよう。効率性の基準としてパレート最適の基準を用いることにする。パレート最適な状態とは，他の個人の効用を低めることなくしては，どの個人の効用も高めることができない状態である。そのような状態は，個人Bの効用をある水準に維持しながら個人Aの効用を最大にすることによって求められる。

個人Bの効用水準を u_0^B とする。すなわち，個人Bの状況は図7.4(2)の無差別曲線 bb' 上の組合せのいずれかの点とする。その bb' 曲線を同じ位置にコピーしたものが図7.4(3)の bb' 曲線である。ff' 曲線と bb' 曲線の x 軸方向の差を描いたものが cc' 曲線であり，それを同じ位置にコピーしたものが図7.4(1)の cc' 曲線である。cc' 曲線の作り方から，それは，個人Bの効用水準を u_0^B に維持するとき，個人Aに与えることが可能な私的財と公共財の量の組合せを表す。したがって，そのなかで個人Aの効用を最大にする組合せは接点 P_0 で示され，個人Aの効用の最大値は u_0^A となる。それに対応して個人Bの状況は Q_0 点に，生産の組合せは R_0 点に，公共財の効率的な供給量は z_0 に定まる。

P_0 点では個人Aの無差別曲線の傾き，すなわち限界代替率 MRS_{xz}^A が cc' 曲線の傾きに等しい。cc' 曲線は ff' 曲線から bb' 曲線を差し引いたものであるから，cc' 曲線の傾きは ff' 曲線の傾きと bb' 曲線の傾きとの差に等しい。したがって，cc' 曲線の傾きは限界変形率 MRT_{xz} と限界代替率 MRS_{xz}^B との差に等しい。ゆえに，P_0 点の cc' 曲線の傾きは $MRT_{xz} - MRS_{xz}^B$ である。このことから，

$$MRS_{xz}^A + MRS_{xz}^B = MRT_{xz}$$

が成立する。この関係は，限界代替率は限界効用の比に等しいことから，

7.2 公共財

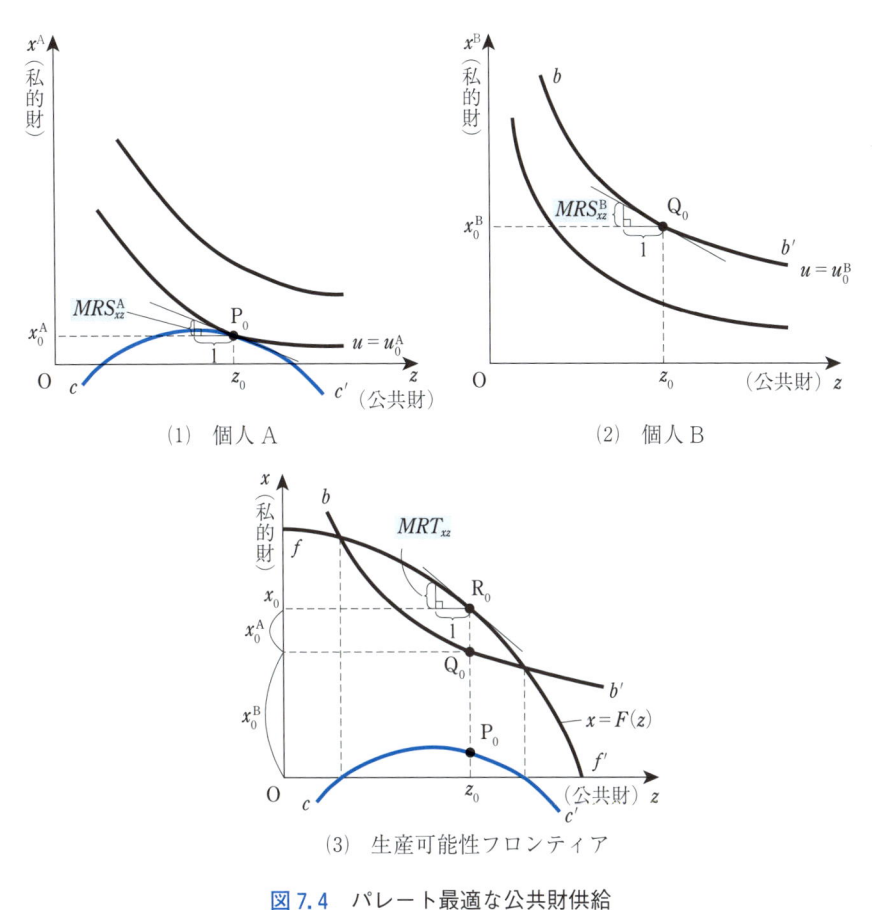

(1) 個人 A

(2) 個人 B

(3) 生産可能性フロンティア

図 7.4 パレート最適な公共財供給

$$\frac{\partial U^{\mathrm{A}}}{\partial z}(z, x^{\mathrm{A}}) \Big/ \frac{\partial U^{\mathrm{A}}}{\partial x}(z, x^{\mathrm{A}}) + \frac{\partial U^{\mathrm{B}}}{\partial z}(z, x^{\mathrm{B}}) \Big/ \frac{\partial U^{\mathrm{B}}}{\partial x}(z, x^{\mathrm{B}}) = -F'(z)$$

と書くことができる。

　限界代替率 MRS_{xz}^{A} と MRS_{xz}^{B} は公共財1単位の私的財で測った価値であり、公共財1単位を得るために個人が払ってもよいと考えている費用である。限界変形率 MRT_{xz} は公共財を生産するための私的財で測った限界費用であり、公共財1単位を生産するために社会的に必要な費用である。したがって、上の式はパレート最適ならば公共財の私的費用の総和が社会的費用に等しいことを主

張するものであり，公共財供給の効率性に関するサミュエルソンの条件と呼ばれるものである。以上を命題としてまとめておこう。

> **命題 7.2.1**：公共財の供給がパレート最適な状態であるならば，個人の（私的財の公共財に対する）限界代替率の和は（私的財の公共財に対する）限界変形率に等しい。

サミュエルソンの条件の意味について考えてみよう。たとえば，ある小さな町では町の真んなかを流れる川に橋を一つ架けることにした。橋の建設にかかる費用は町民からの寄付で賄うことにする。各個人は，橋が架けられることによって便利になるから，いくらか寄付してもよいと考えるはずである。しかし，個人によってその橋の利用度は異なるから，寄付したいと思う金額は異なるであろう。この場合，橋が公共財であり，お金が私的財である。各個人が寄付する金額が個人の限界代替率 MRS であり，橋の建設費が公共財生産の限界費用 MC である。サミュエルソンの条件は「町民の寄付金の総額が橋の建設費に等しい」ことである。もし寄付の総額が橋の建設費より多いときは，橋を建設し余った寄付金を町民に返還すれば，すべての町民の効用を増加させることができる。したがって，当初の状態はパレート最適ではなく，町民は橋を欲しているから，橋を作るべきである。場合によってはもう一つ橋を建設すべきかもしれない。逆に，町民の寄付金の総額が橋の建設費より少なければ橋は作るべきではない。すなわち，パレート最適な状態とは，人々が支払ってもよいと考える金額の合計が公共財の生産費に等しくなるまで公共財が供給された状態である。

上の議論において，個人Bの効用水準を u_0^B に固定し，個人Aの最大の効用水準 u_0^A を求めた。したがって，個人Bの効用水準 u_0^B を他の値にすれば，それに対応して個人Aの最大の効用水準を同様の手続きによって求めることができる。図7.5の PP' 曲線はそのようにして求めた二個人の効用水準 u^A, u^B の組合せを描いたものである。その曲線が，二個人の効用水準の実現可能な組合せのなかでパレート最適なものを表しており，いわゆる効用フロンティアである。

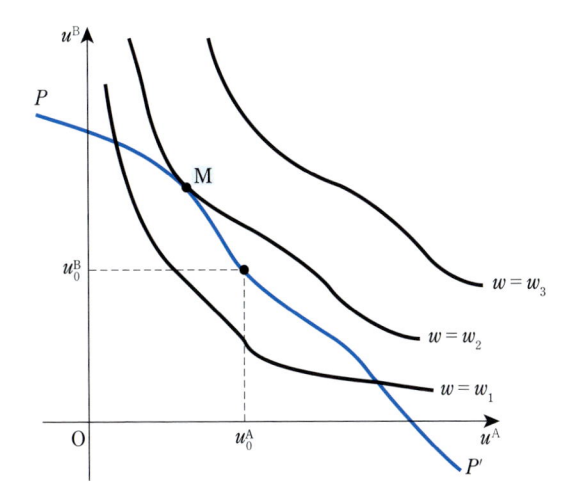

図 7.5　効用フロンティアと社会厚生関数

■ 最適供給

　公共財供給のパレート最適な状態は無数にあり，各状態で供給されるべき公共財の量は異なるであろう．公共財の最適供給量を決定するために，次の社会的基準の存在を仮定することにしよう．

$$w = W(u^A, u^B)$$

　これはサミュエルソンによって提示された社会厚生関数である．社会厚生の水準 w が社会を構成する二個人の効用水準 u^A, u^B に依存することが仮定されている．関数 W は u^A, u^B の増加関数と想定することは自然である．その場合，社会厚生が同じである無差別曲線は図 7.5 のような右下がりとなる．無差別曲線のそれ以外の形状については，社会厚生関数 W には価値判断の問題が含まれるため，一般的には何もいえないであろう．

　図において社会厚生が最大となる最適な状態は効用フロンティアと無差別曲線が接する M 点で示される．明らかに最適な状態はパレート最適である．さらに，その点では次の式が成立していることを以下において示そう．

$$\frac{\partial W}{\partial u^A}(u^A, u^B) \times \frac{\partial U^A}{\partial x}(z, x^A) = \frac{\partial W}{\partial u^B}(u^A, u^B) \times \frac{\partial U^B}{\partial x}(z, x^B)$$

この式の左辺は，個人 A に追加的に私的財 1 単位を与えたとき，個人 A の効

用水準 u^A の増加を通じて社会厚生の水準 w が増加する大きさを表す。右辺は個人 B の場合の大きさである。

　上の式が成立していない状態を考えてみよう。たとえば「左辺＜右辺」であるとする。この場合，個人 A から私的財 1 単位を取り上げ，それを個人 B に与えることにする。このとき，個人 A の効用水準の減少による社会厚生の水準の減少の大きさ（左辺）より，個人 B の効用水準の増加による社会厚生の水準の増大の大きさ（右辺）の方が大きい。すなわち，個人 A から個人 B への私的財の移動によって社会厚生が増大する。これは社会厚生水準が最大となっていないことを意味し，その状態は最適ではない。同様に，「左辺＞右辺」の場合は，個人 B から個人 A への私的財の移動が社会厚生を増大させ，その状態も最適ではない。ゆえに，社会厚生が最大となっている状態では上の式において等号が成立しなければならない。以上を命題として述べておこう。

> **命題 7.2.2**：公共財が最適に供給されるならば，その状態はパレート最適であり，また，いずれの個人の効用を通じても私的財が社会厚生に与える限界的な効果は同じである。

7.3　リンダール均衡

　前節で示したように，社会厚生関数が存在する場合は公共財の最適な供給量の決定は容易である。しかしながら，そのような社会的基準の存在を仮定することは現実的であるとはいえない。したがって，公共財の供給量を決定する他の方法が考えられなければならない。そのための一つの具体的な方法がリンダール（E. Lindahl）によって考察されている。それは政府が人々の嗜好を取り入れて公共財の供給量とその費用分担を決定する方法であり，政府に市場機構の役割を担わせる方法である。

　個人の費用負担を明示的にするために，前節の経済を少し修正することにしよう。二個人 A, B の効用関数は同様に

$$u^A = U^A(z, x^A), \qquad u^B = U^B(z, x^B)$$

とする。x^A, x^B はそれぞれ個人 A, B の私的財の消費量，z は公共財の消費量を表す。公共財は私的財から生産されることにしよう。公共財を z の量だけ生産するのに必要な私的財の量 x が

$$x = C(z)$$

で示されるとする。すなわち，関数 C は公共財生産の費用関数である。ただし，$C(0) = 0$ とする。前節における公共財 z と私的財 x の生産可能性フロンティアを表す関数 $x = F(z)$ を用いれば，公共財を z だけ生産するとき犠牲にされる私的財の量は $F(0) - F(z)$ に相当するから，関数 F と関数 C の関係は

$$C(z) = F(0) - F(z)$$

となる。

当初，個人 A, B は私的財をそれぞれ一定の量 e^A, e^B だけ所有しているとする。この経済の資源配分の状態は公共財の生産量 z，二個人の私的財の消費量 x^A, x^B の組合せ (z, x^A, x^B) で示される。その組合せを実現することが可能であるためには，公共財生産に必要な私的財の量 $C(z)$ と二人の個人に与える私的財の量 x^A, x^B の合計が，経済に当初存在する私的財の総量 $e^A + e^B$ を超えてはならない。すなわち，組合せ (z, x^A, x^B) は

$$C(z) + x^A + x^B \leq e^A + e^B$$

の条件を満たさなければならない。

■ 公共財の需要

政府は公共財の生産量とその費用を二個人が分担する割合を決定できるとする。政府が決める個人 A, B の負担率をそれぞれ θ, $1 - \theta$ で表す。ただし，$0 \leq \theta \leq 1$ とする。この負担率に応じて個人は希望する公共財の量，すなわち需要量を次のように決定する。

個人 A の公共財の需要量を z^A とすると，もしその量だけ公共財が生産されると個人 A は $\theta C(z^A)$ の費用を負担しなければならない。したがって，個人 A の私的財の消費量 x^A と公共財の需要量 z^A は

$$\theta C(z^A) + x^A = e^A$$

の関係を満たさなければならない。この関係式は個人 A が x^A と z^A を選ぶときの，いわば予算制約である。図 7.6(1) の aa' 線がこの予算制約を示してい

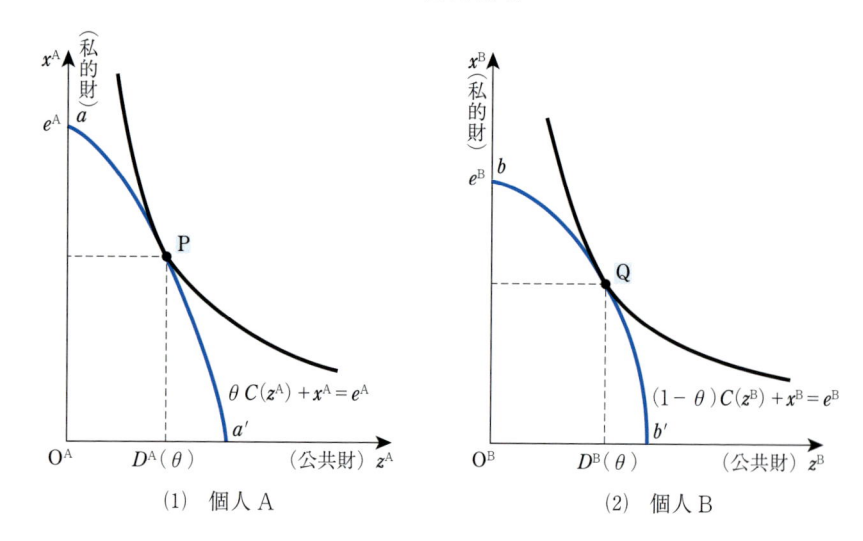

図7.6 公共財の需要

(1) 個人A　　(2) 個人B

る。この制約のもとで個人Aは自己の効用が最大となるx^Aとz^Aを選択する。その状況が図のaa'線と無差別曲線との接点Pで示される。すなわち，個人Aの公共財の需要量z^Aは負担率θに依存しており，それを

$$z^A = D^A(\theta)$$

という関数で表すことにする。関数D^Aは個人Aの**公共財の需要関数**と呼ぶべきものである。

同様に，個人Bの公共財の需要量をz^Bとすると，予算制約は

$$(1-\theta)C(z^B) + x^B = e^B$$

で示され，この制約のもとで個人Bは自己の効用が最大となるx^Bとz^Bを選択する。その状況が図7.6(2)のbb'線と無差別曲線の接点Qで示される。また，個人Bの公共財の需要関数を

$$z^B = D^B(\theta)$$

で表すことにする。

■ リンダールのメカニズム

二個人は自己の公共財需要量z^A，z^Bを政府に通知する。もしz^Aとz^Bが異

7.3 リンダール均衡

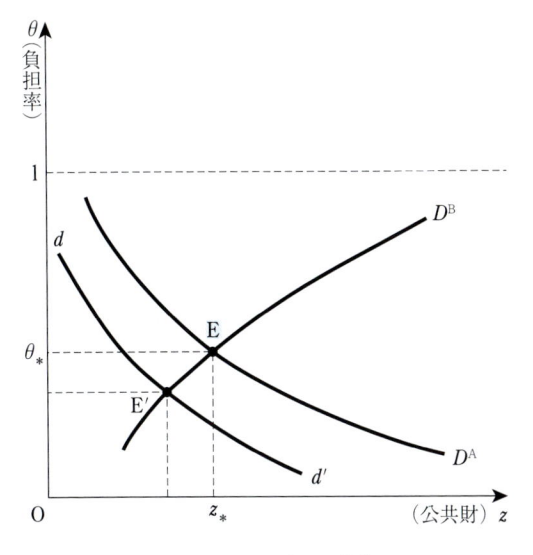

図7.7 リンダール均衡

なるならば，政府は負担率 θ を変更する。おそらく，より多くの公共財を需要している個人の負担率を上昇させるであろう。図7.7は二個人の需要関数のグラフを描いたものである。費用負担率が上昇するならば，公共財の需要量を通常は減少させるであろうから，個人Aの需要曲線は図のように右下がりに，個人Bの需要曲線は右上がりになるであろう。

政府は負担率を二個人の需要量が一致するE点に，すなわち，

$$D^A(\theta_*) = D^B(\theta_*)$$

となるように負担率を θ_* に決定する。このように政府が費用分担を決定するとき実現する状態を**リンダール均衡**という。

リンダール均衡の一つの望ましい性質を明らかにしよう。リンダール均衡における公共財の供給量，二個人の私的財の消費量を (z_*, x_*^A, x_*^B) とする。仮にこの状態がパレート最適ではないとしよう。すなわち，二個人のうち一方の個人の効用を，他の個人の効用を下げることなく，高めることが可能である。ここでは議論の一般性を失うことなしに，個人Aの効用を高めることが可能であると仮定する。したがって，実行可能性の条件

$$C(z_0)+x_0^{\mathrm{A}}+x_0^{\mathrm{B}} \leqq e^{\mathrm{A}}+e^{\mathrm{B}}$$

を満たす他の状態 $(z_0, x_0^{\mathrm{A}}, x_0^{\mathrm{B}})$ が存在し,同時に

$$U^{\mathrm{A}}(z_0, x_0^{\mathrm{A}}) > U^{\mathrm{A}}(z_*, x_*^{\mathrm{A}}),$$
$$U^{\mathrm{B}}(z_0, x_0^{\mathrm{B}}) \geqq U^{\mathrm{B}}(z_*, x_*^{\mathrm{B}})$$

が成立する。予算制約のもとで効用最大にしている状況が図 7.6 によって示されているが,最大効用を与える点より望ましい点は予算線より右上方にある。ゆえに上の二つの不等式より,

$$\theta_* C(z_0)+x_0^{\mathrm{A}} > e^{\mathrm{A}}, \qquad (1-\theta_*)C(z_0)+x_0^{\mathrm{B}} \geqq e^{\mathrm{B}}$$

が成立する。特に個人 A については不等号 > が成立することに注意すべきである。これらを加えると,

$$C(z_0)+x_0^{\mathrm{A}}+x_0^{\mathrm{B}} > e^{\mathrm{A}}+e^{\mathrm{B}}$$

が成立する。これは先の実行可能性の条件に矛盾する。この矛盾はリンダール均衡 $(z_*, x_*^{\mathrm{A}}, x_*^{\mathrm{B}})$ がパレート最適ではないと仮定したことから生じた。ゆえに,次の命題が証明されたことになる。

> **命題 7.3.1**:リンダール均衡はパレート最適である。

　リンダールのメカニズムに含まれる本質的機能は,公共財をより多く欲する人にその費用をより多く負担させるということである。政府が個人の嗜好に依存して費用分担の調整を行い,市場の価格メカニズムに代わる役割を果たしており,そのメカニズムによって私的財において働く原理,「利益を得る人が負担をする」という受益者負担の原理が公共財にも働くようになるのである。

　そのような受益者負担の原理は,一見望ましいことのように思われるが,「公平性」の観点からは必ずしも適当ではない。なぜなら,もし公共財が下級財ならば,より貧しい人々がより多くの費用を負担することになるからである。

　また,リンダールのメカニズムにおいては,人々が公共財に対する真の嗜好を表明することを基本的前提としている。しかしながら,その前提は保証されていない。たとえば,個人 A は,図 7.7 の dd' 曲線のような嘘の需要を政府に報告することによって,自己の負担率 θ を下げることが可能である。これは個人 A が自分は公共財を必要としないかのように装い,その費用負担を免

れようとする行為である(そのような行為をする主体をフリーライダーと呼ぶ)。このように，公共財は，いわゆる「ただ乗り」が可能な財である。それは公共財は一度供給されてしまえば，すべての人が消費できるという特殊な性質によるものである。リンダールのメカニズムには「ただ乗り」を防ぐ機能は備わっていないのである。

7.4 外部性

　資源配分の効率性を妨げる要因の一つに「外部性」と呼ばれる問題がある。外部性は金銭的外部性と技術的外部性の二つに分類される。

　金銭的外部性とは，市場における価格を通じて経済主体が不利あるいは有利な影響を他の経済主体から間接的に受ける効果を意味する。たとえば，地価の高騰による土地所有者の資産の増大，あるいは石油価格の高騰による電力会社の利益の減少などがその例である。このような効果は市場機構の働きによって起きる効果であり，現実においてはしばしば所得分配の観点から問題となることがある。

　これに対して，技術的外部性とは市場機構以外を通じて経済主体が他の経済主体から直接的に受ける効果である。これは消費者の効用関数あるいは企業の生産関数が他の消費者の消費量や企業の生産量に依存する場合である。外部性とは通常は技術的外部性を指す。

■ 外部経済と外部不経済

　技術的外部性の例を考えてみよう。消費の場合，人々の満足が，単に自分が消費する財の量だけに依存するのではなく他の人の消費の仕方にも依存し，互いに他の人々の消費に様々な効果を与えることがある。たとえば，個人は他の人と同じものを消費することを好むという現象が見られる。これはいわゆる流行を追いかける行動であり，バンドワゴン効果と呼ばれる。逆に他の人とは違う特別なものを消費することを好む人もいる。これをスノッブ効果という。また，より高価なものを好む現象で，価格が上昇するとかえって需要が増大することがある。これはヴェブレン（Veblen）効果と呼ばれる。

生産の場合，企業の生産量が他の企業の行動に依存することがある。たとえば，マーシャルの示した例のように，養蜂業者と果樹園の場合は互いに良い影響を与える。新技術が開発された場合，その模倣が容易ならばそれは他の企業に影響を及ぼすであろう。化学工場からの廃液によって川や海が汚染されると，それによって漁獲量が減少する。工場からのばい煙や自動車からの排気ガスは一般の人々に影響を与える。

以上，様々な外部性があるが，外部性は影響を受ける人々にとってその効果が良い場合と悪い場合の二つに分類される。外部性が有利な効果を与える場合，その効果は**外部経済**と呼ばれる。他方，不利な効果を与える場合は**外部不経済**と呼ばれる。理論的にはいずれの外部性も資源配分の非効率性をもたらすが，現実の経済では特に外部不経済が問題とされる。

■ 企業間の外部不経済

二つの企業の間に外部性がある場合を考えよう。企業1の利潤 π^1 は自己の生産量 x だけに依存し，

$$\pi^1 = f(x)$$

で示されるとする。図7.8(1)は関数 f のグラフを描いたものである。企業2の利潤 π^2 は自己の生産量 y だけではなく企業1の生産量 x にも依存し，

$$\pi^2 = g(x, y)$$

という関数 g で示されるとする。関数 g は x について減少関数であり，企業1が企業2に外部不経済を与えているとする。

企業1は利潤が自己の生産量だけに依存しているから自由に x を選ぶことができる。これに対して企業2の利潤は企業1の生産量にも依存しているから，企業1の行動に依存して生産量を決定することになる。すなわち，企業1の生産量 x を所与のものとして，生産量 y を利潤が最大になるように決定する。したがって，

$$\frac{\partial g}{\partial y}(x, y) = 0$$

となるように x に依存して y を決定する。この x と y との関係を関数 ψ を用いて $y = \psi(x)$ と表すことにする。これより企業2の最大利潤は企業1の生産

7.4 外部性

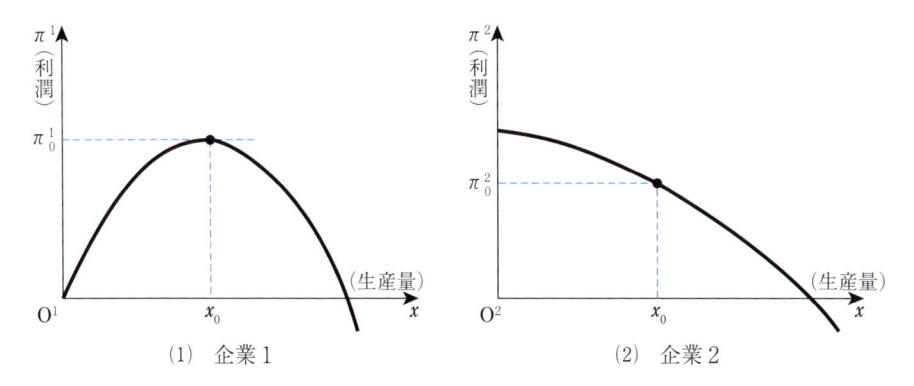

図7.8 外部不経済と企業の利潤

量 x の関数として
$$\pi^2 = g(x, \phi(x))$$
で表すことができる。この関係を描いたものが図7.8(2)のグラフである。

■ 取引費用

二企業間において外部性に関する交渉が何もなされなければ、企業1は図7.8(1)のような自己の利潤が最大となる x_0 を選び、これに対して企業2は生産量を $y_0 = \phi(x_0)$ に決定する。そのときの二企業の利潤はそれぞれ、
$$\pi_0^1 = f(x_0), \qquad \pi_0^2 = g(x_0, y_0)$$
となる。しかしながら、もし二企業間で交渉が行われるならば、このような状態は実現しないかもしれない。

現実においては交渉に様々な経費と多くの時間がかかる。場合によっては損害賠償請求のための裁判が必要かもしれない。そのような諸費用は**取引費用**と呼ばれる。ここでは理想的な状況として取引費用が一切かからない状況を考えてみよう。

企業1は企業2に外部不経済を与えているが、法的規制がないときは損害賠償の義務はないから、交渉において利益が π_0^1 より小さくなることには応じない。もちろん、企業2も利益が π_0^2 より小さくなることには同意しない。それでは、交渉によって最終的にはいかなる状態に落ち着くのであろうか。

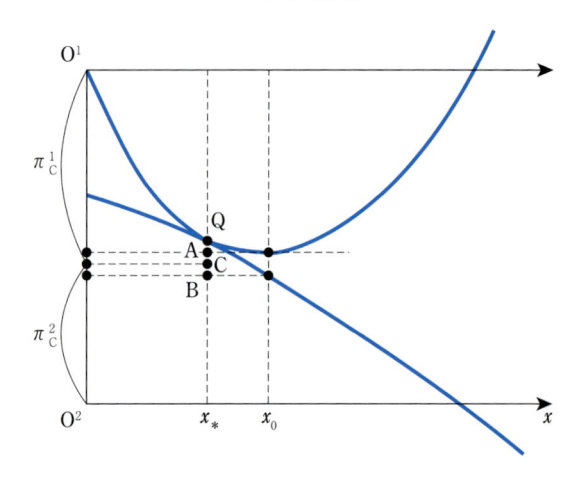

図7.9 コースの定理

　図7.9 は図7.8(1)を逆さまにして図7.8(2)にグラフが接するように重ねたものである。図のグラフの接点 Q に対応する生産量 x_* に注目する。このときの企業2の生産量を $y_* = \phi(x_*)$ とする。それは二企業の利潤の合計が最大となっている状態である。利潤の合計は $f(x) + g(x, y)$ であるから，利潤和の最大化の条件は（x と y について偏微分してゼロとおく）

$$f'(x) + \frac{\partial g}{\partial x}(x, y) = 0, \qquad \frac{\partial g}{\partial y}(x, y) = 0 \qquad (7.4.1)$$

である。x_* と y_* はこれらの式を満たす x と y の値である。

　利潤合計の最大値は $O^1 O^2$ の長さで示される。この総利潤を二企業で分配する仕方で，たとえば C 点のような分配を考えよう。すなわち，企業1に π_C^1，企業2に π_C^2 の利潤を分配する。この分配はどちらの企業にとっても交渉前の利潤よりも大きな利潤を実現するから，交渉の結果このような合意が成立するかもしれない。実際には AB 間のどの点で合意が成立するかは，両者の交渉力に依存して決定される。企業1の生産量を x_* にすることについてはすぐに合意が成立する。なぜならば，どのように分配するにしても利潤の和を最大にすることは両企業にとって望ましいことであるからである。

　企業の活動が社会厚生に与える大きさは生産者余剰，すなわち，利潤の和によって測られる。したがって以上の議論から，二企業の自由な交渉は必ず社会

厚生を最大にし，効率的な状態が実現すると結論することができる．

> **命題 7.4.1**：企業間に外部性が存在しても，もし企業間の交渉に取引費用が一切かからなければ，効率的な資源配分が達成される．

■ 課税と補助金

次に，政府は外部不経済を与える企業 1 に課税し，その被害を受けている企業 2 に補助金を与える政策を行うとする．政府は企業 1 には生産量 x を自由に決定させるが生産量 1 単位につき t 円を課税する．他方，企業 2 には，もし企業 2 が企業 1 の生産を許容するならば，補助金として生産量 1 単位につき t 円を与えるとする．

課税される企業 1 の利潤は $f(x) - tx$ であるから，利潤最大化の条件

$$f'(x) - t = 0 \tag{7.4.2}$$

を満たすような x を選ぶ．補助金を貰う企業 2 の利潤は $g(x, y) + tx$ であるから，利潤最大化の条件は（x, y について偏微分してゼロとおく），

$$\frac{\partial g}{\partial x}(x, y) + t = 0, \qquad \frac{\partial g}{\partial y}(x, y) = 0 \tag{7.4.3}$$

である．企業 2 はこれらを同時に満たす x と y を選ぶ．

政府は税率 t を，企業 1 が選ぶ x の量と企業 2 が許容する x の量が等しくなるような値に決める．このとき二企業によって決められる生産量 x と y は，上述の利潤の和を最大にする x_*, y_* と同じものである．なぜならば，条件 (7.4.2) と (7.4.3) は条件 (7.4.1) と同じものであるからである．したがって，政府の課税と補助金の政策によって実現する状態は社会厚生が最大となる効率的な状態である．外部不経済に課税することはピグーによって提唱された．そのため上述のような政策は**ピグー的課税**と呼ばれる．

> **命題 7.4.2**：企業間に外部性が存在しても，政府の課税と補助金による政策によって効率的な資源配分が達成される．

■ 外部性の市場化

上記の政府の政策は次のようにも理解される。税率 t は企業1にとっては外部不経済を発生させることに支払う価格であり，企業2にとっては外部不経済を引き受けることの対価である。すなわち，企業2が「外部不経済」という望ましくない財を企業1から負の価格で買うことを意味する。課税と補助金によって外部性は市場で取引される財となり，いわゆる外部性の市場化がなされたのである。市場化がなされた外部性は基本的には通常の財と同じであり，市場メカニズムが働くことになる。その結果，競争市場に関する厚生経済学の基本定理が成立する状況となり，効率的な資源配分が実現するのである。

■ 私的費用と社会的費用

課税の効果を次のように解釈することができる。企業1は課税前は外部不経済を自己の費用とは見なしていなかった。外部不経済は他の経済主体に被害を及ぼすから，経済全体ではその費用が考慮されなければならない。課税前は企業1は外部不経済の費用を除いた費用だけを問題としており，それは企業1だけにとっての費用という意味で私的費用と呼ぶことができる。企業1の財の生産費としては，私的費用だけではなく外部不経済に相当する費用も加算して考慮されなければならず，それは経済全体にとっての費用という意味で社会的費用と呼ぶことができる。課税前は私的費用と社会的費用が等しくない状況であったが，課税によって社会的費用は企業1にとっての私的費用となった。ピグー的課税の目的は私的費用と社会的費用とを等しくすることである。

■ コースの定理

取引費用が存在しない場合は，当事者間の交渉により効率的な資源配分が達成される。したがって，取引費用がない場合は資源配分の効率性を維持するためには政府の介入は不要である。ピグー的課税と自由交渉の二つの場合を比較してみると，資源配分は同じになるが，利潤の分配は異なっている。課税がなされると明らかに企業1の利潤は小さくなり，企業2の利潤が大きくなる。これは政府の政策が企業1よりも企業2に有利に働くからである。ピグー的課税の効果は所得分配だけを変更するものである。普通は外部不経済を与えている

企業1が被害を受けている企業2に対して賠償責任があるとされ，ピグー的課税の政策が採用されることが多い。しかしながら，所得分配の問題には価値判断が含まれており，理論的にはピグー的政策の是非について何もいうことはできない。

法的制度がなければ，企業1は交渉において自己の利益がπ_0^1より小さくなることを拒否するであろう。企業1に損害賠償の責任があるとする法的制度のもとでは，自己の利益をπ_0^1以上にすることを要求することはできない。その結果企業2は交渉力を増し，より大きな利潤分配を獲得するであろう。しかしながら，どのような法的制度が導入されたとしても，企業間の交渉において企業1の生産量を利潤の総和が最大となるx_*とすることには必ず同意する。なぜなら，いかなる法的制度のもとでも分配する利潤の総和が最大でなければ利潤分配額を増加することが可能であるからである。このように，損害賠償に関する法的制度は資源配分には影響を与えず，所得分配だけに影響するのである。これがコース（R. Coase）によって主張された定理である。

> **コースの定理**：企業間に外部性が存在しても，もし取引費用がなければ，資源配分は損害賠償に関する法的制度によって変化することはなく，また常に効率的なものが実現する。

■ 環境問題と市場の機能

コースの定理における外部性は企業間の外部性であるが，社会で問題となる外部性の多くは企業が人々に外部不経済を与える場合である。たとえば，大気汚染による公害は多くの人々に外部不経済を与える。通常の公共財と違い，公害は人々に外部不経済を与えることから負の公共財と呼ばれることがある。近年では，海洋汚染，地球温暖化，自然保護など様々な事柄が環境問題として議論されている。以下では環境問題の一例として，企業による二酸化炭素CO_2の排出について考えてみる。

ある財（x財）を生産する二つの企業（企業1，企業2）の費用関数が

$$c_i = C_i(x_i) \quad (c_i：企業iの総費用，x_i：企業iの生産量 (i = 1, 2))$$

で示されるとする.企業が x 財を生産するとき生産量に依存して CO_2 が発生し,二企業の CO_2 の排出量はそれぞれ

$$z_i = f_i(x_i) \qquad (z_i：企業 i の CO_2 の排出量\ (i = 1,\ 2)) \qquad (7.4.4)$$

で示されるとする.議論の単純化のために,企業の生産物である x 財の市場価格は一定の値 p_0 であるとする.

政府は CO_2 の排出量の総量をある値 $\overline{Z}$ にするために,企業1と企業2に CO_2 の排出権をそれぞれ $\overline{z}_1$, $\overline{z}_2$ だけ割り当てるとする.ただし,

$$\overline{z}_1 + \overline{z}_2 = \overline{Z} \qquad (7.4.5)$$

とする.

排出権は企業間で自由に売買することができる,すなわち排出権の市場が存在するものとする.企業は割り当てられた量より排出権が不足するときは市場で排出権を購入し,排出権が余ったときは売ることができる.したがって,排出権の価格を q とすると,二企業の利潤は

$$\pi_i = p_0 x_i - C_i(x_i) - q(f_i(x_i) - \overline{z}_i)$$

$$(\pi_i：企業 i の利潤\ (i = 1,\ 2)) \qquad (7.4.6)$$

で示される.二企業ともプライス・テイカーとして行動するものとする.二企業の利潤最大化の条件は

$$\frac{d\pi_i}{dx_i} = p_0 - C_i'(x_i) - q f_i'(x_i) = 0 \qquad (i = 1,\ 2) \qquad (7.4.7)$$

である.この式から,価格 q に依存して二企業の生産量 x_1, x_2 が決まり,そのとき (7.4.4) から二企業の CO_2 の排出量 z_1, z_2 が決まる.企業 i の排出権の(超過)需要は $f_i(x_i) - \overline{z}_i$ であるから,排出権の市場が均衡するのは

$$(f_1(x_1) - \overline{z}_1) + (f_2(x_2) - \overline{z}_2) = 0$$

のときである.すなわち,(7.4.7) から求まる二企業の生産量 x_1, x_2 について

$$f_1(x_1) + f_2(x_2) = \overline{z}_1 + \overline{z}_2 = \overline{Z} \qquad (7.4.8)$$

が成立するような価格 q が排出権の均衡価格である.

(7.4.7) と (7.4.8) は,割り当てられた排出権の量 $\overline{z}_1$, $\overline{z}_2$ には依存しないが,総量 $\overline{Z}$ には依存する.したがって,排出権の均衡価格は政府の二企業への排出権の割当の仕方には影響されない.ただし,(7.4.6) から分かるように,

7.4 外部性

二企業の利潤には影響し，排出権をより多く割り当てられた企業の利潤は増加する。他方，政府が排出権の総量を変更すれば排出権の価格は変わる。

均衡における資源配分の状態は最適であることを余剰分析によって明らかにしよう。x財の価格 p_0 は一定であると仮定しているので，消費者余剰の大きさは変化しない。したがって，二企業が x 財を生産することから得られる生産者余剰の和が，CO_2 の総排出量を $\overline{Z}$ とする制約のもとで，最大となっていることを示せばよい。

その目的のために，生産者余剰は利潤に対応するから，二企業の利潤の和

$$\pi = (p_0 x_1 - C_1(x_1)) + (p_0 x_2 - C_2(x_2)) \tag{7.4.9}$$

が，(7.4.8) を制約条件としたとき，最大化されていることを示す。(7.4.8) の制約条件から，変数 x_2 は変数 x_1 の関数と見なすことができるから，(7.4.9) の利潤の和の最大化条件は（合成関数の微分法により），

$$\frac{d\pi}{dx_1} = p_0 - C_1'(x_1) + (p_0 - C_2'(x_2)) \times \frac{dx_2}{dx_1} = 0 \tag{7.4.10}$$

である。他方，制約条件 (7.4.8) を x_1 で微分すると，

$$f_1'(x_1) + f_2'(x_2) \times \frac{dx_2}{dx_1} = 0 \tag{7.4.11}$$

を得る。ここで，$q = \dfrac{p_0 - C_2'(x_2)}{f_2'(x_2)}$ と定義すると，(7.4.10) と (7.4.11) から (7.4.7) を導出することができる。したがって，均衡では二企業の利潤の合計が最大となっており，効率的な資源配分が実現していることが示された。このように排出権市場には効率的な資源配分を達成する機能があり，政府は個々の企業の CO_2 の排出量を直接に規制する必要はないことが分かる。また，政府は排出権を二企業にどのように配分しても同じ結果が得られるから，政府は排出権の分配の仕方について悩む必要はないのである。

残された問題は，政府が CO_2 の総量 $\overline{Z}$ を最適な量に設定することである。それには，経済学的には CO_2 の排出によって生ずる社会的費用を測定し，自然科学的には地球環境が持続的に維持される CO_2 の排出量を算定することが必要である。いずれも厄介な作業であり，政府が最適な総量 $\overline{Z}$ を求めることは容易な問題ではない。

練習問題

問7.1：ある市場の需要曲線と供給曲線がそれぞれ
$$d = 12 - p, \qquad s = p \qquad (p：価格，d：需要量，s：供給量)$$
であるとする。
1) 財1単位当たり4の従量税を課したときの超過負担はいくらか。
2) 1）と同じ税収を得るためには何%の従価税を課せばよいか。

問7.2：二財（私的財と公共財）と二消費者（A，B）からなる経済において，二消費者の効用関数がそれぞれ
$$u_A = x_A \cdot z, \qquad (x_A：私的財の量，z：公共財の量)$$
$$u_B = 2x_B \cdot z \qquad (x_B：私的財の量，z：公共財の量)$$
であるとする。当初，経済には私的財だけが存在し，その量を12とする。他方，公共財は私的財から生産され，その費用関数を
$$x = 2z \qquad (x：私的財の量，z：公共財の量)$$
とする。
1) 公共財生産量 z，私的財分配量 x_A，x_B に関する効率性の条件（サミュエルソンの条件）を求めよ。
2) 効用フロンティアを表す二消費者の効用水準 u_A，u_B の関係式を求めよ。
3) 社会厚生関数が
$$w = u_A \cdot u_B$$
であるとき，最適な公共財生産量と二消費者への私的財分配量を求めよ。

問7.3：二財（私的財と公共財）と二消費者（A，B）からなる経済において，各消費者の効用は二財の消費量に依存し，二人とも以下の同一の効用関数を持つとする。
$$u = y \cdot z \qquad (y：私的財の量，z：公共財の量)$$
当初，私的財だけを消費者Aは8，消費者Bは4持っているとする。この経済においては，政府が二消費者から私的財を徴収し，それを用いて公共財を生産するとし，その費用関数を
$$y = \frac{z}{4} \qquad (y：私的財の量，z：公共財の量)$$
とする。
1) 公共財生産に必要とされる私的財の負担率が，消費者Aは θ，消費者Bは $1 - \theta$ とすると，両消費者の公共財の需要量はいかなる式で示されるか。

2) この経済のリンダール均衡における公共財の生産量はいくらか。また，公共財を生産するために使われる私的財を，各消費者はどのように分担するか。

問7.4：二つの企業間に外部性が存在し，企業1が企業2に外部不経済を与えているとする。企業1はx財を生産し，その費用関数は

$$C_1 = 4x^2 \quad (x：企業1の生産量)$$

である。他方，企業2はy財を生産し，その費用関数が

$$C_2 = 3y^2 + x^2 \quad (y：企業2の生産量，x：企業1の生産量)$$

であり，企業2は企業1の生産量xに依存して損害（追加的費用）を被るとする。x財とy財の価格は競争市場で決定され，それぞれ80，60であるとする。

1) もし二つの企業間で一切交渉が行われなければ，両企業の生産量および利潤はそれぞれいくらになるか。
2) もし二つの企業間の交渉は自由であり，そのための取引費用は一切かからないとすると，両企業の生産量および利潤の和はいくらになるか。

問7.5：「外部性」に関する以下の記述のうち正しくないものはどれか。
① コースは，外部性があっても，取引費用がかからない場合は当事者間の交渉によって資源配分の効率性が維持されると主張した。
② ピグーは，外部性がある場合は課税と補助金によって資源配分の効率性を回復することを提案した。
③ 外部性には，市場価格の変化を通じて影響する金銭的外部性と，それ以外に経済主体が他の経済主体に直接に影響を与える技術的外部性とがある。
④ 外部性のうち，経済主体が他の経済主体に利益を与える場合は外部経済，不利益を与える場合は外部不経済と呼ばれる。
⑤ 外部不経済は市場の失敗の原因となるが，外部経済は市場の失敗の原因とはならない。

問7.6：一消費者と一企業からなる経済において，企業は労働Lを雇用して消費財yを生産し，その生産関数を

$$y = 2\sqrt{L}$$

とする。同時に企業は生産量yに依存して公害zを発生する。その関係を

$$z = \frac{9y}{4}$$

とする。企業の利潤はすべて消費者に配当として支払われるものとする。
消費者の効用は余暇x，消費財c，公害zの量に依存し，効用関数は

$$u = xc - z$$

とする。消費者は当初労働のみを所有し，その所有量を$L_0 = 3$とする。消費者にとっ

て余暇とは供給しなかった労働を意味する。
1) 企業の労働の需要関数，消費財の供給関数，利潤関数を求めよ。(賃金率を w，消費財価格を p で表し，$w, p > 0$ とする。)
2) 消費者の労働の供給関数，消費財の需要関数を求めよ。(企業から受け取る利潤を π で表し，$\pi \geqq 0$ とする。)
3) 公害に関する規制がなく，企業と消費者との間に交渉がないとする。両者がプライス・テイカーとして行動するとき，均衡における価格体系，消費財生産量，労働雇用量，公害発生量を求めよ。
4) この経済において，消費者にとって最適な消費財生産量，労働供給量，公害発生量を求めよ。
5) 3) と 4) の結果から，外部性に関していかなる命題を主張することができるか。

問7.7：x 財を生産する二つの企業 A, B の限界費用がそれぞれ

$MC_A = 10 + 4x_A$，　　(x_A：企業 A の x 財の生産量)
$MC_B = 20 + x_B$　　　(x_B：企業 B の x 財の生産量)

であり，x 財の市場価格は 60 であるとする。x 財の生産に伴い CO_2 が排出され，二企業のいずれにおいても 1 単位の x 財の生産に伴い 1 単位の CO_2 が排出されるものとする。CO_2 の排出は規制されており，当初二企業にはともに 20 単位の CO_2 排出権が与えられているものとする。二企業間での排出権の自由な売買が認められており，また二企業ともプライス・テイカーとして行動し，利潤の最大化を図るものとする。
1) 排出権の価格 (1 単位の CO_2 の値段) が p であるとき，企業 A の x 財の生産量はいくらか。
2) 排出権の価格 p はいくらになるか。

8

不確実性と情報

　これまでに家計や企業の様々な行動を分析してきた。その分析においては，経済主体は自己の環境を知っており，経済主体の知識は完全であることが前提とされた。しかしながら，現実の世界では，知識が完全であることはまれであり，しばしば人々は不完全な知識のままに行動することを余儀なくされる。通常は，経済主体がおかれている環境には不確実性が含まれる。この章では不確実性下にある個人あるいは企業の行動を分析することにしよう。

　不確実性に関係する経済行動として，われわれにとって最も身近な例は「保険」を買うことである。保険とは，まれに起こる不都合な事態に対処するために人々が購入する商品である。たとえば，生命保険，医療保険，自動車保険，火災保険などである。また，実際の経済のなかで不確実性が最もいちじるしいのは株式市場であろう。人々は株式価格が将来どのように変動するかを事前には知らずに取引をする。債券市場も同様である。債券価格の変動は不確実である。人々はより大きな収益を得るために株式や債券に投資する。それは「資産選択」の問題である。

　不確実性は「情報」という視点から二種類に分類される。一つは，明日の天気のように，誰も事前に確実には知りえない情報である。すなわち，情報が欠如している場合である。それに対してもう一つは，特定の人々は知っているが他の人々は知らないという情報である。たとえば，企業は自社の製品の品質はよく知っているが，消費者はその品質をよく知らないという状況である。すなわち，情報が偏在している場合である。

この章の目的は<u>不確実性が存在する状況における経済主体の行動および市場メカニズム</u>を分析することである。

8.1 期待効用

不確実性がない状況では，個人の行動基準は効用最大化であることが前提とされた。それでは，不確実性がある状況では，個人はいかなる基準に従って行動すると考えるべきであろうか。最初に，不確実性下の経済主体の行動基準を明らかにする。

■ 見込み

個人が次のような不確実な状況にいるとする。二つの場合が起きる可能性があるとする。それら二つの場合を状態と呼び，それぞれ状態1と状態2と呼ぶことにする。各状態において実際に起きる事柄を結果と呼ぶ。各状態 i ($i = 1, 2$) における結果は，個人に所得 x_i が実現することであるとする。各状態において実現する所得は個人にとって既知であるとする。また，個人は状態1,2のいずれが起きるかは事前には知ることはできないが，それらの起きる確率は知っているものとする。状態 i の起きる確率を α_i とする。確率であることから，

$$\alpha_1 \geq 0, \ \alpha_2 \geq 0, \ \alpha_1 + \alpha_2 = 1$$

である。したがって，個人が直面している状況は，各状態で起きる結果とその確率で表されるから，その状況を $\mathscr{L}$ として

$$\mathscr{L} = \{x_1, \ x_2 \,;\, \alpha_1, \ \alpha_2\}$$

と表記することができる。このように表記される状況 $\mathscr{L}$ を見込み，あるいは富くじと呼ぶことにする。

> **例 8.1.1**：ある農家の年収が豊作の年は 1,000 万円，凶作の年は 500 万円であり，豊作になる確率は 80%，凶作になる確率は 20% であるとすると，この農家の見込みは，次のように示される。
> $$\{500\,\text{万円},\ 1{,}000\,\text{万円}\,;\, \frac{1}{5},\ \frac{4}{5}\}$$

■ 期待効用

　さて，個人は見込み $\mathscr{L}$ をどのように評価するであろうか。いま，個人が所得から得る効用が，所得を x，効用を u として，

$$u = U(x)$$

という効用関数で示されるとする。この効用関数の意味するところは，所得が x ならば個人の効用は $U(x)$ であるということであり，効用 $U(x)$ は確実な所得 x の効用を表している。それに対して，見込み $\mathscr{L}$ における所得 x_1, x_2 は不確実である。このような不確実性を含む見込み $\mathscr{L}$ について，次のような値を定義する。

$$EU(\mathscr{L}) = \alpha_1 U(x_1) + \alpha_2 U(x_2)$$

この値は各状態 i で実現する所得 x_i から個人が得る効用 $U(x_i)$ に確率 α_i をかけて和をとったものである。したがって，$EU(\mathscr{L})$ は個人が見込み $\mathscr{L}$ から得る効用の期待値であり，<u>期待効用</u>（Expected Utility）と呼ばれる。

　期待効用が個人の見込みから得る満足を表すかどうかを考えてみよう。まず，特殊な二つの見込み，

$$\mathscr{L}_1 = \{x_1,\ x_2\ ; 1,\ 0\}, \qquad \mathscr{L}_2 = \{x_1,\ x_2\ ; 0,\ 1\}$$

について考えてみよう。見込み $\mathscr{L}_1$ では状態 1 が起きる確率は 1 であるから，個人にとって所得 x_1 は確実なものと見なされる。したがって，個人が見込み $\mathscr{L}_1$ から得る満足は $U(x_1)$ と等しくなければならない。この場合，

$$EU(\mathscr{L}_1) = U(x_1)$$

であり，期待効用は個人の満足を表している。同様に，見込み $\mathscr{L}_2$ では状態 2 が起きる確率は 1 であり，所得 x_2 は確実なものと見なされ，したがって，個人が見込み $\mathscr{L}_2$ から得る満足は $U(x_2)$ と等しくなければならない。この場合も，

$$EU(\mathscr{L}_2) = U(x_2)$$

であり，期待効用は個人の満足を表している。

　さらに次の二つの見込み，

$$\mathscr{L} = \{x_1,\ x_2\ ; \alpha_1,\ \alpha_2\}, \qquad \mathscr{L}' = \{x_1,\ x_2\ ; \beta_1,\ \beta_2\}$$

を比較してみよう。ただし，$U(x_1) > U(x_2)$, $\alpha_1 > \beta_1$ とする。すなわち，個人は結果 x_2 より結果 x_1 の方からより大きな効用が得られ，また，見込み $\mathscr{L}'$

より見込み $\mathscr{L}$ の方が結果 x_1 が実現する確率が大きい。より望ましい結果がより大きな確率で実現する見込みの方が個人にとって望ましいはずであるから，個人は $\mathscr{L}'$ より $\mathscr{L}$ を好むであろう。二つの見込み $\mathscr{L}$, $\mathscr{L}'$ の期待効用を比較すると，$\alpha_1 + \alpha_2 = 1$, $\beta_1 + \beta_2 = 1$ であることを用いて

$$EU(\mathscr{L}) - EU(\mathscr{L}') = (\alpha_1 - \beta_1)U(x_1) + (\alpha_2 - \beta_2)U(x_2)$$
$$= (\alpha_1 - \beta_1)(U(x_1) - U(x_2))$$
$$> 0$$

となり，期待効用の大小は個人の $\mathscr{L}$ と $\mathscr{L}'$ の好みを表現しているのである。

以上のことから明らかなように，個人が「見込み」から得る効用は期待効用によって表されると考えられる。個人は不確実な状況においては期待効用を基準として行動するという考え方は期待効用仮説と呼ばれる。個人の選好が自然な公理体系を満たすならば期待効用仮説が成立することがノイマン（J. von Neumann）とモルゲンシュテルン（O. Morgenstern）によって初めて示された。そのことからこのような効用はノイマン・モルゲンシュテルンの期待効用と呼ばれる。

8.2　危険に対する態度

前節では不確実性下における個人の行動基準が期待効用で表されることを示した。この節ではそのような行動基準から個人の危険に対する態度を明らかにする。

二つの状態 1, 2 がそれぞれ確率 α_1, α_2 で実現し，各状態の結果として個人の所得がそれぞれ x_1, x_2 の額になるという見込み $\mathscr{L}$ を

$$\mathscr{L} = \{x_1, \ x_2 \ ; \ \alpha_1, \ \alpha_2\}$$

と表記する。個人の所得の効用関数を $u = U(x)$ とすると，見込み $\mathscr{L}$ の期待効用 $EU(\mathscr{L})$ は

$$EU(\mathscr{L}) = \alpha_1 U(x_1) + \alpha_2 U(x_2)$$

と定義される。また，所得 x_1 と x_2 が確率 α_1, α_2 で実現するのであるから，見込み $\mathscr{L}$ における期待所得 x^e は，

$$x^e = \alpha_1 x_1 + \alpha_2 x_2$$

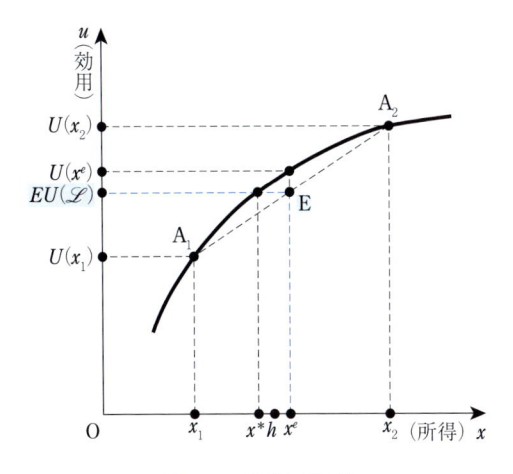

図8.1 危険回避者

と定義される。この値は個人が平均的に得る所得の大きさと解釈される。

期待効用と期待所得の大きさを図示しよう。図8.1には効用関数 U のグラフと，所得が x_1 と x_2 のときの効用 $U(x_1)$ と $U(x_2)$ が描かれている。図において E 点は線分 A_1A_2 上の点で A_1E と A_2E の比が $\alpha_2 : \alpha_1$ となる点である。上で定義された期待効用 $EU(\mathscr{L})$ と期待所得 x^e は E 点で表される。

■ リスク

見込み $\mathscr{L}$ と比較するため，状態1と2のいずれにおいても x^e という額の所得が実現する見込みを考えよう。そのような見込みは

$$\mathscr{L}^0 = \{x^e, \ x^e \ ; \alpha_1, \ \alpha_2\}$$

で示される。この見込みには，状態1と2のいずれにおいても同額の所得が実現するから，不確実性はまったく存在しない。実際，

$$EU(\mathscr{L}^0) = \alpha_1 U(x^e) + \alpha_2 U(x^e)$$
$$= U(x^e)$$

が成立し，見込み $\mathscr{L}^0$ の期待効用 $EU(\mathscr{L}^0)$ は所得 x^e が実現するとき個人が得る効用 $U(x^e)$ に等しい。見込み $\mathscr{L}$ では所得は不確実であり，その平均値が x^e であるのに対して，見込み $\mathscr{L}^0$ では確実に所得 x^e が実現する。すなわち，見

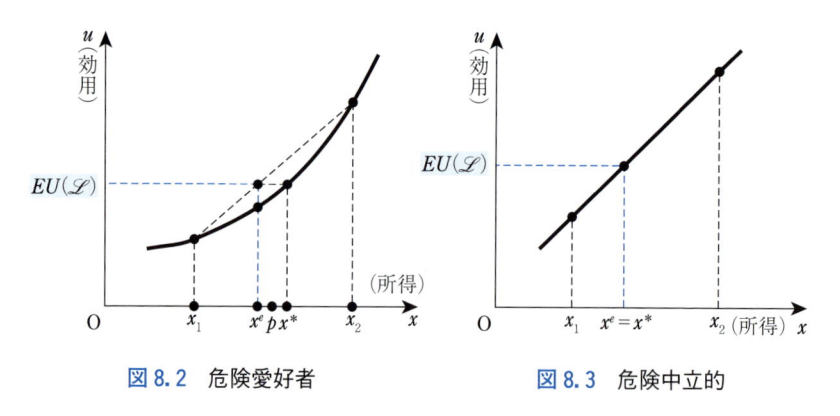

図 8.2　危険愛好者　　　　　図 8.3　危険中立的

込み $\mathscr{L}$ の平均的所得 x^e には危険（リスク）が含まれている。図 8.1 では，$EU(\mathscr{L}) < U(x^e)$ であり，二つの見込み $\mathscr{L}$ と $\mathscr{L}^0$ を比較した場合，個人は $\mathscr{L}^0$ の方を好む。したがって，そのような個人は危険を嫌う個人であると解釈され，危険回避者と呼ばれる。図から明らかなように，個人の効用関数のグラフが上方に凸ならば，すなわち，所得の限界効用 $U'(x)$ が逓減するならば，その個人は危険回避者である。

他方，図 8.2 の場合は，$EU(\mathscr{L}) > U(x^e)$ が成立しており，効用関数のグラフが下方に凸であるならば，すなわち，所得の限界効用 $U'(x)$ が逓増するならば，個人は危険を好む。そのような個人は危険愛好者と呼ばれる。また，図 8.3 のように，効用関数のグラフが直線であるような個人は，$EU(\mathscr{L}) = U(x^e)$ が成立しており，危険には無関心であり，危険中立的な個人と呼ばれる。

■ リスク・プレミアム

見込み $\mathscr{L}$ と同じ効用を与える所得を x^* とする。すなわち，所得 x^* は
$$EU(\mathscr{L}) = U(x^*)$$
となるような所得であり，効用関数 U に関する見込み $\mathscr{L}$ の確実性等価と呼ばれる。見込み $\mathscr{L}$ において平均的に実現する所得 x^e と比較して，その差 $x^e - x^*$ はリスク・プレミアムと呼ばれる。また，

$$\rho = \frac{x^e - x^*}{x^e}$$

と定義される値 ρ はリスク・プレミアム・レートと呼ばれる。この式を変形すると $(1-\rho)x^e = x^*$ となる。したがって，ρ の値は確実な所得 x^* と比較した不確実な所得 x^e の割引率である。個人が危険回避者ならば $\rho > 0$，危険愛好者ならば $\rho < 0$，危険中立的ならば $\rho = 0$ である。

■ 保 険

さて，図 8.1 のような危険回避者である個人は保険を購入することを明らかにしよう。個人の毎年の所得が不確実であり，その状況が見込み $\mathscr{L}$ で示されるとする。個人の毎年の所得は不確実であることから，ある保険会社が次のような保険を提供し個人に確実な所得 h を保証する。もし状態 1 が起きて個人の所得が x_1 になるならば，保険会社は保険金として，$h - x_1$ の額だけ個人に支払う。他方，もし状態 2 が起きて個人の所得が x_2 になるならば，個人は保険会社に保険料として，$x_2 - h$ の額だけ支払う。

もし保証された所得 h が図 8.1 のように $x^* < h$ ならば，$EU(\mathscr{L}) < U(h)$ が成立するから，個人は見込み $\mathscr{L}$ より確実な所得 h を好み保険に入る。図 8.1 の場合は $h < x^e$ であるが，保証された所得 h が期待所得 x^e より低い場合でも個人は保険に入るのである。

保険会社は確率 a_1 で $h - x_1$ の額だけ個人に支払い，確率 a_2 で $x_2 - h$ の額だけ個人から受け取るから，期待収入は，

$$-a_1(h - x_1) + a_2(x_2 - h) = x^e - h$$

となる。もし多数の同様な個人がこの保険に入れば，$x^e - h$ なる額は保険会社が一個人から平均的に得る利益であり，逆に，一個人が平均的に支払う保険料である。保険会社は損をしないように，保証所得 h を $x^e \geqq h$ と設定するであろう。もし保険市場が競争的であるならば，保険会社間の競争によって利益がゼロとなるであろう。すなわち，$h = x^e$ が成立する。このような保険は公正な保険と呼ばれる。

■ 賭

次に，図 8.2 のような危険愛好者である個人は賭をすることを明らかにしよう。見込み $\mathscr{L}$ を宝くじとしよう。すなわち，x_1 と x_2 は宝くじの賞金である

（たとえば，$x_1 = 0$，$x_2 = 1,000$ 万円とすれば，状態 1 は宝くじが外れの場合，状態 2 は当たりの場合と解釈される）。この宝くじ $\mathscr{L}$ の価格を p 円とする。

個人は宝くじ $\mathscr{L}$ と所得 p 円とを比較する。宝くじ $\mathscr{L}$ の効用は $EU(\mathscr{L})$ であり，所得 p 円の効用は $U(p)$ である。図 8.2 のように $p < x^*$ ならば，$EU(\mathscr{L}) > U(p)$ が成立するから，個人は所得 p 円より宝くじ $\mathscr{L}$ を好み，もし個人が p 円を持っていたならば，それを宝くじ $\mathscr{L}$ と交換する。すなわち，個人は宝くじを購入する。図 8.2 の場合は $p > x^e$ であるが，価格 p が宝くじの賞金の期待値 x^e より高い場合でも個人は宝くじを購入するのである。

宝くじの売り手は宝くじを p 円で売り，確率 a_1 で x_1，確率 a_2 で x_2 の額だけ個人に支払うから，期待収入は，

$$p - a_1 x_1 - a_2 x_2 = p - x^e$$

となる。もしこの宝くじを多数売れば，$p - x^e$ なる額は売り手が宝くじ 1 枚から得る平均的利益であり，逆に，買手が宝くじ 1 枚について被る平均的損失である。売り手は損をしないために $p \geq x^e$ のように価格 p を設定するであろう。もし $p = x^e$ ならば，売り手の期待利益はゼロとなり，このような宝くじは公正な宝くじと呼ぶことができよう。

8.3　保険と資産選択

この節では期待効用最大化の基準を用いて個人の保険購入と資産選択の行動を説明することにしよう。

この節では以下のことが前提とされる。状態は二つあり，それらを状態 1，状態 2 とする。状態 1 と 2 の起きる確率をそれぞれ a，$1 - a$ とする。個人は各状態において所得を手に入れ，その額は各状態で異なる可能性があるとする。個人の効用は所得に依存し，所得が x であるとき個人が得る効用 u は効用関数

$$u = U(x)$$

で示されるとする。ここでは個人は危険回避者であることを仮定しよう。すなわち，限界効用 $U'(x)$ が x の増加とともに逓減することを仮定する。

関数 $v = V(x_1, x_2)$ を

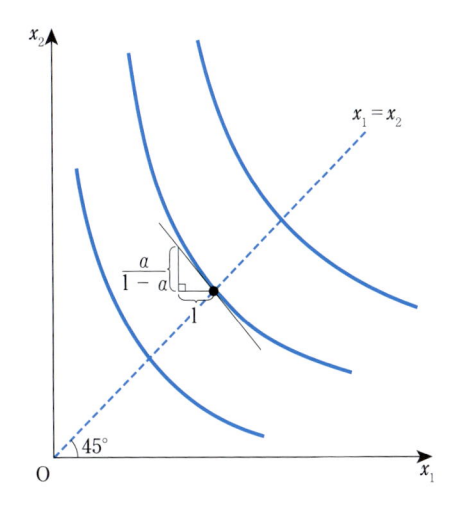

図 8.4　期待効用の無差別曲線

と定義する。関数 V の値 $V(x_1, x_2)$ は，各状態 i ($i = 1, 2$) で個人が所得 x_i を得るときの期待効用を表す。図 8.4 は期待効用 $V(x_1, x_2)$ の値が等しくなる組合せ (x_1, x_2) の無差別曲線を描いたものである。無差別曲線の傾きは

$$\frac{\partial V}{\partial x_1}(x_1, x_2) \bigg/ \frac{\partial V}{\partial x_2}(x_1, x_2) = \frac{\alpha U'(x_1)}{(1-\alpha)U'(x_2)}$$

である。

個人は危険回避者であるから，x_1 が大きいほど限界効用 $U'(x_1)$ は小さく，したがって，無差別曲線の傾きは小さい。他方，x_2 が大きければ，$U'(x_2)$ は小さく，無差別曲線の傾きは大きい。このことから無差別曲線は図 8.4 のように原点に向かって凸となる。$x_1 = x_2$ の 45°線上の点は状態 1 と 2 のいずれにおいても財の量が同じであるから不確実性がない状況を表す。その線上では $U'(x_1) = U'(x_2)$ であるから，無差別曲線の傾きは $\frac{\alpha}{1-\alpha}$ に等しい。

■ 保険の購入と販売

最初に個人が保険を購入する行動を明らかにしよう。個人の所得は不確実で

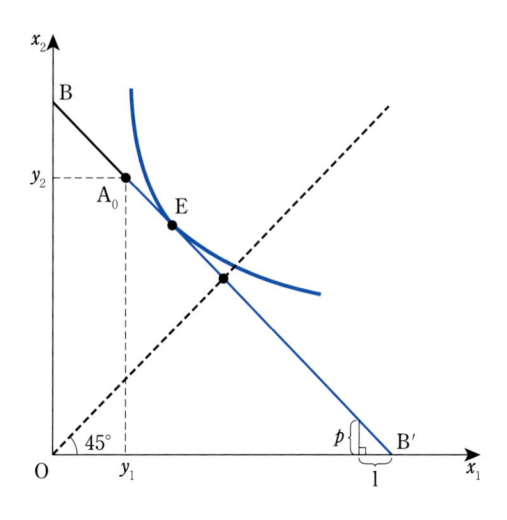

図 8.5　保険

あり，状態 1 では y_1，状態 2 では y_2 になるとする．ただし，$y_1 < y_2$ とする．この個人に保険会社は次のような保険を販売する．保険 1 口に加入した場合，もし所得 y_1 が実現したならば，保険会社は個人に 1 円の保険金を支払う．他方，所得 y_2 が実現したならば，個人は保険会社に保険料として 1 口につき p 円支払う．

この保険に個人が h 口加入したならば，各状態における個人の所得は，
$$x_1 = y_1 + h, \qquad x_2 = y_2 - ph$$
となる．個人は保険に加入することによって，不確実な所得の当初の状況 (y_1, y_2) を上記の (x_1, x_2) に変えることができる．この組合せ (x_1, x_2) は図 8.5 の BB′ 線上の点で表される．BB′ 線は上の二式から h を消去した
$$x_2 = y_2 + py_1 - px_1$$
のグラフである．このとき BB′ 線の傾きの大きさは p であることに注意しよう．A_0 点は $h = 0$ のときに対応し，通常は $h \geq 0$ であるから，線分 A_0B′ が意味のある状況である．線分 BA_0 上の点では $h < 0$ であり，個人がその保険を売る場合であるから，現実的な状況ではない．

個人は期待効用を最大にするように行動するから，図 8.5 の BB′ 線上で期

待効用 $V(x_1, x_2)$ の値が最大となるような点を選ぶ．すなわち，無差別曲線と BB′ 線とが接する E 点が期待効用が最大となる点である．したがって，E 点では無差別曲線の傾きが p に等しいから，個人は

$$\frac{\alpha U'(y_1 + h)}{(1-\alpha)U'(y_2 - ph)} = p$$

となるように h を選ぶ．この条件は期待効用

$$V(x_1, x_2) = \alpha U(y_1 + h) + (1-\alpha)U(y_2 - ph)$$

が h について最大となるための条件であり，上式を h について微分してゼロとおくことによっても得られる．

　保険会社は保険 1 口につき確率 α で個人に保険金 1 円を支払い，確率 $1-\alpha$ で個人から保険料 p 円を受け取るから，期待収益は $-\alpha + p(1-\alpha)$ である．保険会社はこの値が負にならないように p を設定するから，

$$p \geqq \frac{\alpha}{1-\alpha}$$

となる．このことと，45°線上では無差別曲線の傾きが $\dfrac{\alpha}{1-\alpha}$ であることから，E 点は必ず 45°線より上方にある．

■ 資産選択

　次に個人の資産選択の行動を明らかにする．資産には様々な形態のものがある．貨幣，株式，債券などの金融資産や，金，家屋，土地などの実物資産もある．色々な資産を組み合わせた資産の保有形態はポートフォリオと呼ばれ，したがって資産選択のことをポートフォリオ・セレクションという．

　いま，個人は資産を W 円所有しているとする．その一部を貨幣で保有し，残りを債券に投資することを考えている．貨幣の利子率は確実であり，それを r とする（貨幣は 1 円につき r 円の利子を生む）．他方，債券に投資した場合の利回りは不確実であり，状態 1 では s_1，状態 2 では s_2 になるとする（債券に投資すると，1 円につき状態 1 では s_1 円，状態 2 では s_2 円の収益がある）．ここでは意味のある状況として $s_1 < r < s_2$ であると仮定する．

　個人が資産のうち m 円を貨幣で保有し，残り $W - m$ 円を債券に投資すると，各状態 i における個人の資産 x_i は，

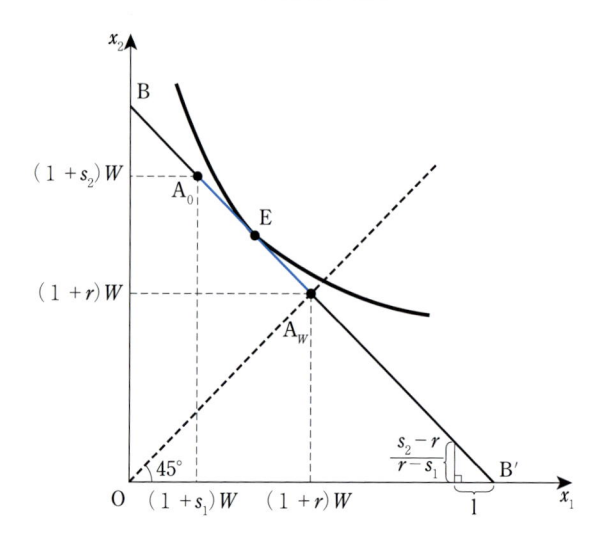

図8.6　資産選択

$$x_i = (1+r)m + (1+s_i)(W-m) \qquad (i = 1, 2)$$

で示される。組合せ (x_1, x_2) は図8.6のBB′線上の点で表される。BB′線の傾きの大きさは $\dfrac{s_2 - r}{r - s_1}$ である。BB′線は

$$x_2 = -\frac{s_2 - r}{r - s_1} x_1 + \left\{ (1+s_2) + \frac{s_2 - r}{r - s_1}(1+s_1) \right\} W$$

のグラフである。図の A_0 点は $m = 0$ のとき，A_W 点は $m = W$ のときに対応する。資金の貸借がないと仮定すれば $0 \leqq m \leqq W$ であるから，線分 $A_0 A_W$ 上の点が意味のある状況である。線分 BA_0 上の点では $m < 0$ であり個人は利子率 r で借金をして債券に投資する場合であり，また，線分 $B'A_W$ 上の点では $m > W$ であり，個人が自ら債券を販売する場合である。いずれも現実的な状況ではない。

個人は期待効用が最大となるように行動し，図8.6のBB′線上で期待効用 $V(x_1, x_2)$ の値が最大となる点は，無差別曲線とBB′線とが接するE点である。したがって，個人は

$$\frac{\alpha U'((1+r)m + (1+s_1)(W-m))}{(1-\alpha) U'((1+r)m + (1+s_2)(W-m))} = \frac{s_2 - r}{r - s_1}$$

となるように m を選ぶ。この条件は期待効用
$$V(x_1, x_2) = aU((1+r)m + (1+s_1)(W-m)) \\ +(1-a)U((1+r)m + (1+s_2)(W-m))$$
が m について最大となるための条件であり，この式を m について微分してゼロとおくことによっても得られる。

8.4 不確実性下の市場均衡

この節では期待効用を基準とする個人の行動をより一般的に説明し，不確実性が存在する経済の市場均衡の概念を明らかにする。

■ 状態選好の理論

状態として二つあり，それらを状態1，状態2とする。状態1と2の起きる確率はそれぞれ a, $1-a$ であるとする。個人は消費者であり，各状態においてある財を消費する。財の消費量は各状態で異なる可能性があるとする。また，消費者の効用は財の消費量に依存するだけではなく，より一般的に状態にも依存するとする。すなわち，前節までの議論では効用関数はどちらの状態でも同じものとしたが，ここでは状態が異なれば個人の効用関数も異なるとする。これは，たとえば，状態を天気とすれば，天気が「晴れ」の状態と「雨」の状態では個人の効用関数が異なるということである。

財の消費量が x であるとき個人の効用 u が，状態 i における効用関数
$$u = U_i(x) \qquad (i = 1, 2)$$
で示されるとする。各状態 i で個人が購入する量を x_i で表すと，個人の期待効用は，
$$V(x_1, x_2) = aU_1(x_1) + (1-a)U_2(x_2)$$
と表される。個人の効用を状態にも依存させるこのようなアプローチは**状態選好の理論**と呼ばれる。

■ 条件付財

消費者は同じ財でも異なる状態で消費するならば，違う財と見なすかもしれ

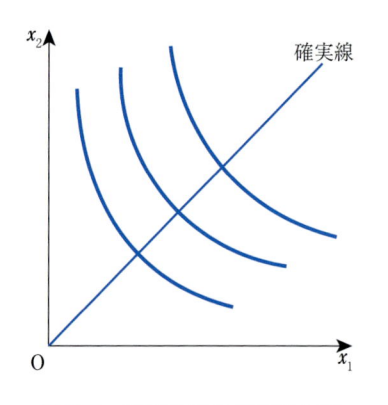

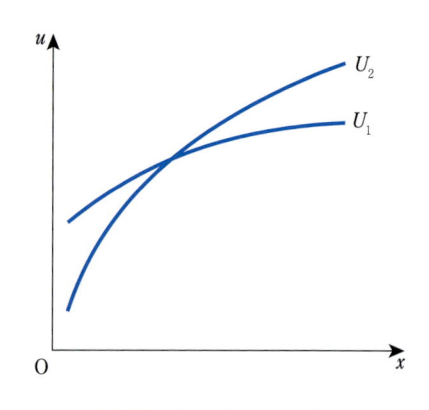

図 8.7　期待効用の無差別曲線　　　図 8.8　各状態の効用関数

ない。たとえば，同じ「傘」という財でも雨の日の傘と，晴れの日の傘とでは個人にはまったく異なる効用を与える。また，暑い日に飲むビールと寒い日に飲むビールも同様に区別される。同じ財でも状態が異なれば違う財と見なし財に条件を付けて区別するとき，そのような財は条件付財と呼ばれる。

消費者は同じ財でも状態が異なれば違う財であるとするならば，その消費量を状態によって変える。各状態での消費量が (x_1, x_2) で示され，それから消費者が得る期待効用が $V(x_1, x_2)$ である。

図 8.7 は様々な組合せ (x_1, x_2) を表す図である。特に，$x_1 = x_2$ となる 45°線上の点ではどちらの状態が起こっても財の消費量は同じであり，不確実性が存在しない。したがって，45°線は確実線と呼ぶことができる。また，図には組合せ (x_1, x_2) の無差別曲線が描かれている。すなわち，同じ無差別曲線上では期待効用 $V(x_1, x_2)$ の値が等しい。無差別曲線の形状は効用関数 U_1 と U_2 の形状に依存している。もし効用関数 U_1 と U_2 のグラフが図 8.8 のような形をした関数ならば，無差別曲線は図 8.7 のように原点の方向に凸となる。

■ 完全市場

次に二人の消費者の間の条件付財の取引を考えよう。二人の消費者を消費者 A，消費者 B とする。消費者の効用は上記で説明された期待効用によって表され，それぞれの効用関数を

8.4　不確実性下の市場均衡

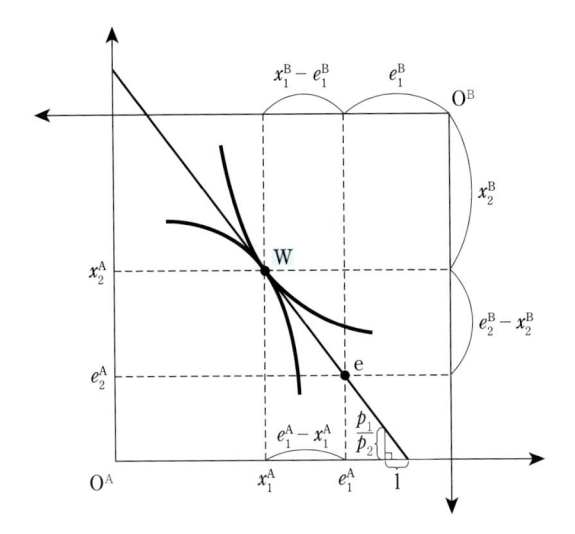

図8.9　条件付財の交換

$$u = V^{\text{A}}(x_1, x_2), \qquad u = V^{\text{B}}(x_1, x_2)$$

とする。当初消費者が所有している財の量は不確実であり，状態に依存して異なるとしよう。たとえば，米を生産している農家は天候に依存して米の収穫量が異なり，天候が良いときは収穫が多く，天候が悪いときは収穫が少ないとすると，状態によって農家が所有している米の量は異なる。消費者 A が状態 1 と 2 で所有している財の量をそれぞれ e_1^{A}，e_2^{A} とする。また同様に，消費者 B が所有している財の量をそれぞれ e_1^{B}，e_2^{B} とする。ここでの議論では二人の消費者の間で条件付財の交換が行われるのであるが，その状況は 4 章で説明した交換経済とまったく同じである。同じ財を状態に依存して異なる財と見なし，それらが交換される。したがって，二人の消費者の取引は図 8.9 のエッジワース・ボックスによって表される。

　図 8.9 において e 点は二人の財の初期保有を表す。二つの条件付財の価格 p_1，p_2 に対応して，e 点を通る直線が定まり，二人の消費者にとってその直線は予算線となる。直線の傾きは $\dfrac{p_1}{p_2}$ である。財の価格が適当な価格であるとき，図のように二人の消費者の予算線上で効用が最大となる点が一致し，それが図の W 点である。

消費者間において消費者Aの財 $e_1^A - x_1^A$ と消費者Bの財 $e_2^B - x_2^B$ が交換されている。ここで注意しなければならないことは，財が実際には交換されないことである。状態1と状態2は同時には起きないから，財 $e_1^A - x_1^A$ と財 $e_2^B - x_2^B$ は同時には存在しない。消費者Aが状態1において所有する財 $e_1^A - x_1^A$ と，消費者Bが状態2において所有する財 $e_2^B - x_2^B$ とが交換されたのである。すなわち，消費者間において次のような契約がなされたのである。消費者Aはもし状態1が起きたならば財 $e_1^A - x_1^A$ を消費者Bに渡すことを約束し，その代わりに消費者Bは状態2が起きたならば財 $e_2^B - x_2^B$ を消費者Aに渡すことを約束したのである。すなわち，条件付財の売買は財の「請求権」の売買であり，条件付けした状態が実現したときには，請求権を買った個人には財を受け取る権利が，請求権を売った個人には財を引き渡す義務が発生する。二つの条件付財の価格 p_1, p_2 は条件付けした状態において財1単位を受け取る権利の価値を表し，異なる状態において存在する財の交換比率を表す。このような価格は条件付価格と呼ばれる。

　ここで明らかにされた不確実性下の市場均衡の概念はアロー（K. Arrow）とドゥブリュー（G. Debreu）によるものである。この場合，財はすべての状態について条件が付けられ取引されることを前提としている。もちろん，これは一つの理想状態を表現したものである。このようにすべての状態に応じて財の市場が存在するとき，市場は完全であるという。これがアロー・ドゥブリューの完全市場の理論である。

　もし市場が完全ならば，図8.9から明らかなように，均衡のW点はパレート最適である。このことは，消費者の効用が期待効用であることを除けば，5.2節の厚生経済学の基本定理に相当する。すなわち，完全市場では効率的な資源配分が実現する。

　現実の市場が完全であることはまれである。ここでは状態の数が二つであることを仮定したが，実際には状態の数は無限である。たとえば，「天気」の場合を考えても，「晴れ」，「雨」の二通りだけではなく，天気の種類は無限にある。無限にあるすべての状態に対応して条件付財の市場が存在することは想定し難い。そのときには市場は不完全であり，資源配分は非効率となるであろう。これが不確実性の存在に起因する「市場の失敗」である。

8.5 モラル・ハザード

　この節では保険に伴う一つの問題として，モラル・ハザード，すなわち道徳的危険と呼ばれる現象を説明する。それは保険が経済的非効率性を生み出す現象である。当初，その現象は保険が引き起こす道徳心の低下と理解され，そのように呼ばれた。

　たとえば，自動車保険の場合，人々が保険に入ると，事故の損害賠償責任から解放されるため不注意な運転をするようになり，その結果人々はますます事故を起こすという現象である。すなわち，保険が安全運転の道徳を低下させる現象である。保険にはこのような影響があることは否定できないが，以下では，その現象を道徳の問題としてではなく，経済的な合理性の問題として捉え，医療保険を例にその原因を明らかにする。

■ 医療保険

　ある個人が病気になる確率を a とする。個人は健康なとき医療を需要しないが，病気のとき医療を需要し，その需要量は医療の価格に依存するとしよう。個人の医療の需要曲線を図 8.10 の DD' 線とする。他方，単純化のために医療は限界費用を一定として供給されるとする。すなわち医療を供給するときの限界費用はある値 c に等しく，したがって医療は価格 c でいくらでも供給されるとする。この場合の医療の供給曲線は図 8.10 の水平な SS' 線である。

　個人は保険がなければ，病気になったとき価格 c で医療を x_0 だけ需要する。この場合に個人が平均的に支出する医療費は acx_0 である。この個人に医療費がタダになる医療保険が提供されたとする。この場合，医療の価格がゼロであるから，個人は病気になったとき医療を x_1 まで需要する。したがって，保険の提供者は利益が負にならないように，個人に少なくとも acx_1 の保険料を課すことになる。保険料が acx_1 ならば，保険提供者の利益はゼロとなり，公正な保険である。

　保険は個人が需要する医療の量を x_0 から x_1 に増大させ，その結果個人が支払う費用は acx_0 から acx_1 に増加する。このときの個人の効用の変化を調べて

みよう。そのために，個人の医療に対する需要は所得には依存せず，また貨幣の限界効用が常に1であると仮定する。すなわち，5.3節で明らかにしたように，個人の効用を消費者余剰によって表すことができると仮定する。

保険がないときは，個人は医療を x_0 だけ需要し，そのときの効用は台形 ODEF の面積で表される。このとき個人が支払う医療費は長方形 OSEF の面積である。したがって，この場合の個人の効用，すなわち，消費者余剰は，それらの差である三角形 SDE の面積である。ゆえに，保険がないときの個人が得る余剰を W_0 とすると，次式のようになる。

$$W_0 = \text{台形 ODEF の面積} - \text{長方形 OSEF の面積}$$
$$= \text{三角形 } SDE \text{ の面積}$$

他方，保険が提供されると，個人は医療を x_1 だけ需要し，そのときの効用は三角形 ODD' の面積であり，このとき個人が支払う保険料は長方形 $OSGD'$ の面積である。したがって，この場合の個人が得る余剰はそれらの差である三角形 SDE の面積から三角形 $ED'G$ の面積を引いたものである。すなわち，保険が提供されたときの個人が得る余剰を W_1 とすると，以下のようになる。

$$W_1 = \text{三角形 } ODD' \text{ の面積} - \text{長方形 } OSGD' \text{ の面積}$$
$$= \text{三角形 } SDE \text{ の面積} - \text{三角形 } ED'G \text{ の面積}$$

保険によって引き起こされた損失は個人が得る余剰の減少によって測られるから，それは次のようになる。

$$W_0 - W_1 = \text{三角形 } ED'G \text{ の面積}$$

このような余剰の損失をモラル・ハザードと呼ぶことにしよう。

上記のモラル・ハザードの原因は何であろうか。それは個人の行動が保険によって変化したからである。しかしながら，医療の需要量の x_0 から x_1 への変化は個人の道徳心の変化ではない。保険によって医療の価格が c からゼロになった結果であり，それは合理的な経済行動の結果である。このようにモラル・ハザードは個人の道徳ではなく合理性によるものであり，したがって，それは必然的に発生する経済現象と考えるべきである。

■ 控除と共同保険

もし個人の医療に対する需要の価格弾力性が小さく，需要曲線 DD' の傾き

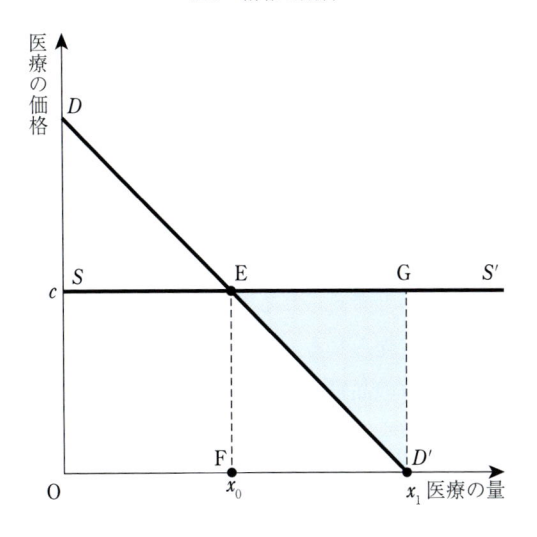

図 8.10　医療保険のモラル・ハザード

が大きいと，x_0 から x_1 の需要量の変化は小さく，その場合はモラル・ハザードの損失は小さい。反対に，もし需要曲線が水平に近いならば，モラル・ハザードの損失は大きい。

損失を小さくするために保険には適当な工夫がなされる。その一つは控除と呼ばれるものである。それは，ある一定額までの医療費は個人に支払ってもらい，その額を超えた医療費は保険によって支払われるものである。たとえば，初診料は個人負担とする保険である。

もう一つの工夫は，共同保険と呼ばれるもので，それは医療費の一定割合を，たとえば，20% を個人負担とする保険である。

上記の保険は，どちらも医療費の一部を個人負担とし，医療の一部を有料化して個人の需要量の変化を小さくすることによって，モラル・ハザードを少なくしようとする工夫である。

8.6　情報と期待

経済主体の行動は種々の情報に依存する。そのなかでも特に財の品質に関す

る情報はきわめて重要である。通常，売り手は品質を良く知っているが，買い手は知らない。このように経済主体間で情報が偏って存在すると，様々な困難な問題が発生する。この節では情報の非対称性が引き起こす現象を分析する。

■ 中古車市場

　中古車市場の場合を考えてみよう。中古車の品質は個々の売り手は良く知っているが買い手は知らないと考えられる。したがって，市場では悪い車も良い車も区別されず同じ価格で売られる。

　個々の売り手は自分の車の品質を知っているから，市場価格に依存して売るかどうかを決める。悪い車を持っている個人は安い価格でも売るであろうし，良い車を持っている個人は高い価格なら売りに出すであろう。したがって，価格が高くなると市場に供給される車の平均的品質は上昇し，また供給量は増加するという関係が成立する。

　その関係を式で表してみよう。中古車の市場価格を p，供給量を s とする。中古車の品質を数値で表し，市場に売りに出ている車の品質の平均値を μ とする。このとき次のような関係があるとする。

$$s = S(p), \qquad \mu = f(p) \tag{8.6.1}$$

ただし，関数 S と f はともに増加関数であるとする。

　他方，買い手は市場に供給されている車の品質を正確には知らない。買い手は個々の車の品質を知ることはできないが，市場に供給されている車の品質の平均値 μ は知ることができると仮定する。中古車の需要量は価格 p が上昇すると減少し，品質の平均値 μ が上昇すると増加すると考えられる。需要量を d とし，それを

$$d = D(p, \mu) \tag{8.6.2}$$

と表すことにする。ただし，関数 D は p の減少関数，μ の増加関数である。

　市場の均衡は適当な価格 p_* のもとで

$$S(p_*) = D(p_*, f(p_*)) \tag{8.6.3}$$

となる状態である。しかしながら，このような価格 p_* が存在しないかもしれない。以下ではそのことを明らかにしよう。

　図 8.11 において，価格を p_0 とする。そのときの供給量を s_0，品質の平均値

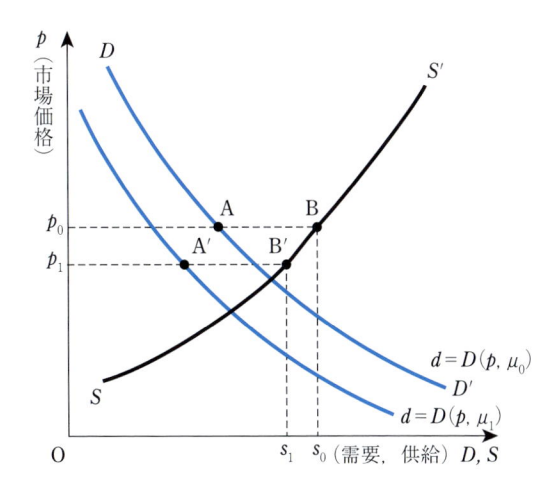

図 8.11　中古車市場の逆選択

を μ_0 とする．すなわち，$s_0 = S(p_0)$，$\mu_0 = f(p_0)$ である．品質の平均値が μ_0 であるときの需要曲線が DD' 線であるとする．すなわち，それは需要関数 $d = D(p, \mu_0)$ が表す関係である．この場合，超過供給 AB が存在し市場は均衡していない．

このため価格が下落したとしよう．価格 p の p_1 への下落は品質の平均値 μ の μ_1 への下落を引き起こし，したがって，需要曲線 DD' を左方にシフトさせる．このシフトが図のように大きければ，価格の下落は超過供給の状態を解消せず，市場は均衡しない．これは価格が下落すると良い車を持っている個人は売ることを止め，市場にある車の品質が下がり，その結果需要が減少するためである．市場から品質の悪い車より良い車が排除されたのである．

さらに価格が下落すると，ますます市場にある良い車が減り，悪い車ばかりとなる．そのため需要は減少する．最終的には，市場には品質の悪い車だけが供給され，誰もそれを買おうとはしない．すなわち，市場は消滅する．

■ アドバース・セレクション

以上の中古車市場の現象はアカロフ（G. Akerlof）によって指摘されたものである．中古車市場において，もし品質の良い車と悪い車とが区別されなけれ

ば，良い車が市場から排除され，市場には品質の悪い車だけが氾濫するのである。すなわち，市場では，良い車ではなく，悪い車の方が選択されるのである。これが**アドバース・セレクション**，すなわち**逆選択**と呼ばれる現象である。

アメリカでは俗語で質の悪い中古車のことを「レモン」という。そのことからアドバース・セレクションの現象は**レモンの原理**とも呼ばれる。

アドバース・セレクションの原因は，商品の品質を売り手は知っているが買い手は知らないという情報の非対称性にある。買い手が商品の品質を判定できないために悪い品質の商品が市場に氾濫するのである。

同様の問題を保険市場においても考えることができる。中古車市場とは違い，保険の場合は売り手の側に情報が不足している。たとえば，自動車保険では，保険会社が悪質なドライバーを排除することができずに，一律に高い保険料を課すと，善良なドライバーが保険に加入しなくなる。また，医療保険では老人が安価な料金で保険に加入することが困難となるのは同様の理由による。

逆選択を防ぐために現実の経済では様々な工夫がなされている。たとえば，自動車保険では様々な割引制度がある。医療保険では事前の健康診断が行われる。企業は商品の品質保証をする。ブランド商品も品質保証を行う一つの工夫である。チェーンストアはどの支店においても同じ品質の商品を売ることによって買い手に商品の品質を保証している。また，各種の免許制度も一つの役割を果たしている。たとえば，医者の免許制度は医療サービスの質を保証している。このように様々な方法で商品の品質に関する情報の提供がなされているが，それはいずれも情報の不完全性に起因するアドバース・セレクションを回避しようとする工夫と見なすことができる。

■ 合理的期待

中古車市場の議論において需要者は車の品質の期待値 μ を知ることができると仮定した。以下ではこのことを仮定せずに，需要者は μ の値を知らず，それを予想すると仮定する。

需要者の μ の予想値 μ_e とする。予想 μ_e のもとでは，需要者の需要関数は
$$d = D(p, \mu_e)$$
となる。したがって，市場において

$$D(p,\ \mu_e) = S(p)$$

となるような価格 p が成立する。このとき需要者が実際に車を購入してみると μ の値は $f(p)$ であり、それが予想値 μ_e に等しくなくてはいけない。もしそうでなければ、予想 μ_e が正しくないことに気付き、予想 μ_e を他の値に変更するであろう。

このような予想の変更を繰り返すことによって、最終的には正しい予想に到達するであろう。予想 μ_e の正しい値は、(8.6.3) の価格 p_* に対応した値 $\mu_* = f(p_*)$ である。すなわち、需要者の予想 μ_e が μ_* であるならば、市場では価格 p_* が成立し、均衡が実現する。そしてその価格 p_* のもとで需要者が実際に車を購入すれば、品質の期待値 μ の値は μ_* となり、予想と一致し、予想が正しいことを知る。

正しい予想は合理的期待と呼ばれる。すなわち、予想 μ_* は合理的期待である。正しい予想のもとで実現する均衡は合理的期待均衡と呼ばれる。したがって、需要者の合理的期待 μ_* のもとで実現する均衡は合理的期待均衡であり、市場は価格 p_* で均衡する。

以上のように中古車の市場均衡を合理的期待均衡と解釈することができる。したがって、逆選択とは合理的期待均衡が存在しない場合に発生する現象と考えることもできる。

8.7 シグナリング

労働市場において個人は労働力を供給するが、能力の違いから生産性は個人によって異なる。個人は自分の能力を企業に認めてもらうことによって、より高い賃金を得ようとする。そのために学歴、資格等を獲得し、それを企業に提示する。個人が提示するこのような情報はシグナルと呼ばれる。経済主体が市場においてシグナルを発することはシグナリング（signaling）と呼ばれる。この節では、労働市場におけるシグナリングの効果を説明する。

■ 労働市場の不確実性

労働者は生産性の違いからタイプ 1 とタイプ 2 の二つに分けられるとする。

全労働者のなかで，タイプ1の労働者の割合を$q(0 < q < 1)$，タイプ2の労働者の割合を$1 - q$とする。企業は労働者を雇用し，ある財を生産するものとする。企業は，タイプ1の労働者一人からはa_1単位の財を，タイプ2の労働者一人からはa_2単位の財を生産することができるものとする。ただし，$a_1 < a_2$とする。したがって，企業の生産関数は

$$Y = a_1 L_1 + a_2 L_2$$

で示されるとする。上の式において，Yは生産量を，L_1はタイプ1の労働者の雇用人数を，L_2はタイプ2の労働者の雇用人数を表す。

企業は個々の個人がいずれのタイプの労働者であるかを区別できないものとする。したがって，企業にとって雇用する労働者の生産性は不確実である。労働市場および財市場はともに競争的であり，財の価格は便宜的に1とする。

企業はすべての労働者に同じ賃金w_0を支払うものとする。企業が一人の労働者を雇うとき，その労働者がタイプ1である確率はqであり，タイプ2である確率は$1 - q$である。したがって，一人の労働者を雇用することから得られる期待生産量（期待収入）は$qa_1 + (1 - q)a_2$である。市場は競争的であるから，均衡では（期待）収入＝費用が成立する。したがって，

$$w_0 = qa_1 + (1 - q)a_2 \tag{8.7.1}$$

となる。このとき，$a_1 < w_0 < a_2$であるから，タイプ1の労働者は自己の生産性より高い賃金を貰い，タイプ2の労働者は自己の生産性より低い賃金を貰っている。したがって，タイプ2の労働者は自分の能力を企業に知ってもらうためにシグナルを発することが考えられる。

■ シグナルとしての教育

労働者は教育を受けることができ，達成した教育水準を数値yで示すことにする。ただし，教育を受けるための費用が労働者によって異なり，タイプi ($i = 1, 2$) の労働者が教育水準yを得るための費用C_iは，それぞれ費用関数，

$$C_1 = c_1 y, \qquad C_2 = c_2 y$$

で示されるとする。ただし，c_1とc_2は定数であり，$c_1 > c_2$とする。すなわち，生産性の高いタイプ2の労働者は，同じ教育水準を達成するためにはより低い費用で済むことが仮定されている。したがって，タイプ2の労働者は，生産性

と教育水準の獲得との両方において，タイプ 1 の労働者より有能であることが仮定されている．ここで注意すべき点は，教育によって労働者の生産性が変化しないことである．

労働者は自分が受けた教育水準をシグナルとして発することができるものとする．労働者は受け取る賃金と教育を受けるための費用との差が最大になるように教育水準を選択するものとする．

■ シグナリング均衡

企業は個々の労働者がシグナルとして発する教育水準を知ることができるものとする．企業は，労働者の真のタイプを知ることができないが，労働者が受けた教育の水準によって区別して雇用することができる．企業は以下のような仕方で教育水準による賃金差別を導入するものとする．

企業はある教育水準の臨界値 y^* を設定し，教育水準が y^* より低い労働者には a_1 の賃金を，y^* 以上の労働者には a_2 の賃金を支払うという賃金契約を提示する．図 8.12 の青い線は企業のこのような賃金契約を表す．ただし，企業は臨界値 y^* を

$$\frac{a_2 - a_1}{c_1} < y^* < \frac{a_2 - a_1}{c_2} \tag{8.7.2}$$

となるように設定するものとする．図 8.12 には教育の費用関数のグラフも描かれている．(8.7.2) の条件は，タイプ 1 の労働者の費用関数のグラフは図の A 点より上方にあり，タイプ 2 の労働者の費用関数のグラフは A 点より下方にあることを意味する．

このような賃金契約が提示されたとき，労働者は自己の教育水準 y を，$y < y^*$ にするか，または $y \geqq y^*$ にすることによって，賃金 a_1 と賃金 a_2 との選択をすることができる．実際には労働者は教育水準を $y = 0$，または $y = y^*$ のどちらかを選択する．

タイプ 1 の労働者が，もし $y = 0$ とするならば，賃金として a_1 の収入を得る．他方，もし $y = y^*$ とするならば，賃金は a_2 となるが，教育を受けるための費用 $c_1 y^*$ がかかるから，収入は $a_2 - c_1 y^*$ となる．したがって，(8.7.2) の条件のもとでは，$a_2 - c_1 y^* < a_1$ であるから，タイプ 1 の労働者は $y = 0$ を選

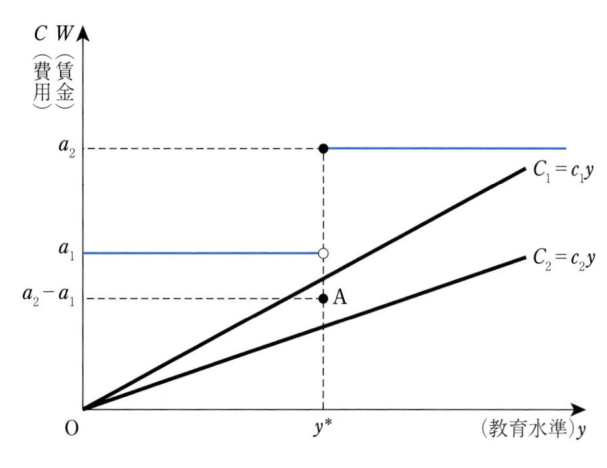

図 8.12 のグラフ：縦軸 CW（費用・賃金），横軸 y（教育水準）。直線 $C_1 = c_1 y$ と $C_2 = c_2 y$，水平線 a_1 および a_2，縦破線 $y = y^*$，点 A は $(y^*, a_2 - a_1)$。

図 8.12　賃金契約

択する。

　次に，タイプ 2 の労働者が，もし $y = 0$ とするならば賃金 a_1 の収入を得るが，もし $y = y^*$ とするならば賃金 a_2 から教育にかかった費用 $c_2 y^*$ を除いた収入 $a_2 - c_2 y^*$ を得る。したがって，(8.7.2) の条件のもとでは，$a_1 < a_2 - c_2 y^*$ であるから，タイプ 2 の労働者は $y = y^*$ を選択する。

　このようにして，企業は臨界値 y^* を (8.7.2) の範囲に設定することによって，教育というシグナルを利用して労働者のタイプを完全に区別することができる。この状態では，いずれのタイプの労働者も自己の生産性に等しい賃金を受け取っている。これがスペンス（M. Spence）によってシグナリング均衡と呼ばれた均衡である。

■ 均衡の最適性

　(8.7.1) が成立する均衡状態と比較すると，シグナリングによってタイプ 1 の労働者の賃金は w_0 から a_1 に下落する。他方，タイプ 2 の労働者がシグナルを発することによって利益を得るためには，

$$w_0 = q a_1 + (1-q) a_2 < a_2 - c_2 y^*$$

でなければならない。すなわち，この不等式と (8.7.2) から，

$$q > \frac{c_2 y^*}{a_2 - a_1} > \frac{c_2}{c_1} \tag{8.7.3}$$

でなければならない．したがって，タイプ1の労働者の割合 q が十分に大きければ，シグナリングによってタイプ2の労働者の状況は改善される．しかしながら，社会全体としては，教育というシグナルを獲得するためにかかった費用の分だけ，経済厚生が下がることになる．この結果は，教育が労働者の生産性には影響を与えないことを仮定したことによる．一般的には教育は個人の能力を向上させ，生産性にはプラスの効果があると考えられる．しかしながら，能力の向上につながらない教育，たとえば「受験」のためだけの教育は，個人の利益にはなるが，社会全体では損失となるかもしれない．

練習問題

問 8.1：消費者の効用関数が

$$u = \sqrt{x} \quad (x \text{ は所得})$$

であるとする．所得が $\frac{1}{4}$ の確率で1万円，$\frac{3}{4}$ の確率で100万円になるという不確実な状況に消費者がいるとする．

1) 消費者の期待所得はいくらか．
2) 消費者の期待効用を求めよ．

問 8.2：以下の所得 x についての効用関数のなかで危険回避的なものはどれか．

1) $u = \log x$ 2) $u = 2x$ 3) $u = x^2$ 4) $u = \sqrt{x}$
5) $u = 2^x$ 6) $u = 1 - \left(\frac{1}{2}\right)^x$

問 8.3：宝くじと保険に関する以下の設問に答えよ．

1) 1万本に1本の割合で100万円が当たる宝くじの公正な価格はいくらか．
2) 消費者が千円所有しており，彼の所得 x についての効用関数が

$$u = x^2$$

であるとする．1) の宝くじの価格が千円のとき消費者は宝くじを購入するか．

3) 1％の確率で起きる事故に対して100万円の保険金を支払う保険の公正な保険料はいくらか．
4) 資産家が102万円の資産を所有しており，3) の場合の事故が起きるとすべての資産を失うとする．彼の資産 x についての効用関数を

$u = \sqrt{x}$

とする。3) の保険の保険料が2万円のとき資産家は保険に加入するか。ただし，保険料2万円は事前に資産のなかから支払うものとする。

問8.4：総資産額が1,000万円の個人が次のような事故の危険に直面している。

・事故が起きる確率は5％である。事故が起きた場合，個人はすべての資産を失う。

この個人に保険会社は次のような保険を販売する。

・保険1口に加入した場合，もし事故が起きたならば，保険会社は個人に5万円の保険金を支払う。個人は保険料として事故が起きなければ1口につき1万円支払う。

個人の効用関数を

$$u = \log x \quad (x\text{ は資産額})$$

とする。

1) 個人が加入する保険の口数を H とするとき，期待効用を式で表せ。
2) 個人が期待効用を最大にするように行動するならば保険に何口加入するか。
3) 2) の場合，保険会社の期待収益はいくらか。

問8.5：ある個人が資産1,000万円のうち一部を貨幣で，残りを債券で保有することを考えている。貨幣の利子率 r は確実で，$r = 0.1$ である。他方，債券の利子率 s は不確実で，$\frac{56}{110}$ の確率で $s = 0.14$ になり，$\frac{54}{110}$ の確率で $s = 0.06$ になるものとする。個人の効用関数は

$$u = \log x \quad (x\text{ は資産額})$$

であるとする。

1) 個人の資産のうち貨幣で保有する額を M とするとき，期待効用を式で表せ。
2) 個人が期待効用を最大にするように行動するとき，貨幣保有額はいくらか。

問8.6：情報が完全ではない市場においてしばしば「道徳的危険」と「逆選択」と呼ばれる現象が発生するが，これらの現象は以下の事柄とどのように関わっているか説明せよ。

1) 老人用の医療保険
2) 自動車事故保険における種々の割引制度
3) 労働市場における人種差別
4) 学歴社会
5) ブランド商品
6) チェーンストア
7) 消費者金融市場

問 8.7：情報が不完全な市場では，しばしば「逆選択」と呼ばれる現象が発生するが，以下の記述のうちその最も適当な例はどれか。
① 医療保険があるため患者は過剰な治療を要求し，その結果医療費が増大する。
② 学歴が尊重される社会では，高い学歴の人だけが能力があると評価されるため，低い学歴の人が職につくことが困難である。
③ 有名ブランドの商品が珍重され，品質が良くても無名であれば人々は購入しない。
④ 高齢の人々は病気になりがちなので，市場が競争的ならば民間の保険会社による医療保険には加入することが困難である。
⑤ 労働市場で黒人が過度に保護されると，同等の能力を持つ白人が職を得る機会を失う。

問 8.8：労働者はタイプ 1 とタイプ 2 の二つに分けられ，企業の生産関数が
$$Y = L_1 + 2L_2$$
(Y：生産量，L_1：タイプ 1 の労働者の雇用人数，L_2：タイプ 2 の労働者の雇用人数)で示されるとする。労働者は教育を受けることができ，タイプ i ($i = 1, 2$) の労働者が教育水準 y を得るための費用 C_i は，それぞれ
$$C_1 = y, \qquad C_2 = \frac{y}{2}$$
で示されるとする。

企業は，個々の労働者のタイプを知ることはできないが，教育水準は知ることができるものとする。企業はある教育水準 y^* を設定し，y^* より低い教育水準の労働者には 1 の賃金を，y^* 以上の教育水準の労働者には 2 の賃金を支払うという賃金契約を提示するものとする。この賃金契約において，企業は教育水準 y^* をどのような範囲に設定すれば，労働者のタイプを区別することができるか。

ただし，企業の生産物の価格は 1 とし，市場はすべて競争的であるものとする。また，労働者は賃金と教育費用との差を最大にするように行動するものとする。

9

証券市場

　現実の経済では株式，債券，保険，あるいはそれらを組み合わせた派生金融商品など，種々の証券が市場で売買されている。実際の証券には様々な形態のものがあるが，理論的には証券は貨幣を将来支払うことを約束した証書と見なすことができ，そのような証書が売買される場が証券市場である。

　経済に不確実性が存在するとき，人々は将来どのような状況が実現するかを事前に知ることはできない。不確実性に対処するために人々は証券を購入する。通常，証券が約束する貨幣の支払いには条件が付いており，支払われる金額は状況に依存して変わる。また，支払われる金額は証券によって異なる。したがって，人々は色々な証券を組み合わせて購入する。このような証券を購入する人々の行動を説明することがこの章の目的である。

　この章では，最初に証券を一般的に定義し，証券を購入する個人の行動と証券市場の均衡について説明する。不確実性の分析には統計学の理論は有用である。統計学的手法を用いた証券市場の分析は，「平均・分散アプローチ」あるいは「CAPM 理論」と呼ばれる。この章では，CAPM 理論の基本的命題である安全資産と危険資産の選択に関する「分離定理」と証券市場の均衡における証券取引に関する「投資信託定理」についても説明する。また，株式価格と企業価値に関する「モディリアーニ・ミラーの定理」と呼ばれる命題も証明される。

9.1 証券市場の均衡

前章では不確実性下の取引は条件付財の売買として表現されることを明らかにした。この節では，条件付財の概念を拡張することによって証券を一般的に定義し，そのような証券の市場均衡について説明する。

■ **条件付財と証券**

経済には状態1と状態2の二つの状態があり，いずれか一方が実現するという不確実性が存在するものとする。それらの状態が起きる確率はそれぞれ π_1, π_2 であるとする。この場合，

$$\pi_1 > 0, \quad \pi_2 > 0, \quad \pi_1 + \pi_2 = 1$$

である。ここでは不確実性に関する情報は完全であり，二つの状態が存在すること，ならびにそれらが起きる確率をすべての個人が知っているものとする。

各状態において貨幣（一般的な場合は財）を支払うことを約束した「証書」を 証券 と呼ぶことにする。状態1と状態2においてそれぞれ s_1 単位， s_2 単位の貨幣が支払われる証券を，2次元ベクトルを用いて，

$$\mathbf{s} = \begin{bmatrix} s_1 \\ s_2 \end{bmatrix}$$

と表記し，証券 $\mathbf{s}$ と呼ぶことにする。証券 $\mathbf{s}$ を1単位購入すると，購入者は状態1と状態2においてそれぞれ s_1, s_2 の収益を得ることができる。支払われる貨幣量 s_1, s_2 は，通常は非負の値であると考えられるが，理論的にはどのような値であっても構わない。

以下の記号を用いて，特別な証券を表記することにする。

$$\mathbf{1}_0 = \begin{bmatrix} 1 \\ 1 \end{bmatrix}, \quad \mathbf{1}_1 = \begin{bmatrix} 1 \\ 0 \end{bmatrix}, \quad \mathbf{1}_2 = \begin{bmatrix} 0 \\ 1 \end{bmatrix}$$

証券 $\mathbf{1}_0$ はいずれの状態においても貨幣1単位が支払われる証券であり，一万円札のように安全な証券，いわゆる「安全資産」である。証券 $\mathbf{1}_1$ を購入すると状態1が起きたとき貨幣1単位を（証券の売り手から）受け取ることができ，他方，証券 $\mathbf{1}_2$ を購入すると状態2が起きたとき貨幣1単位を受け取るこ

とができる．状態に依存して支払われる金額が異なる証券はリスクを伴う証券であり，いわゆる「危険資産」である．

証券 1_1 と証券 1_2 は前章で定義した条件付財に相当する証券であり，証券は条件付財を一般化した概念であることが分かる．証券 1_1 と証券 1_2 のように，単一の状態だけに対応して貨幣（あるいは財）が支払われる証券はアロー (Arrow) 証券と呼ばれる．

■ 完備市場

いま，市場では二種類の証券 $\mathbf{s} = \begin{bmatrix} s_1 \\ s_2 \end{bmatrix}$ と $\mathbf{t} = \begin{bmatrix} t_1 \\ t_2 \end{bmatrix}$ を売買することができるとする．証券 $\mathbf{s}$ と証券 $\mathbf{t}$ の購入量をそれぞれ z_s, z_t で表すことにする．ただし，購入量 z_s, z_t が負の値である証券は，その証券を売ることを意味する．

個人が証券 $\mathbf{s}$, $\mathbf{t}$ をそれぞれ z_s, z_t だけ購入すると，証券から得る収益は，状態 1, 2 における収益をそれぞれ x_1, x_2 とすると，

$$x_1 = z_s s_1 + z_t t_1, \qquad x_2 = z_s s_2 + z_t t_2$$

となる．上の収益の見込みはベクトル $\mathbf{x} = \begin{bmatrix} x_1 \\ x_2 \end{bmatrix}$ で表記することができ，

$$\mathbf{x} = z_s \mathbf{s} + z_t \mathbf{t} \tag{9.1.1}$$

で示される．証券の購入量 z_s, z_t を変えることによって，収益の見込み $\mathbf{x}$ を変えることができる．収益の見込み $\mathbf{x}$ を任意の値にすることができるとき，そのような市場は完備市場と呼ばれる．すなわち，もし市場が完備であるならば，人々は必要に応じて，証券を適当に組み合わせて購入することによって，各状態において任意の額の収益を得ることができる．

証券市場が完備であるか否かは，市場で売買することができる証券に依存する．たとえば，アロー証券 1_1 と 1_2 の売買が可能ならば，収益の見込み $\mathbf{x}$ を任意の値にすることができるから，市場は完備である．もし市場に一種類の証券しかなければ，市場は完備ではない．状態の個数が二つの場合は，少なくとも二種類の証券が市場になければ市場は完備にはならない．二つの証券 $\mathbf{s}$, $\mathbf{t}$ が取引される市場が完備となるのは，数学的にいえば，ベクトル $\mathbf{s}$ と $\mathbf{t}$ が 1 次独立であること，すなわち，

$$S = [\mathbf{s},\ \mathbf{t}] = \begin{bmatrix} s_1 & t_1 \\ s_2 & t_2 \end{bmatrix}, \qquad |S| = \begin{vmatrix} s_1 & t_1 \\ s_2 & t_2 \end{vmatrix} \tag{9.1.2}$$

で定義される行列 S の行列式 $|S|$ の値がゼロではない（$|S| \neq 0$）ときである。

■ 個人の行動

ある個人の効用関数が

$$u = U(x) \qquad (u：効用水準, x は貨幣量)$$

であるとする。個人が得る収益の見込みが $\mathbf{x} = \begin{bmatrix} x_1 \\ x_2 \end{bmatrix}$ であるとき，個人の期待効用は

$$V(\mathbf{x}) = \pi_1 U(x_1) + \pi_2 U(x_2) \tag{9.1.3}$$

で示される。

個人が保有する貨幣量は不確実であり，状態に依存するものとする。状態1，2において個人が保有する貨幣量（初期保有量）をそれぞれ e_1, e_2 とする。

市場において証券 $\mathbf{s}$, $\mathbf{t}$ を売買することができるとする。個人が証券 $\mathbf{s}$, $\mathbf{t}$ をそれぞれ z_s, z_t だけ購入すると，状態1，2において個人が得る貨幣量 x_1, x_2 は証券から得られる収益と個人の初期保有量の合計，

$$x_1 = z_s s_1 + z_t t_1 + e_1, \qquad x_2 = z_s s_2 + z_t t_2 + e_2$$

である。ベクトルによる表記では，$\mathbf{x} = \begin{bmatrix} x_1 \\ x_2 \end{bmatrix}$, $\mathbf{e} = \begin{bmatrix} e_1 \\ e_2 \end{bmatrix}$, $\mathbf{z} = \begin{bmatrix} z_s \\ z_t \end{bmatrix}$ とすると，

$$\mathbf{x} = z_s \mathbf{s} + z_t \mathbf{t} + \mathbf{e} = S\mathbf{z} + \mathbf{e} \tag{9.1.4}$$

で示される。証券 $\mathbf{s}$, $\mathbf{t}$ の価格をそれぞれ q_s, q_t で表すことにする。当初個人はいずれの証券も保有していないと仮定すると，個人の予算制約は，

$$q_s z_s + q_t z_t = 0, \text{ すなわち, } \mathbf{q}\mathbf{z} = 0 \ (\text{ただし, } \mathbf{q} = [q_s,\ q_t]) \tag{9.1.5}$$

で表される。この式から，購入量 z_s, z_t の一方が正の値（買い）なら，他方は負の値（売り）であり，所有していない証券を売ることを意味する。

個人は，所与の証券価格 $\mathbf{q}$ のもとで，予算制約 (9.1.5) を満たす証券の購入量 $\mathbf{z}$ のなかで，(9.1.4) の収益の見込みに関する期待効用の値 (9.1.3) が最大となるものを選択する。すなわち，個人の行動は以下の最大化問題で表される。

9.1 証券市場の均衡

最大化問題 1

$$\max_{z_s, z_t} V(\mathbf{x}) \quad \text{subject to} \quad \mathbf{x} = z_s \mathbf{s} + z_t \mathbf{t} + \mathbf{e}, \quad q_s z_s + q_t z_t = 0$$

もし証券市場が完備であるならば,証券 $\mathbf{s}$, $\mathbf{t}$ を適当に組み合わせることによってアロー証券 $\mathbf{1}_1$, $\mathbf{1}_2$ を作り出すことができるから,実質的にアロー証券 $\mathbf{1}_1$, $\mathbf{1}_2$ の売買が可能である。したがって,完備市場における個人の行動は,8.4 節で説明したすべての条件付財が存在する完全市場における個人の行動と同じである。以下においてそのことを確認しよう。

明らかな関係として,証券 $\mathbf{1}_1$, $\mathbf{1}_2$ と証券 $\mathbf{s}$, $\mathbf{t}$ の間には

$$s_1 \mathbf{1}_1 + s_2 \mathbf{1}_2 = \mathbf{s}, \qquad t_1 \mathbf{1}_1 + t_2 \mathbf{1}_2 = \mathbf{t}$$

が成立する。上の式から,1 単位の証券 $\mathbf{s}$ の価値は s_1 単位の証券 $\mathbf{1}_1$ と s_2 単位の証券 $\mathbf{1}_2$ の価値に等しく,また 1 単位の証券 $\mathbf{t}$ の価値は t_1 単位の証券 $\mathbf{1}_1$ と t_2 単位の証券 $\mathbf{1}_2$ に等しいことが分かる。したがって,証券 $\mathbf{1}_1$ と証券 $\mathbf{1}_2$ の価格をそれぞれ p_1, p_2 とすると,

$$p_1 s_1 + p_2 s_2 = q_s, \qquad p_1 t_1 + p_2 t_2 = q_t$$

でなければならない。これより,$\mathbf{p} = [p_1, p_2]$ とすると,$\mathbf{p}S = \mathbf{q}$,すなわち

$$\mathbf{p} = \mathbf{q}S^{-1} \qquad (S^{-1} \text{ は行列 } S \text{ の逆行列})$$

を得る。このとき,(9.1.4) と証券の購入に関する予算制約 (9.1.5) より,

$$\mathbf{p}\mathbf{x} = \mathbf{p}S\mathbf{z} + \mathbf{p}\mathbf{e} = \mathbf{q}S^{-1}S\mathbf{z} + \mathbf{p}\mathbf{e} = \mathbf{q}\mathbf{z} + \mathbf{p}\mathbf{e} = \mathbf{p}\mathbf{e}$$

すなわち,条件付財の購入に関する予算制約,

$$p_1 x_1 + p_2 x_2 = p_1 e_1 + p_2 e_2 \tag{9.1.6}$$

が満たされていることが分かる。したがって,完備な証券市場における個人の行動は,条件付財の価格が $\mathbf{p} = [p_1, p_2]$ であるときの個人の行動,すなわち 8.4 節の完全な条件付財市場における行動と同じものである。

■ 証券市場の均衡

市場に二人の個人 A と B がいるとする。個人 i (i = A, B) の効用関数を

$$u = U^i(x) \qquad (u:\text{効用水準},\ x \text{ は貨幣量})$$

であるとすると,収益の見込みが $\mathbf{x} = \begin{bmatrix} x_1 \\ x_2 \end{bmatrix}$ であるときの個人 i の期待効用は

$$V^i(\mathbf{x}) = \pi_1 U^i(x_1) + \pi_2 U^i(x_2) \tag{9.1.7}$$

で示される。個人 i の貨幣の初期保有量を $\mathbf{e}^i = \begin{bmatrix} e_1^i \\ e_2^i \end{bmatrix}$ とする。個人 i の行動は，最大化問題 1 において期待効用 $V^i(\mathbf{x})$ が，初期保有量が $\mathbf{e}^i$ であるときの問題として表現される。

証券 s, t が売買される市場の均衡とは，証券 s, t のある特別な価格 $\overline{q}_s$, $\overline{q}_t$ のもとで，各個人 i が証券 s, t の購入量 $\overline{z}_s^i$, $\overline{z}_t^i$ を選択したとき，証券 s, t の需給が等しい，すなわち

$$\overline{z}_s^A + \overline{z}_s^B = 0, \qquad \overline{z}_t^A + \overline{z}_t^B = 0 \tag{9.1.8}$$

が成立する状況である。このとき，個人 i が状態 1, 2 において得る収益の見込みは

$$\overline{\mathbf{x}}^i = \overline{z}_s^i \mathbf{s} + \overline{z}_t^i \mathbf{t} + \mathbf{e}^i, \tag{9.1.9}$$

であり，価格が $\overline{q}_s$, $\overline{q}_t$ のときの予算制約のもとで期待効用を最大にするものである。

証券市場において二個人の間で証券の売買が行われた後，状態 1 と状態 2 のいずれかが起きる。各状態では，売買した証券の約束に従って二個人の間で貨幣の支払いと受取が行われる。そのとき，(9.1.8) と (9.1.9) より，

$$\overline{\mathbf{x}}^A + \overline{\mathbf{x}}^B = (\overline{z}_s^A + \overline{z}_s^B)\mathbf{s} + (\overline{z}_t^A + \overline{z}_t^B)\mathbf{t} + \mathbf{e}^A + \mathbf{e}^B = \mathbf{e}^A + \mathbf{e}^B$$

が成立する。すなわち，各状態 i ($i = 1, 2$) において二個人が得る貨幣量の合計 $\overline{x}_i^A + \overline{x}_i^B$ は，各状態において存在する貨幣の総量（二個人の貨幣の初期保有量の合計） $e_i^A + e_i^B$ に等しい。このことは，いずれの状態が実現しても，二個人は証券の約束に従って貨幣の支払いと受取りを実行することができることを意味する。

また，もし証券市場が完備であるならば，先に示したように証券市場における個人の行動は条件付財市場における行動と同じであるから，完備な証券市場の均衡は，8.4 節で説明した完全な条件付財市場の均衡と同じものである。

9.2 平均・分散アプローチ

前節では，個人は収益の見込みを期待効用によって評価することを仮定した

9.2 平均・分散アプローチ

が，この節では収益の見込みをその「平均」と「分散」の値で評価する個人の行動について説明する．証券市場における個人の行動を平均と分散を用いて説明する手法は平均・分散アプローチと呼ばれる．

■ 平均，分散，共分散

安全資産と危険資産の組合せの問題を分析するために，議論を少しだけ一般化し，状態の個数を3とする．この一般化に伴い，前節では2次元ベクトルで表記された収益の見込み $\mathbf{x}$，あるいは安全資産である証券 $\mathbf{1}_0$，危険資産である証券 $\mathbf{s}$, $\mathbf{t}$ は，ここでは以下のような3次元ベクトルであるとする．

$$\mathbf{x} = \begin{bmatrix} x_1 \\ x_2 \\ x_3 \end{bmatrix}, \quad \mathbf{1}_0 = \begin{bmatrix} 1 \\ 1 \\ 1 \end{bmatrix}, \quad \mathbf{s} = \begin{bmatrix} s_1 \\ s_2 \\ s_3 \end{bmatrix}, \quad \mathbf{t} = \begin{bmatrix} t_1 \\ t_2 \\ t_3 \end{bmatrix}$$

状態1, 2, 3のいずれかが起き，それらの状態が起きる確率をそれぞれ π_1, π_2, π_3 ($\pi_1 > 0$, $\pi_2 > 0$, $\pi_3 > 0$, $\pi_1 + \pi_2 + \pi_3 = 1$) とする．収益の見込みを表すベクトル $\mathbf{x}$ は，状態1では x_1 に，状態2では x_2 に，状態3では x_3 になるという変数と見なすことができる．一般に，状態に依存して値が変わる変数は確率変数と呼ばれる．すなわち，収益の見込み $\mathbf{x}$，あるいは証券 $\mathbf{1}_0$, $\mathbf{s}$, $\mathbf{t}$ は確率変数である．

確率変数 $\mathbf{x}$ の平均（期待値）$\mu_\mathbf{x}$ と分散 $\sigma_\mathbf{x}^2$ はそれぞれ

$$\mu_\mathbf{x} = \pi_1 x_1 + \pi_2 x_2 + \pi_3 x_3,$$
$$\sigma_\mathbf{x}^2 = \pi_1 (x_1 - \mu_\mathbf{x})^2 + \pi_2 (x_2 - \mu_\mathbf{x})^2 + \pi_3 (x_3 - \mu_\mathbf{x})^2$$

で定義される．分散の正の平方根 $\sigma_\mathbf{x} = \sqrt{\sigma_\mathbf{x}^2}$ は標準偏差と呼ばれる．

二つの確率変数 $\mathbf{x}$, $\mathbf{y}$ について，確率変数 $\mathbf{x}$ と $\mathbf{y}$ の共分散 $\sigma_{\mathbf{x},\mathbf{y}}$ は

$$\sigma_{\mathbf{x},\mathbf{y}} = \pi_1 (x_1 - \mu_\mathbf{x})(y_1 - \mu_\mathbf{y}) + \pi_2 (x_2 - \mu_\mathbf{x})(y_2 - \mu_\mathbf{y}) + \pi_3 (x_3 - \mu_\mathbf{x})(y_3 - \mu_\mathbf{y})$$

で定義される．特に，$\mathbf{x} = \mathbf{y}$ のとき，$\sigma_{\mathbf{x},\mathbf{y}} = \sigma_\mathbf{x}^2$ である．

平均，分散，共分散に関して一般に以下の公式が成立する．

> **平均・分散・共分散に関する公式**：任意の数 a, b と確率変数 $\mathbf{x}$, $\mathbf{y}$, $\mathbf{z}$ について以下が成立する．

(1) $\mu_{ax} = a\mu_x, \qquad \mu_{ax+by} = a\mu_x + b\mu_y$

(2) $\sigma_{ax}{}^2 = a^2 \sigma_x{}^2, \qquad \sigma_{ax+by}{}^2 = a^2\sigma_x{}^2 + 2ab\sigma_{x,y} + b^2\sigma_y{}^2$

(3) $\sigma_{ax,by} = ab\sigma_{x,y}$

(4) $\sigma_{ax+by,z} = a\sigma_{x,z} + b\sigma_{y,z}$

状態の個数が 3 の場合は，上の定義に従って計算することによって，これらの公式は容易に証明することができる．以下の議論ではこれらの公式は頻繁に用いられる．

■ 個人の行動基準

ある個人の収益の見込みを $\mathbf{x}$ とする．収益の見込み $\mathbf{x}$ の平均 μ_x は個人が平均的に得る収益の大きさを表し，分散 $\sigma_x{}^2$ は収益の変動の程度を表し，リスクを表す一つの指標と考えることができる．

前節では個人が最大化する目的関数は (9.1.3) の期待効用 $V(\mathbf{x})$ であったが，ここでは個人の目的関数は，収益の見込み $\mathbf{x}$ の平均 μ_x と分散 $\sigma_x{}^2$ とだけに依存する関数であることを仮定する．すなわち，個人は μ_x と $\sigma_x{}^2$ のある関数,

$$w = W(\mu_x, \sigma_x{}^2) \qquad (9.2.1)$$

の値がより大きくなるように収益の見込み $\mathbf{x}$ を選択することを仮定する．

危険回避的な個人にとって平均 μ_x は大きく分散 $\sigma_x{}^2$ は小さい方が望ましいから，通常は関数 W は μ_x の増加関数，$\sigma_x{}^2$ の減少関数であることが仮定される．図 9.1 は個人の平均 μ と分散 σ^2 に関する無差別曲線を描いたものである．図の左上方の点が個人にとってより望ましい平均と分散の組合せである．

市場では証券 $\mathbf{1}_0$, $\mathbf{s}$, $\mathbf{t}$ の三種類の証券の売買が可能であるとする．個人の証券購入の特徴を明らかにするため，以下では証券 $\mathbf{s}$, $\mathbf{t}$ は危険資産であり，安全資産の証券 $\mathbf{1}_0$ とは異なることを仮定する．また，市場は完備であること，すなわち，ベクトル $\mathbf{1}_0$, $\mathbf{s}$, $\mathbf{t}$ から作られる行列

$$S = [\mathbf{1}_0 \quad \mathbf{s} \quad \mathbf{t}] = \begin{bmatrix} 1 & s_1 & t_1 \\ 1 & s_2 & t_2 \\ 1 & s_3 & t_3 \end{bmatrix}$$

の行列式の値がゼロではないこと（$|S| \neq 0$）を仮定する．

9.2 平均・分散アプローチ　　　　　　　　　　　　　　　　**293**

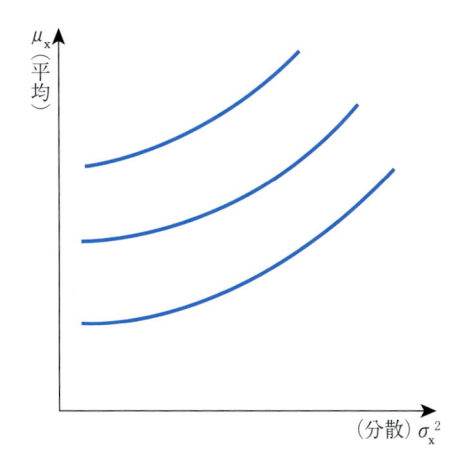

図 9.1　平均と分散の無差別曲線

　三つの証券 $\mathbf{1}_0$, $\mathbf{s}$, $\mathbf{t}$ の価格がそれぞれ q_0, q_s, q_t であるとする。個人は証券 $\mathbf{1}_0$, $\mathbf{s}$, $\mathbf{t}$ をそれぞれ y_0, y_s, y_t だけ購入すると，個人が購入した証券から得る収益は

$$\mathbf{x} = y_0 \mathbf{1}_0 + y_s \mathbf{s} + y_t \mathbf{t} \tag{9.2.2}$$

で示される。個人が証券を購入するために使う所得を m とすると，個人の予算制約は

$$q_0 y_0 + q_s y_s + q_t y_t = m \tag{9.2.3}$$

で示される。したがって，個人の行動は，(9.2.3) の予算制約のもとで，(9.2.2) の収益の見込み $\mathbf{x}$ に依存する関数 $W(\mu_\mathbf{x}, \sigma_\mathbf{x}^2)$ の値を最大化することである。

　以上をまとめると，個人の行動は次の最大化問題で表される。

最大化問題 2

$$\max_{y_0, y_s, y_t} W(\mu_\mathbf{x}, \sigma_\mathbf{x}^2) \quad \text{subject to} \quad \mathbf{x} = y_0 \mathbf{1}_0 + y_s \mathbf{s} + y_t \mathbf{t}, \; q_0 y_0 + q_s y_s + q_t y_t = m$$

この問題を解くために，(9.2.2) から (9.2.3) を用いて変数 y_0 を消去すると，

$$\mathbf{x} = \frac{1}{q_0}(m - q_s y_s - q_t y_t)\mathbf{1}_0 + y_s \mathbf{s} + y_t \mathbf{t} \tag{9.2.4}$$

を得る。これより収益の見込み $\mathbf{x}$ の平均と分散を求めると，公式 (1) と (2) より，

$$\mu_x = \frac{1}{q_0}(m - q_s y_s - q_t y_t) + y_s \mu_s + y_t \mu_t, \qquad (9.2.5)$$

$$\sigma_x^2 = y_s^2 \sigma_s^2 + 2 y_s y_t \sigma_{s,t} + y_t^2 \sigma_t^2 \qquad (9.2.6)$$

となる.したがって,上の問題は二変数 y_s, y_t に関する最大化問題となる.最大化の条件は,合成関数の微分法により,

$$\frac{\partial W}{\partial y_s} = W_1 \times \left(\mu_s - \frac{q_s}{q_0}\right) + W_2 \times 2(y_s \sigma_s^2 + y_t \sigma_{s,t}) = 0,$$

$$\frac{\partial W}{\partial y_t} = W_1 \times \left(\mu_t - \frac{q_t}{q_0}\right) + W_2 \times 2(y_s \sigma_{s,t} + y_t \sigma_t^2) = 0$$

である.ただし,$W_1 = \dfrac{\partial W}{\partial \mu_x}$, $W_2 = \dfrac{\partial W}{\partial \sigma_x^2}$ である.ベクトルと行列を用いて表記すると,

$$W_1 \times \begin{bmatrix} \mu_s - \dfrac{q_s}{q_0} \\ \mu_t - \dfrac{q_t}{q_0} \end{bmatrix} + 2 W_2 \times \begin{bmatrix} \sigma_s^2 & \sigma_{s,t} \\ \sigma_{s,t} & \sigma_t^2 \end{bmatrix} \begin{bmatrix} y_s \\ y_t \end{bmatrix} = 0$$

となる.これより,

$$\begin{bmatrix} y_s \\ y_t \end{bmatrix} = k \times \begin{bmatrix} \sigma_s^2 & \sigma_{s,t} \\ \sigma_{s,t} & \sigma_t^2 \end{bmatrix}^{-1} \begin{bmatrix} \mu_s - \dfrac{q_s}{q_0} \\ \mu_t - \dfrac{q_t}{q_0} \end{bmatrix} \qquad \left(\text{ただし, } k = -\frac{W_1}{2 W_2}\right)$$

を得る.なお,上の式の分散・共分散行列の逆行列が存在することは,ここでは証明しないが,行列 S の行列式の値がゼロでないこと ($|S| \neq 0$) から導出することができる.数 θ_s と θ_t を

$$\begin{bmatrix} \theta_s \\ \theta_t \end{bmatrix} = \begin{bmatrix} \sigma_s^2 & \sigma_{s,t} \\ \sigma_{s,t} & \sigma_t^2 \end{bmatrix}^{-1} \begin{bmatrix} \mu_s - \dfrac{q_s}{q_0} \\ \mu_t - \dfrac{q_t}{q_0} \end{bmatrix} \qquad (9.2.7)$$

を満たす数とする.数 θ_s と θ_t は証券 $\mathbf{1}_0$, $\mathbf{s}$, $\mathbf{t}$ とそれらの価格 q_0, q_s, q_t だけに依存し,個人の目的関数 W の形状には依存しない.個人の証券 $\mathbf{s}$, $\mathbf{t}$ の購入量 y_s, y_t は

$$\begin{bmatrix} y_s \\ y_t \end{bmatrix} = k \begin{bmatrix} \theta_s \\ \theta_t \end{bmatrix} \qquad (9.2.8)$$

で表されるから,個人の証券 $\mathbf{s}$, $\mathbf{t}$ の購入量の割合 $y_s : y_t$ は割合 $\theta_s : \theta_t$ に等し

い。このことは目的関数が（9.2.1）のように収益の平均と分散だけに依存する個人ならばすべての個人についていえる。したがって，割合 $\theta_s : \theta_t$ はすべての個人にとって最適な組合せの割合であるということができる。

> **命題 9.2.1**：個人の目的関数が収益の平均と分散だけに依存するならば，証券 $\mathbf{1}_0$, $\mathbf{s}$, $\mathbf{t}$ のポートフォリオの選択において，個人は危険資産である証券 $\mathbf{s}$, $\mathbf{t}$ の組合せについてはある特別な割合（(9.2.7) の $\theta_s : \theta_t$）を選択する。

この命題は「危険資産の組合せの仕方は，安全資産の購入量の決定とは分離することができる」ことを主張しており，危険資産と安全資産の選択に関する分離定理と呼ばれる。

9.3 資本資産価格付けモデル

9.1 節では個人が期待効用に基づいて行動する証券市場について説明したが，この節では個人が平均と分散に基づいて行動する証券市場の均衡について説明する。平均・分散アプローチによって証券市場を分析する理論は資本資産価格付けモデル（Capital Asset Pricing Model 略して CAPM）と呼ばれる。

■ 証券市場

前節と同様に，3 つの状態のいずれかが起きるという不確実性が存在し，市場は安全な証券 $\mathbf{1}_0$ と危険な証券 $\mathbf{s} = \begin{bmatrix} s_1 \\ s_2 \\ s_3 \end{bmatrix}$, $\mathbf{t} = \begin{bmatrix} t_1 \\ t_2 \\ t_3 \end{bmatrix}$ を売買することが可能な完備市場であるとする。

市場には二人の個人 A，B がおり，二個人はともに収益の見込みをその平均と分散だけで評価するものとする。個人 A，B の目的関数をそれぞれ

$$w = W^A(\mu_{\mathbf{x}}, \sigma_{\mathbf{x}}^2), \qquad w = W^B(\mu_{\mathbf{x}}, \sigma_{\mathbf{x}}^2)$$

で表し，また，個人 A，B の貨幣の初期保有量をそれぞれ 3 次元の列ベクトル $\mathbf{e}^A$, $\mathbf{e}^B$ で表すことにする。

三つの証券 $\mathbf{1}_0$, $\mathbf{s}$, $\mathbf{t}$ の価格を q_0, q_s, q_t とすると，個人 i (i = A, B) の行動は 9.1 節の最大化問題 1 において目的関数 $V(\mathbf{x})$ が $W^i(\mu_{\mathbf{x}}, \sigma_{\mathbf{x}}^2)$ におき換わったものであり，次のように表現される。

最大化問題 1′

$$\max_{z_0, z_s, z_t} W^i(\mu_{\mathbf{x}}, \sigma_{\mathbf{x}}^2) \quad \text{subject to} \quad \mathbf{x} = z_0 \mathbf{1}_0 + z_s \mathbf{s} + z_t \mathbf{t} + \mathbf{e}^i, \quad q_0 z_0 + q_s z_s + q_t z_t = 0$$

この問題は前節の最大化問題 2 に書き換えることができる。上の問題の個人の貨幣の初期保有量 $\mathbf{e}^i$ は最大化問題 2 の個人の所得 m に対応する。実際，市場は完備であるから，初期保有量 $\mathbf{e}^i$ に対して，a^i 単位の証券 $\mathbf{1}_0$ と b^i 単位の証券 $\mathbf{s}$ と c^i 単位の証券 $\mathbf{t}$ を用いて，

$$a^i \mathbf{1}_0 + b^i \mathbf{s} + c^i \mathbf{t} = \mathbf{e}^i$$

となるような組合せ (a^i, b^i, c^i) が存在する。このことは個人 i が a^i 単位の証券 $\mathbf{1}_0$ と b^i 単位の証券 $\mathbf{s}$ と c^i 単位の証券 $\mathbf{t}$ を所有していることと同等である。実際，a^i 単位の証券 $\mathbf{1}_0$ と b^i 単位の証券 $\mathbf{s}$ と c^i 単位の証券 $\mathbf{t}$ を売っても，個人 i は貨幣の初期保有量 $\mathbf{e}^i$ を所有しているから，各状態において証券の約束に従って貨幣を支払うことが可能である。したがって，個人の所得 m^i を

$$m^i = q_0 a^i + q_s b^i + q_t c^i \quad (= \mathbf{q} S^{-1} \mathbf{e}^i, \text{ ただし, } \mathbf{q} = [q_0, q_s, q_t])$$

とすることによって，最大化問題 1′ は，所得が m^i である個人 i が証券 $\mathbf{1}_0$, $\mathbf{s}$, $\mathbf{t}$ を購入する最大化問題 2 と同じものとなる。実際，最大化問題 1′ において，$z_0 = y_0 - a^i$, $z_s = y_s - b^i$, $z_t = y_t - c^i$ とすると，個人 i の行動は次の最大化問題で表される。

最大化問題 2′

$$\max_{y_0, y_s, y_t} W^i(\mu_{\mathbf{x}}, \sigma_{\mathbf{x}}^2) \quad \text{subject to} \quad \mathbf{x} = y_0 \mathbf{1}_0 + y_s \mathbf{s} + y_t \mathbf{t}, \quad q_0 y_0 + q_s y_s + q_t y_t = m^i$$

■ 投資信託定理

均衡における個人の状況を明らかにしよう。最大化問題 1′ と 2′ において個人 i が選択する証券 $\mathbf{1}_0$, $\mathbf{s}$, $\mathbf{t}$ の購入量をそれぞれ (z_0^i, z_s^i, z_t^i), (y_0^i, y_s^i, y_t^i)

9.3 資本資産価格付けモデル

で表すことにする。それらの最大化問題が表す個人 i の行動は同一のものであり，また前節の結果 (9.2.8) より，

$$\mathbf{x}^i = z_0^i \mathbf{1}_0 + z_s^i \mathbf{s} + z_t^i \mathbf{t} + \mathbf{e}^i = y_0^i \mathbf{1}_0 + y_s^i \mathbf{s} + y_t^i \mathbf{t}$$
$$= y_0^i \mathbf{1}_0 + k^i [\theta_s \mathbf{s} + \theta_t \mathbf{t}] \qquad (i = A, B)$$
(9.3.1)

を得る。個人の行動が最大化問題 1′ で表されるとき，均衡では，すべての証券の需給が等しいから，

$$z_0^A + z_0^B = 0, \quad z_s^A + z_s^B = 0, \quad z_t^A + z_t^B = 0$$

が成立する。したがって，(9.3.1) を i について合計し，$\mathbf{e} = \mathbf{e}^A + \mathbf{e}^B$ とすると，

$$\mathbf{e} = (y_0^A + y_0^B)\mathbf{1}_0 + (k^A + k^B)[\theta_s \mathbf{s} + \theta_t \mathbf{t}] \qquad (9.3.2)$$

を得る。このとき，ベクトル $\mathbf{e}$ は二個人の貨幣の初期保有量の合計，すなわち経済全体の貨幣の初期賦存量を表している。上の式を変形したもの，

$$\theta_s \mathbf{s} + \theta_t \mathbf{t} = -\frac{y_0^A + y_0^B}{k^A + k^B}\mathbf{1}_0 + \frac{1}{k^A + k^B}\mathbf{e}$$

を (9.3.1) に代入すると，

$$\mathbf{x}^i = \left[y_0^i - \frac{k^i(y_0^A + y_0^B)}{k^A + k^B}\right]\mathbf{1}_0 + \frac{k^i}{k^A + k^B}\mathbf{e} \qquad (i = A, B) \quad (9.3.3)$$

を得る。この式から，<u>均衡ではすべての個人が選択する収益はともに安全資産 $\mathbf{1}_0$ と初期賦存量 $\mathbf{e}$ との組合せで表現されることが分かる</u>。

証券市場は完備であるから，初期賦存量 $\mathbf{e}$ は証券 $\mathbf{1}_0$, $\mathbf{s}$, $\mathbf{t}$ の適当な組合せによって構成できるから，$\mathbf{e}$ は市場に存在する証券から作られた証券投資信託と見なすことができる。

> **命題 9.3.1**：完備な証券市場において，すべての個人が収益の見込みをその平均と分散だけで評価するならば，均衡において個人が選択する収益の見込みは安全資産 $\mathbf{1}_0$ と投資信託 $\mathbf{e}$ によって実現される。

この命題は「多数の証券が市場に存在しても，均衡ではすべての個人が同じ一つの投資信託を購入する」ことを主張しており，証券市場の均衡に関する投資信託定理と呼ばれる。投資信託 $\mathbf{e}$ のように，均衡において取引される投資

信託はマーケット・ポートフォリオと呼ばれる。

各個人にとって不確実性は自己の貨幣の初期保有量の不確実性に起因する。経済全体の不確実性は各個人が抱えた不確実性の合計である e によって表される。したがって，マーケット・ポートフォリオ e は経済全体の不確実性を表しているともいえる。経済全体の不確実性からは誰も逃れることはできないから，個人は，証券の取引によって自己の不確実性にできるだけ対処しようとしても，投資信託 e を購入せざるを得ない。また，それを購入することが個人にとって最適な選択となる。

■ 証券の収益率

次に，均衡における投資信託 e の収益率と証券 s，t の収益率の関係を明らかにする。そのための準備として，証券の収益率とその平均と分散について説明する。

証券 s の価格を q_s とする。証券 s を 1 単位購入すると，状態 i ($i = 1, 2, 3$) において $s_i - q_s$ の収益が得られるから，状態 i において得られる収益の収益率は $\frac{s_i - q_s}{q_s}$ である。このように収益率も状態に依存するから，収益率は確率変数であり，証券 s の収益率（の見込み）は $\mathbf{r}_s = \frac{1}{q_s}\mathbf{s} - \mathbf{1}_0$ で表される。同様に，証券 t の価格が q_t であるとき，証券 t の収益率は $\mathbf{r}_t = \frac{1}{q_t}\mathbf{t} - \mathbf{1}_0$ で表される。証券 $\mathbf{1}_0$ の価格を q_0 とすると，証券 $\mathbf{1}_0$ は安全資産であるからいずれの状態においても $1 - q_0$ の収益が得られる。したがって，証券 $\mathbf{1}_0$ の収益率は $r_0 = \frac{1 - q_0}{q_0}$ で表される。

以上をまとめると，証券 $\mathbf{1}_0$，s，t の価格がそれぞれ q_0，q_s，q_t であるとき，証券 $\mathbf{1}_0$，s，t の収益率はそれぞれ

$$r_0 = \frac{1 - q_0}{q_0}, \quad \mathbf{r}_s = \frac{1}{q_s}\mathbf{s} - \mathbf{1}_0, \quad \mathbf{r}_t = \frac{1}{q_t}\mathbf{t} - \mathbf{1}_0 \tag{9.3.4}$$

で定義される。したがって，平均の公式(1)により，証券 s，t の収益率 $\mathbf{r}_s$，$\mathbf{r}_t$ の平均は

$$\mu_{\mathbf{r}_s} = \frac{1}{q_s}\mu_\mathbf{s} - 1, \qquad \mu_{\mathbf{r}_t} = \frac{1}{q_t}\mu_\mathbf{t} - 1 \tag{9.3.5}$$

となる。

■ 証券市場線

以下では，q_0, q_s, q_t は均衡における証券 $\mathbf{1}_0$, $\mathbf{s}$, $\mathbf{t}$ の価格とする。均衡では (9.3.2) が成立するから，投資信託 $\mathbf{e}$ の価格 q_e は

$$q_e = (y_0^A + y_0^B)q_0 + (k^A + k^B)[\theta_s q_s + \theta_t q_t]$$

である。また，(9.3.2) と平均に関する公式(1)より，

$$\mu_e = (y_0^A + y_0^B) + (k^A + k^B)[\theta_s \mu_s + \theta_t \mu_t]$$

を得る。上の二式から，

$$\mu_e - \frac{q_e}{q_0} = (k^A + k^B)\left[\theta_s\left(\mu_s - \frac{q_s}{q_0}\right) + \theta_t\left(\mu_t - \frac{q_t}{q_0}\right)\right] \quad (9.3.6)$$

を得る。また，(9.3.2) と分散・共分散に関する公式(4)より，

$$\sigma_{e,s} = (k^A + k^B)[\theta_s \sigma_s^2 + \theta_t \sigma_{s,t}], \qquad \sigma_{e,t} = (k^A + k^B)[\theta_s \sigma_{s,t} + \theta_t \sigma_t^2]$$

を得る。上の二式は，(9.2.7) を用いれば，

$$\sigma_{e,s} = (k^A + k^B)[\sigma_s^2 + \sigma_{s,t}]\begin{bmatrix}\theta_s \\ \theta_t\end{bmatrix} = (k^A + k^B)\left(\mu_s - \frac{q_s}{q_0}\right), \quad (9.3.7)$$

$$\sigma_{e,t} = (k^A + k^B)[\sigma_{s,t} + \sigma_t^2]\begin{bmatrix}\theta_s \\ \theta_t\end{bmatrix} = (k^A + k^B)\left(\mu_t - \frac{q_t}{q_0}\right) \quad (9.3.8)$$

となる。再び，(9.3.2) と分散・共分散に関する公式(4)により，

$$\sigma_e^2 = (k^A + k^B)[\theta_s \sigma_{e,s} + \theta_t \sigma_{e,t}]$$

を得る。上の式に (9.3.7) と (9.3.8) を代入し，さらに，(9.3.6) を代入すると，

$$\sigma_e^2 = (k^A + k^B)^2\left[\theta_s\left(\mu_s - \frac{q_s}{q_0}\right) + \theta_t\left(\mu_t - \frac{q_t}{q_0}\right)\right]$$

$$= (k^A + k^B)\left(\mu_e - \frac{q_e}{q_0}\right) \quad (9.3.9)$$

を得る。したがって，(9.3.7)，(9.3.8)，(9.3.9) より，$(k^A + k^B)$ を消去すると，

$$\mu_s - \frac{q_s}{q_0} = \frac{\sigma_{e,s}}{\sigma_e^2}\left(\mu_e - \frac{q_e}{q_0}\right), \qquad \mu_t - \frac{q_t}{q_0} = \frac{\sigma_{e,t}}{\sigma_e^2}\left(\mu_e - \frac{q_e}{q_0}\right) \quad (9.3.10)$$

の関係を得る。

上の (9.3.10) 式を「収益率」の表現を使って書き換えることにする。投資

信託 e の収益率は，証券の場合と同様に，$r_e = \dfrac{1}{q_e}e - 1_0$ で定義される。したがって，投資信託 e の収益率 r_e の平均と分散，および証券 s, t の収益率 r_s, r_t との共分散は，平均・分散・共分散に関する公式 (1), (2), (3) より，

$$\mu_{r_e} = \frac{1}{q_e}\mu_e - 1, \quad \sigma_{r_e}^2 = \frac{1}{q_e^2}\sigma_e^2, \quad \sigma_{r_e, r_s} = \frac{1}{q_e q_s}\sigma_{e,s}, \quad \sigma_{r_e, r_t} = \frac{1}{q_e q_t}\sigma_{e,t}$$

(9.3.11)

である。ここで証券のベータと呼ばれる値を

$$\beta_s = \frac{\sigma_{r_e, r_s}}{\sigma_{r_e}^2}, \qquad \beta_t = \frac{\sigma_{r_e, r_t}}{\sigma_{r_e}^2} \tag{9.3.12}$$

と定義する。これらの値は証券 s, t の収益率とマーケット・ポートフォリオ e との相関の程度を表す指標である。(9.3.10) を，(9.3.5), (9.3.11), (9.3.12) を使って書き換えると，

$$\mu_{r_s} - r_0 = \beta_s(\mu_{r_e} - r_0), \qquad \mu_{r_t} - r_0 = \beta_t(\mu_{r_e} - r_0)$$

となる。これらの式から，たとえば証券 s の収益率とマーケット・ポートフォリオ e の収益率との相関関係が強いほど，すなわち β_s の値が大きいほど，証券 s の期待収益率は大きくなることが分かる。上の式は証券市場線と呼ばれ，個々の証券の期待収益率とマーケット・ポートフォリオ，すなわち証券市場全体の期待収益率との関係を表す式として，証券市場分析において頻繁に使われる重要な式である。

9.4 企業の資金調達

この節では証券市場における企業の資金調達と投資家の裁定行為を分析し，企業価値に関する「モディリアーニ・ミラーの定理」を証明する。

■ 企業と証券市場

企業は事業に必要な資金を主に次の二つの方法によって調達する。一つは「株式」を発行し，投資家に出資してもらう方法である。もう一つは「債券」を発行し，投資家から借入する方法である。企業は株式市場と債券市場において資金を調達することができる。

株式を購入した投資家は，企業の出資者の一人として株式の保有割合に従って企業が獲得した利潤の一部を配当として受け取ることができる。すなわち，企業の利潤は株式保有者の間で出資比率に従って分配される。したがって，株式保有者は企業の所有者と見なすことができる。このことから，株式によって調達された資金は自己資本と呼ばれる。

他方，債券を購入した投資家は債権者として利子を受け取ることができる。すなわち，債券は企業にとっては他人からの借入であり，企業は利益の一部からそのための利子を支払わなければならない。このことから，債券の販売によって調達された資金は他人資本と呼ばれる。このような外部から調達された資本はテコ（leverage）と呼ばれる。

株式が売買される市場が株式市場である。株式市場における需給に従って株式の価格が決定される。他方，債券は債券市場において取引される。債券市場においては債券の価格が決定されるのであるが，それは資金を借り入れるときの利子率が決定されることに相当する。

■ 企業の価値

不確実性に関してまったく同一の状況にある二つの企業を考える。企業の毎期の利益を変数 X で表す。変数 X は状況に依存して様々な値をとる変数，すなわち確率変数である。将来の利益の見込みが同一である二つの企業の状況を同一の確率変数 X で表す。ただし，二つの企業の利益を表す確率変数は互いに無関係であり，それらは独立であるとする。

二つの企業において資金調達の方法が異なるとしよう。一方の企業は，株式ですべての資金を調達している「テコ入れされていない（unlevered）企業」であるとする。それを企業 U と呼ぶ。もう一つの企業は，債券と株式の両方によって資金調達をしている「テコ入れされた（levered）企業」とする。それを企業 L と呼ぶ。

企業 U の総株式を市場価格で評価したときの価値額を S^U で表す。同様に，企業 L の総株式価値額を S^L とする。また，企業 L が債券によって調達した資金総額，すなわち借入総額を D^L で表す。そのときの市場利子率を r とする。

二つの企業の価値をそれぞれ

$$V^{\mathrm{U}} \equiv S^{\mathrm{U}}, \qquad V^{\mathrm{L}} \equiv S^{\mathrm{L}} + D^{\mathrm{L}}$$

と定義する。以下において企業の価値 V^{U}, V^{L} が等しいことを示す。

■ 投資家の裁定取引

投資家は可能な限り大きな収益を得るように自己の資金を運用する。すなわち，同じ金額の投資をするならば収益率がより高い投資機会に投資する。投資家は，収益率の違いに応じて投資資金を移動させ，最終的には収益率の格差をなくしてしまう。このような投資家の行動を裁定という。以下において二企業間の株式と債券に関する投資家の裁定取引を説明する。

ある投資家は企業Uの株式を保有しており，その割合が θ であるとする。ただし，$0 < \theta \leqq 1$ とする。すなわち，投資家が企業Uに投資した金額は $\theta S^{\mathrm{U}} = \theta V^{\mathrm{U}}$ である。この投資によって投資家は，企業Uの利益が X ならば，配当として θX の収入を得る。

仮に，この投資家が企業Lの株式と債券をそれぞれ θ の割合だけ購入したとする。そのために必要な資金は $\theta S^{\mathrm{L}} + \theta D^{\mathrm{L}} = \theta V^{\mathrm{L}}$ である。企業Lの利益が X なら，利子の返済 rD^{L} を除くと，利潤は $X - rD^{\mathrm{L}}$ であるから，投資家は株式の配当として $\theta(X - rD^{\mathrm{L}})$ の収益を得る。また，債券の利子として $r\theta D^{\mathrm{L}}$ の収益を得る。したがって，投資家の収益は，配当と利子の合計 θX である。このような投資家の行動を表したものが次の表である。

裁定取引	必要な資金	生ずる収益
企業Lの株式の θ の割合を購入	$\theta S^{\mathrm{L}} = \theta(V^{\mathrm{L}} - D^{\mathrm{L}})$	$\theta(X - rD^{\mathrm{L}})$
企業Lの債券の θ の割合を購入	θD^{L}	$r\theta D^{\mathrm{L}}$
合計	θV^{L}	θX

いま $V^{\mathrm{U}} > V^{\mathrm{L}}$ とする。投資家は企業Uに θV^{U} だけ投資して θX の収益を得ることができるが，他方，上の表のように資金 θV^{L} を投資すると同額の収益 θX を得ることも可能である。このことは，仮定より $\theta V^{\mathrm{U}} > \theta V^{\mathrm{L}}$ であるから，

投資家はより少ない投資資金でより大きな収益を得ることができることを意味する。したがって，投資家は上の表のように投資する方を選び，企業Uの株式を売却して，企業Lの株式と債券を購入する。このことは企業Uの株式を保有しているすべての投資家にとって同じであるから，企業Uの株式価格は下落し，その下落は$V^U = V^L$となるまで続く。

反対に，ある投資家は企業Lの株式を保有しており，その割合がθであるとする。ただし，$0 < \theta \leq 1$とする。すなわち，投資家が企業Lに投資している金額は$\theta S^L = \theta(V^L - D^L)$である。この投資によって投資家は，企業Lの利益が$X$ならば，利潤$X - rD^L$のうち配当として$\theta(X - rD^L)$の収入を得る。

仮に，この投資家が下の表のように企業Uの株式を購入し，そのための資金の一部を借入によって賄ったとする。そのときの借入のための利子率がrであるとする。これは「どの個人にとっても利子率は同じである」という債券市場の完全性を前提としている。

裁定取引	必要な資金	生ずる収益
企業Uの株式のθの割合を購入	$\theta S^U = \theta V^U$	θX
θD^Lの金額の借入	$-\theta D^L$	$-r\theta D^L$
合計	$\theta(V^U - D^L)$	$\theta(X - rD^L)$

いま$V^U < V^L$とする。投資家は企業Lの株式に$\theta(V^L - D^L)$だけ投資しても，あるいは上の表のように資金$\theta(V^U - D^L)$を投資しても同額の収益$\theta(X - rD^L)$を得ることが可能である。仮定より$\theta(V^U - D^L) < \theta(V^L - D^L)$であるから，投資家は上の表のように投資する方を選ぶ。すなわち，企業Lの株式を売却して，企業Uの株式を購入する。この結果，企業Lの株式価格は下落し，その下落は$V^U = V^L$となるまで続く。

■ モディリアーニ・ミラーの定理

以上のことから明らかなように，二企業の価値 V^U と V^L が異なる限り投資家の裁定取引がなされる。したがって，証券市場が均衡しているならば，$V^U = V^L$ が成立する。すなわち，次の命題が証明された。

> **命題 9.4.1**：二つの企業の将来の利益に関する見込みが同一であるならば，資金調達の仕方が異なっても，市場が均衡状態にあるならば二つの企業の価値は常に等しい。

この命題はモディリアーニ（F. Modigliani）とミラー（M. H. Miller）によって示されたもので，モディリアーニ・ミラーの定理（略して M–M 定理）と呼ばれている。

企業の自己資本に対する他人資本の比率は**テコ率**と呼ばれ，資金調達の健全性を示す指標とされている。この比率が増大すると企業倒産の危険が高くなる。実際，D^L が大きいと，企業利益 X の値によっては $X - rD^L < 0$ となり，企業は倒産する。上の命題では，企業破産が起きた場合に出資者には無限責任があり，また出資者がその負債を支払うだけの余裕があることが前提とされている。株式会社のように出資者に有限責任しかない場合は M–M 定理は成立しない。その場合には上の命題は，企業破産が起きないという仮定，すなわち，$X - rD^L \geqq 0$ という条件のもとで，テコ率は企業価値とは無関係であることを主張しているのである。

■ 株式市場と債券市場の一般均衡

次に，一般均衡のフレームワークにおいて M–M 定理を考察してみることにする。多数の個人と企業が存在する状況を考える。S_i を企業 i の株式総価値額，D_i を企業 i の債券の総額とすると，企業 i の価値 V_i は

$$V_i = S_i + D_i \tag{9.4.1}$$

と定義される。w^j を個人 j の資産，θ_i^j を個人 j が所有している企業 i の株式の割合，B^j を個人 j の所有している債券の総額とする。個人 j の予算制約は

9.4 企業の資金調達

$$\sum_i \theta_i^j S_i + B^j = w^j \tag{9.4.2}$$

である。

当初,株式市場と債券市場が均衡していたとする。すなわち,株式市場の均衡条件,各企業 i について

$$\sum_j \theta_i^j = 1 \tag{9.4.3}$$

が成立し,また債券市場の均衡条件

$$\sum_i D_i = \sum_j B^j$$

が成立していたとする。この債券市場の均衡条件は,上の株式市場の均衡条件が成立している状況では,(9.4.1) と (9.4.2) によって,

$$\sum_i V_i = \sum_j w^j \tag{9.4.4}$$

が成立することと同値である。

さて,利子率を r,企業 i の利益を X_i とする。(9.4.1) と (9.4.2) より,個人 j の総収益は

$$\begin{aligned}
&\sum_i \theta_i^j (X_i - rD_i) + rB^j \\
&= \sum_i \theta_i^j (X_i - rD_i) + r(w^j - \sum_i \theta_i^j S_i) \\
&= \sum_i \theta_i^j (X_i - rD_i) + r(w^j - \sum_i \theta_i^j (V_i - D_i)) \\
&= \sum_i \theta_i^j X_i + r(w^j - \sum_i \theta_i^j V_i)
\end{aligned}$$

で示される。これより個人の総収益は D_i には依存せず,r と V_i だけに依存することが分かる。したがって,D_i が変化しても利子率 r と企業価値 V_i が変化しない限り個人 j は θ_i^j を変化させない。ゆえに,株式市場の均衡条件 (9.4.3) は,D_i が変化しても,利子率 r と企業価値 V_i が変化しなければ,依然として成立する。このとき債券市場の均衡条件と同値である (9.4.4) も成立している。

以上のことから,企業 i が D_i を変化させても,(9.4.1) において V_i が一

定となるような株式価格の適当な変化，すなわち S_i の変化によって市場均衡が実現することが示された．新しい均衡においては利子率 r は不変であり，また個人の株式の需要量は以前と同じである．したがって，以下の命題が成立する．

> **命題 9.4.2**：企業が資本構成を変化させても，以前と同じ利子率と企業価値のもとで市場均衡が実現する．すなわち，均衡における利子率と企業価値は企業の資本構成から独立である．

練習問題

問 9.1：状態 1, 2 が起きる確率がそれぞれ $\frac{2}{5}, \frac{3}{5}$ であるとき，二つの証券，$\mathbf{s} = \begin{bmatrix} 1 \\ 3 \end{bmatrix}$, $\mathbf{t} = \begin{bmatrix} 2 \\ 1 \end{bmatrix}$ の価格がそれぞれ 2, 1 であるとする．

1) 証券 $\mathbf{s}$ の平均 μ_s と分散 σ_s^2，証券 $\mathbf{s}$ と $\mathbf{t}$ の共分散 $\sigma_{s,t}$ を求めよ．
2) 証券 $\mathbf{s}$ の収益率の平均 μ_{r_s} と分散 $\sigma_{r_s}^2$，証券 $\mathbf{s}$ と $\mathbf{t}$ の収益率の共分散 σ_{r_s, r_t} を求めよ．
3) $\mathbf{d} = \mathbf{s} + 2\mathbf{t}$ で定義される証券 $\mathbf{d}$ の平均 μ_d と分散 σ_d^2 を求めよ．また，証券 $\mathbf{d}$ の収益率の平均 μ_{r_d} と分散 $\sigma_{r_d}^2$ を求めよ．

問 9.2：ある個人の関数が
$$u = x(20 - x) \qquad (x：収益，0 \leq x \leq 10)$$
で示されるとする．状態 1 と 2 が起きる確率はそれぞれ π_1, π_2 ($\pi_1 + \pi_2 = 1$) であり，収益が $\mathbf{x} = \begin{bmatrix} x_1 \\ x_2 \end{bmatrix}$ であるとき，個人の期待効用を収益 $\mathbf{x}$ の平均 μ_x と分散 σ_x^2 を用いて表せ．

問 9.3：二人の個人 A, 個人 B がいる証券市場を考える．状態 1 と状態 2 が起きる確率はそれぞれ $\frac{1}{2}, \frac{1}{2}$ であるものとする．証券市場では二つの証券 $\mathbf{s} = \begin{bmatrix} 1 \\ 4 \end{bmatrix}$, $\mathbf{t} = \begin{bmatrix} 3 \\ 1 \end{bmatrix}$ の売買が可能であるとする．

個人 A, B の貨幣の初期保有量は $\mathbf{e}^A = \begin{bmatrix} 20 \\ 0 \end{bmatrix}$, $\mathbf{e}^B = \begin{bmatrix} 0 \\ 30 \end{bmatrix}$ とする．二人の効用関数は同一であり，
$$u = \log x \qquad (u：効用水準，x：貨幣量)$$

で示され，個人は期待効用が最大になるように行動するものとする。

証券 **s**, **t** の価格をそれぞれ q_s, q_t で表すことにする。

1) 個人 A, B の証券 **s** の需要量 z_s^A, z_s^B を求めよ（価格 q_s, q_t の関数で表せ）。
2) 均衡における証券の価格比 $\dfrac{q_s}{q_t}$ を求めよ。

問 9.4：二人の個人 A，個人 B がいる証券市場を考える。状態 1 と 2 が起きる確率がそれぞれ $\dfrac{1}{2}$, $\dfrac{1}{2}$ であり，証券市場では二つの証券 $\mathbf{s} = \begin{bmatrix} 1 \\ 3 \end{bmatrix}$, $\mathbf{t} = \begin{bmatrix} 5 \\ 1 \end{bmatrix}$ の売買が可能であるとする。

個人 A, B の貨幣の初期保有量は $\mathbf{e}^A = \begin{bmatrix} 4 \\ 8 \end{bmatrix}$, $\mathbf{e}^B = \begin{bmatrix} 10 \\ 2 \end{bmatrix}$ とする。二個人の収益 $\mathbf{x} = \begin{bmatrix} x_1 \\ x_2 \end{bmatrix}$ の評価（効用）関数は同じであり，

$$w = 6\mu_\mathbf{x} - \sigma_\mathbf{x}^2 \quad (w：評価の指標, \mu_\mathbf{x}：\mathbf{x} の平均, \sigma_\mathbf{x}^2：\mathbf{x} の分散)$$

で示されるとする。証券 **s**, **t** の価格をそれぞれ q_s, q_t で表し，価格比を $q = \dfrac{q_s}{q_t}$ とする。

1) 個人 A, B の証券 **s** の需要量 z_s^A, z_s^B を求めよ（価格比 q の関数として表せ）。
2) 均衡における証券の価格比 q を求めよ。
3) 均衡における個人 A, B の収益 $\mathbf{x}^A$, $\mathbf{x}^B$ を，安全資産 $\mathbf{1}_0$ とマーケット・ポートフォリオ $\mathbf{e} (= \mathbf{e}^A + \mathbf{e}^B)$ を使って表現せよ。

問 9.5：二つの企業 U, L は次のような同一の不確実な状況にあるとする。企業の毎期の利益は確率 $\dfrac{1}{4}$ で 100 万円に，確率 $\dfrac{3}{4}$ で 40 万円になる。ただし，二つの企業の不確実性は独立であるとする。

企業 U は株式だけを 1 万株発行しており，借入はないとする。他方，企業 L は 5 千株の株式を発行し，また，債券を発行して 600 万円の借入をしているとする。ただし，市場における借入の利子率は 5％であるとする。

1) 企業 U の株式価格が 1,000 円ならば，企業価値はいくらか。
2) 1) の状況では証券市場が均衡するためには企業 L の株式価格はいくらでなければならないか。
3) 企業 U の株式を 1,000 株保有している投資家の期待収益を求めよ。
4) 企業 U と企業 L の株式価格がそれぞれ 1,000 円，800 円であるとする。3) の投資家が保有している株式を売却して企業 L の株式と債券を購入するとき，同じ収益を得るためには株式と債券をどのように組み合わせて購入するか。

10

国 際 貿 易

　国際貿易の理論は経済学の起源である。たとえば，18世紀のイギリスは繊維などの工業製品をフランスに輸出し，逆に，フランスはワインなどの農業製品をイギリスに輸出する。このような貿易のパターンを説明するのが伝統的経済学における主要な問題であった。

　一つの経済のなかでは財は自由に移動し取引される。しかしながら，「国」という領域を考慮すると，財の取引には制約がある。通常，生産物は国境を越えて移動するが，労働や土地などの生産要素は移動しない。国家間のこのような特有な財の取引を説明するのが貿易の理論である。

　この章では，最初に余剰分析を用いて貿易の利益を示し，貿易が行われる理由が明らかにされる。また，貿易に関わる関税，輸入割当，補助金などの政策の効果が分析される。次に，交換の理論を用いて貿易を説明し，世界市場における価格決定の理論が説明される。さらに，生産物価格と要素価格の関係が明らかにされ，「要素価格均等化定理」および「ストルパー・サミュエルソンの定理」が証明される。また，生産要素賦存量の変化がその国の生産パターンに与える効果に関して，「リプチンスキーの定理」が証明される。最後に，貿易パターンの決定に関する基本理論である「比較生産費説」と「ヘクシャー・オーリンの定理」が説明される。

10.1 貿易の利益

■ 余剰分析

　ある財の国内市場における需要曲線と供給曲線がそれぞれ図10.1の DD' 曲線と SS' 曲線で示されるとする。外国との貿易がなければ，この財の価格と取引量は，需要曲線と供給曲線との交点で決まり，それぞれ p_0, x_0 となる。この場合，この財を需要する消費者が得る利益は消費者余剰で表され，それは図の領域 a の面積で示される。他方，この財を供給する企業が得る利益は生産者余剰で表され，それは図の領域 b と c の面積の合計で示される。したがって，この国の人々が得ている総利益は，消費者余剰と生産者余剰との合計，

$$W_0 = a + b + c$$

で示される。

　この財の海外における価格は p_f であり，図10.1のように国内価格 p_0 より低いものとする。もし自由貿易が行われるならばこの財は外国から価格 p_f で輸入されるから，国内においても価格は p_0 から p_f に下がる。そのとき需要量は d になり，供給量は s になる。国内で生産された量 s はすべて国内で販売されるとすると，この国のこの財の輸入量は $d - s$ となる。この場合，消費者余剰は増加し図の領域 a, b, g, h の面積の合計で，他方，生産者余剰は減少し図の領域 c の面積で示される。したがって，この国の人々が得ている総余剰は

$$W_1 = (a + b + g + h) + c$$

で示される。

　貿易をしないときの余剰は W_0 であり，自由貿易のもとでの余剰は W_1 であるから，貿易による利益は

$$W_1 - W_0 = g + h$$

であり，領域 g と h の面積の合計で示される。したがって，自由貿易は利益をもたらすことが分かる。言い方を変えれば，この財の輸入を禁止すれば，$g + h$ の死荷重が発生する。

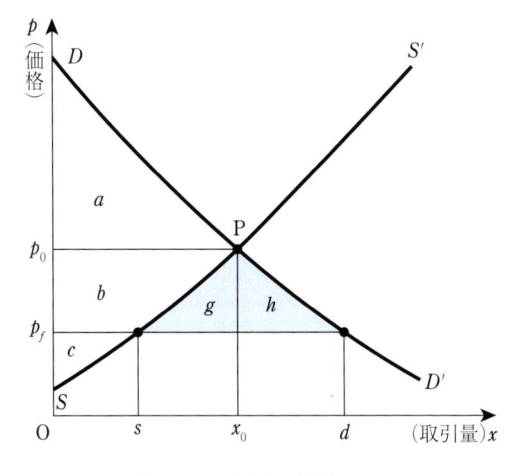

図 10.1 貿易の利益

■ 貿易と産業保護

　自由貿易は利益をもたらすが，実際には多くの国において自国の産業を保護するために貿易が制限されることがある。将来発展することが期待されるが現在は未発達であり国際競争力がない産業は**幼稚産業**と呼ばれる。保護貿易の理由としてしばしば主張されるのが幼稚産業保護論である。産業を保護するには，その産業が生産する財の輸入に**関税**を課す方法，その財の輸入量を制限する**輸入割当**という方法，そして直接にその産業に**補助金**を与える方法がある。以下ではこれらの政策の効果を比較する。

　図 10.2 は図 10.1 と同じ図であり，ある財の国内の需要曲線と供給曲線が DD' 曲線と SS' 曲線で示され，この財の国際価格が p_f であるとする。この財の輸入に財 1 単位当たり T の関税が課せられたとする。このときこの財の国内価格は $p_f + T$ となり，図 10.2 のように国内における需要量は x_1，供給量は x_2 になる。したがって，この財は $x_1 - x_2$ だけ海外から輸入される。この場合，消費者余剰は領域 a, k, m, n の面積の合計で，生産者余剰は領域 c, r の面積の合計で表される。このとき，関税収入は $T \times (x_1 - x_2)$ であり，領域 u, v の面積の合計に等しい。関税収入は最終的にはこの国の人々の収入となるから，この関税政策のもとで人々が得ている余剰の合計は

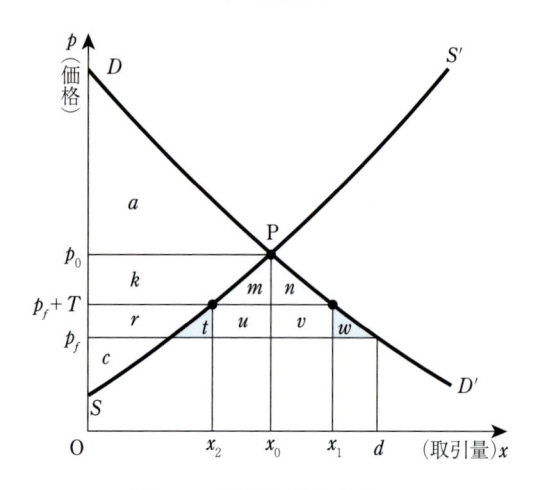

図 10.2 関税と輸入割当

$$W_2 = (a + k + m + n) + (c + r) + (u + v)$$

である．したがって，貿易をしないときの余剰 W_0 と比較すると，関税を課したときの余剰 W_2 は，$b = k + r$ であるから，

$$W_2 - W_0 = m + n + u + v$$

だけ増加する．他方，自由貿易の場合の余剰 W_1 と比較する，$g + h = m + n + t + u + v + w$ であるから，

$$W_1 - W_2 = t + w$$

だけ依然として死荷重が発生している．

次に，同じ図 10.2 を用いて輸入割当の場合を考える．この国ではこの財の輸入は図 10.2 における輸入量 $(x_1 - x_2)$ に等しい量だけ許可され，政府によってその量が国内の輸入業者に割り当てられたとする．輸入業者は海外においてこの財を価格 p_f で購入し，国内市場において成立する価格で販売するものとする．この場合この財の国内価格は $p_f + T$ になる．なぜなら，価格 $p_f + T$ のもとでは国内の生産者は x_2 だけ供給し，消費者は x_1 だけ需要するから，総供給量は国内生産量と輸入量との合計 $x_2 + (x_1 - x_2)$ であり，それは需要量 x_1 に等しいからである．このような輸入割当政策のもとで実現する状況は，上記の関税の場合と同じである．違いは，政府の関税収入 $u + v$ が，輸入業者が得

る利益になっていることだけである。

　最後に，政府が補助金としてこの財を生産する企業に財1単位当たり T の補助金を与えるものとする。このときこの財の国内価格は国際価格 p_f と同じになるが，企業にとっての価格は $p_f + T$ である。したがって，消費者は d だけ需要するが，補助金を受ける企業は x_2 だけ供給する。この場合，消費者余剰は領域 $a, k, m, n, r, t, u, v, w$ の面積の合計で，生産者余剰は領域 c, r の面積の合計で表される。これに必要な補助金の額は $T \times x_2$ であり，領域 r, t の面積の合計に等しい。政府が支払う補助金は最終的にはこの国の人々が収める税金で支払われるから，この補助金政策のもとで人々が得ている余剰の合計は，差し引き，

$$\begin{aligned} W_3 &= (a+k+m+n+r+t+u+v+w) + (c+r) \\ &\quad - (r+t) \\ &= (a+k+m+n) + (u+v+w) + (c+r) \end{aligned}$$

である。これと関税を課したときの余剰 W_2 と比較すると，

$$W_3 - W_2 = w$$

だけ増加する。したがって，関税よりも補助金の方が望ましい政策であることが分かる。他方，自由貿易の場合の余剰 W_1 と比較すると，依然として

$$W_1 - W_3 = t$$

の死荷重が発生している。

10.2　交易の理論

　前節では余剰の変化によって貿易の利益を説明したが，それは一つの市場に注目して議論する部分均衡論の手法であった。貿易の利益が発生する理由は，その財の海外における価格が国内価格より低いというきわめて当然の理由であった。この節では二財が存在する経済において一般均衡論の手法によって貿易の利益を説明することにする。

■ 交易の理論

　ある国では x 財と y 財が生産され，それら二財の生産可能性フロンティア

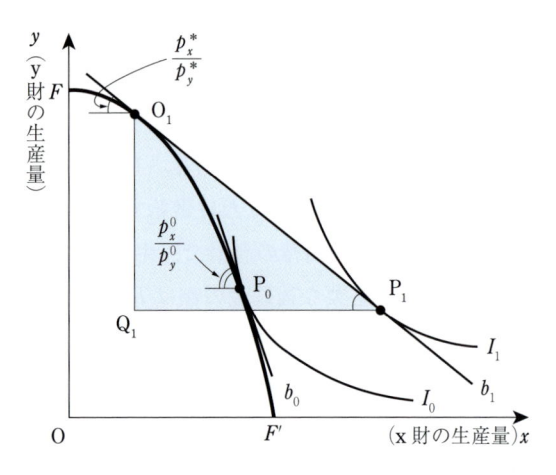

図 10.3　貿易の三角形

がは図 10.3 の FF' 曲線で示されるとする。他方，この国の人々の二財に対する好みは，同図の I_0, I_1 の無差別曲線で表現されるとする。以下では，議論の単純化のために，この国の人々は一つの共同体を形成し，あたかも一個人のように行動することを仮定する。社会の全員の選好を表すこのような無差別曲線を社会無差別曲線と呼ぶことにする。この節の以下の議論ではこの国を「A 国」と呼ぶことにする。

　貿易がない場合，生産可能性フロンティアの FF' 曲線上で人々の満足を最大にするのは社会無差別曲線 I_0 と FF' 曲線との接点 P_0 である。P_0 点では，生産された x 財と y 財は国内で消費される。x 財と y 財の国内市場における価格をそれぞれ p_x^0, p_y^0 とすると，二財の価格比 $\dfrac{p_x^0}{p_y^0}$ はフロンティア FF' 曲線の P_0 点における接線 b_0 の傾き，すなわち限界変形率に等しい。

　次に，貿易が行われる場合を考える。x 財と y 財の海外市場における価格がそれぞれ p_x^*, p_y^* であるとする。自由貿易の場合，x 財と y 財の国内市場における価格は同じ p_x^*, p_y^* になる。したがって，x 財と y 財の生産量をそれぞれ x, y とすると，生産部門では生産物の価値，$p_x^* x + p_y^* y$，が最大になるような O_1 点が選択される。O_1 点では，x 財と y 財はそれぞれ x_1, y_1 だけ生産されるとする。生産物の価値，$p_x^* x_1 + p_y^* y_1$，は A 国の人々の所得，すなわち国民所

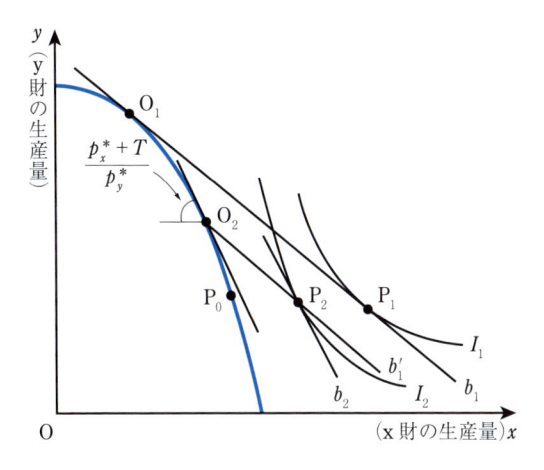

図 10.4　関税の効果

得となる．人々は生産された x_1, y_1 をそのまま消費するのではなく，海外との交易によって二財の消費量を変えることができる．人々が選択する x 財と y 財の消費量をそれぞれ c_x, c_y とすると，それらの組合せは予算制約

$$p_x^* c_x + p_y^* c_y = p_x^* x_1 + p_y^* y_1$$

を満たさなければならない．この予算制約式は直線 b_1 で表現される．b_1 線上で人々の効用が最大となるのは社会無差別曲線 I_1 が接する P_1 点である．したがって，図 10.3 の場合，A 国は x 財を Q_1P_1 だけ輸入し，y 財を Q_1O_1 だけ輸出する．三角形 $O_1Q_1P_1$ は貿易の三角形と呼ばれる．P_1 点では人々は貿易をしない状態 P_0 より高い効用を得ている．これが貿易によって得られる利益である．

■ 関税の効果

図 10.4 は図 10.3 と同じもので，O_1 点は自由貿易が行われる場合の A 国の生産を，P_1 点は消費を表している．いま，x 財の輸入に 1 単位当たり T の関税が賦課されたとする．このとき x 財の国内価格は $p_x^* + T$ になる．したがって，図 10.4 のように，生産部門では生産物の価値，$(p_x^* + T)x + p_y^* y$ が最大になる O_2 点が選択される．O_2 点では x 財と y 財はそれぞれ x_2, y_2 だけ生産されるとすると，国民所得は $(p_x^* + T)x_2 + p_y^* y_2$ となる．

人々が最終的に選択する x 財と y 財の消費量をそれぞれ c_x, c_y とすると，x 財は $(c_x - x_2)$ だけ輸入され，y 財は $(y_2 - c_y)$ だけ輸出される。このとき，政府が得る関税収入を R とすると，それは

$$R = T(c_x - x_2)$$

である。関税収入 R は最終的にはこの国の人々の収入となるから，人々の所得は国民所得と関税収入との合計である。したがって，人々が消費量 c_x, c_y を選択するときの予算制約は

$$(p_x^* + T)c_x + p_y^* c_y = (p_x^* + T)x_2 + p_y^* y_2 + R$$

である。この予算制約式は図 10.4 では直線 b_2 で表現される。b_2 線上で人々の効用が最大となるのは社会無差別曲線 I_2 が接する P_2 点である。また，上の二式から，

$$p_x^* c_x + p_y^* c_y = p_x^* x_2 + p_y^* y_2$$

が成立するから，P_2 点は O_2 点を通過し直線 b_1 と平行な直線 b_1' 上にある。したがって，関税によって人々の効用は，自由貿易の P_1 点と比べて，低い効用となるが，貿易のない P_0 点よりは依然として高い。

上の議論では関税は x 財に課せられる輸入税であったが，y 財の輸出に課せられる輸出税によっても同様の結論を得ることができる。いま，y 財の輸出に 1 単位当たり S の関税が賦課されたとする。国内で y 財は過剰であるから，その国内価格は $p_y^* - S$ になる。ただし，税額 S は，

$$\frac{p_x^* + T}{p_y^*} = \frac{p_x^*}{p_y^* - S}$$

となるような大きさであると仮定する。生産部門では Q_2 点が選択され，国民所得は $p_x^* x_2 + (p_y^* - S)y_2$ となる。人々が最終的に選択する x 財と y 財の消費量をそれぞれ c_x, c_y とすると，政府が得る関税収入 Q は

$$Q = S(y_2 - c_y)$$

である。したがって，人々が消費量 c_x, c_y を選択するときの予算制約は

$$p_x^* c_x + (p_y^* - S)c_y = p_x^* x_2 + (p_y^* - S)y_2 + Q$$

である。上の二式から，

$$p_x^* c_x + p_y^* c_y = p_x^* x_2 + p_y^* y_2$$

が成立するから，同じ P_2 点が実現する。このように輸入税と輸出税は同様の

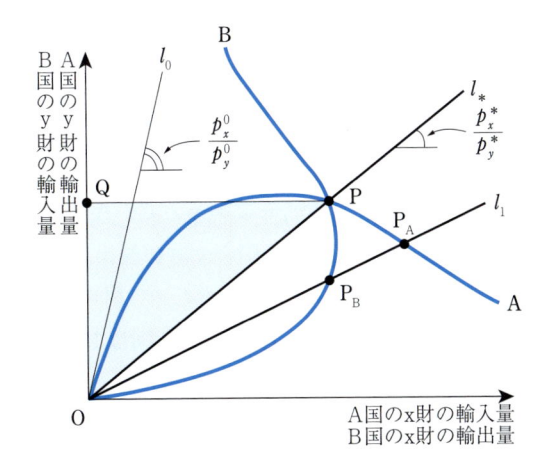

図 10.5 オファー曲線

効果を持つ。

■ 2国モデル

これまでの議論では二財の海外における価格は一定であると仮定していた。これはA国が世界全体から見ると小さく海外市場における価格に影響を与えないこと，いわゆる「小国」であることを仮定していた。以下ではこのような「小国の仮定」を取り外して，世界市場における価格決定を説明することにする。

世界にはA国以外にもう一つの国が存在するものとする。その国を「B国」と呼ぶことにする。x財とy財の価格を一般にp_x，p_yで表すことにする。A国の生産可能性フロンティアと社会無差別曲線は図10.3で示されるとする。

図10.5の三角形OQPは，図10.3において価格が$p_x = p_x^*$，$p_y = p_y^*$であるときできる貿易の三角形$O_1Q_1P_1$を逆さまにしてコピーしたものである。価格p_x，p_yが変化すると貿易の三角形は変化し，それに対応して図10.5のP点は移動する。このようなP点の軌跡を描いたものが曲線OAである。価格が$p_x = p_x^0$，$p_y = p_y^0$であるとき，貿易の三角形は消滅し，P点は原点Oに一致する。このようなx財の輸入量とy財の輸出量の組合せを表す曲線OAはオファー曲線と呼ばれる。

同様にして，B国についてもその生産可能性フロンティアと社会無差別曲線

からオファー曲線が導出される。B国のオファー曲線は図 10.5 の曲線 OB によって示されるとする。ここでは B 国は x 財を輸出し，y 財を輸入するように，生産可能性フロンティアと社会無差別曲線の適当な形状が暗黙のうちに仮定されている。

図 10.5 において，二財の価格比が $\frac{p_x^*}{p_y^*}$ であるとき，A 国の x 財の輸入量が B 国の x 財の輸出量に等しく，同時に A 国の y 財の輸出量が B 国の y 財の輸入量に等しく，二財の需給が均衡している。もし，二財の価格比が図 10.5 の直線 l_1 の傾きに等しいならば，A 国は P_A 点を，B 国は P_B 点を選ぶ。そのとき，A 国の x 財の輸入量は B 国の輸出量を上回るから，x 財市場は超過需要となる。逆に，y 財市場は超過供給となる。したがって，x 財の価格は上昇し，y 財の価格は下落する。このように世界市場において価格が調整され，均衡に到達したとき二財の価格（比）が決定される。

10.3 生産物価格と要素価格

生産技術と生産要素賦存量はその国の貿易に決定的な影響を与える。この節では生産関数を用いて生産物価格と生産要素価格との関係を明らかにする。

■ 2部門経済

ある国において，二種類の生産物（x 財と y 財）が二種類の生産要素（資本と労働）から生産されるとする。その生産技術を表すために生産関数を用いることにする。x 財の生産量を x，それを生産するため投入される資本量と労働量をそれぞれ K_x, L_x で表し，それらの関係が生産関数 F によって

$$x = F(K_x, L_x) \tag{10.3.1}$$

で示されるとする。また，y 財の生産量を y，その生産に使われる資本量と労働量をそれぞれ K_y, L_y で表し，それらの関係が生産関数 G によって

$$y = G(K_y, L_y) \tag{10.3.2}$$

で示されるとする。数学的な操作を可能にするために，生産関数 F と G は微分可能であると仮定する。

生産要素の投入量を増加させれば，通常の場合産出量は増大するから，生産

関数 F と G に次のことを仮定する。

> **仮定1**：生産関数 F, G は増加関数であり，各生産要素の限界生産性は正である。すなわち，$\dfrac{\partial F}{\partial K_x} > 0,\ \dfrac{\partial F}{\partial L_x} > 0,\ \dfrac{\partial G}{\partial K_y} > 0,\ \dfrac{\partial G}{\partial L_y} > 0$ である。

二つの生産要素のうち，一方の投入量だけを増加させても生産物の産出量は無制限に増加することはない。たとえば，労働投入量 L_x を固定にして資本投入量 K_x だけを増加させても，x財の生産量 x の増加の程度は徐々に小さなものとなるであろう。すなわち，資本の限界生産性 $\dfrac{\partial F}{\partial K_x}$ は K_x について減少関数である。ゆえに，$\dfrac{\partial F}{\partial K_x}$ の K_x に関する偏微分 $\dfrac{\partial^2 F}{\partial K_x^2}$ は負であると考えられる。同様の理由から，労働の限界生産性 $\dfrac{\partial F}{\partial L_x}$ は L_x について減少関数であると考えられる。さらに，生産関数 G についても同様のことを仮定する。

> **仮定2**：各生産要素の限界生産性は逓減する。すなわち，$\dfrac{\partial^2 F}{\partial K_x^2} < 0$，$\dfrac{\partial^2 F}{\partial L_x^2} < 0$，$\dfrac{\partial^2 G}{\partial K_y^2} < 0$，$\dfrac{\partial^2 G}{\partial L_y^2} < 0$ である。

■ 1次同次の生産関数の性質

すべての生産要素の投入量を同時に増加させ生産規模を拡大したならば，産出量は規模に比例して増加すると考えられる。たとえば，資本量と労働量をともに2倍にしたならば生産量も2倍になるであろう。生産関数がこのような性質を持つとき，規模に関して収穫不変であるという。この性質を生産関数 F と G に仮定する。

> **仮定3**：生産関数は規模に関して収穫不変である。すなわち，任意の $t > 0$ について
> $$F(tK_x,\ tL_x) = tF(K_x,\ L_x) \quad (10.3.3)$$
> $$G(tK_y,\ tL_y) = tG(K_y,\ L_y) \quad (10.3.4)$$
> が成立する。

関数 F と G が仮定3を満たすときは，数学の用語を借りて，それらは**1次同次の関数**であるという．1次同次の生産関数の基本的性質を明らかにしよう．最初に (10.3.3) の両辺を K_x について微分し，両辺の t を約すと，

$$\frac{\partial F}{\partial K_x}(tK_x,\ tL_x) = \frac{\partial F}{\partial K_x}(K_x,\ L_x) \tag{10.3.5}$$

を得る．上の式において，$t = \frac{1}{L_x}$，$k_x = \frac{K_x}{L_x}$ とおくと，

$$\frac{\partial F}{\partial K_x}(k_x,\ 1) = \frac{\partial F}{\partial K_x}(K_x,\ L_x) \tag{10.3.6}$$

となる．この式は資本の限界生産性 $\frac{\partial F}{\partial K_x}$ が資本・労働比率 k_x だけに依存することを示している．

他方，(10.3.3) 式を L_x について微分し，$t = \frac{1}{L_x}$，あるいは $t = \frac{1}{K_x}$ とおくと，

$$\frac{\partial F}{\partial L_x}(k_x,\ 1) = \frac{\partial F}{\partial L_x}\left(1,\ \frac{1}{k_x}\right) = \frac{\partial F}{\partial L_x}(K_x,\ L_x) \tag{10.3.7}$$

となる．この式は労働の限界生産性 $\frac{\partial F}{\partial L_x}$ も資本・労働比率 k_x だけに依存することを示している．さらに，関数 G について同様の議論をすることができるから，(10.3.6) と (10.3.7) に対応した以下の関係式を得る．

$$\frac{\partial G}{\partial K_y}(k_y,\ 1) = \frac{\partial G}{\partial K_y}(K_y,\ L_y), \tag{10.3.8}$$

$$\frac{\partial G}{\partial L_y}(k_y,\ 1) = \frac{\partial G}{\partial L_y}\left(1,\ \frac{1}{k_y}\right) = \frac{\partial G}{\partial L_y}(K_y,\ L_y) \tag{10.3.9}$$

さらに，(10.3.3) 式を t について微分し，$t = 1$ とおくと，

$$\frac{\partial F}{\partial K_x}(K_x,\ L_x)K_x + \frac{\partial F}{\partial L_x}(K_x,\ L_x)L_x = F(K_x,\ L_x) \tag{10.3.10}$$

を得る．この関係式は1次同次関数に関する**オイラーの定理**と呼ばれる．

また，(10.3.5) を t について微分すると，

$$\frac{\partial^2 F}{\partial K_x^2}(tK_x,\ tL_x)K_x + \frac{\partial^2 F}{\partial L_x \partial K_x}(tK_x,\ tL_x)L_x = 0$$

を得る．したがって，$t = \frac{1}{L_x}$ とおくと，

$$\frac{\partial^2 F}{\partial K_x^2}(k_x,\ 1)k_x + \frac{\partial^2 F}{\partial L_x \partial K_x}(k_x,\ 1) = 0 \tag{10.3.11}$$

を得る。

■ 利潤最大化の条件

生産物であるx財とy財は輸出あるいは輸入され国内および国外の市場において売買される。それらの価格をそれぞれ p_x, p_y で表す。他方，生産要素の資本と労働は国家間の移動はなく国内の市場において売買される。それらの価格，すなわち資本賃貸率と労働賃金率をそれぞれ r, w で表すことにする。

x財を生産し販売することから得られる売上収入は $p_x x$ であり，生産に用いた資本と労働にかかる費用は資本賃貸料 rK_x と賃金 wL_x である。したがって，x財生産部門における利潤 π_x は

$$\pi_x = p_x F(K_x,\ L_x) - rK_x - wL_x$$

である。生産者は利潤が最大になるような K_x と L_x の組合せを選ぶ。したがって，利潤最大化の条件として，上の式を K_x と L_x のそれぞれについて偏微分したものがゼロとなる。すなわち

$$p_x \frac{\partial F}{\partial K_x}(K_x,\ L_x) - r = 0, \tag{10.3.12}$$

$$p_x \frac{\partial F}{\partial L_x}(K_x,\ L_x) - w = 0 \tag{10.3.13}$$

が成立する。

経済が競争的ならば，正の利潤が存在する限り新規の企業が参入し，最終的には利潤はゼロとなる。このことは生産関数の1次同次性によって保証されている。実際，オイラーの定理 (10.3.10) に (10.3.12) と (10.3.13) を代入することによって，利潤 π_x がゼロになることが分かる。

y財生産部門においても同様の議論ができるから，(10.3.12) と (10.3.13) に対応した以下の関係式を得る。

$$p_y \frac{\partial G}{\partial K_y}(K_y,\ L_y) - r = 0, \tag{10.3.14}$$

$$p_y \frac{\partial G}{\partial L_y}(K_y, L_y) - w = 0 \tag{10.3.15}$$

また，生産関数 G の1次同次性から，y 財部門の利潤もゼロとなる。

■ 要素集約度

x 財生産部門の利潤最大化条件（10.3.12）と（10.3.13）より，

$$\frac{w}{r} = \frac{\partial F}{\partial L_x}(K_x, L_x) \bigg/ \frac{\partial F}{\partial K_x}(K_x, L_x)$$

を得る。ここで $\omega = \dfrac{w}{r}$ とおくと，上の式は，（10.3.6）と（10.3.7）を用いると，

$$\omega = \frac{\partial F}{\partial L_x}(k_x, 1) \bigg/ \frac{\partial F}{\partial K_x}(k_x, 1) \tag{10.3.16}$$

と書き換えることができる。この式は要素価格比 ω と資本・労働比率 k_x との間に関数関係があることを示している。k_x が ω の関数であるとして，(10.3.16) の両辺を ω で微分すると，

$$1 = \frac{\dfrac{\partial^2 F}{\partial K_x \partial L_x}(k_x, 1)\dfrac{\partial F}{\partial K_x}(k_x, 1) - \dfrac{\partial F}{\partial L_x}(k_x, 1)\dfrac{\partial^2 F}{\partial K_x^2}(k_x, 1)}{\dfrac{\partial F}{\partial K_x}(k_x, 1)^2} \times \frac{dk_x}{d\omega}$$

を得る。これより，(10.3.11) と $\dfrac{\partial^2 F}{\partial K_x \partial L_x} = \dfrac{\partial^2 F}{\partial L_x \partial K_x}$ であることと，(10.3.16) を考慮すると，

$$\frac{dk_x}{d\omega} = -\frac{\partial F}{\partial K_x}(k_x, 1) \bigg/ \left[k_x + \omega\right]\frac{\partial^2 F}{\partial K_x^2}(k_x, 1) > 0 \tag{10.3.17}$$

を得る。この式の値は仮定1と仮定2のもとでは正であり，ω と k_x は図 10.6 の XX' 線のような正の関係を持つことを示している。この関係は，相対的に賃金率が上昇するならば，生産者は相対的に安価な資本の投入量を増加し，相対的に高価な労働の投入量を減少させるということを意味している。

y 財生産部門においても同様の議論ができるから，以下の関係式を得る。

$$\omega = \frac{\partial G}{\partial L_y}(k_y, 1) \bigg/ \frac{\partial G}{\partial K_y}(k_y, 1) \tag{10.3.18}$$

10.3 生産物価格と要素価格

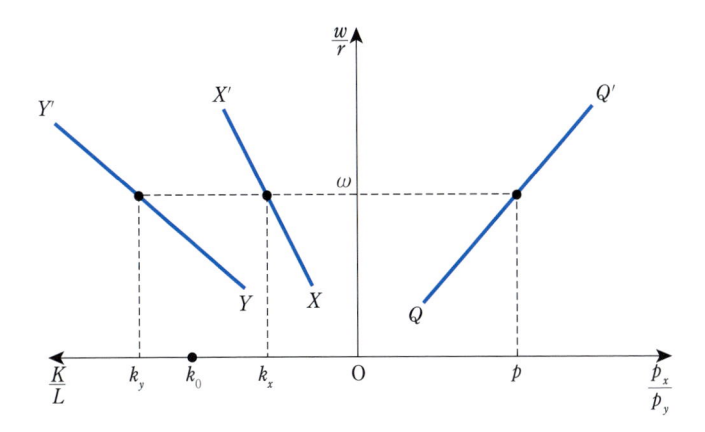

[図: 縦軸 $\frac{w}{r}$、横軸左側 $\frac{K}{L}$、右側 $\frac{p_x}{p_y}$。$Y'Y$、$X'X$、QQ' の曲線と ω、k_y、k_0、k_x、p のマーク]

図 10.6 生産物価格と要素比率

$$\frac{dk_y}{d\omega} = -\frac{\partial G}{\partial K_y}(k_y,\ 1) \Big/ \Big[k_y + \omega\Big]\frac{\partial^2 G}{\partial K_y^2}(k_y,\ 1) > 0 \qquad (10.3.19)$$

図 10.6 の YY' 線は (10.3.18) および (10.3.19) が示す ω と k_y と間の関係を描いたものである。以上のことから次の補題が証明された。

> **補題 10.3.1**：両部門の資本・労働比率 k_x，および k_y は要素価格比 ω と一意的な関係を持ち，k_x，および k_y は ω の増加関数である。

次に生産関数 F と G の特徴として，両部門において選ばれる資本・労働比率 k_x, k_y に関して**要素集約度の条件**と呼ばれる条件を仮定する。その条件は，どちらの部門が労働と資本のいずれをより相対的に多く必要とするかと表す条件である。以下では y 財より x 財の方が資本よりも労働を相対的に多く必要とすることを仮定する。すなわち，x 財は労働集約的な財であり，y 財は資本集約的な財であるとする。この仮定は，補題 10.3.1 より，次のように述べることができる。

> **仮定 4**：任意の要素価格比 ω において，$k_x < k_y$ が成立する。

この仮定は XX' 線と YY' 線の位置が図 10.6 のようになっていることに対応する。

次に生産物価格と要素価格の関係を明らかにする。二生産物の価格比を $p = \dfrac{p_x}{p_y}$ とおく。(10.3.6) と (10.3.8) を考慮すると，(10.3.12) と (10.3.14) より，

$$p = \frac{\partial G}{\partial K_y}(k_y,\ 1) \bigg/ \frac{\partial F}{\partial K_x}(k_x,\ 1) \tag{10.3.20}$$

という関係を得る。これは，補題 10.3.1 より k_x, k_y が ω と一意的関係を持つから，p が ω と関数関係を持つことを意味する。ω は p の関数であるとして，(10.3.20) の両辺を p について微分すると，

$$1 = \left[\frac{\dfrac{\partial^2 G}{\partial K_y^2}(k_y,\ 1)}{\dfrac{\partial F}{\partial K_x}(k_x,\ 1)} \times \frac{dk_y}{d\omega} - \frac{\dfrac{\partial G}{\partial K_y}(k_y,\ 1)\dfrac{\partial^2 F}{\partial K_x^2}(k_x,\ 1)}{\dfrac{\partial F}{\partial K_x}(k_x,\ 1)^2} \times \frac{dk_x}{d\omega} \right] \times \frac{d\omega}{dp}$$

を得る。これに (10.3.17) と (10.3.19) を代入し，(10.3.20) を考慮すると，

$$\frac{d\omega}{dp} = \frac{[k_y + \omega][k_x + \omega]}{p[k_y - k_x]} > 0$$

を得る。仮定 4 のもとでは上の式の値は正であり，次の補題が証明された。

> **補題 10.3.2**：要素価格比 $\omega = \dfrac{w}{r}$ と生産物価格比 $p = \dfrac{p_x}{p_y}$ との間には一意的関係が存在し，ω は p の増加関数である。

この補題は，労働集約的な x 財の価格が相対的に上昇すると，x 財の生産量が増加するため労働需要が増加し，その結果，賃金が相対的に上昇することを主張している。図 10.6 の QQ' 線はこの関係を描いたものである。

■ 要素賦存量

国内の総資本量と総労働量をそれぞれ K_0, L_0 とする。生産要素がすべて用いられているならば

$$K_x + K_y = K_0, \qquad L_x + L_y = L_0$$

が成立する。これらより，$k_0 = \dfrac{K_0}{L_0}$, $l_x = \dfrac{L_x}{L_0}$, $l_y = \dfrac{L_y}{L_0}$ とすると，

$$k_0 = k_x l_x + k_y l_y, \qquad l_x + l_y = 1 \tag{10.3.21}$$

を得る。図 10.6 において，もし生産物価格比が p であるならば，それに対する要素価格比は ω であり，両部門の資本労働比率は k_x, k_y となる。したがって，もし要素賦存比率 k_0 が

$$k_x < k_0 < k_y \tag{10.3.22}$$

の条件を満たすならば，(10.3.21) より，$l_x > 0$, $l_y > 0$ でなければならない。これは x 財と y 財の両方がこの国で生産されていることを意味する。すなわち，一方の財だけを生産する状態，すなわち，完全特化が起きていない状態である。したがって，(10.3.22) が成立するならば，完全特化は起きないことを保証している。以下では世界市場で決定される生産物価格比 p に対してこの国の要素賦存比率 k_0 がこのような状態にあることを仮定する。

> **仮定 5**：生産物価格比 p と要素賦存比率 k_0 との関係は，(10.3.22) の条件を満たす状況にあり，生産の完全特化は起きていないとする。

■ 要素価格の均等化

資本賃貸率 r については，(10.3.12), (10.3.14), (10.3.6), (10.3.8) より，

$$\frac{r}{p_x} = \frac{\partial F}{\partial K_x}(k_x, 1), \qquad \frac{r}{p_y} = \frac{\partial G}{\partial K_y}(k_y, 1) \tag{10.3.23}$$

が成立する。次に，賃金率 w については，(10.3.13), (10.3.15), (10.3.7), (10.3.9) より，

$$\frac{w}{p_x} = \frac{\partial F}{\partial L_x}\left(1, \frac{1}{k_x}\right), \qquad \frac{w}{p_y} = \frac{\partial G}{\partial L_y}\left(1, \frac{1}{k_y}\right) \tag{10.3.24}$$

が成立する。

補題 10.3.1 と補題 10.3.2 より，世界市場で決定される生産物の価格によって国内市場における要素価格比 ω が一意的に決定され，その結果，両部門における資本労働比率 k_x, k_y が一意的に決定される。このとき，(10.3.23) と (10.3.24) より，国内市場における要素価格 r, w も一意的に決定される。

したがって，もしすべての国の生産技術が同じであり，各国において生産の完全特化が起きていないならば，各国の生産要素の賦存量とは無関係に，要素価格がすべての国において等しくなる。これは，たとえば，労働量が多い国でも少ない国でも，生産物の自由交易によって，どの国の労働者の賃金も等しくなることを意味する。これがサミュエルソンによって証明された要素価格均等化定理と呼ばれる命題である。

> **命題 10.3.3**：もしすべての国の生産技術は同一であり，また生産の完全特化が起きていないならば，自由貿易のもとでは要素価格，すなわち，資本賃貸率および賃金率はどの国においても等しい。

■ ストルパー・サミュエルソンの定理

次に生産物価格の変化が要素価格に与える効果を明らかにする。いま，二財の価格比 p が上昇したとする。補題 10.3.1 と補題 10.3.2 により，資本・労働比率 k_X, k_Y が上昇する。このとき，仮定 2 より $\frac{\partial^2 F}{\partial K_x^2} < 0$, $\frac{\partial^2 G}{\partial K_y^2} < 0$ であるから，(10.3.23) において $\frac{r}{p_x}$, $\frac{r}{p_y}$ は下落し，資本家の実質所得は減少する。したがって，資本家の厚生は悪化する。他方，仮定 2 より $\frac{\partial^2 F}{\partial L_x^2} < 0$, $\frac{\partial^2 G}{\partial L_y^2} < 0$ であるから，(10.3.24) において $\frac{w}{p_x}$, $\frac{w}{p_y}$ は上昇し，労働者の実質所得は増加する。したがって，労働者の厚生は改善する。ゆえに，次の命題が証明された。

> **命題 10.3.4**：労働集約的な x 財の価格が相対的に上昇すると，資本家の厚生は悪化し，労働者の厚生は改善される。

この命題はストルパー（W. F. Stolper）とサミュエルソンによって主張された命題であり，ストルパー・サミュエルソンの定理と呼ばれている。

10.4 貿易のパターン

この節では二国間の貿易パターンの決定要因を明らかにする。最初に，2国間で生産技術が異なる最も単純なケースを考える。

■ 比較生産費説

二財（x財とy財）が二国（A国とB国）で生産することができるとする。議論の単純化として，x財とy財の生産に必要な生産要素は労働だけであると仮定する。二国の生産技術は異なり，x財1単位を生産するのに必要な労働量はA国ではa_x，B国ではb_xであるとする。他方，y財1単位の生産に必要な労働量はA国ではa_yであり，B国ではb_yであるとする。二国の生産技術は以下の表で示される。

表10.1 生産に必要な労働量

	A国	B国
x財	a_x	b_x
y財	a_y	b_y

二国における必要労働係数a_x, b_x, a_y, b_yについて，

$$\frac{a_x}{a_y} < \frac{b_x}{b_y} \tag{10.4.1}$$

の条件が成立するものとする。$\frac{a_x}{a_y}$は，A国において，y財1単位に必要な労働量を基準として，x財1単位の生産に必要な労働量の割合を表す。他方，$\frac{b_x}{b_y}$は，B国において，y財1単位に必要な労働量を基準として，x財1単位の生産に必要な労働量の割合を表す。したがって，上の不等式はA国の方がB国より，x財の生産に必要な労働量がy財の生産に必要な労働量に比べて相対的に少ないことを意味する。すなわち，A国はx財の生産において比較優位にあり，逆に，B国はy財の生産において比較優位にある。

二国の労働賦存量をそれぞれL_A, L_Bとする。x財の生産量をx，y財の生産

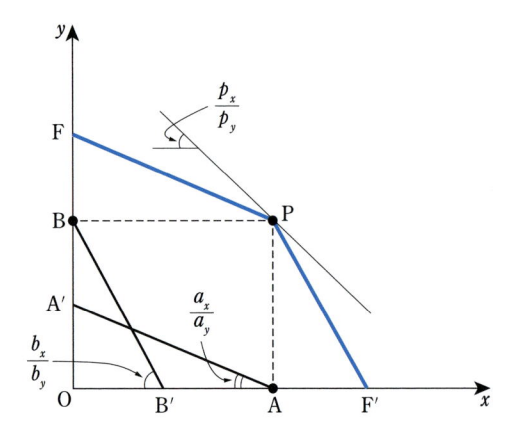

図 10.7　比較生産費

量を y で表すと，A 国と B 国の生産可能性フロンティアはそれぞれ

$$a_x x + a_y y = L_A, \qquad b_x x + b_y y = L_B \qquad (10.4.2)$$

で示される。これらを描いたものが，図 10.7 の直線 AA′ と BB′ である。条件 (10.4.1) より，直線 AA′ の傾きは直線 BB′ の傾きより小さい。同図の FPF′ 線は二国の生産可能性フロンティアを合計したものである。

x 財と y 財の価格を p_x, p_y とする。いずれの国の生産部門においても生産物の価値 $p_x x + p_y y$ が最大になるような生産量の組合せ (x, y) が選択される。したがって，もし，

$$\frac{a_x}{a_y} < \frac{p_x}{p_y} < \frac{b_x}{b_y} \qquad (10.4.3)$$

ならば，図 10.7 において，A 国では A 点が選ばれ x 財だけが生産され，B 国は B 点が選ばれ y 財だけが生産される。したがって，生産可能性フロンティア上の P 点が実現する。もし両国の人々が二財とも消費することを好むならば，A 国は x 財を輸出，y 財を輸入，B 国はこの逆を行い，二国間で貿易が行われる。このように生産費の違いは貿易のパターンを決定する。これが比較生産費説と呼ばれるリカード（D. Ricardo）の理論である。

(10.4.3) 以外の状況では，$\frac{p_x}{p_y} = \frac{a_x}{a_y}$ ならば，A 国は二財とも生産するが，B 国は y 財だけを生産する。$\frac{p_x}{p_y} = \frac{b_x}{b_y}$ ならば，A 国は x 財だけを生産し，B 国

は二財とも生産する。特に，$\frac{p_x}{p_y} < \frac{a_x}{a_y}$，あるいは $\frac{b_x}{b_y} < \frac{p_x}{p_y}$ ならば，二国は同じ財を生産するから，貿易が行われることはない。

条件（10.4.1）が成立する特殊な状況として，$a_x < b_x$，$a_y > b_y$ の場合がある。このときA国は，B国より少ない労働量でx財を生産することができるから，x財の生産において絶対優位にある。逆にB国は，A国より少ない労働量でy財を生産することができるから，y財の生産において絶対優位にある。しかしながら，上で説明したように，二国間で貿易が行われるためには，このような絶対優位の条件は必要なく，（10.4.1）の比較優位の条件が成立すればよい。

■ リプチンスキーの定理

次に10.3節で説明した二要素，二生産物の経済を考えることにする。（10.3.1）と（10.3.2）の生産関数において，その1次同次性から，

$$x = l_x L_0 F(k_x, 1), \qquad y = l_y L_0 G(k_y, 1) \qquad (10.4.4)$$

を得る。さて，この経済では資本蓄積によって資本賦存量 K_0 が増加し，要素賦存比率 k_0 が上昇したとする。生産物価格比 p が一定のもとでは，補題10.3.1と補題10.3.2より各部門の資本労働比率 k_x, k_y は不変であるから，仮定4の $k_x < k_y$ のもとでは，（10.3.21）より，l_x は減少し，l_y は増加していなければならないことが分かる。したがって，（10.4.4）より，x は減少し，y は増加する。以上の議論から以下のリプチンスキー（Rybczynski）の定理と呼ばれる命題が証明された。

> **命題10.4.1**：生産物価格が一定のもとで資本が増加すると，労働集約的なx財の生産量は減少し，資本集約的なy財の生産量は増加する。

この命題から明らかなように，資本と労働の賦存比率 k_0 が上昇すると，生産量の比率 $\frac{x}{y}$ は下落する。したがって，もしすべての国において生産技術が同じであっても，資本と労働の賦存比率 k_0 が高い国ほど生産量の比率 $\frac{x}{y}$ は低い。すなわち，相対的に資本が豊富な国ほど資本集約的な財を相対的により多

■ ヘクシャー・オーリンの定理

貿易パターンを決定するために人々の選好を表す効用関数を導入する。ここでは効用関数は一個人の効用を表すものではなく，その国の人々全員が得ている効用を表すものとする。人々が消費する x 財と y 財の量がそれぞれ c_x, c_y であるとき，人々が得ている効用水準 u は

$$u = U(c_x, c_y)$$

という効用関数によって表現されるとする。消費量が増えれば人々の満足も増大すると考えられるから，関数 U は c_x と c_y の増加関数である。

以下では社会無差別曲線の形状が図 10.8 のようであるとする。すなわち，無差別曲線は原点 O に向かって凸であり，また無差別曲線の傾きは二財の消費量の比率 $\frac{c_x}{c_y}$ が同じならば等しいものとする。たとえば，図 10.8 において原点から引いた任意の直線 l 上ではすべての無差別曲線の傾きは等しい。無差別曲線がこのような性質を持つとき，効用関数は相似拡大的（homothetic）であるという。

生産物価格が p_x, p_y であり，図 10.8 において Q 点において x 財と y 財をそれぞれ x, y だけ生産しているとする。貿易によって選ぶことができる c_x と c_y の組合せは

$$p_x c_x + p_y c_y = p_x x + p_y y$$

の関係式を満たさなければならない。この関係はこの国の予算線を表し，図 10.8 の直線 bb' で示される。同図の場合，人々の満足が最大となる P 点が選ばれ，そのとき $c_x - x$ の x 財が輸入され，$y - c_y$ の y 財が輸出される。

二国間の貿易パターンを明らかにしよう。二国を「自国」と「外国」と呼ぶことにする。ある生産物価格 p_x, p_y のもとで貿易が均衡しているとする。自国の生産物の生産量と消費量をそれぞれ，x, y, c_x, c_y，外国のそれらを x^*, y^*, c_x^*, c_y^* で表すと，均衡条件として，

$$c_x + c_x^* = x + x^*, \qquad c_y + c_y^* = y + y^* \qquad (10.4.5)$$

が成立する。もし両国の人々の選好が同一の効用関数 U で表されるならば，効用関数が相似拡大的であるから，世界市場における共通の生産物価格 p_x,

10.4 貿易のパターン　　**331**

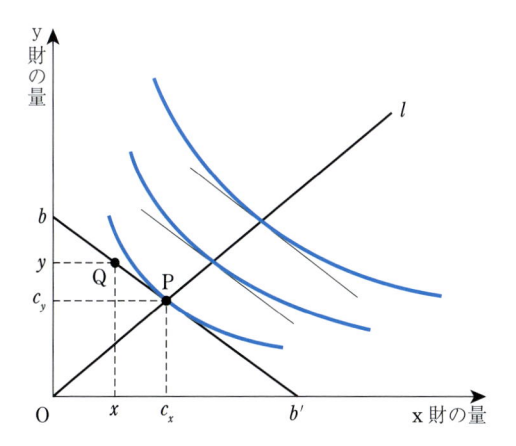

図 10.8　相似拡大的選好と貿易パターン

p_y のもとでは，x 財と y 財の消費量の比率は両国において等しい。すなわち，

$$\frac{c_x}{c_y} = \frac{c_x^*}{c_y^*} \tag{10.4.6}$$

が成立する。(10.4.5) と (10.4.6) より，

$$\frac{x}{y} \times \frac{y}{y+y^*} + \frac{x^*}{y^*} \times \frac{y^*}{y+y^*} = \frac{c_x + c_x^*}{c_y + c_y^*} = \frac{c_x}{c_y}$$

を得る。もし自国の方が外国より資本と労働の賦存比率 k_0 が大きいならば，命題 10.4.1 より，$\frac{x}{y} < \frac{x^*}{y^*}$ であるから，上の式から

$$\frac{x}{y} < \frac{c_x}{c_y} < \frac{x^*}{y^*}$$

でなければならない。したがって，自国は図 10.8 の状況にあり，x 財を輸入し，y 財を輸出する。以上の議論から，ヘクシャー (Heckscher)・オーリン (Ohlin) の定理と呼ばれる以下の命題が証明された。

> **命題 10.4.2**：二国間の自由貿易において，もし両国が同一の生産技術と同一の相似拡大的選好を持つならば，相対的に資本が豊富な国は資本集約的な財を輸出し，労働集約的な財を輸入する。

■ レオンチェフのパラドックス

　上で説明した二生産物・二生産要素からなるヘクシャー・オーリンの国際貿易理論によると，一方の生産要素を相対的に多く保有する国はその要素をより多く用いて生産される財を輸出するという結論が得られる。しかしながら，一つの実証研究の結果として，レオンチェフ（W. Leontief）は1947年の米国の輸出は輸入より労働集約的であること，すなわち輸出品1億ドルの生産に使われた資本と労働の比率が，輸入品1億ドルを仮に国内で生産するとしたときの資本と労働の比率より低いことを示したのである。この事実は米国が他のどの国より労働より資本の方が豊富な国であるという誰もが疑わない前提に鋭く矛盾することになる。このレオンチェフの発見は理論と現実との間の重大な矛盾と見なされ，レオンチェフのパラドックスと呼ばれるようになった。その後このレオンチェフが発見した矛盾を説明するために国際経済学の分野において新しい理論の模索と様々な実証研究がなされたのである。

　レオンチェフの発見した事実はヘクシャー・オーリンの定理に明らかに矛盾するものである。したがって，その矛盾を解消するためには定理の前提を修正しなければならない。その修正としては様々なものが考えられる。たとえば，命題10.4.2における仮定に関して，生産技術および消費構造の各国間の相違が考えられる。米国が生産していない財が存在することは明らかであるから，仮定5も修正すべきである。仮定4については，資本集約度が逆転することも有り得るであろう。その他，米国の労働者の方が生産性が高いというような生産要素の異質性や，あるいは人的資本の存在も考えられる。また，関税の存在も無視することはできないであろう。

　理論の基本的な前提である二財・二要素モデルということにも問題がある。実際には生産物の種類は無数であり，また労働と資本以外の生産要素，たとえば，天然資源，土地などが存在する。多数財・多数要素モデルへの理論的拡張とその実証研究がなされている。その結果によると，多数の生産要素が存在する場合にはレオンチェフの発見した事実は米国が相対的資本豊富国であることには矛盾せず，また，財の生産に使われた労働と資本の含有量を計測し，輸出と輸入を生産要素量含有量で測ると，米国は資本と労働のいずれにおいても輸出国であるが，国内消費財に含まれる資本と労働の含有量で測ると，資本を労

働より多く輸出しており，レオンチェフのパラドックスは起きていないことが明らかにされている。

練習問題

問10.1：ある国のある財の需要曲線と供給曲線がそれぞれ

$$d = 100 - p, \qquad s = p \qquad (p：価格, d：需要量, s：供給量)$$

で示されるとする。この国ではこの財の輸入が禁止されているが，もし自由に貿易がなされるならばこの国の経済厚生（消費者余剰＋生産者余剰）はいくら増加するか。ただし，この財の国際価格は30であるとする。

問10.2：ある財の国内の需要曲線と供給曲線がそれぞれ

$$d = 300 - 3p, \qquad s = 2p \qquad (p：価格, d：需要量, s：供給量)$$

によって示されている。この財の海外市場における価格は20であるとすると，この財の輸入量を10とする輸入割当を行ったとき，この財の国内価格はいくらになるか。

問10.3：A国はx財をすべてB国から輸入しており，A国の輸入（需要）関数は

$$d = 520 - p \qquad (p：\text{x財の価格}, d：\text{A国のx財の輸入量})$$

で示されるとする。他方，B国のA国への輸出（供給）関数は

$$s = -80 + 2p \qquad (s：\text{B国のx財の輸出量})$$

で示されるとする。A国がx財の輸入に関税を課すとき，最適な税率（x財1単位当たりの税額）はいくらか。ただし，最適な税率とはA国の経済余剰（消費者余剰と関税収入の合計）が最大となるような税率を意味する。

問10.4：二国A，B，および二財x，yからなる貿易モデルにおいて，図の aa' 線と bb' 線はそれぞれA国とB国の二財の生産可能性フロンティアである。x財とy財の価格をそれぞれ p_x, p_y とすると，二国間で貿易が行われるためには，価格比 $\dfrac{p_x}{p_y}$ はどのような値でなければならないか。ただし，二財の市場は競争的であるものとする。

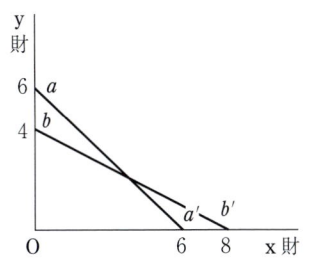

問10.5：ある国では資本と労働からx財とy財が生産され，それらの生産関数はそれぞれ，

$$x = \min\{2K_x, L_x\}, \qquad (x：\text{x財の生産量}, K_x：\text{資本量}, L_x：\text{労働量})$$
$$y = \min\{K_y, 2L_y\} \qquad (y：\text{y財の生産量}, K_y：\text{資本量}, L_y：\text{労働量})$$

で示されるとする。海外市場における x 財と y 財の価格がそれぞれ，25，20 であるとき，この国における資本賃貸率と賃金率はそれぞれいくらか。

ただし，生産物市場においては自由貿易が行われるが，生産要素は国家間で移動しないものとする。また，この国の資本の総量は 50，労働の総量は 40 であるとする。

問 10.6：ある国では資本と労働から x 財と y 財が生産され，それらの生産関数がそれぞれ

$$x = 3K_x^{\frac{1}{3}} L_x^{\frac{2}{3}}, \quad (x：\text{x 財の生産量}, K_x：\text{資本量}, L_x：\text{労働量})$$

$$y = K_y^{\frac{2}{3}} L_y^{\frac{1}{3}} \quad (y：\text{y 財の生産量}, K_y：\text{資本量}, L_y：\text{労働量})$$

で示されるとする。両部門の資本・労働比率を $k_x = \dfrac{K_x}{L_x}$，$k_y = \dfrac{K_y}{L_y}$ とする。世界市場における x 財と y 財の価格を p_x，p_y，この国における資本賃貸率を r，賃金率を w とする。生産物価格比を $p = \dfrac{p_x}{p_y}$，要素価格比を $\omega = \dfrac{w}{r}$ とする。市場はすべて競争的であり，生産物市場においては自由貿易が行われるが，生産要素は国家間で移動しないものとする。

1) k_x および k_y と，ω との関係を求めよ。
2) p と ω との関係を求めよ。

11

ゲームの理論

　経済活動の目的は利益を追求することである。人々の利益は他の人々の行動に互いに依存し，人々はしばしば対立する。その状況はあたかも囲碁や将棋のようなゲームに似ていることから，人々の経済活動は一つのゲームと見なされる。ゲームをする主体は「プレイヤー」と呼ばれる。プレイヤーの利益は「利得」と呼ばれ，人々がとる行動は「戦略」と呼ばれる。「ゲームの理論」は，プレイヤーの利得が互いに他のプレイヤーの戦略に依存するとき，最終的にいかなる状況が実現するかを分析する学問である。

　この章では最初に，プレイヤーの利得と戦略との関係を明示的に表現する「標準形ゲーム」が定義される。ゲームの結果は「均衡」と呼ばれ，一つの均衡概念として「ナッシュ均衡」が分析される。また，戦略を選択するときの一つの基準として，マクシ・ミン原理が説明される。さらに，標準形ゲームの特殊ケースとして「ゼロ和ゲーム」が考察され，行列ゲーム，あるいは矩形ゲームの均衡が分析される。他方，ゲームのもう一つの表現として，ゲームの進行過程を明示的に表現する「展開形ゲーム」が説明される。そこではチェーンストアの例を用いて，ナッシュ均衡の概念を強めた均衡概念である「部分ゲーム完全均衡」が説明される。最後に，「囚人のジレンマ」と呼ばれる問題が示され，同じゲームが繰り返される状況が分析される。そして「繰り返しゲーム」に関する「フォーク定理」が説明される。

11.1 標準形ゲーム

■ 双行列ゲーム

最初に，二人の個人の行動が互いに影響を与える状況を考える．二個人をそれぞれ個人Aと個人Bと呼ぶことにする．個人Aがとることができる行動は二つあり，それらを x_{A1}, x_{A2} と呼ぶことにする．同様に，個人Bが取る行動も二つあり，それらを x_{B1}, x_{B2} とする．二個人が得る利益は二人がとった行動に依存するものとする．個人Aが行動 x_{Ai} ($i = 1, 2$) を，個人Bが x_{Bj} ($j = 1, 2$) を選んだとき，個人Aと個人Bはそれぞれ a_{ij}, b_{ij} の利益を得るものとする．たとえば，個人Aが x_{A1} を，個人Bが x_{B1} を選んだとき，個人Aと個人Bの利益はそれぞれ a_{11}, b_{11} で示される．このような二人の関係を以下のような表で示すことにする．

$$\begin{array}{c} & \text{個人B} \\ & \begin{array}{cc} x_{B1} & x_{B2} \end{array} \\ \text{個人A} \begin{array}{c} x_{A1} \\ x_{A2} \end{array} & \begin{bmatrix} (a_{11}, \ b_{11}) & (a_{12}, \ b_{12}) \\ (a_{21}, \ b_{21}) & (a_{22}, \ b_{22}) \end{bmatrix} \end{array} \qquad (11.1.1)$$

このように二人の利益が互いに相手が選んだ行動に依存する状況は，ゲームと呼ばれる．(11.1.1) の表は，二つの数の組 (a_{ij}, b_{ij}) を要素とする行列であり，このような行列は双行列と呼ばれる．このことから，(11.1.1) で表記されるゲームは双行列ゲームと呼ばれる．また，プレイヤーの利益は利得と呼ばれ，それらを表す行列は利得行列と呼ばれる．

例 11.1.1（複占市場）：二つの企業 A，B によって支配されるある財の市場の需要曲線が

$$d = 64 - p \qquad (d：需要量, \ p：価格)$$

で示され，二企業が財を生産するときの費用関数は同一であり，

$$c = 4q + 10 \qquad (c：総費用, \ q：生産量)$$

で示されるとする．

二企業のいずれも生産量として 15，20 のいずれかを選ぶものとする．

企業A，Bの生産量をそれぞれ q_A，q_B で表し，そのときの総費用を c_A，c_B，利潤を π_A，π_B とする．企業A，Bの生産量が $q_A = q_B = 15$ のとき，需要曲線から，価格は $p = 64 - (15 + 15) = 34$ となる．このとき企業A，Bの総費用は $c_A = c_B = 4 \times 15 + 10 = 70$ となり，したがって，企業A，Bの利潤は $\pi_A = \pi_B = 34 \times 15 - 70 = 440$ となる．

同様にして，他の場合を計算すると，

$$\begin{cases} q_A = 15 \\ q_B = 20 \end{cases} \text{のときは，} p = 29, \begin{cases} c_A = 70 \\ c_B = 90, \end{cases} \begin{cases} \pi_A = 365 \\ \pi_B = 490, \end{cases}$$

$$\begin{cases} q_A = 20 \\ q_B = 15 \end{cases} \text{のときは，} p = 29, \begin{cases} c_A = 90 \\ c_B = 70, \end{cases} \begin{cases} \pi_A = 490 \\ \pi_B = 365, \end{cases}$$

$$\begin{cases} q_A = 20 \\ q_B = 20 \end{cases} \text{のときは，} p = 24, \begin{cases} c_A = 90 \\ c_B = 90, \end{cases} \begin{cases} \pi_A = 390 \\ \pi_B = 390 \end{cases}$$

となる．この状況を双行列で表示すると，

$$\begin{array}{c} \text{企業B} \\ \begin{array}{cc} q_B = 15 & q_B = 20 \end{array} \\ \text{企業A} \begin{array}{c} q_A = 15 \\ q_A = 20 \end{array} \begin{bmatrix} (440, \ 440) & (365, \ 490) \\ (490, \ 365) & (390, \ 390) \end{bmatrix} \end{array}$$

となる．

ゲームの理論では，ゲームにおいて行動する個人や企業などの主体は<u>プレイヤー</u>と呼ばれる．プレイヤーが選択する行動は<u>戦略</u>と呼ばれる．プレイヤーが得る利得は，経済学では個人ならば効用，あるいは企業ならば利潤のことであり，それらはプレイヤーが選択する戦略に依存する．プレイヤーの戦略と利得との関係を表す関数は<u>利得関数</u>と呼ばれる．

上の双行列ゲームではプレイヤーは二人の個人である．プレイヤーの集合を記号 N で表すことにする．すなわち，

$$N = \{A, \ B\}$$

である．プレイヤーA，Bが選択する戦略の集合をそれぞれ記号 X_A, X_B で表す．すなわち，

$$X_A = \{x_{A1}, \ x_{A2}\}, \qquad X_B = \{x_{B1}, \ x_{B2}\}$$

である．さらに，プレイヤーA，Bの利得関数をそれぞれ関数$f_A(x_A, x_B)$，$f_B(x_A, x_B)$で表す．ただし，変数x_A，x_BはプレイヤーA，Bが選ぶ戦略を表す．(11.1.1)の双行列から，関数の値はそれぞれ，

$$f_A(x_{Ai}, x_{Bj}) = a_{ij}, \qquad f_B(x_{Ai}, x_{Bj}) = b_{ij}$$
$$(i = 1, 2; j = 1, 2)$$

である．したがって，双行列ゲームをGとすると，それはプレイヤーの集合N，戦略集合X_A，X_B，利得関数f_A，f_Bによって表現されるから，

$$G = \{N; X_A, X_B; f_A, f_B\}$$

と表記することができる．このようにプレイヤーの集合，各プレイヤーの戦略集合，利得関数によって表示されるゲームは，標準形ゲームと呼ばれる．また，利得関数によって戦略と利得の関係を明示的に表現していることから，標準形ゲームは戦略形ゲームとも呼ばれる．

■ ナッシュ均衡

次に，二人のプレイヤーによる一般的な標準形ゲームを考えることにする．二人のプレイヤーをそれぞれプレイヤー1，プレイヤー2と呼び，プレイヤーの集合を，$N = \{1, 2\}$とする．

プレイヤー1，2の戦略の集合をそれぞれX_1，X_2とする．集合X_i ($i = 1, 2$)はプレイヤーiが選択することができるすべての戦略の集合であり，プレイヤーiは集合X_iのなかから一つの戦略を選択する．集合論の記号を用いれば，プレイヤーiが選ぶ戦略x_iは，$x_i \in X_i$でなければならない．集合X_iの要素の数は有限とは限らない．たとえば，企業の戦略が生産量を選択することであるならば，戦略x_iは任意の非負の数量を表す変数である．

二人のプレイヤーの利得関数は，プレイヤー1とプレイヤー2が選んだ戦略の組合せ(x_1, x_2)に依存し，プレイヤー1，2の利得をそれぞれ$f_1(x_1, x_2)$，$f_2(x_1, x_2)$で表すことにする．このゲームをGと呼び，

$$G = \{X_i, f_i\}_{i=1,2}$$

と表記することにする．

各プレイヤーがそれぞれある戦略を選び，そのときいずれのプレイヤーにも戦略を変更する誘引がないならば，その状態はゲームの均衡，あるいは解と呼

ばれる．最終的にプレイヤーがどの戦略を選択するかは，各プレイヤーの行動様式に依存しており，したがって，ゲームの均衡はプレイヤーの行動様式に依存する．プレイヤーの一つの行動様式として，各プレイヤーは他のプレイヤーの戦略を所与と見なし，自己の利得が最大になるような戦略を選択すると仮定する．すなわち，プレイヤー1は，プレイヤー2の戦略 x_2 を所与として，自分の利得 $f_1(x_1, x_2)$ が最大になるように戦略 x_1 を X_1 のなかから選ぶ．他方，プレイヤー2は，戦略 x_1 を所与として，自分の利得 $f_2(x_1, x_2)$ が最大になるように戦略 x_2 を X_2 のなかから選ぶ．

プレイヤーがこのように行動するとき，二人の戦略のある組合せ (x_1^*, x_2^*) がゲームの均衡となるためには，集合 X_1 の属す任意の x_1 と集合 X_2 に属す任意の x_2 ついて

$$\begin{aligned} f_1(x_1^*, x_2^*) &\geq f_1(x_1, x_2^*), \\ f_2(x_1^*, x_2^*) &\geq f_2(x_1^*, x_2) \end{aligned} \tag{11.1.2}$$

が成立しなければならない．このような戦略の組合せ (x_1^*, x_2^*) はゲーム G の<u>ナッシュ（Nash）均衡</u>と呼ばれる．<u>ナッシュ均衡とは，各プレイヤーが他のプレイヤーの戦略に対して最適な戦略を選択している状態である．</u>

例 11.1.2（クールノー均衡）：先の例 11.1.1 において，二つの企業はいずれも生産量として任意の非負の値を選択することができるものとする．企業 A, B の生産量をそれぞれ q_A, q_B とすると，そのときの価格は，需要曲線から，

$$p = 64 - (q_A + q_B)$$

である．したがって，そのときの企業 A, B の利潤は，

$$f_A(q_A, q_B) = [64 - (q_A + q_B)]q_A - (4q_A + 10),$$
$$f_B(q_A, q_B) = [64 - (q_A + q_B)]q_B - (4q_B + 10)$$

となる．この場合のゲームは，二つの企業 A, B がプレイヤーであり，戦略集合は生産量，すなわち非負の実数の集合であり，利得関数は上の利潤関数である．

このゲームのナッシュ均衡は $q_A = q_B = 20$ である．実際，

$$f_A(20, 20) = f_B(20, 20) = 390,$$

$$f_A(q_A,\ 20) = -q_A{}^2 + 40q_A - 10 = -(q_A - 20)^2 + 390,$$
$$f_B(20,\ q_B) = -q_B{}^2 + 40q_B - 10 = -(q_B - 20)^2 + 390$$

であるから，任意の $q_A \geqq 0$, $q_B \geqq 0$ について

$$f_A(20,\ 20) \geqq f_A(q_A,\ 20), \qquad f_B(20,\ 20) \geqq f_B(20,\ q_B)$$

が成立する。このナッシュ均衡は 6.2 節のクールノー均衡である。それは二企業の反応関数の交点を計算することによって求めることができる。

■ マクシ・ミン戦略

ナッシュ均衡では各プレイヤーは，他のプレイヤーの戦略を所与と見なすという受身的な行動をとっている。これに対して，プレイヤーが相互に相手の行動を予想して自己の戦略を決定することが考えられる。たとえば，各プレイヤーは「自分にとって最も都合の悪い戦略を他のプレイヤーが選ぶ」と予想するものとする。すなわち，各プレイヤーは他のプレイヤーが選ぶ戦略について最も悲観的な予想を持ち，最悪の状況を想定するものとする。

標準形ゲーム $G = \{X_i,\ f_i\}_{i=1,2}$ において，プレイヤー 1 がある戦略 x_1 を選んだとする。このとき，プレイヤー 1 が「プレイヤー 2 はプレイヤー 1 の利得を最小にするような戦略を選ぶ」と予想するとき，彼が予想する利得は

$$\min_{x_2} f_1(x_1,\ x_2)$$

である。ただし，記号 $\min\limits_{x_2}$ は変数 x_2 について最小にすることを意味する。プレイヤー 1 は上の予想利得が最大になるような戦略を選ぶとする。このときプレイヤー 1 の予想利得の値は，

$$\underline{u}_1 = \max_{x_1}[\min_{x_2} f_1(x_1,\ x_2)] \tag{11.1.3}$$

で示される。ただし，記号 $\max\limits_{x_1}$ は変数 x_1 について最大にすることを意味する。

他方，プレイヤー 2 も同様な悲観的予想を持って行動するものとすると，プレイヤー 2 の予想利得は

$$\underline{u}_2 = \max_{x_2}[\min_{x_1} f_2(x_1,\ x_2)] \tag{11.1.4}$$

となる。このようなプレイヤーの行動様式は**マクシ・ミン原理**（maxi-min principle）と呼ばれる。マクシ・ミン原理によって選択される戦略は**マクシ・ミン戦略**と呼ばれる。

二人のプレイヤーがマクシ・ミン戦略を選択したとき，彼等が予想する利得は (11.1.3) と (11.1.4) であるが，実際にそれが実現することは一般にはありえない。なぜなら，二人のプレイヤーはそれぞれ独立に悲観的な予想をもとに戦略を選択しており，相手が予想したようには行動していないからである。また，マクシ・ミン戦略の組合せのもとでは，ナッシュ均衡とは違って相手の実際の戦略を知ったとき自分の戦略を変えたいという誘引が存在する可能性がある。一般にマクシ・ミン戦略の組合せはゲームの安定的な均衡とはならない。

また，ナッシュ均衡において二人のプレイヤーが選択する戦略は必ずしもマクシ・ミン戦略ではない。ナッシュ均衡における戦略を x_1^* と x_2^* とすると，(11.1.2) と (11.1.3) より，

$$f_1(x_1^*, x_2^*) = \max_{x_1} f_1(x_1, x_2^*) \geq \max_{x_1}[\min_{x_2} f_1(x_1, x_2)] = \underline{u}_1$$

である。同様にして，$f_2(x_1^*, x_2^*) \geq \underline{u}_2$ を得る。したがって，ナッシュ均衡では各プレイヤーは最も悲観的予想による利得の予想値より大きな利得を得ている。このことはナッシュ均衡において相手の戦略が変化しないと予想することは，マクシ・ミン戦略の予想より楽観的であることを意味する。

プレイヤーの戦略の選択は相手の戦略に関する予想に依存するから，予想の形態に依存してゲームには色々な均衡概念を定義することができる。実際，ゲーム理論では様々な均衡概念が定義され考察されている。ナッシュ均衡はそのなかの一つにすぎないが，しかしながら，最も重要視されている均衡概念の一つである。

11.2　2人ゼロ和ゲーム

■ ゼロ和ゲーム

標準形ゲーム $G = \{X_i, f_i\}_{i=1,2}$ において，二人のプレイヤーの任意の戦略の組 (x_1, x_2) について，

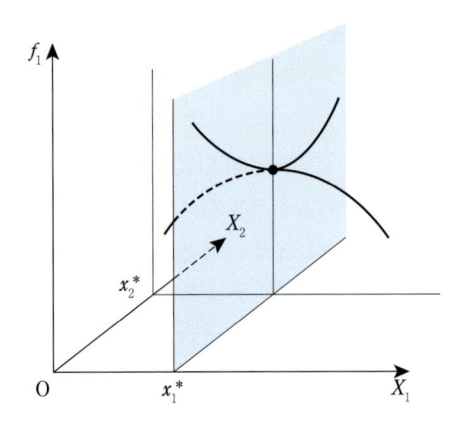

図 11.1　鞍点

$$f_1(x_1, x_2) = -f_2(x_1, x_2)$$

が成立するものとする．このとき，プレイヤー 1 の利益 $f_1(x_1, x_2)$ はプレイヤー 2 の損失 $-f_2(x_1, x_2)$ に等しく，したがって，両者の利得の合計はゼロである．このようにプレイヤーの利得の合計が常にゼロとなるゲームはゼロ和ゲーム（zero-sum game）と呼ばれる．

　このゲームにナッシュ均衡が存在するならば，それは，(11.1.2) より，次の条件を満たす戦略の組合せである．ナッシュ均衡の二人の戦略の組合せを (x_1^*, x_2^*) とすると，任意の $x_1 \in X_1$ と $x_2 \in X_2$ について

$$f_1(x_1, x_2^*) \leqq f_1(x_1^*, x_2^*) \leqq f_1(x_1^*, x_2) \tag{11.2.1}$$

が成立する．

　ナッシュ均衡 (x_1^*, x_2^*) では，関数 f_1 が変数 x_1 については最大になっており，他方，変数 x_2 については最小になっている．図 11.1 は関数 f_1 のグラフを描いたものである．グラフの形状が馬の鞍に似ていることから，点 (x_1^*, x_2^*) は関数 f_1 の鞍点（saddle point）と呼ばれる．したがって，2 人ゼロ和ゲームのナッシュ均衡は関数 f_1 の鞍点である．

　議論の単純化のために，戦略集合 X_1 と X_2 の要素の個数はともに有限であるとする．いま，戦略のある組合せ (x_1^*, x_2^*) がナッシュ均衡であるものとする．(11.2.1) より，任意の x_1 について

$$\min_{x_2} f_1(x_1, x_2) \leqq f_1(x_1, x_2^*) \leqq f_1(x_1^*, x_2^*) = \min_{x_2} f_1(x_1^*, x_2)$$
(11.2.2)

が成立する。これは戦略 x_1^* がプレイヤー 1 のマクシ・ミン戦略であることを示している。他方, (11.2.1) から, 任意の x_2 について

$$\max_{x_1} f_1(x_1, x_2^*) = f_1(x_1^*, x_2^*) \leqq f_1(x_1^*, x_2) \leqq \max_{x_1} f_1(x_1, x_2)$$
(11.2.3)

が成立する。これは, 関数 f_1 はプレイヤー 2 の損失を表すから, 戦略 x_2^* がプレイヤー 2 のマクシ・ミン戦略であることを示している。したがって, 2 人ゼロ和ゲームのナッシュ均衡におけるプレイヤーの戦略はマクシ・ミン戦略であることが証明された。

また, (11.2.2) の左辺は $x_1 = x_1^*$ のとき最大となり, (11.2.3) の右辺は $x_2 = x_2^*$ のとき最小となり, それらの値はいずれも $f_1(x_1^*, x_2^*)$ となるから,

$$\max_{x_1}[\min_{x_2} f_1(x_1, x_2)] = \min_{x_2}[\max_{x_1} f_1(x_1, x_2)]$$
(11.2.4)

が成立する。

逆に, 2 人ゼロ和ゲームにおいて (11.2.4) が成立すると仮定する。このときプレイヤー 1 のある戦略 x_1^{**} とプレイヤー 2 のある戦略 x_2^{**} が存在し,

$$\min_{x_2} f_1(x_1^{**}, x_2) = \max_{x_1} f_1(x_1, x_2^{**})$$

が成立する。この式の値には, 定義より, 左辺 $\leqq f_1(x_1^{**}, x_2^{**}) \leqq$ 右辺, の関係があるから, 結局,

$$\min_{x_2} f_1(x_1^{**}, x_2) = f_1(x_1^{**}, x_2^{**}) = \max_{x_1} f_1(x_1, x_2^{**})$$

が成立する。すなわち, 点 (x_1^{**}, x_2^{**}) は関数 f_1 の鞍点であり, ナッシュ均衡である。したがって, (11.2.4) が成立するとき, ゲームにはナッシュ均衡が存在することが示された。ゆえに, 条件 (11.2.4) はナッシュ均衡が存在するための必要十分条件であることが証明された。

■ 行列ゲーム

二人のプレイヤー A, B からなるゲームにおいて, 各プレイヤーはそれぞれ

二つの戦略を持ち，プレイヤーAが戦略 i ($i = 1, 2$) を選び，プレイヤーBが戦略 j ($j = 1, 2$) を選んだとき，プレイヤーAの利得は a_{ij} となり，プレイヤーBの利得は $-a_{ij}$ になるものとする。このゲームはゼロ和ゲームである。また，このゲームは，プレイヤーAの利得を示せばプレイヤーBの利得（損失）を示したことになるから，以下のような行列によって示される。

$$\begin{array}{c} \text{プレイヤーB} \\ \begin{array}{cc} 1 & 2 \end{array} \\ \text{プレイヤーA} \begin{array}{c} 1 \\ 2 \end{array} \begin{bmatrix} a_{11} & a_{12} \\ a_{21} & a_{22} \end{bmatrix} \end{array} \tag{11.2.5}$$

このような行列で表示されるゲームは行列ゲームと呼ばれる。行列ゲームは，(11.1.1) の双行列ゲームにおいて $a_{ij} = -b_{ij}$ であるときのゲームである。このゲームにはナッシュ均衡が存在するとは限らない。すでに示したように，ナッシュ均衡が存在するための必要十分条件は，(11.2.4) より，

$$\max_i [\min_j a_{ij}] = \min_j [\max_i a_{ij}] \tag{11.2.6}$$

である。また，このゲームにナッシュ均衡が存在するならば，それはマクシ・ミン戦略の組である。

プレイヤーの戦略を次のように一般化することにする。プレイヤーAは戦略1を確率 p で，戦略2を確率 $1-p$ で選ぶとする。このような行動様式は混合戦略と呼ばれる。これに対して，もとの戦略1と戦略2は純粋戦略と呼ばれる。純粋戦略は，確率1でどちらか一方の戦略を選択するという混合戦略であり，混合戦略のなかの特殊ケースである。他方，プレイヤーBは戦略1を確率 q で，戦略2を確率 $1-q$ で選ぶとする。このとき，プレイヤーAが得る利得の期待値は

$$F(p, q) = p[qa_{11} + (1-q)a_{12}] + (1-p)[qa_{21} + (1-q)a_{22}]$$

である。これは同時にプレイヤーBが被る損失の期待値を表している。したがって，プレイヤーAとプレイヤーBの戦略集合がそれぞれ，

$$X_A = \{p | 0 \leq p \leq 1\}, \qquad X_B = \{q | 0 \leq q \leq 1\}$$

であり，利得関数が F と $-F$ である新しいゲームが定義された。このようにして定義されるゲームは矩形ゲームと呼ばれる。

もとの行列ゲームには必ずしもナッシュ均衡が存在するとは限らないが，それから定義される矩形ゲームには必ずナッシュ均衡が存在することが知られている．すなわち，二人のプレイヤーの混合戦略のある組合せ (p^*, q^*) が存在し，

$$\max_p F(p, q^*) = F(p^*, q^*) = \min_q F(p^*, q)$$

が成立する．したがって，ナッシュ均衡が存在するための必要十分条件である (11.2.4) に対応して，

$$\max_p [\min_q F(p, q)] = \min_q [\max_p F(p, q)] \tag{11.2.7}$$

が成立する．これがノイマンによって証明されたミニマックス定理と呼ばれる命題である．

11.3 展開形ゲーム

■ ゲームの木

最初に，二人のプレイヤーの利得行列が

$$\begin{array}{c} & \text{プレイヤー2} \\ & \begin{array}{cc} l_2 & r_2 \end{array} \\ \text{プレイヤー1} \begin{array}{c} l_1 \\ r_1 \end{array} & \begin{bmatrix} (15,\ 20) & (10,\ 15) \\ (20,\ 5) & (\ 5,\ 10) \end{bmatrix} \end{array} \tag{11.3.1}$$

で示される双行列ゲームを考える．この双行列ゲームを図示したものが図 11.2 である．図の O 点，すなわち x_1 点がゲームの出発点を表す．この場合はプレイヤー1が戦略の l_1 か r_1 のどちらかを選ぶ点である．もしプレイヤー1が戦略 l_1 を選んだならばゲームは x_{21} 点に移行し，もし戦略 r_1 を選んだならばゲームは x_{22} 点に移行する．二点 x_{21} と x_{22} はプレイヤー2が戦略の l_2 か r_2 のどちらかを選ぶ点である．たとえば，x_{21} 点においてプレイヤー2が戦略 l_2 を選ぶとゲームは z_1 点に移行する．その結果，プレイヤー1とプレイヤー2の利得は，双行列 (11.3.1) が示すように，それぞれ 15, 20 となる．他の場合も同様に，ゲームは z_2 点，z_3 点，z_4 点のいずれかに移行する．このようにゲームの構造は点と線で描くことができる．ゲームの構造を表す図は，樹木が枝分か

れする様子に似ていることから，ゲームの木（game tree）と呼ばれる。それを記号 K で表すことにする。

■ **プレイヤー分割**

ゲームの木 K は，点と，点と点を結ぶ枝から構成される。O 点のようにゲームの出発点を表す点は原点と呼ばれる。ゲームの行き着く最終点 z_1, z_2, z_3, z_4 は頂点と呼ばれる。頂点の集合を Z とする。すなわち，

$$Z = \{z_1, z_2, z_3, z_4\}$$

である。頂点以外の点は，プレイヤーの一人が戦略を選択する点を表し，手番（move）と呼ばれる。すべての手番の集合を X で表す。すなわち，

$$X = \{x_1, x_{21}, x_{22}\}$$

である。プレイヤー1，2の手番の集合をそれぞれ P_1，P_2 とする。すなわち，

$$P_1 = \{x_1\}, \qquad P_2 = \{x_{21}, x_{22}\} \qquad (11.3.2)$$

である。手番の集合 X は P_1 と P_2 に分割されており，その分割は $P = \{P_1, P_2\}$ と表記され，プレイヤー分割と呼ばれる。

■ **情 報 分 割**

図 11.2 のゲームの木では，プレイヤー1が手番 x_1 においてプレイヤー2より先に戦略を選ぶから，プレイヤー1は相手の戦略に関する情報をまったく持っていない。他方，プレイヤー2も相手の戦略に関する情報は持っていないものとする。このことは，プレイヤー2はプレイヤー1がどちらの戦略を選んだかを知らず，二点 x_{21} と x_{22} とを区別することができないことを意味する。このことを，図 11.2 では，二つの手番 x_{21} と x_{22} を一つの集合 u_2 にまとめることによって表現している。プレイヤー2の区別することができない手番の集合は $u_2 = \{x_{21}, x_{22}\}$ である。集合 u_2 のように，プレイヤーが区別できないすべての手番を集めた集合は情報集合と呼ばれる。プレイヤー1の情報集合は，もともとプレイヤー1の手番は x_1 しかないから，集合 $u_1 = \{x_1\}$ だけである。

プレイヤー1と2の情報集合をすべて集めたものをそれぞれ U_1 と U_2 で表すことにする。すなわち，

$$U_1 = \{u_1\} = \{\{x_1\}\}, \qquad U_2 = \{u_2\} = \{\{x_{21}, x_{22}\}\} \qquad (11.3.3)$$

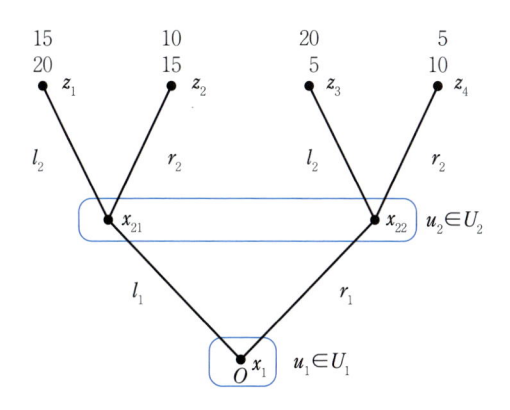

```
        15      10       20       5
        20      15        5      10
         • z₁    • z₂      • z₃    • z₄
          \    /            \    /
         l₂   r₂            l₂   r₂
            •                 •
           x₂₁               x₂₂   u₂∈U₂
             \               /
              l₁           r₁
                  •
                  O x₁    u₁∈U₁
```

図 11.2 双行列ゲームの木

である。集合 U_1, U_2 は各**プレイヤーの情報分割**と呼ばれる。また、二人のプレイヤーの情報集合を集めたものは、$U = \{u_1, u_2\}$ で表記され、**ゲームの情報分割**と呼ばれる。一般に、情報分割 U はプレイヤー分割 P をさらに細かく分割したものとなる。図 11.2 のゲームでは、(11.3.2) のプレイヤー分割 P と (11.3.3) の情報分割 U は同じものであり、$U = P$ である。これはプレイヤーがまったく情報を持っていないことを表現している。

■ 選択分割

図 11.2 において、手番 x_1 におけるプレイヤー 1 の戦略 l_1, r_1 の選択は、それぞれ 1 本の枝 $\overline{x_1 x_{21}}$, $\overline{x_1 x_{22}}$ に対応している。プレイヤー 2 の戦略 l_2, r_2 の選択は手番 x_{21} からの枝 $\overline{x_{21} z_1}$ と $\overline{x_{21} z_2}$ に対応していると同時に、手番 x_{22} からの枝 $\overline{x_{22} z_3}$ と $\overline{x_{22} z_4}$ にも対応している。これはプレイヤー 2 が同じ情報集合 u_2 に属す二つの手番 x_{21} と x_{22} を区別できないためである。戦略 l_2 に対応する枝の集合は $\{\overline{x_{21} z_1}, \overline{x_{22} z_3}\}$ であり、戦略 r_2 に対応する枝の集合は $\{\overline{x_{21} z_2}, \overline{x_{22} z_4}\}$ である。このようにすべての枝の集合を、戦略 l_1, r_1, l_2, r_2 の選択に対応して、

$$\{\overline{x_1 x_{21}}\}, \{\overline{x_1 x_{22}}\}, \{\overline{x_{21} z_1}, \overline{x_{22} z_3}\}, \{\overline{x_{21} z_2}, \overline{x_{22} z_4}\}$$

と分割することができる。このような分割は**選択分割**と呼ばれる。

選択分割は、図 11.2 では、同じ戦略に対応する枝には同じ名前を付けることによって表現されている。ゲームの木の枝を、同じ名前がついた枝は同一の

枝と見なし，選択肢と呼ぶことにする。すべての選択肢の集合は
$$C = \{l_1, r_1, l_2, r_2\} \tag{11.3.4}$$
で表記される。集合 C は上記の選択分割を表現する集合である。

■ 利得関数

ゲームの木の頂点はゲームの最後の結果であり，各頂点において実現する二人のプレイヤーの利得は，図 11.2 では，頂点 z_1, z_2, z_3, z_4 の上の数字で示されている。各プレイヤーの利得関数は頂点の集合 Z 上で定義された関数によって表現される。したがって，プレイヤー 1 と 2 の利得関数をそれぞれ h_1, h_2 とすると，それらは

$$h_1(z) = \begin{bmatrix} 15 & (z = z_1 \text{ のとき}) \\ 10 & (z = z_2 \text{ のとき}) \\ 20 & (z = z_3 \text{ のとき}) \\ 5 & (z = z_4 \text{ のとき}) \end{bmatrix}, \quad h_2(z) = \begin{bmatrix} 20 & (z = z_1 \text{ のとき}) \\ 15 & (z = z_2 \text{ のとき}) \\ 5 & (z = z_3 \text{ のとき}) \\ 10 & (z = z_4 \text{ のとき}) \end{bmatrix}$$

$$\tag{11.3.5}$$

で定義される。二人のプレイヤーの利得関数を $h = \{h_1, h_2\}$ で示すことにする。

以上をまとめると，図 11.2 のゲームは，ゲームの木 K，プレイヤー分割 P，情報分割 U，選択分割 C，利得関数 h の五つの要素で表現される。これらの要素によって表現されるゲームは展開形ゲームと呼ばれる。すなわち，図 11.2 のゲームを G とすると，それは
$$G = \{K, P, U, C, h\}$$
と表記される。

■ 先導者と追随者

双行列ゲーム (11.3.1) において，プレイヤー 2 はプレイヤー 1 の戦略を知ってから自己の戦略を決定することができるものとする。図 11.3 はこのようなゲームを表現したものである。プレイヤー 2 は手番 x_{21} と x_{22} とを区別することができるから，プレイヤー 2 の情報集合は $u_{21} = \{x_{21}\}$ と $u_{22} = \{x_{22}\}$ の 2 個となり，ゲームの情報分割は

$$U' = \{u_1,\ u_{21},\ u_{22}\} = \{\{x_1\},\ \{x_{21}\},\ \{x_{22}\}\} \tag{11.3.6}$$

となる。このような情報分割のもとでは，6.3 節のシュタッケルベルク均衡のようにプレイヤー 1 は先導者，プレイヤー 2 は追随者となり，図 11.2 とはまったく異なるゲームとなる。

図 11.3 のゲームでは，プレイヤー 2 は手番 x_{21} と x_{22} を区別することができるから，「手番 x_{21} では l_2 を，手番 x_{22} では r_2 を選ぶ」というように，手番ごとに異なった選択をすることができる。このことは，図 11.3 では，各手番において選ぶ戦略に対応して，手番から出ている枝に別の名前を付けることによって表現されている。4 本の枝 l_{21}, r_{21}, l_{22}, r_{22} はすべて異なるものとなり，このゲームの選択肢の集合，すなわち，選択分割は

$$C' = \{l_1,\ r_1,\ l_{21},\ r_{21},\ l_{22},\ r_{22}\} \tag{11.3.7}$$

で示される。

情報分割は，その分割が細かいほどプレイヤーがより多くの情報を持っていることを表す。プレイヤーがすべての手番を区別することができるゲームは，完全情報ゲームと呼ばれる。すなわち，すべてのプレイヤーのすべての情報集合が 1 個の手番からなる集合であるとき，そのゲームは完全情報ゲームである。図 11.3 のゲームは完全情報ゲームである。

■ 純粋戦略

展開形ゲームにおけるプレイヤーの戦略は，ゲームが進行していくとき各手番でどの選択肢を選ぶかを計画することである。実際には，同じ情報集合に属す手番では同じ選択肢しか選択できないから，各情報集合に対して一つの選択肢を対応させることになる。プレイヤーが各情報集合に対して一つの選択肢を選ぶ計画は，純粋戦略と呼ばれる。

たとえば，図 11.2 のゲームではプレイヤー 1 が u_1 に対して l_1 を，プレイヤー 2 が u_2 に対応して r_2 を選ぶとする。このような二人の純粋戦略の組合せは (l_1, r_2) と表記される。また，図 11.3 のゲームでは，プレイヤー 1 が u_1 に対して l_1 を選び，プレイヤー 2 が u_{21} に対して r_{21} を，u_{22} に対して l_{22} を選ぶとする。このような二人の純粋戦略の組合せは $(l_1, (r_{21}, l_{22}))$ と表記される。

各プレイヤーが純粋戦略をとるとき，戦略形ゲームと同様にナッシュ均衡を

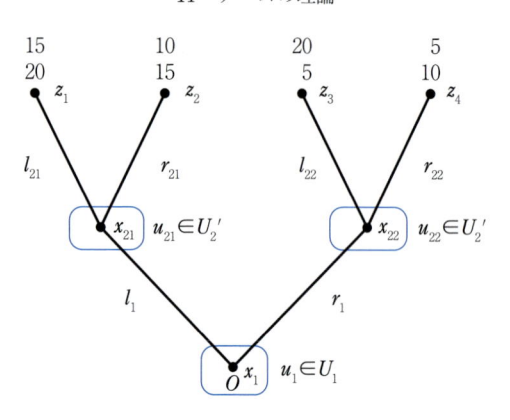

図 11.3　先導者と追随者

定義することができる。すなわち，各プレイヤーは他のプレイヤーの純粋戦略を所与と見なし，自己の利得が最大になるような純粋戦略を選んでいる状態がナッシュ均衡である。

容易に確認することができるように，図 11.2 の展開形ゲームにはナッシュ均衡が存在しない。図 11.3 の展開形ゲームにはナッシュ均衡が存在し，均衡における二人のプレイヤーの純粋戦略は $(l_1, (l_{21}, r_{22}))$ である。すなわち，プレイヤー 1 は手番 x_1 で l_1 を選び，他方，プレイヤー 2 は手番 x_{21} では l_{21} を，手番 x_{22} では r_{22} を選ぶのがナッシュ均衡である。このように一般の展開形ゲームにはナッシュ均衡は必ずしも存在しないが，図 11.3 のような完全情報ゲームにはナッシュ均衡が必ず存在する。

■ 混合戦略と行動戦略

戦略形ゲームの混合戦略と同様に，展開形ゲームにおいても混合戦略を定義することができる。すなわち，純粋戦略に適当な確率を付ける戦略が混合戦略である。たとえば，図 11.3 のゲームでは，プレイヤー 2 の純粋戦略は

$$(l_{21}, l_{22}),\ (r_{21}, l_{22}),\ (l_{21}, r_{22}),\ (r_{21}, r_{22})$$

の 4 通りである。これらに確率を付与することが混合戦略である。もちろん，一つの純粋戦略に確率 1 を付与する混合戦略はその純粋戦略に等しいから，混合戦略は純粋戦略を一般化したものである。

展開形ゲームでは，さらに一般的な戦略を定義することができる。各情報集合で選択することができる選択肢に確率を付与したものは局所戦略と呼ばれる。各情報集合に対して一つの局所戦略を対応させる計画は行動戦略と呼ばれる。たとえば，図 11.3 のゲームでは，プレイヤー 2 の情報集合 u_{21} で選択できる選択肢は l_{21} と r_{21} であり，これらに確率を付与して一つの局所戦略を作る。同様にして，情報集合 u_{22} で選択できる選択肢 l_{22} と r_{22} に確率を付与して一つの局所戦略を作る。このようにして，各情報集合に局所戦略を対応させたものが行動戦略である。完全情報ゲーム，あるいはプレイヤーが過去の自分の行動の結果を知ることができる「完全記憶ゲーム」においては，行動戦略と混合戦略は本質的な違いがないことが知られている。

行動戦略をとるプレイヤーの一例は「自然」である。たとえば，天気には晴れ，曇り，雨があるが，「自然」と呼ばれるプレイヤーが適当な確率でそれらを選択すると考えることができる。自然が選択肢を選ぶ手番は，偶然手番（chance move）と呼ばれる。ただし，自然は利得を最大にするように行動するプレイヤーではないから，自然には利得関数はなく，また，その戦略は固定されている。したがって，偶然手番を含む展開形ゲームとは，そのゲームの木に偶然手番が含まれており，偶然手番から出る枝に一定の確率分布が与えられたゲームである。

戦略を混合戦略，あるいは行動戦略の範囲に広げたゲームにおいても，同様の仕方でナッシュ均衡を定義することができる。しかしながら，もしゲームが完全情報ゲームならば，プレイヤーの戦略が純粋戦略であるナッシュ均衡が存在することがクーン（H. W. Kuhn）によって証明されている。

11.4 部分ゲーム完全均衡

■ チェーンストア・ゲーム

最初に図 11.4 で示される二人のプレイヤーの展開形ゲームを考える。プレイヤー 1 は手番 x_1 において選択肢 l_1, r_1 のうちどちらかを選ぶ。プレイヤー S は，プレイヤー 1 の選択の後に，手番 x_{S1} において選択肢 l_{S1}, r_{S1} のうちどちらかを選ぶものとする。

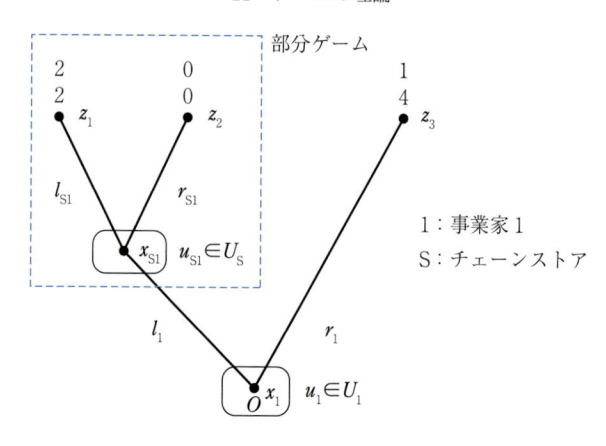

図11.4 チェーンストア・ゲーム

　図11.4のゲームは次のようなチェーンストアの問題にたとえられる。プレイヤー1はある町の一人の「事業家」，プレイヤーSは大手の「チェーンストア」とする。事業家が市場に「参入」し，チェーンストアと同じ商品を販売する店を開業することを選択肢l_1とする。他方，市場から「退出」し，チェーンストアとは無関係の事業をすることを選択肢r_1とする。事業家がl_1を選んだ場合，チェーンストアが事業家と「協力」することを選択肢l_{S1}とし，事業家と「対立」することを選択肢r_{S1}とする。

　事業家がr_1（退出）を選ぶと，事業家の利潤は1となり，チェーンストアの独占利潤は4になる。事業家がl_1（参入）を選んだ場合，チェーンストアがl_{S1}（協力）を選ぶと，利益を分け合い両者の利潤はともに2となる。チェーンストアがr_{S1}（対立）を選ぶと，競争の結果両者の利潤はともに0となる。

　プレイヤー1は手番x_1において選択肢l_1を選び，プレイヤーSは手番x_{S1}において選択肢l_{S1}を選ぶとする。このような二人の戦略の組を(l_1, l_{S1})と表記する。このような戦略のもとでは頂点z_1が実現し，プレイヤー1とSの利得はそれぞれ2, 2となる。

　戦略の組(l_1, l_{S1})はナッシュ均衡である。実際，プレイヤー1が戦略をl_1からr_1に変更すると，彼の利得は2から1へ減少する。他方，プレイヤーSが戦略をl_{S1}からr_{S1}に変更すると，彼の利得は2から0へ減少する。したがって，いずれのプレイヤーも戦略を変更する誘引がないから，(l_1, l_{S1})はナッシュ

均衡である。

　このゲームにはナッシュ均衡がもう一つ存在する。それは (r_1, r_{S1}) の状態である。このことは同様の議論によって確認することができる。しかしながら，プレイヤーＳが選択肢 r_{S1} を選ぶという戦略は，利得２と０を比較すると，手番 x_{S1} における戦略としては合理的な戦略ではない。したがって，最初の均衡 (l_1, l_{S1}) の方が第２の均衡 (r_1, r_{S1}) より自然な均衡である。

　図11.4の点 x_{S1} 以降の部分はゲームの他の部分から切り離して考えることができる。実際，手番 x_{S1} におけるプレイヤーＳの選択はゲームの他の選択とは独立になされる。このように，ゲームの木のある点とそれ以後のすべての枝と点から構成される部分が，残りの部分から独立であるならば，その部分は一つのゲームと見なすことができる。そのようなゲームは部分ゲームと呼ばれる。

　図11.4の点 x_{S1} 以降の部分はプレイヤーＳだけの最も単純な１人ゲームである。その部分ゲームのナッシュ均衡は，プレイヤーＳが手番 x_{S1} において選択肢 l_{S1} を選ぶことである。したがって，第１のナッシュ均衡 (l_1, l_{S1}) におけるプレイヤーの戦略は，部分ゲームにおいてもナッシュ均衡における戦略になっている。このようにもとのゲーム，およびすべての部分ゲームにおいてナッシュ均衡となるようなプレイヤーの戦略の組は，部分ゲーム完全均衡と呼ばれる。第一の均衡 (l_1, l_{S1}) は部分ゲーム完全均衡であるが，第二の均衡 (r_1, r_{S1}) は部分ゲーム完全均衡ではない。したがって，部分ゲーム完全均衡は，プレイヤーの非合理的な選択を含むナッシュ均衡を排除する均衡概念である。部分ゲーム完全均衡の概念はゼルテン（R. Selten）によって定義された。図11.4のような完全情報ゲームには純粋戦略における部分ゲーム完全均衡が存在する。

■ チェーンストア・パラドックス

　図11.4のゲームを次のように拡大する。チェーンストアは図11.4のゲームの後に，別の町にいる事業家２と同様のゲームをする。二つのゲームは完全に独立であるから，図11.4の z_1, z_2, z_3 の各頂点の後に事業家２とのゲームが部分ゲームとして付け足される。拡大されたゲームは図11.5で描かれている。チェーンストアの最終利得は，二人の事業家１，２とのゲームで得られた利得の合計である。

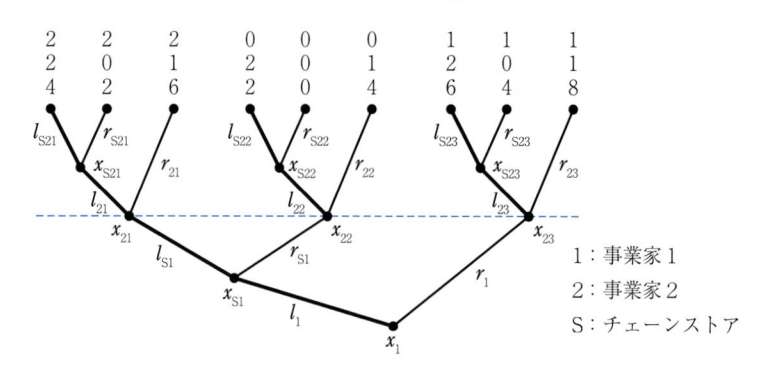

図11.5 チェーンストア・パラドックス

　各プレイヤーが次のように選択肢を選ぶとき，このゲームの部分ゲーム完全均衡となる。事業家1は手番 x_1 で選択肢 l_1 を選ぶ。事業家2は手番 x_{21}, x_{22}, x_{23} においてそれぞれ選択肢 l_{21}, l_{22}, l_{23} を選ぶ。チェーンストアは手番 x_{S1}, x_{S21}, x_{S22}, x_{S23} においてそれぞれ選択肢 l_{S1}, l_{S21}, l_{S22}, l_{S23} を選ぶ。すなわち，部分ゲーム完全均衡は $(l_1, (l_{21}, l_{22}, l_{23}), (l_{S1}, l_{S21}, l_{S22}, l_{S23}))$ であり，それはすべての部分ゲームにおいてナッシュ均衡である。実際，たとえば図11.5 の点 x_{S1} から始まる部分ゲームのナッシュ均衡は $((l_{21}, l_{22}), (l_{S1}, l_{S21}, l_{S22}))$ である。

　上のチェーンストア・ゲームの部分ゲーム完全均衡では，二人の事業家は市場に参入し，チェーンストアは彼等と協力する。このことは，多数の町が存在するとき，チェーンストアはすべての町の事業家と同様の協力関係を持つことを意味する。このような結論は現実的であるだろうか。たとえば，多数の事業家とゲームをするとき，チェーンストアは「すべての事業家と対立する」という選択をすることが考えられる。もちろん，「対立」は各手番における合理的な選択ではない。実際，最初の幾人かの事業家とのゲームにおいて，利得はすべて0となる。しかしながら，後のゲームの事業家は前のゲームの結果を知ることができるから，後の事業家のなかの幾人かは，チェーンストアが「対立」を選択することを予想し，「参入」を止め「退出」を選択するかもしれない。たとえば，100人の事業家のうち，半数以上の51人が退出を選択すれば，チェーンストアの利得は $204(= 4 \times 51 + 0 \times 49)$ となる。これは，すべての事

業家と「協力」した場合の利得 $200(= 2 \times 100)$ より大きい。したがって，現実的にはチェーンストアが「対立」という非合理的な行動をとる可能性があるのである。これがゼルテンによって指摘された**チェーンストア・パラドックス**と呼ばれる現象である。現実を説明するのに，人々の行動に完全な合理性を仮定することは必ずしも適切ではないかもしれない。このような理由から，**限定された合理性**（bounded rationality）に基づいた人々の行動を分析する様々な試みがなされている。

11.5 繰り返しゲーム

■ 囚人のジレンマ

以下の例が示すように，ゲームの均衡において実現する状態が必ずしも効率的ではないことがある。

> **例 11.5.1**（囚人のジレンマ）：二人のプレイヤーによるゲームが次の利得行列によって示されるとする。
>
> $$\begin{array}{c} \text{プレイヤー2} \\ \begin{array}{cc} \text{戦略1} & \text{戦略2} \end{array} \end{array}$$
>
> プレイヤー1 $\begin{array}{c} \text{戦略1} \\ \text{戦略2} \end{array} \begin{bmatrix} (20,\ 20) & (\ 0,\ 30) \\ (30,\ \ 0) & (10,\ 10) \end{bmatrix}$
>
> 二人のプレイヤーがともに戦略2を選択する状態がこのゲームの唯一のナッシュ均衡である。もし仮に二人のプレイヤーがともに戦略1を選択するならば，二人の利得は $(20, 20)$ となる。その状態は，どちらのプレイヤーもナッシュ均衡における利得 $(10, 10)$ より多くの利得を得るが，いずれのプレイヤーも戦略を戦略1から戦略2に変える誘引を持つから，均衡ではない。

上のゲームは二人の囚人の状況にたとえられる。二人はある犯罪の共犯者であり，戦略1は罪を「否認」すること，戦略2は「自白」することであるとする。もし二人とも否認すれば証拠不十分で軽い刑となり，二人の効用はともに

20 となる。もし両方とも自白するならば，刑が重くなり効用はともに 10 となる。もし一方だけが自白すれば，自白した方は特別に刑が軽減され効用は 30 となるが，否認した方はさらに刑が重くなり効用は 0 となる。二人がともに否認すると，効用が 20 となるが，もし二人が隔離された状況にあり共謀することができないならば，互いに他を信用することができないため，二人とも自分の刑を軽減してもらうことを目的に自白してしまうのである。その結果，二人とも戦略 2 を選択する。

このゲームのナッシュ均衡における二人の効用の組は (10, 10) であり，それは二人が戦略 1 を選択したときの効用の組 (20, 20) と比較すると効率的ではない。二人の状態を改善することが可能であるから，経済学の言葉でいえば，ナッシュ均衡はパレート最適ではない。このような現象が起こるゲームはタッカー（A. W. Tucker）によって囚人のジレンマ（prisoner's dilemma）と呼ばれている。

多くのゲームにおいてナッシュ均衡は必ずしもパレート最適ではない。実際，先の例 11.1.2 においても，クールノー均衡はパレート最適ではない。このことは，例 11.1.1 において二企業の生産量を 15 とすると二企業の利潤がともに増加することから明らかである。

■ スーパーゲーム

次に，二人のプレイヤーの間で同じゲームが何度も繰り返される状況を考える。繰り返されるゲームは

$$\begin{array}{c} \text{プレイヤー2} \\ \begin{array}{cc} \text{戦略1} & \text{戦略2} \end{array} \\ \text{プレイヤー1} \begin{array}{c} \text{戦略1} \\ \text{戦略2} \end{array} \begin{bmatrix} (a_1, \ a_2) & (c_1, \ b_2) \\ (b_1, \ c_2) & (d_1, \ d_2) \end{bmatrix} \end{array}$$

で示されるとする。ただし，利得に関して，

$$c_i < d_i < a_i < b_i \qquad (i = 1, \ 2) \tag{11.5.1}$$

を仮定する。このゲームは上で説明した囚人のジレンマのゲームを一般化したものである。このゲームを G とし，ゲーム G が無限に繰り返されるゲームを G^∞ で表記する。同じゲームが繰り返されるゲームは繰り返しゲームと呼ばれ

る。もとのゲーム G は G^∞ の成分ゲームと，新しいゲーム G^∞ は G のスーパーゲームと呼ばれる。

ゲーム G^∞ におけるプレイヤーの利得を定義する。プレイヤー i ($i = 1$, 2) が第 t 期 ($t = 0$, 1, 2, $\cdots$) に得た利得を x_t とすると，ゲーム G^∞ におけるプレイヤー i の利得は，

$$u_i = x_0 + x_1\delta + \cdots + x_t\delta^t + \cdots \tag{11.5.2}$$

であるとする。ただし，$0 < \delta < 1$ とする。プレイヤーの将来利得は δ で割り引かれており，数 δ は割引因子と呼ばれる。

二人のプレイヤーがともに戦略2を選ぶ状態が，ゲーム G のナッシュ均衡である。もし二人のプレイヤーがともに戦略1を選ぶならば，条件 $d_i < a_i$ から，二人ともより大きな利得を得ることができる。したがって，ともに戦略1を選ぶことは「協調」を意味する。もし一方のプレイヤーだけが戦略2を選ぶならば，条件 $c_i < a_i < b_i$ から，自分の利得は増えるが他方のプレイヤーの利得は減少する。したがって，一方だけが戦略2を選ぶことは「裏切り」を意味する。ナッシュ均衡は二人が互いに他を裏切った状況である。

■ フォーク定理

一回限りのゲーム G では，二人のプレイヤーが利己的に行動し，ナッシュ均衡が実現することが予想される。しかしながら，繰り返しゲーム G^∞ では，各プレイヤーは相手が過去に選んだ戦略を見ることができるから，相手の過去の戦略に依存して自分の戦略を決める行動様式がプレイヤーの戦略となる。

二人のプレイヤーが次のような行動様式をとるとする。最初のゲームでは戦略1を選ぶ。その後は相手が戦略1をとり続ける限り戦略1を選ぶ。しかし，相手が1回でも戦略2をとれば，その後は戦略2を選ぶ。これは相手の裏切りが「引き金（trigger）」となって自分も裏切るという戦略であり，トリガー戦略と呼ばれる。

二人のプレイヤーがトリガー戦略をとるとき，プレイヤーはともに戦略1を選び続けるから，二人の利得は，(11.5.2) より，

$$u_i = a_i + a_i\delta + a_i\delta^2 + a_i\delta^3 + \cdots = \frac{a_i}{1-\delta} \qquad (i = 1, 2)$$

となる。仮にプレイヤー 1 が第 0 期にトリガー戦略をやめて戦略 2 を選んだとする。プレイヤー 2 はトリガー戦略をとっているから，第 1 期以降プレイヤー 2 は戦略 2 を選ぶ。したがって，プレイヤー 1 の第 0 期の利得は b_1 となるが，第 1 期以降の利得はたかだか d_1 である。ゆえに，プレイヤー 1 が第 0 期にトリガー戦略をやめたときの利得はたかだか

$$u_1' = b_1 + d_1\delta + d_1\delta^2 + d_1\delta^3 + \cdots = b_1 + \frac{d_1\delta}{1-\delta}$$

$$= \frac{b_1 - (b_1 - d_1)\delta}{1-\delta}$$

である。したがって，

$$u_1 - u_1' = \frac{(a_1 - b_1) + (b_1 - d_1)\delta}{1-\delta} > 0, \quad \text{すなわち}$$

$$\delta > \frac{b_1 - a_1}{b_1 - d_1} \tag{11.5.3}$$

であるとき，プレイヤー 1 に第 0 期にトリガー戦略をやめる誘引はない。これは第 t 期にトリガー戦略をやめる誘引がないための条件であることも同様にして証明することができる。また，(11.5.3) に対応して，プレイヤー 2 もトリガー戦略を取り続けるための条件を導出することができる。ゆえに，

$$\delta > \max\left\{\frac{b_1 - a_1}{b_1 - d_1}, \frac{b_2 - a_2}{b_2 - d_2}\right\}$$

が成立するほど割引因子 δ の値が十分に 1 に近ければ，トリガー戦略は繰り返しゲーム G^∞ のナッシュ均衡である。このことは一回限りのゲーム G では二人のプレイヤーは戦略 2 を選ぶが，ゲームが無限に繰り返されるならば，戦略 1 を選ぶことを示している。これは裏切りによって目先の利益を追求するのではなく，協調によって長期的な利益を得るという自然な行動である。このように一回限りのゲーム G のナッシュ均衡より大きな利得が，無限回の繰り返しゲーム G^∞ のトリガー戦略によるナッシュ均衡において実現される。この事実は昔から多くの研究者によって指摘されていたことから，「人々 (folk)」によって伝承された周知の定理という意味で，フォーク定理と呼ばれている。

練習問題

問 11.1：個人 A と個人 B がそれぞれ二つの戦略を持つゲームが以下の双行列で示されるとする。双行列の各要素は個人 A と個人 B の利得を表す。たとえば個人 A が戦略 1 を，個人 B が戦略Ⅰを選んだとき，個人 A と個人 B の利得はそれぞれ 20, 25 となる。

$$
\text{個人 A} \quad
\begin{array}{c}
 \\ \text{戦略 1} \\ \text{戦略 2}
\end{array}
\begin{array}{cc}
\text{個人 B} & \\
\text{戦略Ⅰ} & \text{戦略Ⅱ} \\
\begin{bmatrix} (20,\ 25) & (10,\ 15) \\ (30,\ 35) & (40,\ 45) \end{bmatrix} &
\end{array}
$$

1) このゲームのナッシュ均衡における二人の戦略の組合せを求めよ。
2) 各個人がマクシ・ミン原理によって選択する戦略を求めよ。

問 11.2：企業 A と企業 B がそれぞれ二つの純粋戦略を持つ 2 人ゼロ和ゲームの利得行列が以下のように与えられるものとする。利得行列の各要素は企業 A の利潤，すなわち，企業 B の損失を示すものとする。

$$
\text{企業 A} \quad
\begin{array}{c}
 \\ \text{戦略 1} \\ \text{戦略 2}
\end{array}
\begin{array}{cc}
\text{企業 B} & \\
\text{戦略Ⅰ} & \text{戦略Ⅱ} \\
\begin{bmatrix} 30 & -20 \\ -40 & 10 \end{bmatrix} &
\end{array}
$$

1) 各企業が純粋戦略をとるとき，各企業がマクシ・ミン原理によって選択する純粋戦略を求めよ。そのときの均衡は安定か。
2) 各企業が混合戦略をとるとき，ナッシュ均衡における各企業の混合戦略を求めよ。

問 11.3：プレイヤー 1 とプレイヤー 2 のゲームが次の図によって示されるとする。プレイヤー 1 は点 x_1 において選択肢 l_1, r_1 のどちらかを選択し，プレイヤー 2 は，プレイヤー 1 の選択を知った後に，点 x_{21} では選択肢 l_{21}, r_{21} のどちらかを，点 x_{22} では選択肢 l_{22}, r_{22} のどちらかを選択するものとする。二人のプレイヤーの利得はゲームの木の頂点における数値で示され，たとえば，プレイヤー 1, 2 がそれぞれ選択肢 l_1, r_{21} を選択すると，プレイヤー 1, 2 の利得はそれぞれ 0, 10 になるものとする。

1) このゲームのナッシュ均衡におけるプレイヤーの戦略を求めよ。
2) このゲームの部分ゲーム完全均衡におけるプレイヤーの戦略を求めよ。

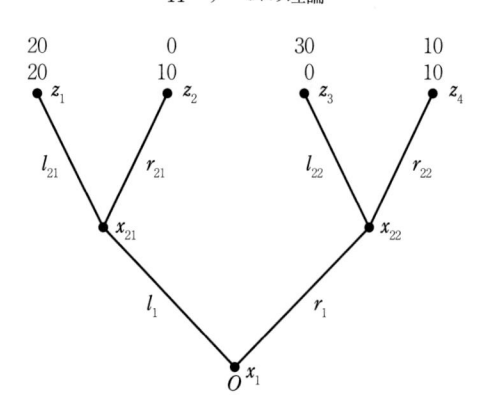

```
         20        0         30        10
         20        10        0         10
         •z₁      •z₂       •z₃       •z₄
          \      /           \       /
        l₂₁\   /r₂₁       l₂₂\    /r₂₂
            •x₂₁              •x₂₂
             \                 /
              \               /
             l₁\             /r₁
                \           /
                 \         /
                  \       /
                   •x₁
                   O
```

問 11.4：個人 A と個人 B がそれぞれ二つの戦略を持つゲームが以下の双行列で示されるとする．双行列の各要素は個人 A と個人 B の利得を表す．たとえば個人 A が戦略 1 を，個人 B が戦略 I を選んだとき，個人 A と個人 B の利得はそれぞれ 50，40 となる．

$$\begin{array}{c} \text{個人 B} \\ \begin{array}{cc} \text{戦略 I} & \text{戦略 II} \end{array} \\ \text{個人 A} \begin{array}{c} \text{戦略 1} \\ \text{戦略 2} \end{array} \begin{bmatrix} (50,\ 40) & (10,\ 80) \\ (90,\ 20) & (20,\ 30) \end{bmatrix} \end{array}$$

このゲームを無限回繰り返すものとする．t 期の利得が x_t，利子率が r であるとき，各個人は利得の割引現在価値 $\sum_{t=0}^{\infty} \dfrac{x_t}{(1+r)^t}$ を最大にするものとする．二個人が「トリガー戦略」を選ぶナッシュ均衡において利得の組 (50, 40) が毎期に実現するためには，利子率 r はどのような値でなければならないか．

12 投入産出分析

　経済の実証分析において産業連関表と呼ばれるものが使われる。それはレオンチェフによって創始された経済分析の一つの手法であり，経済を数量的に分析するために使われる非常に有効な手段である。

　産業連関表は，経済をいくつかの産業に分類し，それらの産業間における生産物の移動を表したものである。また，それは各産業における生産要素の投入と生産物の産出を示していることから，投入産出表とも呼ばれる。

　この章の目的は産業連関表に関する理論を学ぶことである。

12.1 産業連関表

最初に産業連関表の構造を簡単な例によって説明することにしよう。表12.1 は産業連関表の一例である。この表では経済の産業は農業，工業，サービス業の三つに分類されている。表の数値はすべて金額表示で単位は兆円である。

以下において表の数字の意味を説明しよう。最初は表の数字を横方向に見ることにする。

■ 中間投入

第1行目の数値は農業部門において生産された農業生産物が経済のなかでどのように使われたかを示している。最初の三つの数字 (6, 30, 3) は，三つの産業において中間投入として使用された農業生産物の価値額を表す。すなわち，一番目の数字6は6兆円の農業生産物が農業部門自身において使用されたことを意味する。二番目の数字30は30兆円の農業生産物が工業部門において，さらに三番目の数字3は3兆円の農業生産物がサービス業部門において使用されたことをそれぞれ示している。

表12.1 の第2行目の数字 (9, 246, 69) は工業部門で生産された工業製品が農業，工業，サービス業の三産業でそれぞれ，9兆円, 246兆円, 69兆円だ

表 12.1　産業連関表

(単位：兆円)

投入＼産出	農業	工業	サービス業	最終需要 国内需要	最終需要 純輸出	産出合計
農業	6	30	3	12	−9	42
工業	9	246	69	180	36	540
サービス業	6	87	90	204	6	393
付加価値　賃金	3	111	156			270
付加価値　利潤	18	39	75			132
原材料輸入	0	27	0			27
投入合計	42	540	393	396	33	

け中間投入されたことを示している。同様に第3行目の数字はサービス業部門で生産された生産物に関する値である。

■ 最終需要

次に，第1行の四番目の数字，すなわち国内需要12は，12兆円の農業生産物が国内において消費された額，またはその一部は在庫として蓄積された額である。また，農業生産物の一部は外国に輸出され，あるいは逆に外国から輸入されるものがある。表12.1においては純輸出，すなわち輸出額と輸入額の差が -9 となっている。これは農産物の輸入が輸出を9兆円上回ることを意味しており，この経済は農業生産物の一部を輸入に頼っていることが分かる。

これらの国内需要と純輸出は，中間投入とは異なり生産を目的としたものではなく，最終的な消費という意味で最終需要と呼ばれる。

第2行目の数字 (180, 36) は工業生産物の国内需要と純輸出を表す。工業生産物の国内需要180兆円のなかには，単に消費されるものだけではなく，新たな資本設備の拡張である設備投資なども含まれる。同様に，第3行目の数字 (204, 6) はサービス業部門の生産物の国内需要と純輸出である。

■ 産出合計

第1行目の5個の数字 (6, 30, 3, 12, -9) の合計が産出合計の42である。それはこの経済の農業部門が生産した農業生産物の総価値額が42兆円であることを示している。第2行目および第3行目も同様である。

次に表12.1の数値を縦方向に見ることにしよう。各々の列は各産業部門において投入された生産要素の価値額である。いずれの列の説明も同様であるので，以下では第2列の工業部門について説明することにする。

第2列の最初の三つの数字 (30, 246, 87) は，すでに説明したように，工業部門において投入された三産業の生産物の価値である。すなわち，工業部門では中間投入として30兆円の農産物，246兆円の工業製品，さらに87兆円のサービスが生産要素として使用されている。

■ 付加価値・原材料輸入

　工業部門では他の生産要素として労働が雇用されたことが第2列の四番目の数字111によって示されている。それは工業部門で雇用された労働者に対して賃金として111兆円が支払われたことを示す。さらに，利潤として39兆円が支払われている。利潤とは生産設備の所有者，企業の経営者，企業への出資者である株式保有者など，いわゆる資本家への支払いのことである。

　賃金あるいは利潤はそれを受け取る側にとっては収入，すなわち所得である。人々は所得を得るために労働あるいは資本という生産要素を提供する。それらの生産要素が産業において使われたならば，その産業の生産物の価格はそれらの価値が付加された値となる。そのためそれらは付加価値と呼ばれる。

　さらに，工業部門では外国から輸入された原油や鉄鉱石などの原材料が必要である。第2列の六番目の数字27は輸入原材料費用が27兆円であることを示している。

■ 投入合計

　第2列の6個の数字 (30, 246, 87, 111, 39, 27) の合計が投入合計の540であり，それは工業部門が生産に投入した財の総価値額が540兆円であることを示している。そして，その額は第2行目の工業部門の産出合計540兆円に一致する。なぜなら，生産物の価値はその生産にかかった総費用に等しいからである。

■ 生産と所得

　三つの産出合計はそれぞれ第6列の数値 (42, 540, 393) で示される。これらの産出価値額には中間投入された財と輸入原材料の価値も含まれている。したがって，この経済の実際の産出価値額はそれらを除いたものである。中間投入財の価値を除いた産出価値額は最終需要の合計で示され，第4列の国内需要の合計と第5列の純輸出の合計が (396, 33) であるから，それらの和である429兆円である。これよりさらに輸入原材料の価値27兆円を引いた402兆円がこの経済の純産出価値額である。この値がいわゆる国内総生産に相当する。

　他方，人々 (その国の居住者) が手に入れる所得は賃金と利潤の合計である。

第4行の賃金の合計と第5行の利潤の合計が (270, 132) であるから，総所得は402兆円である。この値がいわゆる国内所得に相当し，この表12.1ではそれは国内総生産に恒等的に等しい。

12.2　レオンチェフ体系

産業連関表と各産業において使われている生産技術との関係を明らかにしよう。単純化のために経済は二つの産業から構成されるとし，それらを産業1と産業2と呼ぶことにする。各産業ではただ一種類の財が生産され，産業1において生産される財を第1財，産業2において生産される財を第2財と呼ぶことにする。

経済の産業連関表が次の通りであるとする（表12.2）。ただし，財の量は適当な物理的単位で測られており，たとえば，財の量を重さで測ることができるならば，トン，あるいはキログラムなどの単位が使われているとする。

表12.2　物理的単位表示の投入産出表

財＼産業	産業1	産業2	最終需要	総産出量
第1財	q_{11}	q_{12}	c_1	q_1
第2財	q_{21}	q_{22}	c_2	q_2

上の表における添字の数字1, 2を一般的にi, jで表すことにする。表においてq_{ij}は第i財が産業jにおいて中間投入として使われた量を表す。すなわち，q_{ij}は産業iから産業jへ移動した第i財の量である。また，c_iは第i財の最終需要量を，q_iは第i財の総産出量を表す。このとき次の関係が成立する。

$$q_1 = q_{11} + q_{12} + c_1$$
$$q_2 = q_{21} + q_{22} + c_2$$
(12.2.1)

■ 投入係数

表12.2は各産業における財の投入量と産出量との関係を示している。たとえば，産業1においては，第1財をq_1だけ産出するために第1財がq_{11}，第2財がq_{21}だけ使われている。これは第1財をq_{11}，第2財をq_{21}だけ投入すれば

第1財を q_1 だけ生産することが可能であることを示しており，したがって，このような投入量と産出量との関係は生産技術を表しているのである．すなわち，産業連関表は各産業における生産技術を表すものである．

投入量と産出量の関係として次のような値を定義することにしよう．

$$a_{ij} = \frac{q_{ij}}{q_j} \qquad (i,\ j = 1,\ 2)$$

この値 a_{ij} は第 j 財1単位を生産するのに必要な第 i 財の量と解釈される．これを投入係数という．

■ 実物体系

産出量が変化しても上で定義された投入係数は常に一定であることを仮定することにしよう．すなわち，投入量と産出量との関係は投入係数が常に一定となるような関係にあるとする．たとえば，産出量を2倍にすると，その場合の投入量も2倍となり投入係数は不変となる．投入係数が常に一定である生産技術は固定的生産係数の技術と呼ばれる．投入係数を用いると (12.2.1) 式は

$$\begin{aligned} q_1 &= a_{11}q_1 + a_{12}q_2 + c_1, \\ q_2 &= a_{21}q_1 + a_{22}q_2 + c_2 \end{aligned} \qquad (12.2.2)$$

と書き換えることができる．

以下では次のようなベクトルおよび行列の表記を使うことにする．

$$\mathbf{q} = \begin{bmatrix} q_1 \\ q_2 \end{bmatrix}, \qquad \mathbf{c} = \begin{bmatrix} c_1 \\ c_2 \end{bmatrix},$$

$$A = \begin{bmatrix} a_{11}, & a_{12} \\ a_{21}, & a_{22} \end{bmatrix}, \qquad I = \begin{bmatrix} 1, & 0 \\ 0, & 1 \end{bmatrix}$$

ベクトル $\mathbf{q}$ と $\mathbf{c}$ はそれぞれ二財の総産出量と最終需要量を表す．投入係数からなる行列 A は投入係数行列と呼ばれる．行列 I は単位行列である．上の (12.2.2) 式はベクトルおよび行列を使えば，

$$\mathbf{q} = A\mathbf{q} + \mathbf{c} \qquad (12.2.2)'$$

と表記される．また，これは

$$[I - A]\mathbf{q} = \mathbf{c} \qquad (12.2.2)''$$

と変形される．ただし，行列 $I - A$ は

$$I - A = \begin{bmatrix} 1 - a_{11}, & -a_{12} \\ -a_{21}, & 1 - a_{22} \end{bmatrix}$$

という行列であり，いわゆる**レオンチェフ行列**と呼ばれるものである。

上記の三つの (12.2.2) 式は同一のものであり，いずれも総産出量 $\mathbf{q}$ と最終需要 $\mathbf{c}$ との関係を表している。それは生産活動あるいは消費活動などの経済の物理的状況を表現しており，**実物体系**と呼ばれる。

■ 価格体系

次に，各産業で生産される財の価格がいかなる値に決定されるかを考えてみよう。仮に，価格がその財を1単位生産するために必要な費用，すなわち単位費用より低いとしよう。価格が単位費用より低ければ企業の利益はマイナスとなるから，そのような価格で企業が財を生産し販売することはない。したがって，市場は供給不足の状態となる。

反対に，もし価格が単位費用より高ければ企業にはプラスの利益が発生する。この場合，固定的生産係数の生産技術のもとでは，企業は生産を拡大することによって利益をいくらでも大きくすることができる。たとえば，産出量と投入量をともに2倍にすれば利益も2倍になる。したがって，企業は供給を無限に増加させ，その結果，市場は供給過剰の状態となる。

以上のことから明らかなように，価格がその財の単位生産費に等しくないならば，市場は均衡しない。ゆえに，市場において成立する価格はその財の単位生産費に等しいものでなければならない。

二財の価格をそれぞれ p_1, p_2 で表すことにする。第1財1単位を生産するために必要とされる二財の中間投入量はそれぞれ a_{11}, a_{21} であるから，そのための費用は $p_1 a_{11} + p_2 a_{21}$ となる。それ以外の費用として，第1財1単位の生産に伴う付加価値を v_1 とすると，価格 p_1 は $p_1 a_{11} + p_2 a_{21} + v_1$ に等しくなければならない。同様に第2財の価格 p_2 は $p_1 a_{12} + p_2 a_{22} + v_2$ に等しい。ただし，v_2 は第2財1単位の生産のための付加価値を表す。したがって，以下の関係が成立する。

$$\begin{aligned} p_1 &= p_1 a_{11} + p_2 a_{21} + v_1, \\ p_2 &= p_1 a_{12} + p_2 a_{22} + v_2 \end{aligned} \tag{12.2.3}$$

二財の価格と二産業における付加価値を，
$$\mathbf{p} = [p_1,\ p_2], \qquad \mathbf{v} = [v_1,\ v_2],$$
のようにベクトルで表記すると，上記の関係式は
$$\mathbf{p} = \mathbf{p}A + \mathbf{v} \tag{12.2.3}'$$
と表すことができる。また，これは
$$\mathbf{p}[I - A] = \mathbf{v} \tag{12.2.3}''$$
と変形される。これらの三つの (12.2.3) 式は同一のものであり，価格 $\mathbf{p}$ と付加価値 $\mathbf{v}$ との関係を示しており，経済の価格体系を表すものである。

上記の (12.2.2) と (12.2.3) とによって経済の実物面と価格面が表現されている。これがいわゆるレオンチェフ体系と呼ばれるものである。(12.2.2)″ と (12.2.3)″ から明らかなように，価格 $\mathbf{p}$ と付加価値 $\mathbf{v}$ の関係は総産出量 $\mathbf{q}$ と最終需要 $\mathbf{c}$ の関係と対称的であり，いずれもレオンチェフ行列 $I - A$ によって表現されている。

■ 総生産・支出・所得

レオンチェフ体系において恒等的に成立する一つの関係を示しておく。

(12.2.2)″ 式の左からベクトル $\mathbf{p}$ を掛け，(12.2.3)″ 式の右からベクトル $\mathbf{q}$ を掛けると，
$$\mathbf{p}[I - A]\mathbf{q} = \mathbf{p}\mathbf{c} = \mathbf{v}\mathbf{q} \tag{12.2.4}$$
という関係を得る。この式の $\mathbf{p}[I - A]\mathbf{q}$ は総産出量の価値 $\mathbf{p}\mathbf{q}$ から中間投入の価値 $\mathbf{p}A\mathbf{q}$ を引いたものであるから，それは純産出量の価値，すなわち総生産である。また，$\mathbf{p}\mathbf{c}$ は最終需要の価値であるから，それは支出である。さらに，$\mathbf{v}\mathbf{q}$ は産業において発生した総付加価値であるから，それは所得である。したがって，上の式は経済における総生産，支出，所得が常に等しいことを示す恒等式である。

■ 計測単位

前節の表 12.1 の産業連関表は金額表示であったが，この節の表 12.2 は物理的単位による表示である。この違いは理論的には重要ではない。もしすべての財の価格が 1 であるならば，金額表示による表と物理的単位表示による表は同

じものとなる。したがって，すべての財の価格が1になるように物理的単位を適当に変更すればよい。たとえば，1 kg が 1,000 円の財ならば，その財の量を表示する単位として g を用いれば，1 g が 1 円となるから，金額表示と物理的単位表示は同じとなる。したがって，表 12.1 はすべての財の価格が1兆円となるように財の物理的単位を変更したときの表 12.2 に相当する産業連関表であると見なすことができるのである。

12.3 行列乗数

レオンチェフ体系の実物体系 (12.2.2) は，最終需要 **c** に応じて産業の産出量 **q** が決定される関係である。また，価格体系 (12.2.3) は付加価値 **v** に依存して財の価格 **p** が決定される関係である。この節ではこれらの関係を分析する。

■ ホーキンズ・サイモンの条件

実物体系 (12.2.2) が経済的に意味を持つためには，最終需要 **c** と産業の産出量 **q** は非負の値でなければならない。すなわち，任意の非負の c_1, c_2 について方程式体系 (12.2.2) の q_1, q_2 の解が非負でなければならない。そのための条件を求めることにしよう。

もし $c_1 > 0$ であるとする。(12.2.2) の第1式より，$(1 - a_{11})q_1 - a_{12}q_2 = c_1 > 0$ となる。これは，$a_{12} \geq 0$, $q_2 \geq 0$ であることを考慮すると，$(1 - a_{11})q_1 > 0$ を意味する。したがって，$q_1 \geq 0$ であることから，

$$1 - a_{11} > 0 \tag{12.3.1}$$

でなければならない。同様にして，$c_2 > 0$ であるならば (12.2.2) の第2式より

$$1 - a_{22} > 0 \tag{12.3.2}$$

であることが示される。

さらに (12.2.2) 式の第1式に $(1 - a_{22})$ を掛け，第2式に a_{12} を掛け，それらを足し合わせると，

$$[(1 - a_{11})(1 - a_{22}) - a_{12}a_{21}]q_1 = (1 - a_{22})c_1 + a_{12}c_2$$

という関係を得る。もし $c_1 > 0$, $c_2 \geqq 0$ であるとすると，$(1 - a_{22}) > 0$, $a_{12} \geqq 0$ であることから，上の式の右辺は正である。ゆえに，$[(1 - a_{11})(1 - a_{22}) - a_{12}a_{21}]q_1 > 0$ となる。したがって，$q_1 \geqq 0$ であることから，

$$(1 - a_{11})(1 - a_{22}) - a_{12}a_{21} > 0 \tag{12.3.3}$$

でなければならない。

　上の三条件はレオンチェフ行列 $I - A$ に関する条件である。条件 (12.3.1) と (12.3.2) は行列 $I - A$ の対角要素が正であることを意味している。行列 $I - A$ の行列式は $|I - A|$ で表される。すなわち，

$$|I - A| = (1 - a_{11})(1 - a_{22}) - a_{12}a_{21}$$

である。したがって，条件 (12.3.3) は行列 $I - A$ の行列式の値が正であること，すなわち，$|I - A| > 0$ を意味している。

　これら条件を一般的な用語を用いて述べることにしよう。行と列の数が等しい行列。すなわち，正方行列には，主小行列という行列を考えることができる。主小行列とは，もとの正方行列からいくつかの同じ番号の行と列を取り除いた行列のことである。主小行列の行列式は主小行列式と呼ばれる。

　ここではレオンチェフ行列 $I - A$ は2行2列の正方行列であるから，第1行と第1列を除いた主小行列式は $1 - a_{22}$，第2行と第2列を除いた主小行列式は $1 - a_{11}$ である。また，特殊な主小行列式として，いずれの行も列も除かない主小行列式が行列式 $|I - A|$ である。したがって，上記の条件は「行列 $I - A$ のすべての主小行列式が正である」といういい方が可能である。これがいわゆるホーキンズ・サイモン（Hawkins-Simon）の条件と呼ばれるものである。

　さて，(12.2.2)を方程式と見なし，その解を求めてみよう。ただし，ホーキンズ・サイモンの条件が満たされているとする。実際に消去法により q_1, q_2 を求めると，

$$\begin{aligned} q_1 &= \frac{1}{|I - A|}[(1 - a_{22})c_1 + a_{12}c_2], \\ q_2 &= \frac{1}{|I - A|}[a_{21}c_1 + (1 - a_{11})c_2] \end{aligned} \tag{12.3.4}$$

となる。(12.3.4) において分母にある $|I - A|$ がゼロではないことは条件 (12.3.3) によって保証されている。さらに，三つの条件 (12.3.1)，(12.3.2)，

(12.3.3) は，任意の非負の c_1, c_2 について (12.3.4) の q_1, q_2 が非負となることを保証している。

以上の議論をまとめると次の命題となる。ここでは産業の数が 2 の場合に議論を限定したが，以下の命題は一般に産業が 2 以上の場合にも成立することが知られている。

> **命題 12.3.1**：レオンチェフ実物体系 $[I-A]\mathbf{q} = \mathbf{c}$ において，任意の非負の最終需要 $\mathbf{c}$ に対して産業の産出量 $\mathbf{q}$ が非負となるための必要十分条件は，レオンチェフ行列 $I-A$ がホーキンズ・サイモンの条件を満足することである。

■ レオンチェフ逆行列

正方行列の行列式の値がゼロでないならば，その行列には逆行列と呼ばれる行列が存在することが知られている。ある行列の逆行列とはその行列に掛け合わせると単位行列になる行列のことである。

行列 $I-A$ には，$|I-A| \neq 0$ であるから，逆行列が存在する。それを $[I-A]^{-1}$ で表す。その逆行列は

$$[I-A]^{-1} = \frac{1}{|I-A|} \begin{bmatrix} 1-a_{22}, & a_{12} \\ a_{21}, & 1-a_{11} \end{bmatrix}$$

という行列である。実際に計算してみると，

$$[I-A][I-A]^{-1} = I, \qquad [I-A]^{-1}[I-A] = I$$

であり，逆行列であることを確かめることができる。

上の行列はレオンチェフ逆行列と呼ばれる。ホーキンズ・サイモンの条件と $a_{12} \geqq 0$, $a_{21} \geqq 0$ であることから，レオンチェフ逆行列 $[I-A]^{-1}$ のすべての要素は非負である。この逆行列を用いると (12.3.4) 式は簡単に

$$\mathbf{q} = [I-A]^{-1}\mathbf{c} \qquad\qquad (12.3.4)'$$

と表記することができる。

■ 行列乗数

さて，最終需要が $\mathbf{c}$ から $\mathbf{c}'$ に変化したとき，産出量が $\mathbf{q}$ から $\mathbf{q}'$ に変化したとする。すなわち，$\mathbf{q} = [I-A]^{-1}\mathbf{c}$，$\mathbf{q}' = [I-A]^{-1}\mathbf{c}'$ である。これらを引算すると，$\mathbf{q}' - \mathbf{q} = [I-A]^{-1}[\mathbf{c}' - \mathbf{c}]$ となる。これは，$\Delta \mathbf{q} = \mathbf{q}' - \mathbf{q}$，$\Delta \mathbf{c} = \mathbf{c}' - \mathbf{c}$ とおくと，

$$\Delta \mathbf{q} = [I-A]^{-1} \Delta \mathbf{c} \tag{12.3.5}$$

となる。この式は，産出量の変化は最終需要の変化に比例し，変化分 $\Delta \mathbf{q}$ は最終需要の変化分 $\Delta \mathbf{c}$ に逆行列 $[I-A]^{-1}$ を掛けたものであることを示している。すなわち，逆行列 $[I-A]^{-1}$ は最終需要が産出量に及ぼす効果の程度を表す乗数である。このことから逆行列 $[I-A]^{-1}$ は行列乗数と呼ばれる。

■ 波及効果

(12.3.5) より最終需要 c_1, c_2 が変化したとき産業の産出量 q_1, q_2 がどのように変化するかを知ることができる。たとえば，c_1 が変化すれば q_1 が変化する。これは第1財の最終需要が変化するならば産業1の産出量が変化するという自然な関係である。さらに，q_2 も同時に変化するかもしれない。これは産業1の産出量が変化すれば，産業1が産業2の産出物である第2財を中間投入として用いているために産業2の産出量も変化するという波及効果である。

たとえば，産業1が農業，産業2が工業とする。農産物への最終需要の増加は当然農産物の産出量を増加させる。もし農業において工業製品である耕耘機を使用しているとすると，農産物の生産を増加させるために耕耘機の需要が増加し，その結果，工業の産出量も増大するのである。さらに，もし工業において農産物を中間投入に用いているならば，その波及効果は農業にフィードバックし，農産物の産出量が増加するであろう。このような波及効果のすべてを合計したものが (12.3.5) 式によって表現されているのである。

価格体系についても同様の分析をすることが可能である。価格体系(12.2.3)は付加価値 $\mathbf{v}$ に応じて財の価格 $\mathbf{p}$ が決定される関係であり，(12.2.3) 式を p_1, p_2 の方程式として消去法によって解を求めると，

$$p_1 = \frac{1}{|I-A|}[v_1(1-a_{22}) + v_2 a_{21}],$$
$$p_2 = \frac{1}{|I-A|}[v_1 a_{12} + v_2(1-a_{11})]$$
(12.3.6)

となる。これは逆行列を用いると

$$\mathbf{p} = \mathbf{v}[I-A]^{-1} \quad (12.3.6)'$$

と書くことができる。したがって、付加価値の変化分 $\Delta \mathbf{v}$ と価格の変化分 $\Delta \mathbf{p}$ との関係は

$$\Delta \mathbf{p} = \Delta \mathbf{v}[I-A]^{-1} \quad (12.3.7)$$

となる。また、命題 12.3.1 に対応する以下の命題が成立する。

> **命題 12.3.2**：レオンチェフ価格体系 $\mathbf{p}[I-A] = \mathbf{v}$ において、任意の非負の付加価値 $\mathbf{v}$ に対して財の価格 $\mathbf{p}$ が非負となるための必要十分条件は、レオンチェフ行列 $I-A$ がホーキンズ・サイモンの条件を満足することである。

　実際の経済のレオンチェフ行列あるいはその逆行列を計測することは有用である。もし日本経済のレオンチェフ行列が既知ならば、たとえば、最終需要の一部である自動車の輸出が増加したならば、(12.3.5) より、それが日本のすべての産業の産出量に与える効果を知ることができる。また、付加価値の一部である賃金率が上昇したならば、(12.3.7) より、それがすべての財の価格をどれくらい上昇させるかも計算することができる。さらに、原油の輸入価格の上昇は付加価値の増加と見なすことができるから、(12.3.7) から同様にして、日本経済にどれほどのインフレをもたらすかを計測することが可能である。

12.4　一般化されたレオンチェフ体系

　前節では各産業は唯一の生産技術を持ち、それは固定的生産係数の技術であることが前提とされた。この節ではより一般的な状況として各産業が多数の生産技術を持っている場合を考察しよう。ただし、前節と同様に経済は二つの産

業から構成され，さらに，付加価値が生じる生産要素としては労働だけを考えることにする。

経済の産業連関表が以下の通りであるとする（表12.3）。前節の表12.2と異なる点は，各産業において労働がそれぞれL_1，L_2だけ投入されたことが明示的に示されていることである。

表12.3　労働投入を含む投入産出表

財＼産業	産業1	産業2	最終需要	総産出量
第1財	q_{11}	q_{12}	c_1	q_1
第2財	q_{21}	q_{22}	c_2	q_2
労働	L_1	L_2		

経済に存在する総労働量は一定であると仮定する。労働量を測る単位を変更することによって，議論の一般性を失うことなく，労働の総量は1であると仮定することができる。したがって，表12.3において

$$L_1 + L_2 \leq 1 \tag{12.4.1}$$

という関係が成立する。また，前節の場合と同様に，

$$\begin{aligned} q_1 &= q_{11} + q_{12} + c_1 \\ q_2 &= q_{21} + q_{22} + c_2 \end{aligned} \tag{12.4.2}$$

の関係が成立する。

■ **生 産 技 術**

各産業において使われている生産技術を明らかにしよう。投入係数として

$$a_{ij} = \frac{q_{ij}}{q_j}, \quad a_j = \frac{L_j}{q_j} \qquad (i, j = 1, 2) \tag{12.4.3}$$

を定義する。産業1においては第1財1単位を生産するために，第1財，第2財，労働をそれぞれ，a_{11}, a_{21}, a_1だけ投入している。投入量をマイナスの値で示し，産業1の生産活動を各財の純産出量で表すと，

$$[1 - a_{11}, -a_{21}, -a_1]$$

となる。同様に産業2の生産活動は

$$[-a_{12}, 1 - a_{22}, -a_2]$$

で示される。生産活動を示すこのようなベクトルは**アクティヴィティ・ベクト**

ルあるいは活動ベクトルと呼ばれる。また，いうまでもなく活動ベクトルは各産業で使われている生産技術を表している。

投入係数が固定的であるならば，生産水準を比例的に拡大あるいは縮小することができる。したがって，上記の各産業の生産技術は，産業1と産業2の活動ベクトルをそれぞれ $\frac{1}{a_1}$ 倍，$\frac{1}{a_2}$ 倍して，

$$\left[\frac{1-a_{11}}{a_1},\ -\frac{a_{21}}{a_1},\ -1\right],$$

$$\left[-\frac{a_{12}}{a_2},\ \frac{1-a_{22}}{a_2},\ -1\right]$$

という活動ベクトルで示される。このように労働投入量を1としたときの活動ベクトルによって各産業の生産技術を表すことができる。さらに，労働投入量1を省略し，

$$\mathbf{b}_1 = \begin{bmatrix} \dfrac{1-a_{11}}{a_1} \\ -\dfrac{a_{21}}{a_1} \end{bmatrix}, \qquad \mathbf{b}_2 = \begin{bmatrix} -\dfrac{a_{12}}{a_2} \\ \dfrac{1-a_{22}}{a_2} \end{bmatrix} \tag{12.4.4}$$

と定義されたベクトル $\mathbf{b}_1$，$\mathbf{b}_2$ によって二産業で用いられている生産技術を示すことにする。

(12.4.2)は前節と同様の表記法によれば $[I-A]\mathbf{q} = \mathbf{c}$ となり，さらに，それは(12.4.3)より，

$$\begin{bmatrix} 1-a_{11}, & -a_{12} \\ -a_{21}, & 1-a_{22} \end{bmatrix} \begin{bmatrix} \dfrac{L_1}{a_1} \\ \dfrac{L_2}{a_2} \end{bmatrix} = \begin{bmatrix} c_1 \\ c_2 \end{bmatrix}$$

となる。この関係は，(12.4.4)より，

$$L_1\mathbf{b}_1 + L_2\mathbf{b}_2 = \mathbf{c} \tag{12.4.5}$$

と表記することができる。すなわち，最終需要ベクトル $\mathbf{c}$ はベクトル $\mathbf{b}_1$，$\mathbf{b}_2$ の労働雇用量 L_1，L_2 による加重和である。ただし，労働雇用量 L_1，L_2 は(12.4.1)の制約を満たすものでなければならない。

図12.1はベクトル $\mathbf{c}$，$\mathbf{b}_1$，$\mathbf{b}_2$ の位置と加重値 L_1，L_2 の関係を示したもので

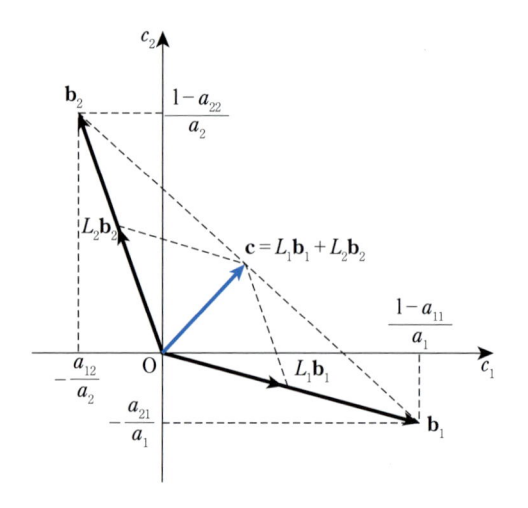

図 12.1　生産技術と最終需要

ある．ベクトル $\mathbf{b}_1$ は第 4 象限，ベクトル $\mathbf{b}_2$ は第 2 象限にある．特に，$L_1 + L_2 = 1$ ならば，$\mathbf{c}$ 点は $\mathbf{b}_1$ 点と $\mathbf{b}_2$ 点とを結ぶ線分上にある．

■ 生産技術の集合

　各産業において使用されている生産技術はベクトル $\mathbf{b}_1$, $\mathbf{b}_2$ によって示されているが，生産技術がそれ以外に存在するかもしれない．以下では，一般に各産業に多数の技術が存在するとしよう．それらの技術はすべて $\mathbf{b}_1$, $\mathbf{b}_2$ のようなベクトルで表現され，それらのすべてを集合で表すことにする．

　産業 1 において利用可能なすべての技術の集合を集合 B_1 で表すことにしよう．産業 1 は第 1 財を生産するから，集合 B_1 は図 12.2 で示されるような第 4 象限の網点部の領域である．ベクトル $\mathbf{b}_1$ は利用可能な技術であるから，それは集合 B_1 に属すベクトルである．そのことは $\mathbf{b}_1 \in B_1$ と表記される．さらに，産業 2 のすべての技術の集合を B_2 とする．ベクトル $\mathbf{b}_2$ が産業 2 において利用可能であるから，$\mathbf{b}_2 \in B_2$ である．このような多数の技術が存在するレオンチェフ体系を<u>一般化されたレオンチェフ体系</u>という．

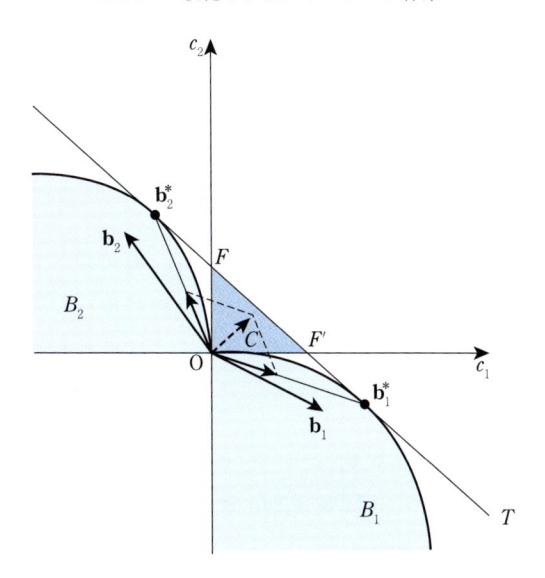

図 12.2 非代替定理

■ 生産可能性集合

各産業において技術としてベクトル $\mathbf{b}_1$, $\mathbf{b}_2$ を選び，労働投入量 L_1, L_2 を選んだときの最終需要 $\mathbf{c}$ は (12.4.5) によって決まる．このときベクトル $\mathbf{b}_1$, $\mathbf{b}_2$ は $\mathbf{b}_1 \in B_1$, $\mathbf{b}_2 \in B_2$ という制約を満たすものならば自由に選ぶことができる．さらに，労働投入量 L_1, L_2 は (12.4.1) を満たす非負の値であればよい．したがって，実現可能な最終需要 $\mathbf{c} = \begin{bmatrix} c_1 \\ c_2 \end{bmatrix}$ の領域は，

$$C = \{\mathbf{c} = \begin{bmatrix} c_1 \\ c_2 \end{bmatrix} | c_1 \geqq 0, \ c_2 \geqq 0, \ \mathbf{c} = L_1 \mathbf{b}_1 + L_2 \mathbf{b}_2,$$
$$\mathbf{b}_1 \in B_1, \ \mathbf{b}_2 \in B_2, \ L_1 + L_2 \leqq 1, \ L_1 \geqq 0, \ L_2 \geqq 0\}$$

と定義される．

集合 C は，図 12.2 に示されるように，集合 B_1, B_2 に接線 T を引いたときにできる三角形 $\mathrm{O}FF'$ の領域である．集合 C は経済における二財の生産量の可能な組合せのすべてを示しており，経済の生産可能性集合と呼ぶべきものである．生産可能性集合 C のフロンティア FF' は直線となり，したがって，フロンティアの傾きである二財の限界変形率は常に一定である．

■ 技術選択

多数の技術が存在するとき，各産業においていずれの技術を選択すべきかが問題となる。図 12.2 においてベクトル $\mathbf{b}_1^*$，$\mathbf{b}_2^*$ は集合 B_1，B_2 に接線 T を引いたときの接点であるとする。これらの技術が効率的なものであることを以下において示す。

集合 C 内の生産量を実現するためには集合 B_1，B_2 のすべての技術を使う必要はない。実際には上で選んだ $\mathbf{b}_1^*$，$\mathbf{b}_2^*$ だけの技術によって実現可能である。集合 C 内の点は労働投入量 L_1，L_2 を調整することによって実現できるのである。すなわち，

$$C = \{\mathbf{c} = \begin{bmatrix} c_1 \\ c_2 \end{bmatrix} | c_1 \geq 0,\ c_2 \geq 0,\ \mathbf{c} = L_1 \mathbf{b}_1^* + L_2 \mathbf{b}_2^*,\\ L_1 + L_2 \leq 1,\ L_1 \geq 0,\ L_2 \geq 0\}$$

が成立することは明らかであろう。このことは，産業において多数の技術が存在しても，実際にはそのなかの一つ，すなわち，$\mathbf{b}_1^*$ と $\mathbf{b}_2^*$ があれば十分であることを意味する。たとえば図 12.2 の $\mathbf{b}_1$ と $\mathbf{b}_2$ のような技術は，集合 C のすべての点を実現することはできず，非効率的な技術である。したがって，各産業において $\mathbf{b}_1^*$ と $\mathbf{b}_2^*$ 以外の技術が用いられることはなく，この意味において技術 $\mathbf{b}_1^*$ と $\mathbf{b}_2^*$ は非代替的な技術である。

■ 非代替定理

上記のような結論が得られた背景には次のことが前提とされた。第一に，本源的生産要素は一種類しかないことが仮定されている。それはここでは労働と呼ばれている。第二に，各産業は一種類の財だけを生産することが仮定された。同時に複数の種類の財を生産することを結合生産という。すなわち，結合生産が存在しないことが前提とされている。このような状況のもとでは，多数の技術が存在し技術の代替可能性が存在するにもかかわらず，実際に採用される技術は一つである。これが非代替定理と呼ばれる以下の主張である（あるいは単に代替定理と呼ばれることもある）。

命題12.4.1：もし本源的生産要素は一種類であり，また結合生産が存在しなければ，各産業ではたとえ多数の技術が存在してもそのなかから常に同一の技術が選択される。

この命題によって12.2節において各産業の生産技術はただ一つの固定的生産係数の技術であることを仮定したことが正当化される。すなわち，代替的な技術が存在し，生産係数が可変的であるとしても，実際には技術の代替は行われず投入係数は固定的となることが上記の命題によって保証されている。したがって，12.2節のレオンチェフ行列 $I - A$ が表す技術はこの節の非代替的技術 $\mathbf{b}_1^*$ と $\mathbf{b}_2^*$ に対応するものであると考えることができる。

練 習 問 題

問 12.1：経済の産業連関表が以下の通りであるとする。

投入\産出	産業1	産業2	最終需要	総産出量
第1財	5	4	1	10
第2財	15	4	1	20

1) 投入係数行列を求めよ。
2) レオンチェフ逆行列を求めよ。
3) 第1財の最終需要が2に変化したときの両産業の総産出量を求めよ。
4) 産業1，2における単位産出量当たりの付加価値がそれぞれ $v_1 = 1$，$v_2 = 1$ であるとき，二財の価格はいくらか。

問 12.2：経済の産業連関表が以下の通りであるとする。

投入\産出	中間需要 産業1	中間需要 産業2	最終需要	総産出量
第1財	3	5	2	10
第2財	4	2	4	10
労働	100	100		

経済は競争的であり，両産業において超過利潤はない（生産費＝総売上高）ものと

する。第1財と第2財の価格をそれぞれ p_1, p_2 とすると，二財の価格比 $\left(\dfrac{p_1}{p_2}\right)$ はいくらか。ただし賃金率は正の値とする。

① $\dfrac{1}{3}$ ② $\dfrac{1}{2}$ ③ 1 ④ 2 ⑤ 3

問 12.3：二財と二産業からなる一般化されたレオンチェフ体系において，労働投入量が1であるときの各産業のアクティヴィティ・ベクトルが以下の通りであるとする。産業1には実行可能なアクティヴィティ・ベクトルは2個あり，それらは

$$\mathbf{b}_1^1 = \begin{bmatrix} 2 \\ -1 \end{bmatrix}, \qquad \mathbf{b}_2^1 = \begin{bmatrix} 4 \\ -3 \end{bmatrix}$$

であり，産業2には実行可能なアクティヴィティ・ベクトルは3個あり，それらは

$$\mathbf{b}_1^2 = \begin{bmatrix} -1 \\ 4 \end{bmatrix}, \qquad \mathbf{b}_2^2 = \begin{bmatrix} -2 \\ 6 \end{bmatrix}, \qquad \mathbf{b}_3^2 = \begin{bmatrix} -3 \\ 7 \end{bmatrix}$$

であるとする（たとえば，ベクトル $\mathbf{b}_1^1$ において，2は第1財2単位が産出され，-1 は第2財が1単位投入されることを意味する）。

二産業において使用される非代替的なアクティヴィティ・ベクトルの組合せはどれか。

① $\mathbf{b}_1^1$, $\mathbf{b}_1^2$,　② $\mathbf{b}_1^1$, $\mathbf{b}_2^2$,　③ $\mathbf{b}_1^1$, $\mathbf{b}_3^2$,　④ $\mathbf{b}_2^1$, $\mathbf{b}_1^2$,　⑤ $\mathbf{b}_2^1$, $\mathbf{b}_2^2$

問 12.4：二財 $\{1, 2\}$ と二産業 $\{1, 2\}$ が存在する一般化されたレオンチェフ・モデルにおいて，労働投入量が1であるときの各産業のアクティヴィティの集合 B_1, B_2 がそれぞれ

$$B_1 = \{(x_1, x_2) | 0 \leq x_1 < 8, \ x_2 \leq 1 + \dfrac{8}{x_1 - 8}\},$$

$$B_2 = \{(x_1, x_2) | x_1 \leq 0, \ 0 \leq x_2 \leq 4 + \dfrac{8}{x_1 - 2}\}$$

であるとする。ただし，経済における唯一の本源的生産要素である労働の総量を1とする。

1) 集合 B_1, B_2 をできるだけ正確に図示せよ。
2) 二財の生産可能な組合せの領域を図示せよ。また，二財の限界変形率を求めよ。
3) 2) の図より各産業が常に使用するアクティヴィティ・ベクトルを求めよ。

文 献

　経済理論をより深く学びたい学生のために以下において基本的な文献を紹介する。もちろんすべての文献を示すことは不可能であり，ここでは本書に関連するものだけを選んだ。また，解説書を含めて邦文の文献も多数あるが，それらの文献を見つけることは比較的容易であると思われるので，ここでは欧文の文献だけに限定した。
　最初に，本書の2章以降の内容に関連する文献を章ごとに紹介する。

2　消費者行動

Hicks, J. R., 1937, *Value and Capital*, 2nd ed., 1946, London, Oxford University Press［安井琢磨・熊谷尚夫訳『価値と資本』岩波書店，昭26］．

McKenzie, L. W., 1957, Demand Theory without a Utility Index, *Review of Economic Studies* 24, 185-189.

Roy, R., 1942, *De L'Utilité contribution à la théorie des choix*, Paris, Hermann.

Samuelson, P. A., 1947, *Foundation of Economic Analysis*, Cambridge, Harvard University Press［佐藤隆三訳『経済分析の基礎』勁草書房，昭37］．

Slutsky, E., 1915, Sulla Teoria del Bilancio del Consumatore, *Giornale degli Economisti* 51, 1-26（On the Theory of the Budget of the Consumer, tran. in: G. J. Stigler et al. eds., 1952, *Readings in Price Theory*, Chicago, Chicago University Press, 27-56）．

3　企業行動

Hicks, J. R., 1937, *Value and Capital*, 2nd ed., 1946, London, Oxford University Press［安井琢磨・熊谷尚夫訳『価値と資本』岩波書店，昭26］．

Hotelling, H., 1932, Edgeworth's Taxation Paradox and the Nature of Demand and Supply Functions, *Journal of Political Economy* 40, 577-616.

Koopmans, T. C., 1957, *Three Essays on the State of Economic Science*, New York, Toronto and London, McGraw-Hill.

Samuelson, P. A., 1947, *Foundation of Economic Analysis*, Cambridge, Harvard University Press［佐藤隆三訳『経済分析の基礎』勁草書房，昭37］．

Shephard, R. W., 1953, *Cost and Production Functions*, Princeton, Princeton University Press.

4 競争経済の均衡

Arrow, K. J. and G. Debreu, 1954, Existence of an Equilibrium for a Competitive Economy, *Econometrica* 2, 265–290.

Debreu, G., 1959, *Theory of Value*, New Haven and London, Yale University Press [丸山徹訳『価値の理論』東洋経済新報社, 昭51].

Ezekiel, M., 1938, The Cobweb Theorem, *Quarterly Journal of Economics* 52, 255–280.

Gale, D. and A. Mas-Colell, 1975, An Equilibrium Existence Theorem for a General Model without Ordered Preferences, *Journal of Mathematical Economics* 2, 9–15.

――, 1979, Corrections to an Equilibrium Existence Theorem for a General Model without Ordered Preferences, *Journal of Mathematical Economics* 6, 297–298.

McKenzie, L. W., 1981, The Classical Theorem on Existence of Competitive Equilibirum, *Econometrica* 49, 819–841.

Negishi, T., 1962, The Stability of a Competitive Economy: a Survey Article, *Econometrica* 30, 635–669.

Nikaido, H., 1956, On the Classical Multilateral Exchange Problem, *Metroeconomica* 8, 135–145.

5 経済厚生

Arrow, K, J., 1950, An Extension for the Basic Theorems of Classical Welfare Economics, *Proceedings of the Second Berkeley Symposium on Mathematical Statistics and Probability*, J. Neyman ed., 1951, University of California Press, 507–532.

――, 1950, A Difficulty in the Concept of Social Welfare, *Journal of Political Economy* 58, 328–346.

――, 1970, *Social Choice and Individual Values*, New Haven and London, Yale University Press [長名寛明訳『社会的選択と個人的評価』日本経済新聞社, 昭52].

Bergson, A., 1938, A Reformulation of Certain Aspects of Welfare Economics, *Quarterly Journal of Economics* 52, 310–334.

Debreu, G., 1954, Valuation Equilibrium and Pareto Optimum, *Proceedings of the National Academy of Sciences of the U.S.A.* 40, 588–592.

Hicks, J. R., 1940, The Valuation of the Social Income, *Economica* 7, 105–124.

Kaldor, N., 1939, Welfare Propositions of Economics and Interpersonal Comparisons of

Utility, *Economic Journal* 49, 549-552.

Mishan, E. J., 1960, A Survey of Welfare Economics, 1939-59, *Economic Journal* 70, 197-265.

Scitovsky, T., 1941, A Note on Welfare Propositions in Economics, *Review of Economic Studies* 9, 77-88.

Samuelson, P. A., 1947, *Foundation of Economic Analysis*, Cambridge, Harvard University Press [佐藤隆三訳『経済分析の基礎』勁草書房, 昭37].

6　不完全競争

Chamberlin, E. H., 1933, *The Theory of Monopolistic Competition*, 8th ed., 1962, Cambridge, Mass., Harvard University Press [青山秀夫訳『独占的競争の理論』至誠堂, 昭41].

Debreu, G. and H. Scarf, 1963, A Limit Theorem on the Core of an Economy, *International Economic Review* 4, 235-246.

Hicks, J. R., 1935, Annual Survey of Economic Theory: The Theory of Monopoly, *Econometrica* 3, 1-20.

Lerner, A. P., 1934, The Concept of Monopoly and the Measurement of Monopoly Power, *Review of Economic Studies* 1, 157-175.

Nash, J. F., 1950, Equilibrium Points in N-person Games, *Proceedings of the National Academy of Sciences of the U.S.A.* 36, 48-49.

Stackelberg, H., von, 1933, Sulla teoria del duopolio e del polipolio, *Rivista italianna di statistica*.

Sweezy, P., 1939, Demand under Conditions of Oligopoly, *Journal of Political Economy* 47, 568-573.

7　公共経済

Buchanan, J. M., 1965, An Economic Theory of Clubs, *Economica* 32, 1-14.

Buchanan. J. M. and W. C. Stubblebine, 1962, Externality, *Economica* 29, 371-384.

Coase, R, H., 1960, The Problem of Social Cost, *Journal of Law and Economics* 3, 1-44.

Gifford, Jr., A. and C. C. Stone, 1973, Externalities, Liability and the Coase Theorem: A Mathematical Analysis, *Wetern Economic Journal* 11, 260-269.

Gifford, Jr., A., 1974, Externalities and the Coase Theorem: A Graphical Analysis, *Quarterly Review of Economics and Business* 14, 7-21.

Leibenstein, H., 1950, Bandwagon, Snob and Veblen Effects in the Theory of

Consumer's Demand, *Quarterly Journal of Economics* 64, 183-207.

Lindahl, E. R., 1919, *Die Gerechtigkeit der Besteuerung*（Just Taxation: A Positive Solution, in R. A. Musgrave and A. T. Peacock, eds., *Classics in the Theory of Public Finance*, 1958, London, Macmillan, 168-176）.

Samuelson, P. A., 1954, The Pure Theory of Public Expenditure, *Review of Economics and Statistics* 36, 387-389.

――, 1955, Diagrammatic Exposition of a Theory of Public Expenditure, *Review of Economics and Statistics* 37, 350-356.

Scitovsky, T., 1954, Two Concepts of External Economies, *Journal of Political Economy* 62, 143-151.

8 不確実性と情報

Arrow, K. J., 1963, Uncertainty and the Welfare Economics of Medical Care, *American Economic Review* 53, 841-73.

Akerlof, G. A., 1970, The Market for "Lemons": Quality Uncertainty and the Market Mechanism, *Quarterly Journal of Economics* 84, 488-500.

Ehrlich, I. and G. S. Becker, 1972, Market Insurance, Self-Insurance, and Self-Protection, *Journal of Political Economy* 80, 623-648.

Friedman, M. and L. J, Savage, 1948, The Utility Analysis of Choices Involving Risk, *Journal of Political Economy* 56, 279-304.

Neumann, J. von, and O. Morgenstern, 1944, *Theory of Games and Economic Behavior*, 2 nd ed., 1947, Princeton University Press［銀林浩・橋本和美・宮本敏雄監訳『ゲームの理論と経済行動』東京図書，昭 47-48］.

Pauly, M. V., 1968, The Economics of Moral Hazard: Comment, *American Economic Review* 58, 531-537.

Spence, M., 1973, Job Market Signaling, *Quarterly Journal of Economics* 87, 355-374.

9 証券市場

Markowitz, H. M., 1952, Portfolio Selection, *The Journal of Finance* 7, 77-91.

――, 1959, *Portfolio Selection*, New York, Wiley［鈴木雪夫監訳，山一証券投資信託委託株式会社訳『ポートフォリオ選択論――効率的な分散投資法』東洋経済新報社，昭 44］.

Modigliani, F. and M.H. Miller, 1958, The Cost of Capital, Corporation Finance and the Theory of Investment, *American Economic Review* 48, 261-297.

―, 1969, Reply to Heins and Sprenkle, *American Economic Review* 59, 592–595.

Stiglitz, J. E., 1969, A Re-Examination of the Modigliani-Miller Theorem, *American Economic Review* 59, 784–793.

Tobin, J., 1958, Liquidity Preference as Behavior towards Risk, *Review of Economic Studies* 25, 65–86.

10 国際貿易

Heckscher, E., 1919, The Effect of Foreign Trade on the Distribution of Income, *Ekonomisk Tidskriff*, 497–512, Translated as chapter 13 in American Economic Association, 1949, *Readings in the Theory of International Trade*, Philadelphia, Blakiston, 272–300.

Leamer, E. E., 1980, The Leontief Paradox, reconsidered, *Journal of Political Economy* 88, June, 495–503.

Leontief, W. W., 1953, Domestic Production and Foreign Trade: The American Capital Position Re-examined, *Proceedings of the American Philosophical Society* 97, 332–349. Reprinted in H. G. Johnson and R. E. Caves, eds., 1968, *Readings in International Economics*, Homewood, Ill., Irwin.

Lerner, A. P., 1936, The Symmetry Between Import and Export Taxes, *Economica* 3, 306–313.

McKenzie, L. W., 1953–54, Specialization and Efficiency in World Production, *Review of Economic Studies* 21, 165–180.

Ohlin, B., 1933, *Interregional and International Trade*, Cambridge, Mass., Harvard University Press.

Rybczynski, T. M., 1955, Factor Endowment and Relative Commodity Prices, *Economica* 22, 336–341.

Samuelson, P. A., 1949, International Factor-Price Equalization Once Again, *Economic Journal* 59, 181–197.

Stolper, W. and P. A. Samuelson, 1941–42, Protection and Real Wages, *Review of Economic Studies* 9, 58–73.

11 ゲームの理論

Debreu, G., 1952, A Social Equilibrium Existence Theorem, *Proceedings of the National Academy of Sciences of the U. S. A.* 38, 886–893.

Friedman, J. W., 1971, A Non-Cooperative Equilibrium for Supergames, *Review of*

Economic Studies 38, 1-12.

Kuhn, H. W., 1953, Extensive Games and the Problem of Information, in H. W. Kuhn and A. W. Tucker, eds., *Contributions to the Theory of Games*, Vol. II, Princeton, Princeton University Press, 193-216.

Nash, J. F., 1951, Non-Cooperative Games, *Annals of Mathematics* 54, 286-295.

Neumann, J. von, and O. Morgenstern, 1944, Theory of Games and Economic Behavior, 2nd ed., 1947, Princeton University Press［銀林浩・橋本和美・宮本敏雄監訳『ゲームの理論と経済行動』東京図書, 昭47-48］.

Neumann, J, von, 1945-1946, A Model of General Economic Equilibrium, *Review of Economic Studies* 13, 1-9.

Selten, R., 1973, A Simple Model of Imperfect Competition Where 4 are Few and 6 are Many, *International Journal of Game Theory* 2, 141-201.

Selten, R., 1978, The Chain Store Paradox, *Theory and Decision* 9, 127-159.

12 投入産出分析

Hawkins, D. and H. A. Simon, 1949, Note: Some Conditions of Macroeconomic Stability, *Econometrica* 17, 245-248.

Koopmans, J. C. ed., 1951, *Activity Analysis of Production and Allocation, Proceedings of a Conference*, New Haven and London, Yale University Press.

Leontief, W. W., 1941, *The Structure of the American Economy, 1919-1929*, Cambridge, Mass., Harvard University Press（1951, New York, Oxford University Press）.

——, 1946, Exports, Imports, Domestic Output, and Employment, *Quarterly Journal of Economics* 60, 171-193.

次に, 本書に出てきた著名な古典的経済学者の代表的著書を紹介しておく. それらは現在の経済学の基礎となったものであり, 経済学の「古典」と呼ばれる著書である.

Cournot, A. A., 1838, *Recherches sur les principes mathématiques de la théorie des richesses*, Paris, Hachette［中山伊知郎訳『富の理論の数学的原理に関する研究』日本経済評論社, 昭57］.

Edgeworth, F. Y., 1881, *Mathematical Psychics*, London, Routledge & Kegan Paul.

Marshall, A., 1890, *Principles of Economics*, 8th ed., London and Basingstoke, Macmillan Press［馬場啓之助訳『経済学原理』東洋経済新報社, 昭40-42］.

Pareto, V., 1906, *Manuale di economia politica*, Milano, Società Deitrice Libraria

(*Manuel d'économie politique*, 1909, Paris, Giard).

Pigou, A. C., 1920, *The Economics of Welfare*, 4th ed., 1960, London, Macmillan［永田清監訳『厚生経済学』東洋経済新報社，昭 28-30］.

Ricardo, D., 1817, *On the Principles of Political Economy, and Taxation*, 3rd ed., 1821, London, John Murray［堀経夫訳『経済学および課税の原理』リカードウ全集第 1 巻，雄松堂書店，昭 47］.

Smith, A., 1776, *An Inquiry into the Nature and Causes of the Wealth of Nations*［大内兵衛・松川七郎訳『諸国民の富』岩波書店，昭 56］.

Walras, L., 1874-77, *Eléments d'économie politique pure*, Lausanne, Corbaz (*Elements of Pure Economics*, tran. by W. Jaffé, Homewood, Ill., Irwin, 1954)［久武雅夫訳『純粋経済学要論』岩波書店，昭 58］.

本書の「ミクロ経済学に登場する経済学者①~⑧」を書くにあたっては D. L. Sills, ed., 1968, *International Encyclopedia of the Social Sciences*, The Macmillan Company & The Free Press を参考にした。

練習問題解答

2　消費者行動

問 2.1

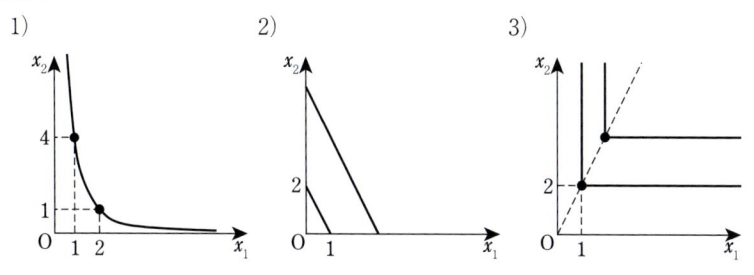

1) 2) 3)

問 2.2　1) $U_1 = x_2^2$, $U_2 = 2x_1x_2$　2) $MRS_{21} = x_2/2x_1$

問 2.3　1) $2x_1 + x_2 = 3$　2) $x_1 = x_2 = 1$　3) $x_1 = 2m/3p_1$, $x_2 = m/3p_2$

問 2.4　1) $x_1 + x_2 = 3$　2) $x_1 - e_1 = -1$, $x_2 - e_2 = 1$
3) $z_1 = (-4p_1 + p_2)/3p_1$, $z_2 = (4p_1 - p_2)/3p_2$

問 2.5　支出関数：$c = 2u(p_1p_2)^{1/2}$, 補償需要関数：$x_1 = u(p_2/p_1)^{1/2}$, $x_2 = u(p_1/p_2)^{1/2}$, 間接効用関数：$u = m(p_1p_2)^{-1/2}/2$, 需要関数：$x_1 = m/2p_1$, $x_2 = m/2p_2$

問 2.6　1) $c = 2(up_1p_2)^{1/2}$　2) $x_1 = (up_2/p_1)^{1/2}$, $x_2 = (up_1/p_2)^{1/2}$　3) $x_1 = m/2p_1$, $x_2 = m/2p_2$　4) $u = x_1x_2$

問 2.7　⑤　　**問 2.8**　③　　**問 2.9**　④

3　企業行動

問 3.1　1) $MC = 3(q-1)^2$, $AC = q^2 - 3q + 3 + q^{-1}$　2) $FC = 1$, $AVC = q^2 - 3q + 3$　3) 供給量 = 3, 売上収入 = 36, 総費用 = 10, 利潤 = 26
4) $p = 3(q-1)^2$ ($p > 3/4$ のとき), $q = 0$ ($0 \leq p \leq 3/4$ のとき)

問 3.2　1) $c = 1 + q^2/2$　2) $MC = q$, $AC = (2 + q^2)/2q$　3) 4　4) $p = q$

問 3.3　1) $MP_1 = (1/3)(z_2/z_1)^{2/3}$, $MP_2 = (2/3)(z_1/z_2)^{1/3}$　2) $MRS_{21} = z_2/2z_1$
3) $z_1 = z_2 = 1$　4) $c = 3q$

問 3.4　$q = p^3 w^{-1} r^{-2}$, $L = (1/4) p^4 w^{-2} r^{-2}$, $K = (1/2) p^4 w^{-1} r^{-3}$
問 3.5　1) $c = 2K + K^{-2} q^6$, $SMC = 6K^{-2} q^5$, $SAC = 2Kq^{-1} + K^{-2} q^5$
　　2) $p = 6K^{-2} q^5$　3) $c = 3q^2$, $LMC = 6q$, $LAC = 3q$　4) $p = 6q$
問 3.6　①　　問 3.7　⑤　　問 3.8　④
問 3.9　1) $c = w_1^{1/2} w_2^{1/2} q$　2) $z_1 = (1/2)(w_2/w_1)^{1/2} q$, $z_2 = (1/2)(w_1/w_2)^{1/2} q$
　　3) $\partial z_1/\partial w_1 = -(1/4) w_2^{1/2} w_1^{-3/2} q$, $\partial z_2/\partial w_2 = -(1/4) w_1^{1/2} w_2^{-3/2} q$, $\partial z_1/\partial w_2 = \partial z_2/\partial w_1 = (1/4)(w_1 w_2)^{-1/2} q$

4　競争経済の均衡

問 4.1　1) $S = 3p - 3$　2) $D = -3p + 15$　3) $p = 3$, $D = S = 6$
問 4.2　1) $p = 4$, いずれも安定　2) $p = 4$, 安定　3) 不安定
問 4.3　1) 消費者A: $z_1 = (-4p_1 + p_2)/3p_1$, $z_2 = (4p_1 - p_2)/3p_2$　消費者B: $z_1 = (-p_1 + 4p_2)/3p_1$, $z_2 = (p_1 - 4p_2)/3p_2$　2) $z_1 = (-5p_1 + 5p_2)/3p_1$, $z_2 = (5p_1 - 5p_2)/3p_2$　3) $p_1/p_2 = 1$, 消費者A: $z_1 = -1$, $z_2 = 1$, 消費者B: $z_1 = 1$, $z_2 = -1$
問 4.4　1) $q = p/2w$, $L^d = p^2/4w^2$, $\pi = p^2/4w$　2) $c = (4w + 2\pi)/3p$, $L^s = (4w - \pi)/3w$ (ただし $L^s \leq 2$)　3) $w/p = 1/2$, $q = c = 1$, $L^d = L^s = 1$, $x = 1$
問 4.5　⑤　　問 4.6　②
問 4.7　1) $y_1 = -9\left(\dfrac{p_2}{p_1}\right)^2$, $y_2 = \dfrac{18 p_2}{p_1}$, $\pi = \dfrac{9 p_2^2}{p_1}$　2) $x_1^A = \dfrac{1}{2p_1}\left(15 p_1 + \dfrac{1}{3}\pi\right)$, $x_2^A = \dfrac{1}{2p_2}\left(15 p_1 + \dfrac{1}{3}\pi\right)$, $x_1^B = \dfrac{1}{2p_1}\left(12 p_1 + \dfrac{2}{3}\pi\right)$, $x_2^B = \dfrac{1}{2p_2}\left(12 p_1 + \dfrac{2}{3}\pi\right)$

3) $\dfrac{p_2}{p_1} = 1$

5　経 済 厚 生

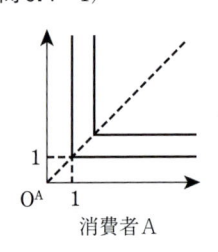

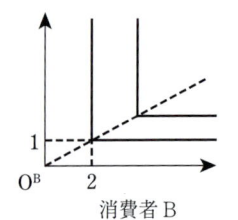

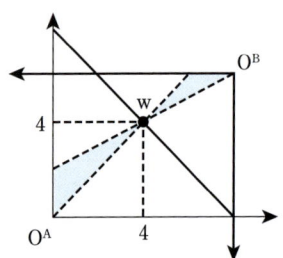

問 5.1　1)　　　　　　　　　　　2)

w点：競争均衡の配分
網点部：パレート最適な配分

3) $p_1 = p_2 = 1$

問5.2　1) $y_A/x_A = y_B/x_B$　2) $2u_A + u_B = 4$　3) $x_A = y_B = 1$, $x_B = y_B = 1$

問5.3　消費者余剰：16，生産者余剰：8

問5.4　③　　問5.5　②

問5.6　1) 投票のパラドックス　2)［ヒント：無関係な選択対象からの独立性の条件を考慮せよ。］

問5.7　①

6　不完全競争

問6.1　1) $(8-x)x$　2) $x = 2$, $p = 6$　3) $1/3$

問6.2　1) $x_1 = (9-x_2)/2$, $x_2 = (8-x_1)/2$　2) $x_1 = 10/3$, $x_2 = 7/3$, $p = 16/3$　3) 安定

問6.3　1) $q_i = (10-q_j)/4$　2) $q_1 = q_2 = 2$, $p = 6$　3) 先導者の生産量：15/7，追随者の生産量：55/28, $p = 165/28$

問6.4　1) $x = 3/2$, $p = 9/2$　2) $x_1 = , \cdots, = x_n = 6n/(3n+1)$, $p = 6(2n+1)/(3n+1)$　3) $x_1 = , \cdots, = x_n = 2$, $p = 4$

問6.5　$p_1 = 80$, $p_2 = 50$

問6.6　1) $x_1 = 8$, $x_2 = 2$

問6.7　$T = 4,050$, $p = 10$

問6.8　1) $p_1 = p_2 = 1$, w点：競争均衡の配分，網点部：コア　2)［ヒント：その配分をAタイプの消費者2人とBタイプの消費者1人からなるグループが改善することが可能であることを示せ。］

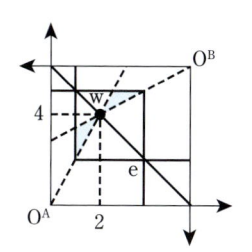

7　公共経済

問7.1　1) 4　2) 100%, 400%

問7.2　1) $x_A/z + x_B/z = 2$　2) $2u_A + u_B = 36$　3) $z = 3$, $x_A = 3$, $x_B = 3$

問7.3　1) $z_A = 16/\theta$, $z_B = 8/(1-\theta)$　2) $z = 24$, $\theta = 2/3$

問7.4　1) $x = 10$, 企業1の利潤：400, $y = 10$, 企業2の利潤：200　2) $x = 8$, $y = 10$, 利潤の和：620

問7.5　⑤

問7.6　1) $L^d = p^2/w^2$, $y = 2p/w$, $\pi = p^2/w$　2) $c = (3w+\pi)/2p$, $L^s = (3w-\pi)/2w$（ただし, $L^s \leq 3$）　3) $w/p = 1$, $y = c = 2$, $L^d = L^s = 1$, $z = 9/2$　4) $c = 1$, $L^s = 1/4$, $z = 9/4$　5) 省略

問 7.7　1) $x_A = \dfrac{1}{4}(50-p)$　2) $p=10$

8　不確実性と情報

問 8.1　1) 752,500 円　2) 775

問 8.2　1), 4), 6)

問 8.3　1) 100 円　2) 購入する　3) 1 万円　4) 加入する

問 8.4　1) $0.05 \times \log(50,000H) + 0.95 \times \log(10,000,000 - 10,000H)$　2) 50　3) 350,000 円

問 8.5　1) $(56/110)\log(1.1M + 1.14(10,000,000 - M)) + (54/110)\log(1.1M + 1.06(10,000,000 - M))$　2) 5,000,000 円

問 8.6　省略　　　問 8.7　④

問 8.8　$1 < y^* < 2$

9　証券市場

問 9.1　1) $\mu_s = 6,\ \sigma_s^2 = 6,\ \sigma_{s,t} = -6$　2) $\mu_{r_s} = 2,\ \sigma_{r_s}^2 = 1.5,\ \sigma_{r_s, r_t} = -3$　3) $\mu_d = 14,\ \sigma_d^2 = 6$　4) $\mu_{r_d} = 2.5,\ \sigma_{r_d}^2 = 0.375$

問 9.2　$\mu_x(20 - \mu_x) - \sigma_x^2$　（ただし，$0 \leq \mu_x \leq 10$）

問 9.3　1) $z_s^A = \dfrac{10}{3q-1},\ z_s^B = \dfrac{-15q}{q-4}$　2) $\dfrac{q_s}{q_t} = 1$

問 9.4　1) $z_s^A = \dfrac{4-13q}{(1+2q)^2},\ z_s^B = \dfrac{10-q}{(1+2q)^2}$　2) $q=1$　3) $\mathbf{x}^A = \mathbf{1}_0 + \dfrac{1}{2}\mathbf{e}$, $\mathbf{x}^B = -\mathbf{1}_0 + \dfrac{1}{2}\mathbf{e}$

問 9.5　1) 1 千万円　2) 800 円　3) 55,000 円　4) 株式：500 株，債券：60 万円

10　国際貿易

問 10.1　400　　問 10.2　58　　問 10.3　120

問 10.4　$\dfrac{1}{2} \leq \dfrac{p_x}{p_y} \leq 1$

問 10.5　資本賃貸率 $r = 10$，賃金率 $w = 20$　[ヒント：$25 = \dfrac{r}{2} + w$, $20 = r + \dfrac{w}{2}$ が成立する。]

練習問題解答

問 10.6　1) $k_x = \frac{1}{2}\omega$, $k_y = 2\omega$　2) $\omega = p^3$

11　ゲームの理論
問 11.1　1)（戦略2, 戦略Ⅱ）　2)（戦略2, 戦略Ⅰ）
問 11.2　1)（戦略1, 戦略Ⅱ），不安定　2) 企業Aが戦略1を選ぶ確率 $p = 0.5$，企業Bが戦略Ⅰを選ぶ確率 $q = 0.3$
問 11.3　1) $(l_1, (l_{21}, r_{22}))$, $(r_1, (r_{21}, r_{22}))$　2) $(l_1, (l_{21}, r_{22}))$
問 11.4　$r \leq 0.25$

12　投入産出分析
問 12.1　1) $\begin{bmatrix} 0.5 & 0.2 \\ 1.5 & 0.2 \end{bmatrix}$　2) $\begin{bmatrix} 8 & 2 \\ 15 & 5 \end{bmatrix}$　3) 18, 35　4) 23, 7
問 12.2　③　　問 12.3　⑤
問 12.4　1)

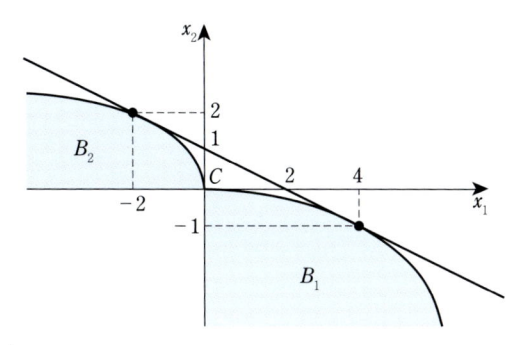

2) $MRT = 1/2$

3) $\begin{bmatrix} 4 \\ -1 \end{bmatrix}$, $\begin{bmatrix} -2 \\ 2 \end{bmatrix}$

索 引

あ 行

アカロフ（Akerlof, G.）　275
アクティヴィティ・ベクトル　374
アドバース・セレクション　276
アロー（Arrow, K.）　178, 270, 287
アロー証券　287
アローの定理　179, 183
アローの不可能性定理　179, 183
安定　128, 129, 198
鞍点　342

一般均衡論　12, 132

ヴェブレン（Veblen, T.）　243
ヴェブレン効果　243

枝　346
エッジワース（Edgeworth, F. Y.）　136, 148
エッジワース・ボックス　136
n 倍経済　216
M–M 定理　304
エンゲル（Engel, C. L. E.）　40
エンゲル曲線　40
エンゲル係数　42

オイラーの定理　320
オーリン（Ohlin, B.）　331
オファー曲線　51, 317

か 行

海外部門　6
外生変数　10
外部経済　244

外部性　243
　技術的——　243
　金銭的——　243
外部不経済　244
価格　5
　——差別　208
　——受容者　11, 122
　——消費曲線　43
　——設定者　11
　——体系　368
　——調整　128
下級財　40
確実性等価　260
確実線　268
確率　256
　——変数　291, 301
家計　3
加重限界効用均等の条件　36
寡占　189
価値尺度財　5
活動ベクトル　375
株式　7, 301
　——市場　301
貨幣　3
可変費用　76
　平均——　76
カルドア（Kaldor, N.）　174
カルドア改善　175
為替市場　5
関数　12
　1 次同次の——　320
　逆——　19
　0 次同次の——　89
　多変数——　16

二変数── 16
　　連続な── 13
関税　311
完全競争　11, 133
完全市場　270
完全特化　325
完備市場　287

企業　4, 72
　　──の価値　302
危険　260
　　──愛好者　260
　　──回避者　260
　　──中立的　260
技術選択　378
期待効用　257
　　──仮説　258
ギッフェン（Giffen, R.）　43
ギッフェン財　43
規模に関して収穫不変　319
逆ざや　231
逆選択　276
供給　8, 113
　　──価格　128, 228
供給関数　9, 71, 76, 89, 112
　　市場の──　124
　　短期──　95
　　長期──　96
供給曲線　9, 75
　　一時的──　131
　　市場の──　124
　　短期──　95
　　長期──　96
　　労働の──　52
供給者　8
供給量　9
競争均衡　136
競争市場　11, 121
競争的配分　215
行列　19
　　──式　20
　　──乗数　372

　　逆──　20, 371
　　主小──　370
　　双──　336
　　単位──　20
極限定理　215, 219
均衡　10, 126
　　──価格　10, 126
　　長期──　205
金融資産　265
金融商品　7

クールノー（Cournot, A. A.）　196, 225
クールノー均衡　196
クールノー・ナッシュの均衡　196
クールノーの価格均衡　203
クーン（Kuhn, H. W.）　351
クモの巣の循環　131
グラフ　13
クラブ財　233

経済学　1
経済活動　3
経済厚生　166
経済主体　3
経済循環図　6
経済のコア　217
経済変数　12
経済モデル　10
経済理論　1
係数　11
契約曲線　152
ゲーム　336
　　──の解　338
　　──の木　346
　　──の均衡　338
　　──の理論　196, 212
　　完全情報──　349
　　行列──　344
　　矩形──　344
　　繰り返し──　356
　　スーパー──　357
　　成分──　357

ゼロ和—— 342
　　戦略形—— 338
　　双行列—— 336
　　展開形—— 348
　　標準形—— 338
　　部分—— 353
　　——完全均衡 353
結果 256
結合生産 108, 378
限界効用 22
　　——逓減の法則 23
限界収入 191
　　——曲線 191
限界生産性 78, 81
　　——価値 86
　　——逓減の法則 79, 106
限界代替率 28, 81
　　——逓減の法則 29, 82
限界費用 73
　　短期—— 94
　　長期—— 94
限界変形率 109, 155
顕示選好の弱公理 169
原点 346

コア 189
　　——配分 214, 217
交換 48
　　物々—— 4
交換経済 132
　　純粋—— 132
交換比率 4
公共財 3, 7, 232
　　——の需要 239
　　純粋—— 233
　　地方—— 233
　　負の—— 249
交差効果 101, 116
控除 273
合成関数 18
厚生経済学の基本定理 160
公正な宝くじ 262

効用 22
　　基数的—— 31
　　序数的—— 31
効用関数 22
　　間接—— 54
効用最大化 34, 53
　　——の条件 35, 54
効用フロンティア 153, 236
功利主義的 176
合理的期待 277
　　——均衡 277
コース（Coase, R.） 249
コースの定理 249
枯渇資源 4
国債 7
国内経済 6
国内所得 365
国内総生産 364
固定的生産係数 366
固定費用 73

さ　行

サービス 3
財 3
再契約 212
債券 7, 301
　　——市場 301
　　——の完全性 303
最終需要 363
最終消費 4
最小 15
最大 15
裁定 302
　　——取引 302
サイモン（Simon, H. A.） 370
サミュエルソン（Samuelson, P.） 169, 176, 237, 326
サミュエルソンの条件 236
産業連関表 361

シェパード（Shephard, R.） 101
シェパードの補題 101

索引

死荷重 230
資金調達 301
シグナリング 277
　——均衡 280
シグナル 277
資源配分 149, 151
自己効果 101, 116
自己資本 301
資産選択 255
支出関数 57
市場 5
　——化 248
　——経済 8
　——の失敗 160, 270
　——メカニズム 160
辞書的順序 31
実質賃金率 52
実物経済 6
実物資産 265
実物体系 367
私的財 233
私的所有経済 139
私的費用 235, 248
シトフスキー（Scitovsky, T.） 175
シトフスキー改善 175
シトフスキーのパラドックス 175
資本 4, 88
　——構成 306
　——賃貸率 88
　他人—— 301
資本資産価格付けモデル 295
社会厚生関数 176, 237
　アローの—— 180
社会的費用 235, 248
社債 7
奢侈品 42
従価税 230
自由処分性 107
囚人のジレンマ 356
集団消費性 233
収入 190
自由放任主義 160

従量税 230
受益者負担の原理 242
需給均衡条件 135
シュタッケルベルク（Stackelberg, H.） 200
シュタッケルベルク均衡 200
シュタッケルベルクの不均衡 201
需要 8, 36
　——価格 128, 228
　——の価格弾力性 41, 46, 194
　——の所得弾力性 41
需要関数 9, 36
　逆—— 190
　公共財の—— 240
　市場の—— 122
　総超過—— 136, 144
　補償—— 56
　要素—— 71, 89, 99
需要曲線 8
　屈折—— 206
　市場の—— 123
　総超過—— 138
　補償—— 56, 172
　労働の—— 87
需要者 8
需要と供給の法則 127
需要量 8
上級財 40
証券 285, 286
　——のベータ 300
証券市場 285
　——線 300
条件付価格 270
条件付財 268
証券投資信託 297
状態 256
状態選好の理論 267
消費 4
消費者 3
　——余剰 162, 172
商品 3
　ブランド—— 276
情報 255

──集合　346
──の非対称性　274, 275
情報分割　346
　プレイヤーの──　347
　ゲームの──　347
所得効果　45
所得消費曲線　39
所得分配　149

スウィージー（Sweezy, P.）　206
数理経済学　12
数量指数　166
　パーシェ──　168
　ラスパイレス──　168
数量調整　129
スカーフ（Scarf, H.）　215
ストルパー（Stolper, W. F.）　326
ストルパー・サミュエルソンの定理　326
スノッブ効果　243
スペンス（Spence, M）　280
スミス（Smith, A.）　2, 160
スルツキー（Slutsky, E.）　69
スルツキー方程式　62

生計費指数　171
生産　4
生産可能性集合　377
生産可能性フロンティア　154, 233
生産関数　78, 80, 104, 108
　陰関数表示の──　108
生産技術　77, 374
生産経済　139
生産者　3
　──余剰　164
生産集合　104
生産物　4, 77
生産要素　4, 77
　本源的──　4, 378
正常財　40
ぜいたく品　42
製品差別化　202
政府　4

──部門　6
接線　14
ゼルテン（Selten, R.）　353, 355
0次同次性　37, 113
選好　25
選択肢　348
選択分割　347
先導者　198
戦略　337
　局所──　351
　行動──　351
　混合──　344, 350
　純粋──　344, 349
　トリガー──　357

相似拡大的　330
総支出　368
総所得　368
総生産　368
双対性アプローチ　53
総超過需要　136
総費用　73

た　行

代替効果　45
　交差──　46
　自己──　46
代替財　46
　粗──　44
代替定理　378
ただ乗り　243
タッカー（Tucker, A. W.）　356
短期　90

チェーンストア・パラドックス　355
チェンバリン（Chamberlin, E.）　204
中間消費　4
中間投入　4, 362
中古車市場　274
超過供給　127
超過需要　126, 136
超過負担　230

長期　90
頂点　346
賃金率　86

追随者　198

テコ　301
　　——入れされた企業　301
　　——入れされていない企業　301
　　——率　304
手番　346
　　偶然——　351
点　346

等価的変分　172
導関数　15
倒産　304
等産出量曲線　81
投資信託定理　297
同値定理　215
道徳的危険　271
投入係数　366
　　——行列　366
投入産出表　361
投票のパラドックス　178
ドゥブリュー（Debreu, G.）　215, 270
独占　189
独占的競争　204
独占度　193
　　ラーナーの——　194
独立　301
土地　4
凸性　106
富くじ　256
取引費用　245

な 行

内生変数　11
ナッシュ（Nash, J.）　196, 339
ナッシュ均衡　339

2部料金　212

　　——制　209
ニュメレール　5

ノイマン（Neumann, J. v.）　258, 345
ノイマン・モルゲンシュテルンの期待効用　258

は 行

バーグソン（Bergson, A.）　176
パーシェ（Paasche, H.）　168
排除不可能性　233
配当　8, 301
配分　149
　　——の問題　149
波及効果　372
派生需要　86
パラメーター　10
パレート（Pareto, V.）　150, 151
パレート改善　174
パレート最適　149, 151, 234
パレート・ルール　181
バンドワゴン効果　243
反応関数　196

ピークロード　209
　　——・プライシング　209
比較生産費説　328
非競合性　233
ピグー（Pigou, A. C.）　176, 226, 247
ピグー的課税　247
非代替定理　378
非代替的な技術　378
ヒックス（Hicks, J.）　175
ヒックス改善　175
必需品　42
非独裁性の条件　181
非排除性　233
微分　14, 15
　　——可能　13
　　——係数　14
費用関数　72, 85
　　最小——　57

索　引

　　短期総——　91
　　長期総——　92
費用曲線　73
　　限界——　73
　　総——　73
　　短期総——　93
　　長期総——　93
　　平均——　73
費用最小化　53, 83
　　——の条件　55, 84
標準偏差　291

不安定　131, 198
フォーク定理　358
付加価値　364
不確実性　255
不完全競争　11, 189
複占　189, 194
物価指数　166
　　パーシェ——　170
　　ラスパイレス——　170
部分均衡論　12, 132
プライス・テイカー　11, 122
プライス・メイカー　11
フリーライダー　243
プレイヤー　337
　　——分割　346
分割可能性　32
分散　291
　　共——　291
分配　149, 176
　　——の問題　149
分離定理　295

平均（期待値）　291
平均・分散アプローチ　291
平均費用　73
　　短期——　94
　　長期——　94
ヘクシャー（Heckscher, E.）　331
ヘクシャー・オーリンの定理　331
ベクトル　19

　　行——　19
　　列——　19
ベルトラン（Bertrand, J. L. F.）　203
ベルトラン均衡　203
偏導関数　17
偏微分　17
　　——係数　16

貿易の三角形　315
方程式体系　11
包絡線　93
ホーキンズ（Hawkins, D.）　370
ホーキンズ・サイモンの条件　370
ポートフォリオ　265
　　——・セレクション　265
　　マーケット・——　298
ボーリー（Bowley, A.）　201
ボーリー的複占　201
補完財　46
　　粗——　44
保険　255, 262
　　医療——　271
　　共同——　273
　　公正な——　261
補償原理　174
補償需要　56
補償所得　57, 171
　　——関数　57
補助金　311
補整的変分　171
ホテリング（Hotelling, H.）　116
ホテリングの補題　116

ま　行

マクシ・ミン原理　341
マクシ・ミン戦略　341
マクロ経済学　5
マーシャル（Marshall, A.）　70, 129, 226, 244
マーシャル的調整　129
マッケンジー（McKenzie, L. W.）　60
マッケンジーの補題　60
満場一致の条件　181

見えざる手　2, 160
ミクロ経済学　5
見込み　256
未知数　11
ミニマックス定理　345
ミラー（Miller, M. H.）　304
民間部門　6

無関係な選択対象からの独立性の条件　182
無限責任　304
無差別曲線　25
　　社会——　314

免許制度　276

モディリアーニ（Modiliani, F.）　304
モディリアーニ・ミラーの定理　304
モラル・ハザード　271
モルゲンシュテルン（Morgenstern, O.）258

や　行

有限責任　304
輸出　7
輸入　7
　　——割当　311

要素価格均等化定理　326
要素集約度の条件　323
要素需要　86, 113
幼稚産業　311
予算制約式　32
予算線　33

ら　行

ラーナー（Lerner, A.）　194
ラスパイレス（Laspeyres, É.）　168

リカード（Ricardo, D.）　328
利子　302
　　——率　303
利潤　74
　　——関数　114

利潤最大化　74, 110
　　——の条件　75, 111
リスク　260
リスク・プレミアム　260
　　——・レート　261
利得　336
　　——関数　337
　　——行列　336
リプチンスキー（Rybczynski, T. M.）329
リプチンスキーの定理　329
リンダール（Lindahl, E.）　238
リンダール均衡　241

レオンチェフ（Leontief, W.）332, 361
レオンチェフ逆行列　371
レオンチェフ行列　367
レオンチェフ体系　368
　　一般化された——　376
レオンチェフのパラドックス　332
劣等財　40
レモンの原理　276
連続　13

労働　4, 86
ロワ（Roy, R.）　61
ロワの恒等式　61

わ　行

割引因子　357
ワルラス（Walras, L.）120, 127, 136
ワルラス均衡　136
ワルラス的調整　127
ワルラス的模索　127
ワルラス法則　137, 144

著者紹介

武隈　愼一（たけくま　しんいち）
1950年　北海道小樽市に生まれる
1973年　一橋大学経済学部卒業
1979年　アメリカ・ロチェスター大学博士学位（Ph.D.）取得
1980年-2014年　一橋大学専任講師，助教授，教授
2014年-2016年　一橋大学特任教授
現　在　一橋大学名誉教授

主要著書
・『マクロ経済学の基礎理論』(新経済学ライブラリ別巻10) 新世社，1998.
・『数理経済学』(新経済学ライブラリ25) 新世社，2001.
・『基礎コース 経済数学』(共著)(基礎コース[経済学]9) 新世社，2003.
・『エコノミクス 入門 ミクロ経済学』(共著) ダイヤモンド社，2005.
・『演習ミクロ経済学 第2版』(演習新経済学ライブラリ1) 新世社，2017.
・『例題から学ぶ マクロ経済学の理論』新世社，2020.

新経済学ライブラリ＝4
新版 ミクロ経済学

1989年11月10日Ⓒ	初　版　発　行
1999年10月25日Ⓒ	増補版第1刷発行
2015年 3月10日	増補版第19刷発行
2016年 7月10日Ⓒ	新版第1刷発行
2023年 9月25日	新版第7刷発行

著　者　武隈愼一　　発行者　森平敏孝
　　　　　　　　　　印刷者　加藤文男
　　　　　　　　　　製本者　小西惠介

【発行】　　　　　株式会社　新世社
〒151-0051　東京都渋谷区千駄ヶ谷1丁目3番25号
編集☎(03)5474-8818(代)　　サイエンスビル

【発売】　　　　　株式会社　サイエンス社
〒151-0051　東京都渋谷区千駄ヶ谷1丁目3番25号
営業☎(03)5474-8500(代)　　振替00170-7-2387
FAX☎(03)5474-8900

印刷　加藤文明社　　　製本　ブックアート
《検印省略》

本書の内容を無断で複写複製することは，著作者および出版者の権利を侵害することがありますので，その場合にはあらかじめ小社あて許諾をお求め下さい。

サイエンス社のホームページのご案内
https://www.saiensu.co.jp
ご意見・ご要望は
shin@saiensu.co.jp まで．

ISBN978-4-88384-239-1

PRINTED IN JAPAN

演習新経済学ライブラリ

1. **演習 ミクロ経済学 第2版**
   武隈愼一 著　　A5／360頁／本体2,500円

2. **演習 マクロ経済学 第2版**
   金谷貞男 著　　A5／352頁／本体2,550円

3. **演習 財政学 第2版**
   井堀利宏 著　　A5／280頁／本体2,250円

4. **演習 ゲーム理論**
   船木由喜彦 著　　A5／240頁／本体2,200円

発行　新世社　　　発売　サイエンス社
表示価格はすべて税抜きです。